北京公安年鉴

2001

北京市公安局 编

中国人民公安大学出版社
·北 京·

北京公安年鉴（2001）
BEIJING GONGAN NIAN JIAN
北京市公安局 编

出版发行：中国人民公安大学出版社
地　　址：北京市西城区木樨地南里
邮政编码：100038
印　　刷：北京牛山世兴印刷厂

版　　次：2001年11月第1版
印　　次：2001年11月第1次
印　　张：24
开　　本：787毫米×1092毫米 1/16
字　　数：566千
印　　数：0001～6100册

ISBN 7-81059-827-9/D・689
定　　价：78.00元

（公安保卫系统　内部发行）
本社图书出现印装质量问题，由发行部负责调换
联系电话：(010)83905728

E-mail:cpep@public.bta.net.cn

《北京公安年鉴》编纂委员会

北 京 公 安 年 鉴

编 辑 说 明

一、2001《北京公安年鉴》为北京市公安局首次编辑出版。是一部反映北京公安工作的综合性、资料性工具书；是公安保卫工作一项重要的精神文明建设工程；是公安工作的一项基础建设。在北京市公安局党委的领导下，由《北京公安年鉴》编委会主持编纂。

二、本年鉴以马列主义、毛泽东思想、邓小平理论为指导，以江泽民总书记“三个代表”重要思想为指针，遵循中国共产党十一届三中全会以来的路线、方针和政策，坚持四项基本原则，科学地反映客观情况。为领导决策提供可资参考的依据，为局属各单位总结工作、制定计划提供有价值的资料，为企事业保卫部门了解公安工作提供准确的信息。

三、本年鉴从2001年开始，逐年编纂。当年出版的年鉴，记述上一年北京市公安局及所属单位各方面的主要工作和情况。全局性的某项工作，由市局主管部门撰写，各单位不再重复撰写。

四、本年鉴采用公安业务系统、区域警务管理分类编辑法，概况与条目相结合，用规范的语体文、记述体，直陈其事，文字力求言简意赅。

五、本年鉴在以记述北京市公安局各单位情况为主的前提下，设有特载、专文、大事记、法规选编、警务信息栏目。

六、本年鉴所编内容均由北京市公安局局属各单位负责撰稿或提供，并经领导审核。全局统计资料由市局办公室综合处核准提供。业务部门、分县局的统计数字由各单位统计部门核准提供。本年鉴保密问题由市局办公室秘书处审核把关。

七、本年鉴收有北京市公安局副处长（不含内设机构）以上领导干部名录，所列均以2000年内任职为限，其中有任免情况的分别予以注明。

八、本年鉴面向公安机关和在京中央机关、市属工厂、企业、科研、金融、教育等部门的保卫（司）局、处、科内部发行，所载录的资料供工作研究之用，请勿公开引用。

九、本年鉴篇目、条目的设置尚在探索中，欠妥疏漏之处恳请读者指正，以利改进。

十、本年鉴反映2000年1月1日至12月31日期间情况（部分内容依据实际情况时限略有前后延伸），凡2000年事情，均直书月、日，不再写年份。

十一、《北京公安年鉴》首卷的编辑出版，是全局各级领导、编辑和特约编辑人员辛勤劳动的成果。在此，表示衷心感谢！希望各级领导和编辑同志们，要以对人民负责、对历史负责、对首都公安工作负责的精神持之以恒地做下去；也希望全局广大民警关心年鉴、阅读年鉴、运用年鉴，使之成为开展公安工作的帮手，成为关心首都公安工作人士的良师益友。

目 录

指挥决策系统

办公室

法制办公室

队伍管理系统

政治部

纪委

装备财务管理系统

装备财务处

北京市公安医院

公安科技系统

科技处

信息通信处

公共信息网络安全监察处

安全技术防范管理办公室

国家安全保卫系统

国内安全保卫总队

文化保卫处

行动技术处

出入境管理处

刑事侦查系统

刑事侦查总队

经济犯罪侦查处

监所管理处

治安管理防范控制系统

治安管理总队

巡察执法总队

人口管理处

防爆安全检查处

北京市安康医院

内部安全保卫系统

内部单位保卫局

保安管理处

交通管理系统

北京市公安交通管理局

安全警卫系统

警卫局

消防管理系统

北京市消防局

区域警务管理

东城分局

西城分局

崇文分局

宣武分局

朝阳分局

海淀分局

丰台分局

石景山分局

门头沟分局

房山分局

通州分局

顺义分局

昌平分局

天安门地区分局

北京西站分局

公共交通分局

地下铁道分局

经济技术开发区分局

密云县公安局

平谷县公安局

延庆县公安局

北京市森林公安处

警务信息

特　　载

认清形势 把握特点 全力维护首都稳定

中共北京市委常委、政法委书记、市公安局局长　强　卫

正确处理改革、发展、稳定三者关系，在稳定中推进改革和发展，这是我国改革开放和社会主义现代化建设的一条重要经验。北京是祖国的首都。北京公安机关是人民民主专政的重要工具和维护社会政治稳定的专门力量，坚定不移地把维护稳定置于公安工作的首位，全力维护首都稳定，有着特殊重要的意义。

北京是全国的政治中心、文化中心和国际交往中心，这一特殊的地位和作用，决定了北京的稳定至关重要。首都稳，则全国稳；首都不稳定，也会引起全国许多地方的不稳定。北京的稳定工作始终受到党和国家领导人的高度重视。1995年，江泽民总书记在视察北京工作时指出："北京是国家的首都，任何一个国家的首都的稳定是具有决定性的。只要首都稳定，就可以稳定全国。我希望大家始终把保持首都的稳定作为神圣的任务。"1999年2月和2000年1月，江泽民同志又先后两次视察北京工作时，都强调要正确处理人民内部矛盾，搞好社会治安，维护首都的社会稳定。

北京作为首都，其特殊性还表现在，在京举办的重大政治活动多，重大外事活动多，如党的代表大会和中央全会、全国人大和政协会议、国庆等各种庆典活动，每年接待一批批访华的外国元首和政要以及举办一些重大国际性会议等。这些政治和外事活动规格高、作用大，为国内外所瞩目，必须确保这些重大政治活动和外事活动的绝对安全。

北京作为首都，国际影响和政治影响大，境内外敌对势力和敌对分子、民族分裂组织、邪教组织、各种刑事犯罪分子，往往把北京作为重要目标，伺机进行各种渗透、颠覆、破坏、恐怖和犯罪活动，企图制造轰动效应，给党和政府施加压力，制造社会动乱，破坏安定团结的大好局面。

北京是特大型城市，经济发展快，市场供求两旺，吸引了大批外来人口。外来人口中绝大部分诚实劳动，遵纪守法，为首都的经济建设和方便市民生活作出了贡献。但也有一些外来人口对首都的稳定和安全造成危害。近年来，外来人口犯罪比例逐年上升。1999年全市抓获的犯罪嫌疑人员中，外来人员占62.4%，在城郊结合部和繁华场所高达80%以上。可见，外来人口给北京的稳定和治安带来较大的压力。

多年来，首都公安战线正确认识首都的特殊地位，正确分析首都的敌情和治安形势，把维护首都稳定作为第一位的政治任务，全力以赴确保首都的政治稳定和社会安定。

首先，从讲政治的高度提高认识，确保重大活动的绝对安全和重大政治斗争中的社会政治稳定。重大活动的安全保卫事关全局。

每逢重大活动，我们都对参与安全保卫工作的干警进行思想发动，提高认识；深入调查研究，充分估计各种影响安全的因素，制定周密计划；层层落实责任制，保证措施到位、任务到岗并统筹安排和调配警力，坚持严打、严管、严防、严治一起抓，紧密依靠各级党委政府，充分发动群众，形成整体合力。由此，我们确保了国庆50周年庆典、香港和澳门回归祖国以及迎接新世纪新千年一系列庆祝活动的安全。

由于思想发动深入，各项措施到位，广大公安干警始终在思想上政治上与党中央保持一致，在诸多重大政治斗争中经受住了考验。如在对“法轮功”邪教组织的斗争中，在公安部统一指挥和兄弟省市公安机关的大力支持下，首都公安机关有效地预防和果断处置了多起“法轮功”分子企图煽动、组织的非法聚集活动，有力地遏止了反弹势头。在依法对李昌等“法轮功”核心骨干逮捕、移送起诉判刑等方面，做了大量艰苦细致的工作，为揭露“法轮功”的邪教本质和确保首都稳定发挥了重要作用。

其次，坚持“打防结合，预防为主”的方针，创造良好的社会治安环境。“打防结合，预防为主”是加强社会治安综合治理的基本方针。我们在实际工作中，始终坚决贯彻这一方针。一是对各种犯罪活动持续保持严打的高压态势。近几年，持枪抢劫、杀人等暴力犯罪，毒品犯罪，流窜犯罪，带有黑社会性质的团伙犯罪和街头犯罪比较猖獗，对首都的安全和稳定构成威胁。我们组织专门力量，重拳出击，震慑犯罪。我们建立了以“110”报警台为龙头、以巡警为骨干、以派出所为基础的快速反应体系。一旦出现重大报警，巡警和派出所民警可以在3至5分钟先期到达现场，提高了打击犯罪的能力。二是坚持日常治理和重点整治相结合。1999年我们集中开展了清理出租房屋和清理外来人口中“三无”人员的工作，拆除违章建筑6万多间，端掉违法窝点250多个，收容遣送“三无”人员近15万人次。坚持整顿市场秩序和娱乐场所，会同文化、劳动、卫生、工商等部门，依法查处和取缔超范围经营、无照经营以及卖淫嫖娼等，并在整顿秩序的基础上，建立和健全群防群治组织。三是加强安全责任区建设。全市建成民警责任区4017个，实行一区一警，做到人员到位，责任到人。公安机关依法履行职责，督促、检查、指导机关和企事业单位，按照北京市治安保卫责任制有关规定，做好安全防范工作。

再次，加强科技强警工作，提高战斗力。科技手段在打击犯罪中的作用越来越突出。1999年，在公安部统一部署的全国范围的“追逃”专项斗争中，我们充分发挥科技优势，通过“网上作战”，抓获网上逃犯1872人，占抓获在逃犯总数的80.4%，充分显示了科技的强大力量。现在，北京公安战线的计算机信息网络系统建设和应用、天安门广场和长安街沿线电视监控系统改造、交通指挥和交通综合信息管理系统等建设都初见成效，正在发挥积极作用。

当前，北京市的治安形势总的是好的。但我们也清醒地看到，危害我国国家安全，影响社会稳定的各种因素仍大量存在，对首都的政治稳定和社会安定产生极大的压力。因此，我们要进一步认真学习、深刻领会中央关于稳定工作的一系列重要指示精神，充分认识公安机关的职能和使命，不断分析研究社会治安形势，增强政治敏锐性和政治鉴别力，始终把维护首都稳定作为头等大事来抓，为保障首都改革和建设顺利进行作出更大贡献。

要坚决遏制住境内外敌对势力的破坏活动，高度重视并妥善处置群体性事件。认真研究境内外敌对势力、敌对分子的活动特点和策略变化，大力加强隐蔽战线斗争，特别注意防范和打击敌对分子的“闯关”、“组党”和宗教渗透等破坏活动，决不让其得逞。

对民族分裂和暴力犯罪活动，坚持露头就打，主动出击，从总体上保持对暴力恐怖活动的高压态势。本着“除恶务尽，不留后患”的原则，继续依法严厉查处组织、策划、指挥、参与非法活动的“法轮功”顽固分子，严格落实对重点人员的管理、控制措施，深挖二、三线幕后人物，决不让其死灰复燃。

对因人民内部矛盾引发的群体性事件，立足于“防止由小变大，由个别地区发展到局部地区”。一方面，我们将进一步强化情报信息工作，力争早发现、早报告、早控制、早解决。另一方面，对严重影响社会稳定、扰乱社会治安秩序的群体性事件，必须尽快控制局面，选准时机，采取果断措施，防止事态蔓延。对于敌对势力、敌对分子和其他别有用心的人插手利用群体性事件，蓄意制造事端，搞打砸抢等破坏稳定的各种活动，坚决予以打击，决不手软。

要坚持严打方针，控制住治安局面。目前，北京市突出的社会治安问题有：街头案件比重较大，群众反映强烈；暴力犯罪活动仍十分严重，给公共安全带来威胁；经济犯罪有增多之势，严重破坏社会主义市场经济秩序；毒品犯罪比较猖獗；外来人口犯罪成为影响首都治安秩序、危害社会稳定的主要因素。为此，我们将毫不动摇地坚持严打方针，并把严打与严管、严防、严治结合起来，始终保持对刑事犯罪的高压态势，确保社会治安稳定。

对系列杀人、抢劫、绑架等严重暴力犯罪，有组织犯罪和涉枪涉爆犯罪等打击重点，要适时组织开展专项斗争，坚决打掉犯罪气焰。持续不断地开展对街头犯罪、盗窃机动车犯罪和入室盗窃等多发性犯罪的打击工作，提高群众的安全感。狠抓大要案件的侦破工作，特别是对于那些危害严重、影响恶劣、群众反映强烈的大要案件，实行挂牌督办制度，落实责任，快侦快破。根据公安部的部署，开展“网上打拐”、“打黑除恶”及创建“无毒社区”工作。重点打击走私、骗汇逃汇、金融诈骗、偷税骗税、制贩假币、非法集资等严重经济犯罪活动，维护国家经济安全。

城乡结合部是北京市外来人口聚集地，刑事案件发案率高，治安乱点比较集中。我们将结合城乡结合部管理体制改革，积极开展调研，探索并建立城乡结合部打、防、控一体化工作机制，形成“打得狠、防得牢、控得住、管得严”的工作局面。同时，对治安秩序比较乱的外来人口聚居区、农民和市民混杂地区、出租房等进行集中整治。

要加强基础建设，积极推进改革，提高队伍素质。面对错综复杂的斗争形势，公安机关要切实担负起维护社会政治稳定的神圣使命，要“抓基础、促改革、兴科技、强素质”。要抓好派出所这一基础，强化派出所正规化和规范化建设，强化派出所的职能作用，提高其治安防范控制能力，每千户居民至少有一个管片民警，民警的工作以“发案少，秩序好，社会稳定，群众满意”为标准。

在改革方面重点是搞好刑侦改革和远郊区县“交巡合一”改革。刑侦制度改革是以落实破案责任制为核心，刑警有自己的管片，“谁的管片发案，谁负责侦破”。“交巡合一”目的是实现一警多能，一警多用，提高工作效率。

大力发展公安科技，加快公安现代化建设。要按照“统一规划，统一管理，突出重点，分步实施”的要求，抓紧制定“十五”期间科技强警发展规划，力争把通讯、计算机信息网、互联网监控、技侦、刑侦、交通、消防、技防等重大科技项目纳入全市“十五”规划中。建立和完善公安信息网络建设，大力推进以首都公安信息化为主要内容的“金盾工程”建设，实现市局、分县局、派出所三级计算机联网，充实和完善外来人口、刑事犯罪、法制、预审、旅店登记等各种信息库，实现跨区域、跨部门的信息交流，一网多能，信息共享，资源共用。

大力加强队伍建设，努力提高队伍素质。公安民警素质是公安工作开展的基础保证，是公安机关履行职能、完成任务的决定因素。首都公安队伍主流是好的，但也存在一些问题，有的还相当严重，败坏了公安机关的声誉，引起了群众的不满，损害了党和政府的形象。我们要从确保社会稳定、巩固人民民主专政、实施依法治国方略的高度，充分认识加强公安队伍建设、提高公安队伍整体素质的重要性和紧迫性。要毫不动摇地坚持政治治警、从严治警的方针，始终把队伍的思想政治建设放在首位，进一步提高公安干警的政治意识、大局意识和责任意识，在思想上政治上与以江泽民同志为核心的党中央保持高度一致，永远保持公安队伍忠于党、忠于祖国、忠于人民、忠于法律的政治本色。抓好培训工作，实行以学历教育为主向在职培训为主的转变，实行新民警上岗、民警职务和警衔晋升与教育培训、考试考核挂钩。继续抓好“争创人民满意的公安民警（单位）”活动和警务公开工作。坚持从严治警的方针，坚决克服消极腐败现象，严肃查办违法违纪案件，严惩腐败分子，保持公安队伍的纯洁性。

专　文

2000年北京市公安局工作概述

北京市公安局办公室研究室

2000年全市公安机关在党中央、国务院的亲切关怀下，在市委、市政府和公安部的领导下，市局党委确立了“保稳定、打基础、抓改革、兴科技、强素质”十五字工作方针，创造性地开展工作，取得显著成效，为首都公安事业迈向新世纪奠定了坚实的基础。

坚决同“法轮功”邪教组织作斗争，全力维护社会政治稳定。针对“法轮功”邪教组织反弹闹事活动规模大、人数多、来势猛、时间长、花样新等特点，全方位地开展同“法轮功”邪教组织的斗争。充分发挥公安机关的优势，有针对性地开展侦察工作，及时获取预警性、深层次、内幕性情报信息，夺取了同“法轮功”斗争的主动权；制定了应付各种突发事件的工作方案，做到超前防范，预做准备，坚决粉碎了“法轮功”邪教组织利用“除夕”、“两会”、“人权大会”、“国庆节”等重大活动、重要节日和“敏感日”制造的10余起非法闹事活动；与有关部门共同配合，采取有效措施，强化对“法轮功”重点人的管理，基本控制了局面；加强了对互联网有害信息的监控和封堵工作，开展了查缴“法轮功”宣传品的专项行动，共查破煽动性案件138起，打掉团伙34个，铲除非法印制窝点27处，收缴反动宣传品23万件，各类制作宣传品设备70余台，有力地遏制了“法轮功”宣传、煽动案件上升的势头。

集中攻克大要案，严厉打击了各种刑事

犯罪活动。在坚持经常打击的基础上，针对不同时期的犯罪特点，先后集中开展了“打击人贩子，解救被拐卖妇女、儿童”，打抢劫、打盗窃，打击街头犯罪，打击经济犯罪，打击制贩假币和禁毒等专项斗争，始终保持了严打高压态势。共破获各类刑事案件32707起，破案率为39.5%，与上年相比，多破案10003起，破案率提高了6.1个百分点；抓获犯罪嫌疑人29888人，与上年相比，多抓7296人，增加了32.3%；破获经济案件2757起，为国家挽回经济损失2.3亿元；破获各类毒品案件3692起，抓获毒品违法犯罪嫌疑人5418名，收缴各类毒品1212.5公斤，强制戒毒2262人；破获拐卖妇女儿童案件92起，抓获拐卖妇女儿童的犯罪嫌疑人200名，解救被拐卖妇女125名、被拐卖儿童51名。在严厉打击刑事犯罪斗争中，不断加大力度，先后破获了一批影响较大、性质恶劣的重特大案件。主要有：以李正光为首的带有黑社会性质的犯罪集团，查获成员70余名，从中破获持枪杀人、抢劫、绑架、敲诈、贩毒等案件100余起；破获了一起制造贩运10万片“摇头丸”的特大案件；查破多起特大盗窃机动车犯罪集团；打掉了一个由外地来京人员组成的抢劫杀害歌厅、洗浴中心小姐的犯罪集团，从中破获杀人案件7起；查破“打闷棍”抢劫财物系列案，从中破获案件125起；迅速侦破了亮马河大厦抢劫巨款案等。通过“严打”，保持了社会治安的基本平稳。

加大整治文化娱乐场所与打击卖淫嫖娼，扫除社会丑恶现象，打击非法出版物的力度，消除治安隐患。集中开展了清理整顿文化娱乐服务场所、打击卖淫嫖娼、赌博活动的专项斗争和两次大规模“扫黄打非”专项清理整顿行动。通过采取连续清、反复清、接到举报及时清的方法，加大清理整顿力度，取得明显成效。共查封、取缔存在违法经营问题的场所8398家，查处卖淫嫖娼人员3651名，比上年增加了39.7%。与此同时，积极配合有关部门将全市原12126家娱乐服务场所重新审核登记，压减到5172家，并逐一登记建档，加强了日常管理的力度。市局还制定了公共娱乐、服务场所管理责任追究办法，明确了各级的责任，强化了监督管理。将全市娱乐服务场所和洗浴业、美容美发业的管理逐步纳入依法管理的轨道。查获制贩、传播非法出版物案件1530起，收缴盗版光盘146.4万张，淫秽光盘26.8万张。持续不断地打击整治了中关村地区贩卖盗版、淫秽光盘，制作、贩卖假证件、假学历、假公章，盗抢电脑配件等违法犯罪活动，维护了中关村科技园区的治安秩序。认真吸取上年外地连续发生特大火灾事故和安全责任事故的教训，持续开展对电、水、气、热等重点要害部位和公园、风景区游乐设施、展览展销场馆等方面的安全大检查，发现解决不安全问题12600件，收缴了一大批炸药、雷管、导火索及各类枪支、子弹、管制刀具等，及时消除了不安全隐患。

建设社区防控体系，加强外来人口管理。结合城市管理体制和社区发展的新情况，积极探索社区创安、科技创安的有效模式，着手建设了全市性机动车反劫盗报警网络等一批科技创安工程，使技防与人防、物防相结合，形成了居（家）委会、内部单位和繁华地区“三位一体”的基层安全创建工作格局，进一步完善了以派出所为主体的社区防控体系。在全市4179个责任区中，达到安全责任区标准的占77%；在全市33113个街乡治保会中，无刑事案件的安全治保会占64.8%；全市实行科技创安的居民小区已达381个。加大了外来人口管理力度，结合清理整顿工作，全年共收容各类妨碍治安秩序的外地“三无”人员29.5万人。同时建立外来人口自管小组4.4万个，管理站3397个，专职协管员6000名。经过努力，2000年北京市外来人口犯罪所占比重下降了1个百分点。

交通畅通工程效果明显。公安交通管理

部门以实施“畅通工程”、创建“平安大道”为载体，以强化日常管理为重点，积极推进科学管理，大力加强依法管理，全面实施规范管理，交通拥堵有了缓解，交通死亡事故稳中有降，交通秩序环境明显改观，科学管理水平显著提高。全年共组织交通专项整顿30余次，纠正交通违章2280.9万起，处罚1792.6万人次，集中解决了一批市区道路和郊区公路上影响交通的突出问题。特别是交通管理科技工程效益显著，形成了全方位、多层次、宽领域的科学交通管理体系。按照“畅通工程”和“平安大道”考核标准，市区100处主要路口达标率为90%，155条主要大街达标率为95%，主干道交通基本畅通，市区交通拥堵总数比前年同期下降6.5%。列入公安部评比的104、102、107国道也取得了交通事故和治安案件双下降的好成绩。2000年全市交通事故死亡比上年减少43人，下降了2.9%。

火灾事故稳中有降。消防工作持续不断地开展了消防安全专项治理，大力消除火灾隐患，积极推进社会消防工作责任制的落实。全年共发生火灾5037起，死亡42人，直接财产损失1435.9万余元，与上年相比，火灾次数下降6.6%，死亡人数下降20.8%，财产损失下降54.6%，未发生特大恶性火灾，火灾指标稳中有降。

大力实施科技强警战略。“九五”期间，全局民警的知识结构得到较大改善，学历层次大幅度提高，具有大专以上学历的人员比例达到了59%，高出公安部规定的24个百分点。建成了具有国内一流水平的现代化警务指挥中心，形成了覆盖社会面的“110”报警服务网络,全市快速反应体系基本形成。特别是公安信息化工程（金盾工程）的建设取得了重大进展，全局已建成二级网站53个，三级网站711个，各分、县局户籍派出所三级网站建设已全部完成。同步加快了公安信息系统的建设，并在日常工作中发挥了重要作用。在“严打”斗争中，创造了两个“全国第一”，即：第一例通过DNA网上比对亲子鉴定取得成功；第一例通过公安部“指纹远程查询系统”破获重大案件，受到了公安部的表彰。

积极稳妥地实施各项改革，先后推出了刑侦改革、“交巡合一”改革、人事制度改革和机构改革等一系列配套改革措施。在全局机构改革中，职能部门由原来的48个减为29个，精简幅度达39.6%，重新确定了市局、分县局职能配置、内设机构和人员编制，形成了适应国际化大都市需要的11大职能系统。加强局领导机关建设，精简分流机关人员，向刑警、巡警、派出所等基层岗位充实警力。建立起了具有首都特点、警令畅通、关系协调、职责清晰、编制精干、结构合理、运转高效的公安垂直管理新体制。不断深化干部人事制度改革，继续推开领导干部公开选拔、竞争上岗制度，激活领导干部队伍。全面推开民警双向选择、优胜劣汰，率先开展警衔逐级晋升考试，面向社会广招急需的专业人才，增强了公安队伍的生机和活力。

深入开展“三讲”（讲学习、讲政治、讲正气）教育、“三项教育”（全心全意为人民服务的宗旨教育，实事求是的思想路线教育，严格、公正、文明执法的法制教育）、系统培训和大比武活动，全面提高队伍素质。在市局和分（县）局领导班子、领导干部和处级非领导职务干部中开展了“三讲”教育活动，通过查摆、剖析和整改，各级领导班子、领导干部廉洁自律意识、民主决策、科学决策的自觉性明显提高。按照公安部部署，在26个分（县）局开展了“三项教育”活动，取得了初步成效。2000年为市局“教育培训年”，经过努力，初步形成了按等级分层分类培训、逢晋必训必考、分级负责的教育培训新机制。深入开展大练兵大比武活动，组织了5021人参加的包括射击、驾驶、缉捕技战术、计算机等60多个项目的警务技能大比武，涌现出180名各警种技能尖子。承担了全国公安巡警防暴警比武活动开幕式汇报表演和比武任务，在比赛中获得了团体第二名和两个单项第一名的优异成绩。2000年度，全局有一批先进集体和个人受到表彰、奖励。首都公安队伍精神振奋、锐意进取，充满生机和活力，为维护首都政治稳定和社会安定作出了贡献。

大事记

2000年北京市公安局大事记

一　月

1日　市委副书记张福森在市委常委、政法委书记、市局局长强卫，副局长张家旺等陪同下到东城分局看守所慰问民警。

6日—7日　部分市人大代表、政协委员在市局副局长张家旺、师国安等陪同下先后视察了市局治安处收容教育所和东城分局看守所等单位，并对民警进行慰问。

8日　市局拍摄的电视专题片《岂能如此致富》在全国第五届法制题材电视“金剑”奖颁奖暨研讨会上被评为电视专题片一等奖，《警法目录》栏目获全国优秀法制电视栏目提名奖。

10日　市公安局在全市开展以“倾听群众意见、实行警务公开、改进执法工作”为主题的爱民月宣传活动。共设立58个宣传站、发放各种宣传材料36万余份，出黑板报200余块，受宣传群众达数十万人。

13日　市局局长强卫参加了首次局领导信访接待日活动。从即日起，每月第二周的周三上午为局领导接待日。

△　“中国太平洋保险公司北京分公司支持市公安局指挥中心宣传‘110’协议书签字仪式”在市局举行。市局局长强卫、副局长杨文忠出席了仪式，并对中国太平洋保险公司的支持表示感谢。

16日—18日　市局召开党委扩大会，会上传达贯彻了全国政法工作会议和全国公安厅局长会议、市政法工作会议精神，并对做好2000年各项安全保卫工作进行了总部署。市局局长强卫在讲话中提出“保稳定、打基础、抓改革、兴科技、强素质”的十五字工作方针作为全年的奋斗目标。局属各单位的双正职领导参加了会议。

21日　市政府第65次市长办公会议决定：免去师国安同志北京市公安局副局长职务。22日，市委决定：免去师国安同志中共北京市公安局委员会委员职务。市委建议，免去师国安同志北京市公安局副局长职务（保留正局级）。待市人民政府正式发出通知后，再对外公布。

24日　江泽民总书记在国务院有关部委和北京市领导的陪同下，到北京774厂分别视察了东方冠杰车间、IT大楼北京东方电子集团股份有限公司产品展示大厅，并到高家园一区分别慰问了退休职工王海礼、周秉礼，到上地高新技术产业开发区视察创业大厦，在创业大厦听取了北京市委书记贾庆林的工作汇报。市局担负警卫任务，部署警力3900余人，确保视察活动顺利进行。

25日—27日　市局召开政治工作暨教育训练工作会议，部署2000年思想政治和教育训练工作。会议由吕实珉副局长主持，刘德副局长作了题为《认清形势抓住机遇努力开创公安队伍建设的新局面》的主报告，强卫局长作了重要讲话。局属各单位的双正职领导参加了会议。

27日　中共中央政治局委员、中央政法委书记罗干在公安部部长贾春旺、中央政法委秘书长王胜俊、市委副书记张福森和市委常委、政法委书记、市局局长强卫等陪同下先后到西城分局府右街派出所、武警北京总队天安门支队、宣武区白纸坊街道信建里居委会、崇文分局民警沈金柱烈士家中慰问。

△　市局破获一起以解除劳教人员陆峰(男，34岁，北京市恒企发展公司总经理)、刑满释放人员成敬（男，44岁，北京新纪元高新技术实业发展公司经理）为首的特大金融诈骗犯罪团伙，抓获犯罪嫌疑人10名。该团伙作案20起，诈骗17个单位，资金高达2.7亿元。破案后收缴赃款及赃物折合人民币1.5亿余元。

28日　中共中央政治局常委、国务院总理朱镕基偕夫人劳安在市委常委、市委政法委书记、市局局长强卫、市局副局长吕实珉、马振川等领导的陪同下到市局警卫处慰问。

29日　公安部部长贾春旺轻车简从到门头沟分局斋堂派出所看望慰问一线公安民警，并赠送5000元慰问金。

30日　中央维护稳定办公室主任王茂林、副主任刘京等领导在市委常委、政法委书记、市局局长强卫，市局副局长吕实珉等领导陪同下到西城分局府右街派出所、天安门分局、武警北京总队天安门警卫支队代表李岚清、丁关根、罗干等中央领导向首都公安民警、武警官兵拜年。

二　月

2日—3日　市局召开第十二次团代会，大会选举产生了共青团市局第十二届委员会：田运胜为书记；孟晓宇、刘大伟为副书记。市局党委书记、局长强卫，团市委书记张效廉出席会议并讲话。市局党委副书记、副局长吕实珉、刘德、张家旺及局属各单位有关领导参加了会议。

14日　以土耳其内政部部长萨得丁·坦坦为团长的土耳其内政部代表团一行5人到市局参观访问，强卫局长、杨文忠副局长等领导会见了代表团一行。

15日　下午16时许，天安门广场南侧一灯杆处发生爆炸，一名男子被当场炸死，一名韩国游客被炸伤。接报后，市局局长强卫，副局长张家旺、李全福、阮增义、杨文忠立即赶赴现场组织开展侦破工作。经现场勘查与鉴定，确认引爆自杀者为多次来京滋事的精神病人李相山（男，35岁，湖北省郧西县夹河镇田湾村四组农民）。

19日　宣武分局破获一特大盗窃机动车犯罪团伙，抓获成员26名。该团伙自1997年以来，在本市朝阳、丰台、海淀、宣武等十余个区县及天津、保定等地盗窃机动车作案206起，销赃区域涉及河北、陕西等数十个省市(县)，破案后追回被盗轿车36辆，收缴手机、BP机等大量赃证物品。

22日　为打击跨地区经济犯罪，由河北、山西、天津、北京、内蒙古公安厅(局)经侦部门组成的华北经侦协作区在北京成立。

22日—6月底　根据公安部统一部署，市局开展了“打击人贩子，解救被拐卖妇女、儿童”的专项斗争。共破获拐卖妇女儿童案件92起，抓获拐卖妇女儿童的犯罪嫌疑人165名，其中“网上”逃犯13名，解救被拐卖妇女118名、儿童49名，打掉犯罪团伙21个，查获团伙成员77名。期间，市局法医中心收到全国20个省市公安机关送检的失踪儿童父母的血样1875份，将其中1720份建库上网，完成了8396份失踪儿童的DNA数据库的建设。

24日　市局党委副书记、副局长张家旺在21家新闻媒体参加的新闻通风会上宣布：自2月25日起，北京市公安局“110”报警服务台接受群众投诉工作全面启动。

26日　北京市在天安门广场隆重举行“畅通工程”启动仪式。公安部部长贾春旺，北京市市长刘淇，市委常委、政法委书记、市局局长强卫，副市长汪光焘及有关部门领导参加了启动仪式。汪光焘副市长在仪式上作了动员讲话，刘淇市长分别向交通民警、城管监察队员、青年志愿者授旗，并宣布：“北京城市交通管理畅通工程正式启动”。当日，全市18个区县都举行了大规模的宣传活动。

29日　市委书记贾庆林、市长刘淇、市委副书记张福森等领导在市局副局长吕实珉的陪同下先后到友谊宾馆、新大都饭店等单位检查全国“两会”安全保卫工作。

三　月

1日　崇文分局作为公安部指定的试点单位率先开展了“三项教育”(全心全意为人民服务的宗旨教育，实事求是的思想路线教育，严格、公正、文明执法的法制教育）活动。

△　公安部部长贾春旺在市委常委、政法委书记、市局局长强卫，公安部八局局长董福元和市局副局长吕实珉等陪同下，到北京饭店和贵宾楼饭店检查全国“两会”住地安全保卫工作，并听取了处置突发事件和住地安全保卫工作落实情况的汇报。

2日　市局召开处级领导干部和非领导职务干部第三批“三讲”教育动员大会，会上，市局党委书记、局长强卫对全局前两期分（县）局领导班子和领导干部“三讲”教育工作进行了总结，对第三批“三讲”教育工作提出了要求。局属各单位的领导参加了会议。

3日—11日、5日—15日　全国政协九届三次会议和九届全国人大三次会议在人民大会堂召开。“两会”期间，市局坚持全局动员，周密部署，整体作战，共投入警力2.1万余人次，确保了大会各项活动的顺利进行和代表、委员的安全，圆满完成了全国“两会”安全保卫任务。

7日　市局破获带有黑社会性质的犯罪集团案，抓获了以李正光（男，39岁，原系哈尔滨市“乔四”黑社会集团骨干成员，1989年伙同他人在哈尔滨市用猎枪打死1人后外逃，系黑龙江省头号上网逃犯）为首的团伙成员48名。缴获自制火猎枪、小口径手枪、催泪枪及子弹、日本军刀等凶器40余件；同时打掉五个带有黑社会性质的犯罪集团。经查证该犯罪集团自1995年以来在东北、河北、河南等十几个省市，共持枪、刀打死12人、打伤4人，并控制娱乐场所，收取保护费，从事绑架、抢劫、贩毒等犯罪活动。

13日　市委副书记张福森、市委常委、政法委书记、市局局长强卫听取了市局关于科技强警的工作汇报。刘德副局长出席，局属有关单位领导参加了汇报会。

14日　市局召开纪检监察工作会议，会上表彰了16个“廉政爱民先进集体”和22名“廉政爱民先进个人”，市局党委书记、局长强卫在会上强调从严治警必须从严治长。局属各单位的主要领导参加了会议。

△　公安部部长贾春旺在市局副局长吕实珉、阮增义的陪同下到市局检查“110”报警服务台接受群众投诉工作，并亲自接了一名群众的投诉电话。随后又先后到市局刑侦处和巡察执法总队检查工作。

19日　市局缉毒处根据群众举报，在宣武区某旅馆内将正进行毒品交易的杨七由（女、38岁）、段达英（女、50岁）等7名贩毒嫌疑人抓获，当场缴获毒资20万元、毒品海洛因1.5公斤，随后又将她们汇往云南的14万元毒资截获。经审查，毒品供货人为缅甸籍陈美菊，并于3月31日将进入云南边境南伞镇的陈美菊抓获，缴获毒资3万美元。陈对其长期由境外向中国境内运贩毒品的犯罪事实供认不讳。

26日—28日　市局局长强卫、副局长杨文忠赴上海市公安局学习考察，与上海市公安局领导班子、刑侦总队、警卫局进行了座谈，并参观了上海市局公安博物馆、指挥中心以及浦东新区等地。

29日　在公安部召开的电话表彰会上，东城、宣武分局、平谷县公安局被评为全国优秀公安局；东城分局交道口派出所所长高静波、市局刑侦处九队侦察员怀吉平（女）、延庆县公安局白河堡治安检查站站长王连海被评为全国特级优秀人民警察；温强等30名民警被评为全国优秀人民警察。

是月　市局首次扩招200名全日制本科毕业生充实刑警队伍。

四　月

1日　市局户籍处在居民身份证“快证”制作中，开始试运行“无底卡”制证系统。该系统由前台输入制证人信息，现场采集照片，网络传输制证，实现了居民身份证制、发、管计算机化管理。

1日—6月30日　市局在全市开展了打击毒品违法犯罪活动专项斗争。共破获毒品案件1142起，抓获涉毒违法犯罪人员1567名。共收缴海洛因、“摇头丸”、冰毒、大麻等毒品10789余克。对查获的吸毒人员依法实行了强制戒毒和劳教戒毒。

3日—20日　市消防局在全市范围内开展消防安全大检查，对歌舞厅、桑那洗浴中心、影剧院等5937个公共娱乐场所进行了检查，共发现各类消防不安全问题11304件，检查期间彻底整改8711件，2593件问题均责令限期整改。传唤了19个单位的法人代表，责令725个单位限期整改，对145个单位进行了罚款处罚，责令58个公共娱乐场所停业整顿。

4日　市局局长强卫视察巡察执法总队特警队，并对特警队建设作了重要指示。

27日　北京市召开劳模表彰大会，授予平谷县公安局看守所、市局刑侦处法医检验鉴定中心法医物证室、西城分局月坛派出所、市公安交通管理局东城支队帅府园队、丰台分局西罗园派出所为北京市模范集体；丰台分局西罗园派出所民警杨秀奇、公安交通管理局宣武支队广安门队队长全国安、市局刑侦处法医检验鉴定中心副主任、高级工程师宋朝锦（女）等19名同志为北京市先进工作者。28日，杨秀奇、全国安、宋朝锦还被评为全国劳动模范。

△　北京市公安系统推进创建优秀“青少年维权岗”活动现场会在朝阳分局和平街派出所召开。团中央书记处第一书记周强，市委常委、政法委书记、市局局长强卫为获得团中央、公安部全国优秀“青少年维权岗”称号的朝阳分局和平街派出所、海淀分局恩济庄派出所颁发了牌匾。

30日　市局局长强卫、副局长刘德、政治部主任甄九庆到崇文分局听取“三项教育”工作汇报，并指出要进一步深入认识，明确责任，讲求实效，促进队伍建设，为全局全面推开“三项教育”提供有益的经验。

△　经市委研究，同意下列干部的任免：肖兴国同志任北京市公安局朝阳分局分局长，免去其北京市怀柔县公安局局长职务；王忠同志任北京市公安局朝阳分局政委，免去其北京市公安局西城分局政委职务；免去潘永祯同志北京市公安局朝阳分局分局长职务（保留副局级）；免去刘福永同志北京市公安局朝阳分局政委职务（保留副局级）；免去王树彬同志北京市公安局崇文分局分局长职务（保留副局级）；王仲伸同志任北京市公安局崇文分局分局长，免去其北京市公安局石景

山分局分局长职务；赵福奎同志任北京市公安局石景山分局分局长，免去其北京市平谷县公安局局长职务；高煜同志任北京市公安局海淀分局分局长，免去其北京市公安局海淀分局政委职务；单志刚同志任北京市公安局海淀分局政委；免去张克绵同志北京市公安局海淀分局分局长职务（保留副局级）；杨晓毅同志任北京市公安局房山分局分局长，免去其北京市公安局房山分局政委职务；王春和同志任北京市公安局房山分局政委，免去其北京市公安局房山分局分局长职务。胡跃庭同志任北京市公安局昌平分局分局长，免去其北京市昌平县公安局局长职务；李清林同志任北京市公安局昌平分局政委，免去其北京市密云县公安局局长职务。

4月—6月 根据市委、市政府部署，市局在全市开展了清理整顿歌厅、电子游艺厅、桑那洗浴等娱乐服务场所的统一行动。共抓获卖淫嫖娼人员1377人，赌博人员762人，涉嫌吸贩毒人员76人，收容陪侍小姐4979人；查处违法经营的电子游艺厅154家，存在治安问题的娱乐服务场所357家，端掉卖淫嫖娼、赌博和吸贩毒违法犯罪窝点90个。

五　　月

1日—2日 市局局长强卫先后到大兴县公安局西红门派出所、黄村派出所、交巡大队和密云县公安局十里堡派出所、刑警队调研，并就交巡改革、刑侦改革工作分别作了指示。

9日 香港特区政府警务处处长许淇安、副处长曾荫培、警务处处长高级助理刘振星在公安部部长贾春旺，市委常委、政法委书记、市局局长强卫，公安部部长助理朱恩涛等陪同下到市局巡察执法总队特警队参观访问。

10日 市局召开"金盾工程"领导小组第一次全体会议。强卫局长作重要讲话，刘德副局长出席并作总结发言。局属有关单位的领导参加了会议。

11日 经市局党委研究，并报市机构编制委员会批准，昌平县公安局改建为市公安局昌平分局，正式挂牌成立。

19日 北京大学政治学与行政管理专业一年级学生邱庆枫（女，20岁）在昌平区被歹徒杀害。此事引起北京及外地部分高校学生的普遍关注，特别是在北大学生中引起了强烈反映。中央、公安部和市委领导对此高度重视，市局积极会同学校做好学生的疏导、劝解工作，使5月31日邱庆枫遗体告别仪式得以顺利进行。

23日 市人民政府第73次市长办公会议决定：滕健任北京人民警察学院院长；免去李庆祥的北京人民警察学院院长职务（保留副局级）。

28日 市局与市计划生育委员会联合下发通知，自2001年1月1日起，凡具有北京市常住户口妇女所生子女，均使用《生育服务证》办理出生户口登记，《生育指标证明》即行废止。

31日 市局"昂首迈进新世纪"合唱比赛决赛在市国家安全局礼堂举行。

六　　月

8日 市局召开精简文件、减少会议工作会议。市局副局长杨文忠在会上部署了《关于精简文件、减少会议的意见》，减掉了全局50%的文件报头。

12日 北京市怀柔、密云、平谷、延庆、门头沟、顺义、大兴七个分（县）公安局实行交警、巡警合一。交巡合一后，主要承担城镇道路、边境出入口的治安管理和交通管理任务，统一着交警制式服装，佩带"首都交巡民警"字样的胸卡。

15日 全国人大内务司法委员会主任委员侯宗宾，全国人大常委、内务司法委员会副主任委员陶驷驹等在市人大副主任段柄仁，市人大内务司法委员会主任张旭明，市委常委、政法委书记、市局局长强卫陪同下，到东城分局看守所视察工作，对市局刑事诉讼法执法工作情况进行检查和调研。

21日 市局与市公共交通总公司举行设立“打扒破案奖励基金”签字仪式。从2000年起，市公共交通总公司将每年拨款60万元，奖励公共交通分局在工作中做出突出贡献的集体、个人和因公负伤民警。

24日 市长刘淇在市委常委、政法委书记、市局局长强卫，副市长翟鸿祥陪同下先后到北京市刑事科学技术研究所、市局“110”警务中心和公安信息中心调研。听取了市局关于“十五”公安科技专项规划和“金盾工程”进展情况及移动指挥中心建设情况的汇报。

27日 全国人大常委会副委员长、全国妇联主席彭佩云，全国妇联副主席顾秀莲等在市委常委、市委秘书长杜德印、市人大常委会副主任段柄仁、公安部禁毒局局长杨凤瑞、市局副局长阮增义等陪同下到市局安康医院强制戒毒中心看望在此工作的公安民警和医务工作者，并代表全国妇联赠送了慰问品。

28日—30日 市局召开全局法制工作会议。市局局长强卫出席开幕式并作了题为《加强首都公安法制建设 创建公安执法首善之区》的讲话，市局副局长张家旺作了题为《抓住机遇迎接挑战全面推进首都法制建设》的报告。73个单位的正职领导、主管法制工作的局（处）长和各单位法制办（科）主任（科长）参加会议。

七　月

7日 市局缉毒处将提供毒品货源的董莉萍（女，39岁，四川省绵阳市人）及其同伙木合塔尔·买买提伊明等3名犯罪嫌疑人抓获。经审查，董莉萍等5名毒贩，先后从云南边境地区购买海洛因等毒品30余公斤向北京等地运输贩卖。此案缴获毒品海洛因9.5公斤，追缴毒资人民币22万余元。

11日 经市委政法委研究，同意张久臣同志任市公安局督察长。

18日 市局出入境管理处正式签发新版护照。新版护照采用新防伪技术，取消了“婚姻状况”和“身份”两个项目。

23日 海淀分局东宫门派出所民警袁时光（男，34岁）在颐和园东广场执勤抓捕扒窃犯罪嫌疑人的过程中，身负重伤，壮烈牺牲。

25日 中共北京市委决定：李全福同志为正局级。

26日—28日 市局召开第二届科技大会。

△ 西城分局月坛派出所民警王东明（男，27岁）等驾警车巡逻至月坛南街南沙沟路口，发现一骑车男子可疑，上前盘查时，该男子掏出手枪将王击伤后逃跑。案发后，市局刑事侦查处会同西城分局开展侦破工作，将犯罪嫌疑人王新刚（男，31岁，河南省新乡市居民，无业，曾因盗窃被判刑）在全国进行通缉。10月11日，王新刚在江西省德安县偷自行车时被当地公安机关抓获。

八　月

1日 市局政治部政工网站正式开通。

3日 中共中央政治局委员、国务委员、中央政法委书记罗干在公安部部长贾春旺、北京市委副书记张福森，市委常委、政法委书记、市局局长强卫的陪同下到市公安局考察，先后到市局刑事科学技术研究所、市局警务中心参观，并就科技强警作了指示，勉励首都的科技强警要走在全国的前面。

14日 市局巡察执法总队将“公安民警巡逻盘查行为规范”录像片、光碟，发至科、队、所基层单位。

15日—9月20日 市局在全市开展了“打街头犯罪、打盗窃机动车犯罪”的集中统一行动，共破获各类刑事案件5462起，抓获犯罪嫌疑人3906名，打掉犯罪团伙218个，抓获团伙成员766名。其中破街头案件1541起，打掉街头犯罪团伙68个，抓获犯罪嫌疑人868名。

20日 北京市第五次人口普查户口整顿工作完成。全市共登记户籍人口395.8万户，1097万人。

20日 市局户籍处与266信息台合作开办的“北京市公安局户籍业务信息查询专线”声讯节目开通。专线号码为：26611166。查询范围包括：办理户口登记、申请在京入户、办理居民身份证、边境地区通行证等。

24日 公安部部长贾春旺在公安部治安局局长武冬立、警卫局局长董福元、市局副局长杨文忠等陪同下先后到西城分局和市局警卫处检查工作，并对加强警务规范化建设、科技强警和警卫工作提出了具体要求。

△ 市局局长强卫、副局长马振川等领导到公安交通管理局车管所调研车辆管理科技改革工作，并检查了试运行的计算机路考系统。

29日 西城分局破获惊扰本市一年之久的“打闷棍”系列案件。在鼓楼大街地下通道内，将犯罪嫌疑人焦文军（男，30岁，辽宁省桓仁县人，公安部“网上”逃犯）、马俊（男，23岁，内蒙古乌海市人）抓获。

29日—9月1日 市局在全国率先举行巡警、防暴警业务技能大比武活动。来自全市24个巡察支（大）队的155名民警进行了比赛。公安部副部长罗锋，市委常委、政法委书记、市局局长强卫等出席了开幕式。

九 月

1日 丰台分局巡察执法支队在丰台区东管头村前街对一参与赌博的可疑男子进行审查时，民警马福亮、周文利因公牺牲，赵敬山受伤。

5日 市局党委书记、局长强卫分别与朝阳、海淀、丰台分局签订责任书，对三个区的33个高发案地区派出所实行市局挂牌督战，定期对这33个派出所进行考核。

8日 公安部部长贾春旺、部长助理杨焕宁，公安交通管理局局长孟宏伟在市局局长强卫、副局长马振川的陪同下先后到地铁路停车管理规范街、宣武区和平门路口、西单路口和建设中的北四环路检查畅通工程实施情况。

9日 市局举行首批大学生刑警岗前培训开班典礼，市局局长强卫出席并作重要讲话。副局长刘德、阮增义，政治部主任甄九庆出席。

12日 受市局党委和强卫局长委托，市局副局长阮增义赴石家庄向协助北京警方侦破“9·01”特大袭警案的河北省公安厅赠送锦旗和10万元慰问金。

15日 市局召开“三项教育”动员部署会。市委副书记张福森、公安部政治部主任祝春林，市委常委、政法委书记、市局局长强卫在会上讲话。副局长刘德、阮增义、杨文忠、马振川，政治部主任甄九庆，纪委书记张久臣和部分特邀警风监督员出席。局属各单位的双正职领导参加了会议。

16日 市委书记贾庆林在市委副书记张福森，市委常委、政法委书记、市局局长强卫，市委常委、市委秘书长杜德印等陪同下到市局调研科技强警工作。

25日 市委同意以下干部的任免：毕庶琪同志任北京市公安局办公室主任；陈福印同志任北京市公安局西城分局政委；陈曦同志任北京市公安局房山分局政委；李清林同志任北京市公安局昌平分局分局长，免去其北京市公安局昌平分局政委职务；尹燕京同志任北京市公安局昌平分局政委；免去胡跃庭同志北京市公安局昌平分局分局长职务（保留副局级）；同意张岷同志调中国社会科学院工作，免去其北京市公安局东城分局政委职务。

26日 市人民政府第87次市长办公会

议决定：张越同志任北京市公安局国内安全保卫总队总队长；王亮同志任北京市公安局国内安全保卫总队政委；王军同志任北京市公安局刑事侦查总队总队长；张新威同志任北京市公安局刑事侦查总队政委；张伟刚同志任北京市公安局治安管理总队总队长；赵怀达同志任北京市公安局治安管理总队政委；王春和同志任北京市公安局巡察执法总队政委；刘松同志任北京市公安局内部单位保卫局局长；王树彬同志任北京市公安局内部单位保卫局政委；丁世伟同志任北京市公安局警卫局局长；霍连成同志任北京市公安局警卫局政委；张学伟同志任北京市消防局政委；免去张宝林同志北京市消防局政委职务。

29日　市局在石景山体育馆举行“99式”警服换装仪式。公安部副部长田期玉，政治部主任祝春林，市委副书记张福森，市委常委、政法委书记、市局局长强卫等领导及市局2800余名民警代表出席了仪式。

30日　市局党委会决定：在昌平区南口镇太平庄重新建设北京人民警察学院和兴建北京市公安局警官培训中心。会议一致通过在昌平新址将北京人民警察学院和市局警官培训中心合建一处的方案。

十　月

1日　市公安局全体民警换着“99式”新警服。

△　少数“法轮功”邪教组织顽固分子受境外李洪志等人煽动，到天安门广场进行非法聚集活动。市局在公安部的指挥下，周密部署，采取果断措施，及时将滋事的“法轮功”顽固分子带离现场，确保了广场秩序。

9日—11日　全国公安巡警防暴警比武在市局巡察执法总队训练基地举行。市局代表队荣获团体总分第二名，并获比武组委会颁发的特别奖；还夺得微型冲锋枪、攀登两枚团体金牌，催泪弹投掷获银牌，着装游泳、武装越野分获团体第五、第七名。

12日　市局召开机构改革动员部署大会。会上，市局决定重组办公室、精简政治部、纪委、后勤系统机构；户籍处和外来人口管理处合并组建人口管理处；撤销涉外饭店管理处和旅游保卫处，职能并入治安管理总队；建立公共信息网络安全监察处；预审处、缉毒处、特警队并入刑事侦查总队；市委市政府机关保卫处并入内部单位保卫局；北京站分局并入东城分局。市局职能部门由48个减为29个，精简幅度达到39.6%。市局各职能部门精简分流1000余人。业务机构形成指挥决策、队伍管理、装备财务、科技、国保、刑侦、治安管理防范控制、内保、交通、警卫、消防11个系统。提高了国保、刑侦、治安管理防范控制、内保、警卫等市局主要职能部门的机构建制等级。市委常委、政法委书记、市局局长强卫及市局副局长吕实珉、刘德、李全福、阮增义、杨文忠、马振川、政治部主任甄九庆、纪委书记张久臣出席了会议。

19日　市局召开巡警、防暴警训练汇报暨比武总结表彰大会。会上宣布了公安部给承担全国公安巡警防暴警比武开幕式汇报表演任务的北京市公安局巡察执法总队记集体一等功的命令，宣读了市局给8个集体、413名个人记功奖励的命令。公安部副部长罗锋，公安部政治部主任祝春林，市委常委、政法委书记、市局局长强卫，公安部治安局局长武冬立等出席了大会。

23日　副市长汪光焘在市局副局长马振川的陪同下到市公安交通管理局听取申奥交通管理工作汇报，并提出了具体要求。

26日　协和医院北配楼发生重大火灾，过火面积500平方米，造成6人受伤，3人死亡。火灾发生后，市局局长强卫，公安部消防局副局长李世雄、市局副局长刘德等先后赶赴现场指挥扑救工作。

27日　北京人民警察学院与国家计算

机网络与信息安全管理中心、北京市电信公司就有偿转让朝阳区裕民路3号（北京人民警察学院现址）部分房屋所有权及土地使用权在京都信苑饭店签订合同。市局局长强卫，副局长吕实琨、刘德，北京人民警察学院党委书记李长修、院长滕健、副院长孙福盛等领导参加了签字仪式。

十一　月

1日—26日　市局开展了警务技能大比武活动，全局5021名民警参加了个人全能、警种个人全能、个人单项、战斗队组、团体五大类19个项目的比赛，180名民警、32个战斗队组、7个处团队和12个单位获奖。12月18日，市局召开了警务技能大比武表彰会。市局局长强卫为获奖单位和个人颁奖，并指出要使教育训练工作更贴近工作实际，贴近实战需要。

6日　中共北京市委决定，阮增义同志为正局级。

9日　市长刘淇，市委常委、政法委书记、市局局长强卫，市委常委、常务副市长孟学农，副市长汪光焘等领导到消防局检查指导工作。

13日　亮马河大厦女会计秦凤鸣携密码箱在保安员的护卫下去大厦的中国银行存营业款，乘电梯时被一持枪男青年将密码箱抢走，内有现金34万元及支票26万余元。接警后，市局副局长阮增义，刑事侦查总队、朝阳分局等有关单位领导赶赴现场指挥破案。仅用一个小时，便将来不及逃脱的犯罪嫌疑人周吉彬（男，25岁，汉族，四川省内江市人，原为亮马河大厦保安员，因赌博被辞退）抓获，并起获全部款物。

21日　中共北京市委同意，免去甄九庆同志中共北京市公安局委员会委员、政治部主任职务，调北京市政法管理干部学院工作。

21日—29日　国际奥委会篮球、柔道、拳击、垒球、体操5个单项体育组织官员到市公安交通管理局考察北京市交通管理工作。在听取了交通管理工作及2008年奥运会交通组织原则设想的汇报，观看了反映北京交通管理现代化的专题片后，考察官员们表示满意。

29日　在刑事侦查处、预审处、缉毒处、特警队基础上组建的市公安局刑事侦查总队正式成立。

△　“前进中的首都公安”展览在市局档案馆开幕。市局局长强卫，公安部部长助理兼办公厅主任杨焕宁，市委办公厅副主任、市档案局局长王芸等领导及局属各单位的领导出席了开幕式。

30日　市局召开申奥安全保卫工作动员大会。北京市奥申委常务副主席、副市长刘敬民介绍了北京申奥工作情况。市委常委、政法委书记、市局局长强卫对北京申奥安全保卫工作进行了部署。市委政法委常务副书记幕平、市局副局长吕实琨、刘德、李全福、阮增义、杨文忠、马振川、纪委书记张久臣出席了大会。

十二　月

3日　北京市原副市长、市公安局局长、党组书记兼武警北京总队第一政委苏仲祥因病去世，享年70岁。

4日　中共北京市委同意，免去晋化同志北京市公安局崇文分局政委职务（保留副局级），调北京法制报社工作。

△　市局面向全局公开选拔30个处职领导岗位人选。其中指挥决策系统9个，队伍管理系统15个，科技系统2个、分县局系统4个。

6日　北京人民警察学院与昌平区南口镇签订土地征用（北京人民警察学院和市局警官培训中心新址）补偿协议。市局局长强卫，副局长吕实琨、刘德等领导参加了签字仪式。北京人民警察学院院长滕健代表甲方在协议书上签字。

7日—29日 田径、马术、摔跤等8个国际奥委会单项体育组织官员到市公安交通管理局考察。

15日 在公安部、全国总工会、共青团中央组织召开的首届“全国先进保安服务公司、优秀保安员”表彰大会上，北京市保安服务总公司被评为“全国十佳保安服务公司”，东城分公司被评为“全国先进保安服务公司”，丰台分公司保安员马京敏被评为“全国十佳保安员”，另有7名保安员被评为“全国优秀保安员”。

21日 市局召开首都巡警系统规范化建设达标单位命名大会。会上对崇文分局巡察执法支队五队等6个达标单位进行了命名表彰。市局局长强卫讲话，公安部治安局局长武冬立、市局副局长李全福出席会议。

23日 市局召开“三项教育”整改建制阶段动员大会。会上市局局长强卫宣布，市公安局将建立人民群众定期测评公安机关和公安工作制度。市局统一组织群众测评各分（县）局的业务工作队伍状况，群众满意率达不到70%的单位，要进行有针对性的教育和整改，测评结果连续处于末位的分（县）局领导，给予调整。

24日 市局工会第一次代表大会在最高人民法院大法庭召开。经投票选举，刘德当选为第一届工会主席，刘少波当选为常务副主席，刘寿水、祁公望当选为副主席。

法规选编

北京市人民政府令

第47号

《北京市安全技术防范管理规定》已经1999年11月2日市人民政府第18次常务会议通过，自2000年1月1日起施行。

市长 刘淇

1999年11月16日

北京市安全技术防范管理规定

第一条 为加强本市安全技术防范工作的管理，保障国家、集体财产和公民生命财产安全，根据本市实际情况，制定本规定。

第二条 本规定所称安全技术防范，是指运用技术产品、工程等科学技术手段，预防、制止违法犯罪行为或者重大治安事件。

第三条 本规定适用于本市行政区域内在下列场所和部位从事安全技术防范工程（以下简称技防工程）设计、施工的单位和使用安全技术防范设施、产品（以下简称技防设施、技防产品）的单位：

（一）枪支、弹药的生产、存放场所；

（二）易燃、易爆、剧毒、放射性物品、管制药品和病菌等危险物品的生产、存放场所；

（三）存放涉及国家秘密的文件、资料、计算机软件的室、馆（库）；

（四）金银等贵重金属、珠宝的加工、经营、存放场所；

（五）印钞、造币以及印制其他有价证券的单位的重点部位；

（六）金融机构的营业场所、金库、运钞车；

（七）电力、电信、供水、供气、供热、广播电视等部门的重点要害部位；

（八）博物馆、展览馆、文物店等收藏、陈列、销售、展览具有重要科学价值、经济价值的文物和其他物品的场所、部位；

（九）机场、火车站和其他需要进行安全检查的场所；

（十）根据市人民政府的有关规定，应当安装使用技防设施和技防产品的其他场所和部位。

技防产品的生产、销售管理，按照《中华人民共和国产品质量法》和国家其他有关规定执行。

第四条 市公安局是本市安全技术防范工作的主管机关，区、县公安机关负责本行政区域内安全技术防范的管理工作。

第五条 本市行政区域内涉及本规定第三条所列场所和部位的单位，应当安装使用技防设施和技防产品。

第六条 市公安局应当与建筑勘察设计主管部门共同制定技防设施设计规范。设计部门在进行建筑设计时，应当遵守技防设施设计规范。

新建、改建、扩建工程的设计方案，应当包括技防设施，并列入工程概算。

第七条 技防工程应当符合国家标准、地方标准或者行业标准以及其他有关规定。

涉及国家秘密、国家安全的技防工程的设计、施工、维修，不得委托国（境）外企业承建。

第八条 技防工程建设单位应当将工程设计图纸以及有关资料送公安机关审核同意后，方可交付施工。确需变更设计的，应当经原审核的公安机关同意。

技防工程竣工后，应当由公安机关进行安全技术防范验收。未经验收或者经验收不合格的，不得投入使用。

第九条 公安机关应当对技防工程建设单位报审的工程设计方案进行保密。

第十条 使用技防设施的单位，应当采取有效措施，加强对技防设施和相关人员的管理，减少人为误报，不得谎报；应当加强对涉密人员的教育和管理，将知密人员限制在最小范围，并登记注册。

第十一条 从事技防工程设计、施工的单位，应当具有相应的资质。对在本规定第三条第（一）、（二）、（五）、（六）、（九）项所列场所和部位从事技防工程设计、施工并符合资质条件的单位，由公安机关出具证明。

公安机关对上述单位的资质实行年检制度。

第十二条　涉及本规定第三条所列场所和部位的单位使用的技防产品，应当符合国家标准、行业标准或者地方标准。不符合标准的，不得安装使用；已经安装使用的，公安机关可以责令使用单位限期更换。

第十三条　公安机关应当定期对安全技术防范工作的有关单位进行检查。对安全技术防范工作中存在的问题，应当及时提出整改意见并监督整改措施的落实。

第十四条　违反本规定的，由公安机关按照下列规定给予处罚：

(一)违反第五条规定的，责令限期改正，并处以警告或者500元以下的罚款；因不安装使用技防设施和技防产品而发生刑事案件或者治安事件，造成国家、集体财产损失的，处以500元以上1000元以下的罚款，并对单位直接负责的主管人员和其他直接责任人员处以500元以上1000元以下的罚款。

(二)违反第七条第二款、第八条规定的，处以警告或者500元以上1000元以下的罚款。

(三)违反第十一条规定的，责令限期改正，并处以警告或者1000元以上5000元以下的罚款；逾期不改正的，处以5000元以上3万元以下的罚款。

第十五条　本规定执行中的具体问题，由市公安局负责解释。

第十六条　本规定自2000年1月1日起施行。

北京市劳动和社会保障局　北京市公安局 北京市总工会关于认真贯彻劳动法切实维护劳动者合法权益的意见

京劳社办发［2000］1号

各区县劳动和社会保障局、公安分县局(处)、工会，市属各委办局总公司(集团公司)：

劳动和社会保障部、国家经贸委、公安部、全国总工会11月5日印发了《关于认真贯彻劳动法切实维护劳动者合法权益的通知》(劳社部发〔1999〕35号)，为贯彻落实通知精神，提出以下意见。

一、进一步提高认识，从依法治国的战略高度认真抓好《劳动法》的贯彻实施和劳动者权益保障工作。

全市各级劳动保障部门、公安机关、工会组织等部门和企业主管部门要高度重视依法维护劳动者权益工作，严格依法行政，切实维护劳动者合法权益。对一些企业特别是非国有企业存在的用工不签订劳动合同、随意辞退职工、克扣和无故拖欠工资、不依法参加社会保险、欠缴拒缴社会保险费、随意延长工作时间，以及侵害劳动者人身权等方面违反《劳动法》的行为，要采取切实措施，严肃查处。

二、各级劳动和社会保障部门、公安机关、工会组织和企业主管部门要加强经常性劳动者权益保障工作。

(一)严格工时审批制度，认真做好企业实行综合计算工时和不定时工作制的审批，对严重违反工时规定的用人单位，要加大执法处罚力度，确保工时规定的落实。

（二）各用人单位必须严格执行北京市最低工资暂行规定和北京市工资支付暂行规定及补充规定。最低工资标准调整时，企业因经济效益不好，执行新的最低工资标准确有困难的，可申请暂缓执行。经批准后，可延长半年执行；半年后无论何种原因，均要执行现行最低工资标准。各级劳动和社会保障部门对申请暂缓执行最低工资标准的企业要严格把关，并在暂缓执行期到期时督促企业执行新的最低工资标准。对企业克扣和无故拖欠工资，以及由于工作需要加班加点而不按规定支付加班加点工资的行为，要加强经常性监察，及时做出行政处理决定并负责监督执行。

（三）要加强对企业，特别是对非国有企业贯彻女职工和未成年工劳动保护法规的监督检查工作，及时查处违反女职工和未成年工劳动保护法规的行为。

（四）要强化劳动保障监察职能，健全举报制度，认真做好群众举报案件的受理和查处工作。各级劳动和社会保障监察部门要进一步加强举报专查和常规巡查工作。对劳动者举报用人单位违反《劳动法》有关案件，要按照劳动保障监察部门查办案件的有关要求，在规定期限内予以结案，结案率要保持在95%以上。要结合本地区的实际情况，加强对不同类型企业劳动保障管理工作的常规巡视检查，把有可能引发劳动纠纷的矛盾消除在萌芽状态。坚持企业违法案件通报制度，对企业不签订劳动合同、随意辞退职工、克扣和无故拖欠工资、生活费、养老金、不进行社会保险登记和缴纳社会保险费等违反劳动法律、法规的行为，市、区（县）劳动保障部门要按行业系统及时进行通报。加大惩处克扣和无故拖欠职工工资行为的力度，发现一起，处理一起，切实维护劳动者的合法权益。抓好劳动保障年检工作，坚持突出重点企业、重点内容的原则，并创造条件把年检扩大到各类非国有企业。

（五）各级劳动争议仲裁机构要充分发挥依法维护劳动者权益的职能作用，加大劳动争议特别是集体劳动争议的处理力度，仲裁案件结案率要达到95%以上。要将由劳动争议引发的无序的集体上访、突发事件等人民内部矛盾，纳入有序的解决渠道。对当事人超过申诉时效的请求，凡有正当理由的，仲裁委员会应予受理；确实不能受理的，要提供法律救助，以裁决的方式予以驳回，为当事人向法院起诉提供条件。对企业拖欠工资及拖欠工资后逃匿引发的劳动争议，要引导劳动者通过劳动争议仲裁渠道解决，依法维护劳动者的合法权益。

（六）各级劳动和社会保障部门要加强对职业介绍机构的管理，指导职业介绍机构认真贯彻《劳动法》，严格按照有关规定开展职业介绍活动，杜绝虚假信息，自觉维护劳动者的合法权益。

（七）要进一步落实以安全生产责任制为主体的各项安全生产管理制度，实行安全生产目标控制管理，完善安全生产考核工作，将安全生产的各项工作纳入考核内容，实行综合考核。各级安全生产管理部门要指导企业健全和完善各项安全生产管理制度，并对制度的落实加强监督检查。各企业要进一步加强安全生产基础管理工作，有专门机构或专兼职人员负责安全生产的管理工作。要做好对企业法定代表人、安全生产管理人员和劳动者的安全生产教育和培训工作，督促和指导企业切实搞好“三级安全教育”。对建筑、矿山等行业、企业使用的农民工要落实持证上岗制度；生产易燃易爆、剧毒产品的企业和以这些物质为原料的企业，要进行安全生产全员培训；凡在企业从事特种作业的人员，必须经过专门的安全技术培训并取得特种作业资格，做到持证上岗。

要加强安全生产现场的监察工作，各级安全生产行政管理部门要通过定期和不定期的安全检查，督促和强化企业的安全生产管理工作；企业主管部门在加强对所属企业安全生产检查的同时，要帮助企业解决安全生产工作中遇到的实际问题。各企业要切实落实厂级、车间级、班组级三级安全检查制度，加强安全生产的日常检查工作；要不断改善生产作业条件，减少和杜绝职业危害；对不安全隐患要及时整改，对一时难以整改的，要采取有效防范措施防止不安全事故的发生。

要严格执行企业建设项目劳动保护“三同时”有关法规，加强“三同时”审查工作，确保企业新、改、扩、迁建项目的劳动安全卫生条件符合国家有关标准，不准出现新的职业危害和不安全隐患。

(八)各级工会组织，特别是企业工会要切实履行安全生产监督职责，对企业违章指挥、强令工人冒险作业或在生产过程中发现重大事故隐患和职业危害情况的，要及时提出意见，督促和帮助企业做好防范工作。

(九)各级公安机关要依法查处强迫劳动及体罚、殴打、拘禁劳动者等严重侵犯劳动者人身权的违法行为，对非法限制劳动者人身自由，殴打、侮辱劳动者以及阻挠有关部门依法行使监督检查权的，要依照《中华人民共和国治安管理处罚条例》和《中华人民共和国刑法》有关规定追究其法律责任；除公安机关依法对被告人采取强制措施可以扣留居民身份证外，其他任何单位和个人不得扣留居民身份证或者作抵押。

三、开展“认真贯彻《劳动法》切实维护劳动者合法权益”综合监察活动，促进《劳动法》的贯彻落实，保障劳动者的合法权益和安全健康。

监察活动的重点内容和要求是：

(一)检查企业签订和履行劳动合同、集体合同的情况。各级劳动保障机构对检查中发现的企业招用职工不签劳动合同、合同不完备或显失公平的，要责令其限期签订或重新修订；对拒不整改的，要依法予以通报批评；用人单位未签劳动合同或违反有关劳动合同管理规定给职工造成损害的，责令其赔偿经济损失。对不履行集体合同的，要督促其履行。

(二)纠正和处理克扣和无故拖欠工资行为。对克扣和无故拖欠工资的用人单位，劳动保障行政部门要责令其限期发放工资，并按规定支付经济补偿和赔偿金；对不执行整改指令的，要依法做出行政处理决定书，要求其限期发放；对拒不执行行政处理决定的，劳动保障行政部门要依法申请人民法院强制执行。

(三)加大社会保险费征缴和“两个确保”的监察执法工作力度。重点查处缴费单位不依法进行社会保险登记和缴费，企业不按时、足额发放下岗职工基本生活费和离退休人员养老金，以及用人单位在招工时歧视下岗职工和不与下岗职工签订劳动合同的行为。对不按规定参加社会保险或缴纳社会保险费的直接责任人要处以罚款；对迟缴社会保险费的要加收滞纳金；对由于未缴或迟缴社会保险费致使职工不能享受社会保险待遇或影响其再就业的，由用人单位赔偿其损失。

(四)对安全生产工作进行全面检查，加强对事故隐患的治理、监控。市劳动保障部门和各地区、各系统、各单位要组织开展有针对性的安全检查活动，检查的重点地区是城八区以及与庆典活动相关的场所、群众购物、娱乐场所和其他与群众生命、生活有直接关系的企业、场所；检查的重点行业是矿山、建筑、化工、石油、交通等行业，以及锅炉、压力容器、电梯等特种设备的制造企业和使用单位；检查的内容是安全生产责任制的落实情况、重点场所的电器设备运转是否正常、特种作业人员是否持证上岗、重大事故隐患的治理监控情况、建筑工地的安全防护以及农民工安全教育培训等。对检查中发现的问题、隐患，要立即处理，限期解决；对重大问题、隐患要组织人力、物力、财力迅速解决，一时解决不了的，要制定预案，加强监控，确保不发生重大恶性事故。发现问题突出、隐患严重、责任制不落实、不具备基本安全生产条件、职业危害严重的单位，依法该处罚的要处罚，该整顿的要整顿，该停产的要停产。

四、充分发挥工会组织劳动法律监督作用。

要加快在非国有企业组建工会的步伐，尚未建立工会组织的非国有企业要尽快建立。在建立工会组织的同时，要建立平等协商机制，签订集体合同。已建立工会组织的企业必须建立并完善工会法律监督委员会和劳动争议调解委员会。各级工会组织要加强工作指导，指导企业工会依法行使监督职责，了解和掌握企业劳动关系动态，并及时与有关方面沟通情况。各级工会组织要积极参与劳动争议仲裁和企业劳动争议调解工作，充分发挥工会劳动法律监督组织的监督作用，以有效维护劳动者权益。

五、深入宣传劳动法律法规，营造法制环境。

要把集中性宣传和经常性宣传相结合起来，使劳动者和企业经营者熟悉、掌握劳动法律、法规和相关政策，提高劳动者和用人单位遵守劳动法律、法规的自觉性和维权意识，营造遵守《劳动法》光荣，违反《劳动法》耻辱的社会氛围。

结合纪念《劳动法》实施5周年，在12月下旬组织召开“深入贯彻《劳动法》，切实维护职工合法权益”座谈会；配合“认真贯彻《劳动法》切实维护劳动者权益”综合监察活动，组织新闻单位进行现场采访，对贯彻落实《劳动法》好的单位进行宣传，对严重违反《劳动法》的用人单位进行曝光；对典型的严重侵害劳动者权益的劳动争议案件进行开庭审理，并组织新闻单位进行宣传报道；1999年12月至2000年1月，在《北京劳动就业报》举办“我说《劳动法》有奖征文活动”，刊载反映企业和劳动者认真贯彻落实《劳动法》、自觉运用《劳动法》维护自身权益的文章。

2000年1月3日

北京市公安局　北京市电信管理局　北京市文化局　北京市工商行政管理局关于加强北京地区“网吧”安全管理的通告

2000年第3号

根据公安部、信息产业部、文化部、国家工商行政管理局《关于规范“网吧”经营行为加强安全管理的通知》，为加强北京地区“网吧”的安全管理，推动信息产业健康发展，特通告如下：

一、“网吧”是指通过计算机与公众信息网络联网，向消费者提供上机学习、信息查询和交流等服务的经营性场所。

对不提供上网服务的经营性计算机服务场所，依照国家有关规定进行管理。

二、申请经营“网吧”应具备下列条件：

（一）营业场地安全可靠，设施齐全；

（二）具有相应的计算机设备和技术人员；

（三）建立完善的安全保护管理制度；

（四）配备专职或兼职的安全管理人员；

（五）符合国家法律、法规的有关规定。

三、经通信行业管理部门批准，已领取

经营许可证的计算机信息网络国际联网业务和多媒体通信业务的经营单位可以发展“网吧”。对“网吧”经营者的管理责任应由相关的经营单位承担。经营单位要与“网吧”签订业务代理协议和信息安全责任书，明确双方的权利和义务。

经营单位发展“网吧”时，必须按规定要求对“网吧”进行认真审核，并将“网吧”的名称、地址、终端数量、从业人员名单及代理协议等材料报当地通信行业管理部门备案。

曾因违反《中华人民共和国计算机信息网络国际联网管理暂行规定》和《计算机信息网络国际联网安全保护管理办法》，被取消联网资格或被暂停联网的单位和个人，处罚期限未满的，不予批准经营“网吧”业务。

四、申请经营“网吧”的单位，应到工商行政管理部门申请登记注册，登记注册后30日内持营业执照向所在地公安分局、县公安局申请安全检查，经检查合格获公安机关颁发的安全检查合格证后，方可营业。本通知发布之前已营业的“网吧”，应在本通知发布之日起30日内，按本通知的规定补办手续，逾期不办的，由公安机关、工商行政管理部门依法查处。

五、“网吧”的经营者和消费者应遵守国家法律、行政法规，不得从事危害国家安全，扰乱社会治安秩序，侵犯公众合法权益的违法犯罪活动；不得经营电脑游戏，不得将“网吧”出租或者转让。“网吧”经营者对国家法律、法规禁止传播的信息负有监督、举报并停止上网和查阅的责任。

“网吧”要对使用公共信息网络的消费者的有关情况进行必要的登记。

六、各主管部门要加强对“网吧”经营和安全管理情况的监督检查，在检查中如发现有无照经营或超范围经营“网吧”等违法行为，由工商行政管理部门予以处罚；对违反网络安全管理规定的行为，由公安机关依照有关规定予以处罚。

“网吧”应在其营业场所显著位置张贴本通告。

特此通告。

2000年1月15日

北京市人民政府令第53号

现发布《北京市防火安全工作管理规定》，自2000年5月1日起施行。

市长　刘淇

2000年3月13日

北京市防火安全工作管理规定

第一条　为预防火灾和减少火灾危害，保护公民人身、公共财产和公民财产的安全，根据本市实际情况，制定本规定。

第二条　凡本市行政区域内的机关、团体、企业事业单位和其他组织以及个体工商户（以下简称单位）的防火安全工作，均适用本规定。

第三条　本规定由各级人民政府组织实施。各级人民政府的防火安全委员会，在本级人民政府领导下，负责组织、协调本辖区内各单位的防火安全工作。

市和区、县人民政府各部门负责督促、检查本系统各单位遵守本规定。

中央在京机关负责督促本机关及其所属在京单位遵守本规定。

各级公安消防机构在上级公安消防机构和本级人民政府的领导下，监督检查防火安全工作的落实。

第四条 本市防火安全工作实行防火安全责任制度（以下简称安全责任制）。

单位应当落实国家和本市有关法律、法规规定的防火安全职责，并按照下列规定逐级建立安全责任制：

（一）法人单位的法定代表人或者非法人单位的主要负责人全面负责本单位安全责任制的组织实施，并确定一名行政领导人为防火责任人，具体负责本单位的安全责任制的落实。

（二）建立消防工作组织，配备或者指定防火工作人员，负责日常防火安全管理工作。

（三）建立各部门、各工种、各岗位的防火安全岗位责任制度，实行目标管理，逐级落实，把防火安全工作与本单位的工作、生产、经营和劳动安全同计划、同布置、同落实、同检查、同总结、同评比。

第五条 单位应当履行下列防火安全义务：

（一）制定并落实防火安全管理措施。

（二）建立本单位实施安全责任制的考核、奖惩制度。

（三）定期进行灭火技术训练；防火安全工作人员经考试合格后，方可上岗。

（四）内部进行经常性的防火安全检查，及时制止、纠正违法、违章行为；对暂时难以消除的火灾隐患，采取应急措施，确保安全。

（五）对公安消防机构指出的火灾隐患，在规定期限内予以消除。

（六）完善消防设施和器材；消防设施和器材有专人负责维护管理。

（七）防火值班、巡逻人员坚守岗位，不得脱岗，并掌握防火和灭火基本知识。

（八）火灾扑灭后，未经公安消防机构许可，不得进入、撤除、清理火灾现场。

（九）不得不报告或者延误报告火灾情况。

（十）贯彻执行本市规章规定的其他有关防火安全义务。

第六条 公安消防机构发现随时有可能发生火灾危险的部位或者设施，有权责令有关单位和人员立即改正或者停止使用。

第七条 对贯彻实施安全责任制和履行防火安全义务成绩突出的单位，各级人民政府应当给予表彰和奖励。

第八条 违反本规定第五条规定的，处警告或者200元以上1000元以下罚款。

在经营活动中违反本规定第五条规定的，处3000元以上3万元以下罚款。

第九条 对违反本规定，存在火灾隐患，经公安消防机构通知逾期不改正，未发生火灾的，处2万元以上5万元以下罚款；发生一般火灾的，处5万元以上10万元以下罚款；发生重大火灾的，处10万元以上15万元以下罚款；发生特大火灾的，处15万元以上20万元以下罚款。

除依照前款规定处罚外，并对单位直接负责的主管人员和其他直接责任人员处警告或者500元以上5000元以下罚款。

第十条 本规定自2000年5月1日起施行。

1990年9月17日市人民政府第32号令发布的《北京市防火安全责任制暂行规定》同时废止。

北京市公安局关于办理2000年养犬年度注册的通告

2000年第5号

为加强养犬年度注册管理工作，根据《北京市严格限制养犬规定》和《北京市养犬审批、登记、年度注册管理办法》，现将2000年养犬年度注册的有关事项通告如下：

一、1999年登记、注册养犬的单位和个人，均于2000年5月1日至6月30日持《养犬许可证》、《犬类免疫证》和犬牌到原发证机关办理年度注册手续。

二、重点限养区内准养犬体高增长超过标准（35厘米）的，不予办理年度注册手续，由发证机关收回《养犬许可证》和犬牌，其犬自行处理或送北京市公安局犬类留检所。

三、养犬人因住址迁移需要变更养犬饲养地的，持《养犬许可证》、《犬类免疫证》和犬牌到迁入地派出所办理变更手续及年度注册手续。

四、已办理《养犬许可证》的单位和个人不再继续养犬的，应在本通告发布后30日内，将《养犬许可证》和犬牌交回办证机关，并说明犬的处理情况。准养犬死亡、丢失的，应将《养犬许可证》和犬牌交回办证机关，不得用原有《养犬许可证》和犬牌饲养新犬。

五、对违反本《通告》规定的，由公安机关依照《北京市严格限制养犬规定》予以处罚。

特此通告。

2000年3月30日

北京市物价局　北京市公安局关于对公安机关涉案财产价格鉴定收费有关问题的通知

京价（事）字〔2000〕190号

市、区（县）价格事务所，市公安局有关处、分（县）局：

为进一步做好全市涉案财产价格鉴定工作，根据《北京市涉案财产价格鉴定管理办法》，现将对全市公安系统涉案财产价格鉴定收取费用的有关问题通知如下：

一、市价格事务所承接市局各局、处、直属分局、巡察总队委托的涉案财产价格鉴定并承接区（县）公安分（县）局情况复杂、难度较大的珍贵古玩、文物、古字画及宗标的鉴定金额超过10万元的价格鉴定；区（县）价格事务所承接本区（县）公安分（县）局委托的涉案财产的价格鉴定。

二、市公安局各局、处、直属分局、巡察总队及区、县公安局在市价格事务所进行鉴定的，由市价格事务所按照“一事一收”的方法收取费用。各公安分（县）局在区、县价格事务所进行价格鉴定的，收取费用结算方式参照本规定执行。

三、各级公安机关所需的涉案财产价格鉴定费在“公安业务费”中列支，由各级行政部门统一解决。

四、市、区（县）价格事务所价格鉴定的收费工作，必须严格遵守《北京市行政事业性收费管理条例》和《关于涉案物品价格评估收费标准的批复》，严格执行收费标准，并使用市财政局统一印制的收费票据。

五、市、区（县）各级涉案财产价格鉴定机构和人员必须严格遵守有关法律、法规和规章，认真履行职责，保证为各级公安机关及时提供价格鉴定，遇有重大紧急案件，应随时完成价格鉴定工作。

六、全市各级公安机关办案部门在委托价格鉴定时，应完备有关手续，为价格鉴定工作提供必要的条件，保证按标准及时付费，不得无故拖延。遇有重大紧急案件，应向价格事务所说明理由，并提供必要协助。

七、此前有关对公安机关涉案财产价格鉴定收费工作的文件规定中有与本通知规定不符的，以本通知规定为准。

八、本通知自2000年1月1日起执行。

2000年4月26日

北京市广播电视局　北京市公安局关于维护有线广播电视传输网络安全的通告

通告〔2000〕1号

为维护有线广播电视传输网络的运行安全，确保有线广播电视节目的传输质量和传输网络的畅通，根据国务院颁布的《广播电视管理条例》和《广播电视设施保护条例》及国家有关法律、法规的规定，结合本市实际情况特通告如下：

一、本市有线广播电视传输网络是首都城市建设重要的基础设施，国家对有线广播电视传输网络建设和经营实行许可制度。未经广播电视行政管理部门批准，任何单位或个人都不得从事有线广播电视传输网络的建设和经营，不得拆改、移动有线广播电视传输网络设施。严禁其他危害有线广播电视传输网络运行安全的活动。

二、禁止侵占、哄抢有线广播电视传输网络设施，禁止私分、截留有线电视传输网络工程费及节目收看费。

三、有线广播电视用户应当按照规定交纳网络工程费和节目收看费，不得拖欠和拒付有关费用。不得威胁、辱骂或者殴打有线广播电视工作人员。

四、严禁盗窃、破坏有线广播电视传输网络设施；严禁私接、盗用有线广播电视网络传输信号；严禁非法收取有线广播电视传输网络设施的网络工程费和节目收看费。损坏有线广播电视传输网络的单位和个人，应当按照规定赔偿经济损失，并依法承担法律责任。

五、对违反本通告的单位和个人，由广播电视行政管理部门依照有关规定予以处罚；构成违反治安管理行为的，由公安机关依照《中华人民共和国治安管理处罚条例》予以处罚；构成犯罪的，依法追究刑事责任。

特此通告。

2000年5月10日

北京市公安局关于责令吸食注射毒品人员限期进行登记的通告

2000年第7号

为维护首都社会治安秩序，依法查处毒品违法犯罪活动，保护公民的身心健康，教育挽救吸毒人员，根据国家有关法律法规的规定，现通告如下：

一、凡吸食、注射毒品人员，必须在本通告发布之日起一个月内，到本市户籍地或者居住地公安派出所进行登记，并保证今后不再吸食、注射毒品。凡在规定期限内进行登记的，一律实行限期戒毒。

二、对逾期不登记的，凡未经强制戒毒的，一律依法强制戒毒三至六个月；已经过强制戒毒或者因吸食、注射毒品曾被劳动教养又重新吸食、注射毒品的，一律依法实行劳动教养；按第一条的规定登记后又重新吸食、注射毒品的，按逾期不登记处理。

三、外地来京暂住人口中吸食、注射毒品的人员也必须在通告规定的期限内到暂住地或者工作地公安派出所进行登记，凡在规定期限内登记的，实行限期戒毒；逾期不登记的或者登记后又复吸的，依照前条规定处理。

四、公民应当积极揭发、检举毒品违法犯罪人员，对协助公安机关打击毒品犯罪、查破案件的有功人员，将根据情况予以奖励。

特此通告

2000年6月6日

北京市文化局　北京市公安局　北京市工商行政管理局关于禁止生产、销售、设置、使用具有赌博功能游戏机的通告

为加强本市营业性游艺场所管理，确保文化娱乐市场健康、有序，禁止在本市利用游戏机从事赌博或变相赌博活动，根据国务院《娱乐场所管理条例》和《北京市文化娱乐市场管理条例》及国家有关法律、法规，特发布本通告。

一、禁止在北京市生产、销售具有退币、退珠、退奖券等赌博功能的游戏机。凡在本市生产、销售具有赌博功能游戏机的生产厂家、商店、代理销售商，必须立即停止生产、销售。对已生产、库存和待销售的具有赌博功能的游戏机，应将游戏机机型、机种、电路板名称、数量和生产销售情况登记造册；并在本通告发布之日起7日内上报当地工商部门，由工商部门依照国家有关规定予以处理。

二、禁止在营业性游艺场所设置、使用下列游戏机：麻将机、扑克牌机、老虎机、角子机、苹果拼盘机、三七机、97明星机、跑马机、弹子机、大型扑克组合机、大型战国风云组合机、大型麻将组合机、扑克牌连线机、麻将连线机、大玛丽机、小玛丽机、宇宙球机、小火箭机、猜球机、吹球机、小子机、棒球机、火圈机、摇钱机、动物乐园机、动物冠军机、梦幻回旋机、宾格机、满天星

机、拉霸机、博士帽机、划拳机、转盘机、轮盘机、推币机、娃娃机、炮炮龙机、王牌对决机、大富翁机、中国锄大地机、金三色机、歌王机、超级大满贯机、龙虎争霸机、对花麻将机、电子基盘机、满贯财神机、金葫芦机、花花世界机、数字乐园机、不倒翁机、还珠格格机、卡通世界机、皇冠列车机、东方之珠机、泰山闯天关机、仙桃乐园机、熊猫乐园机等，以及与之相类似的具有退币、退珠、退奖券等赌博功能的游戏机。

三、本通知发布之日起7日内，已经设置、使用上述游戏机的营业性游艺场所，必须立即停止使用，就地拆除；并将具有赌博功能的游戏机电路板上交当地公安部门封存。

四、文化、公安部门对已开办的营业性游艺场所设置、使用的游戏机机型、机种、电路板要予以重新审核。对新申请开办的营业性游艺场所，凡申报的游戏机机型、机种、电路板，不符合规定的，一律不予审核。

五、违反本通告规定，逾期不拆除，仍设置、使用具有赌博功能游戏机的营业性游艺场所，由文化行政部门依照国家有关法规予以处理。对利用游戏机从事赌博或变相赌博活动的营业性游艺场所的主要负责人或直接责任人，由公安机关依照《中华人民共和国治安管理处罚条例》予以处罚；构成犯罪的，依法追究刑事责任。对用于赌博的游戏机，由公安机关依法予以没收。对违反本通告规定情节严重的营业性游艺场所，由工商部门依法吊销营业执照。

对在本通告发布后，继续从事生产、销售具有赌博功能游戏机的生产厂家、商店、代理销售商，由工商部门依照国家有关规定依法予以处理。

2000年6月20日

北京市高级人民法院　北京市人民检察院　北京市公安局　北京市司法局关于刑事案件被害人遗体处理问题的通知

京公法字〔2000〕547号

市第一、第二中级人民法院、市铁路运输中级法院，市人民检察院第一、第二分院、市人民检察院北京铁路运输分院，各区县人民法院、铁路运输法院，各区县人民检察院、清河检察院、铁路运输检察院，市公安局各分（县）局、业务处、铁路公安局，市司法局、监狱管理局、劳教局各处室及所属单位：

为维护诉讼参与人的合法权益，保障刑事诉讼活动的顺利进行，现就刑事案件被害人遗体处理工作的有关问题通知如下：

一、公安机关、检察机关和审判机关必须严格按照刑事诉讼法的规定进行侦查、起诉和审判活动。任何机关都不得以被害人遗体火化问题为由，拒绝受理刑事案件，或者违反刑事案件侦查、起诉和审判的法定时限。

二、对刑事案件被害人的遗体，应当一律进行法医鉴定。公安机关的办案部门应当在收到鉴定结论之日起10日内，将鉴定结论告知犯罪嫌疑人、被害人的近亲属，告知情况应当记录在案，并随案移送。

三、公安机关的办案部门或者犯罪嫌疑人、被害人的近亲属对鉴定结论没有异议的，经公安机关负责人批准，由办案部门签发《被害人遗体火化通知书》，通知被害人近亲属在10日内，将被害人遗体送往殡葬部门火化。

逾期无正当理由拒不火化的，经公安机关负责人批准，由办案部门在期限届满后10日内强制执行火化，执行的情况应当记录在案。强制火化后，办案部门应当通知被害人近亲属在10日内领取骨灰。逾期无正当理由拒不领取的，应当记录在案，骨灰不予保存。

四、公安机关的办案部门或者犯罪嫌疑人、被害人的近亲属对鉴定结论有异议的，可以在接到鉴定结论之日起10日内提出申请，经公安机关负责人批准，由原鉴定部门进行补充鉴定，或者由北京市公安局法医鉴定中心进行重新鉴定。

对北京市公安局法医鉴定中心鉴定结论有异议的，可在收到鉴定结论之日起10日内提出申请，经公安机关负责人批准，由北京市法医学鉴定委员会进行重新鉴定。

北京市法医学鉴定委员会的鉴定结论，为北京市法医鉴定的最终结论。

五、对补充鉴定和重新鉴定的结论，应当按照第二条的规定处理。对补充鉴定和重新鉴定结论没有异议的，或者经北京市法医学鉴定委员会鉴定后，被害人的遗体应当按照第三条的规定处理。

犯罪嫌疑人或者被害人近亲属申请进行补充鉴定或者重新鉴定的费用，原则上应当由鉴定申请人支付。但补充鉴定、重新鉴定的结论与原鉴定结论不相同的，鉴定费用应当由办案机关支付。

六、被害人身份不明的，经公安机关负责人批准，应当向社会发布查寻公告。公告应当载明被害人的性别、年龄、身高、衣着和主要特征，公安机关的联系地址和电话，有条件的应附被害人的头面部照片。

自查寻公告发布之日起30日内，找到被害人近亲属的，应当按照第二条、第三条的规定处理。期限届满仍找不到被害人近亲属的，经公安机关负责人批准，由办案部门负责将被害人遗体送往殡葬部门火化。执行火化的情况应当记录在案，骨灰保存三个月。

七、公安机关对被害人的遗物应当登记、拍照和妥善保存。找到被害人近亲属的，应当将遗物发还被害人近亲属。在规定期限内找不到被害人近亲属的，应当将有价值的遗物交由拍卖部门拍卖。拍卖所得用于支付遗体存放和火化费用。无价值的遗物，可以和遗体一并处理。

八、被害人近亲属因正当理由或者其他特殊情况，要求暂时保存被害人遗体的，应当经公安机关负责人批准。暂时保存遗体的情况消失后，被害人近亲属应当在公安机关规定的期限内，将被害人遗体送往殡葬部门火化。

九、公安机关处理少数民族人员的遗体时，应当尊重少数民族的殡葬习惯。

十、被害人遗体的存放费用和火化费用，应当由负刑事责任的被告人支付。被害人近亲属接到公安机关火化遗体的通知后，逾期拒不执行的，遗体的存放费用和火化费用，应当由被害人近亲属支付。

十一、违法犯罪嫌疑人员在被依法限制人身自由期间死亡的遗体处理，应当按照本规定办理。

十二、公安机关对治安事件死亡人员的遗体处理，按照本通知的有关规定办理。

十三、公安交通管理机关对交通肇事案件死亡人员的遗体，应当按照国务院发布的《道路交通事故处理办法》的有关规定处理。事故发生地的公安机关应当予以配合。

十四、监狱、劳教管理机关对狱内、所内刑事案件被害人的遗体处理，参照本通知办理。

十五、对阻碍公安机关强制火化被害人遗体，构成违反治安管理的，依照《中华人民共和国治安管理处罚条例》的规定予以处罚；构成犯罪的，依法追究刑事责任。

十六、本通知自印发之日起施行。本通知印发之日前，遗留的刑事案件被害人和治安案件、交通肇事案件死亡人员的遗体处理问题，参照本规定办理。

2000年7月7日

北京市未成年人保护委员会　首都社会治安综合治理委员会办公室　北京市教育委员会　北京市公安局　北京市人民检察院　北京市高级人民法院　北京市司法局　共青团北京市委员会关于在全市开展中小学校、职业高中、中等专业技术学校聘任法制校长工作的通知

京未字〔2000〕5号

各区县未委会、综治办、教委（教育局）、公安局、司法局，第一、第二中级人民法院、各区县人民法院，市人民检察院第一、第二分院、各区县人民检察院，各区县团委：

为了进一步贯彻落实江泽民总书记《关于教育问题的谈话》精神，全面加强对青少年学生的法制教育，提高我市青少年法制教育工作的整体水平，市未委会、首都综治办、市教委、市公安局、市司法局、市高级人民法院、市人民检察院和团市委联合决定在全市中小学校、职业高中、中等专业技术学校中开展聘任法制校长工作。现将有关事项通知如下：

一、提高认识，高度重视法制校长的聘任工作

江泽民总书记在《关于教育问题的谈话》中指出：教育是一个系统工程，要不断提高教育质量和教育水平，不仅要加强对学生的文化知识教育，而且要切实加强对学生的思想政治教育、品德教育、纪律教育、法制教育。因此，在广大青少年学生中开展法制教育，不断提高广大青少年学生的法律意识和法制观念，是落实江总书记的指示，实现建设社会主义法制国家的需要，也是对青少年学生实施素质教育，减少和预防青少年违法犯罪的需要。

近年来，我市各有关单位积极探索开展青少年法制教育的有效形式，积累了许多有益的经验。实践证明，中小学校、职业高中、中等专业技术学校聘任法制校长是开展青少年法制教育的一条有效途径。法制校长不仅具备法律知识，而且熟悉被聘学校师生情况，开展的法制教育活动有声有色，有针对性，在对青少年进行法制宣传教育，保障未成年人的合法权利，挽救失足少年等方面发挥了积极的作用。实行法制校长制度，履行聘任手续，将进一步增强法制校长的责任感和主人翁意识，有利于我市青少年法制教育工作的规范、持续发展；把青少年的法制教育同学生的维权、校园周边环境治理等工作纳入法制校长的工作范围，将进一步增强法制教育的实效性。因此各部门一定要高度重视此项工作，将法制校长的聘任工作抓紧抓好。

二、精心组织，切实抓好法制校长的聘任管理工作

为了加强法制校长聘任管理工作的规范化、制度化建设，市未委会、首都综治办、市教委、市公安局、市司法局、市高级人民法院、市人民检察院和团市委联合制订了《北京市中小学校、职业高中、中等专业技术学校法制校长聘任管理办法》（以下简称《办法》）。各区县未委会、综治办、教委及其他有关部门要密切联系，主动配合，加强协调，尽快了解掌握本区县学校现有法制校长的情况，共同确定所需数量。对符合条件并愿意从事法制校长工作的同志要进行登记，填写《法制校长推荐表》一式两份，按照《办法》规定要求和程序完成法制校长的聘任工作。

请各区县将确定的法制校长名单于2000年9月新学期开学后即分别报送市未

委会办公室、首都综治办、市教委备案。

2000年8月5日

附件1：

北京市中小学校、职业高中、中等专业技术学校法制校长聘任管理办法

一、法制校长的聘任条件

1. 法制校长主要从公安、检察、法院、司法行政机关在职干部和律师中聘任，也可从符合条件的政法机关离、退休人员中聘任；

2. 法制校长要具备较高的政治素质和理论水平，拥护党的路线、方针和政策，作风正派，为人师表；

3. 法制校长应具有一定的法律专业知识和社会实践经验，热爱教育事业，关心青少年的健康成长；

4. 法制校长应具有较强的表达能力、协调能力和组织能力。

二、法制校长的聘任程序

1. 法制校长人选由区县综治办、未委会、教委（教育局）根据本地区学校数量，从公、检、法、司机关或社区离退休人员中按照聘任条件推荐，学校也可自行推荐，学校与受聘者实行双向选择；

2. 人员确定后，由各区县综治办、未委会、教委（教育局）和法制校长所在单位共同颁发聘书；

3. 每位法制校长任期两年，每所学校原则上只聘任一位法制校长。

三、法制校长的职责

法制校长应列席被聘任学校领导班子的有关会议，参加有关活动，协助学校加强德育工作，开展法制教育、自护教育、预防违法犯罪教育及社会治安的综合治理，具体职责是：

1. 指导和帮助学校开展法制教育，参与研究制订法制教育的规划，协助学校上好法制教育课，并定期为师生作法制教育报告或开展法制教育活动。

2. 帮助学校制定和完善有关规章制度，以使学校更好地配合公安、工商、文化、卫生、城管、街道等有关部门和单位，整顿学校周边秩序，及时解决影响青少年健康成长的问题。

3. 帮助学校配合政法部门妥善处理学生违法犯罪案件，严肃查处侵害学生和滋扰学校的案件，维护学生的合法权益和学校的正常教育教学秩序。

4. 帮助学校开展对有严重不良行为、违法行为后进生的帮教工作。确定帮教对象，落实帮教措施，做好教育、转化和挽救工作。

四、法制校长的管理工作

1. 各区县未委会办公室、综治办、教委（教育局）要责成专人负责法制校长的有关工作，要经常与所在地的各学校保持联系，了解掌握法制校长的工作情况。对因调离现工作岗位或不能胜任工作的法制校长可解聘，并及时推荐补充新的人选。

2. 各学校要为法制校长提供必要的工作条件，保证其在任期内较好地履行工作职责，并定期对法制校长履行职责的情况做出综合评价，任期届满时提出是否继续聘用的意见。

3. 法制校长所在单位应积极支持其参加学校的工作，并提供必要的工作方便，法制校长在参加学校活动期间的工作表现，应计入其总工作量和工作考核范围，保障法制校长有足够的时间和精力完成工作任务。

4. 各级未委会、综治办、教委（教育局）要把法制校长的工作开展情况作为考核基层单位开展法制宣传教育、德育教育和综合治理工作的一项重要内容，保证法制校长工作扎实、有效地开展。

五、法制校长的培训

1. 市未委会、首都综治办、市教委根据学校年度教学计划及形势政策要求，提出年度青少年法制宣传教育工作意见；定期为法制校长提供教育重点和教育材料，以保证法制宣传教育的系统化、规范化、科学化。

2. 各级未委会、综治办和教委（教育局）要积极创造条件，每年要对法制校长进行一至两次培训，并组织不定期的工作交流，提高他们的政治素质和业务水平，了解和掌握与青少年相关的法律法规和青少年生理心理知识，及时总结交流工作中的经验和教训，提高工作质量。

六、法制校长的奖惩

1. 各单位在工作中要注意总结经验，树立典型。对表现突出的法制校长要给予表彰和奖励。

2. 市未委会、首都综治办、市教委每两年对表现突出、成绩显著的单位和个人进行表彰和奖励。

3. 对不负责任的单位和个人要予以通报批评。

七、法制校长的日常协调管理工作由市未委会办公室负责。

2000 年 8 月

附件 2：

法制校长推荐表

姓　名		性别		年龄	
政治面貌		文化程度			
工作单位及职务					
联系电话		BP 机			
个人简历					
所在单位意见 2000 年　月　日 （签字盖章）			聘任单位意见（区县教委或学校） 2000 年　月　日 （签字盖章）		

此表可复制

北京市文物局　北京市公安局　北京市园林局
北京市宗教事务局关于严格落实《文物系统博物馆风险等级和安全防护级别的规定》的通知

京文物［2000］388号

各区（县）文化文物局、各区（县）公安分局、各文物收藏展陈单位：

1992年，公安部制定的《文物系统博物馆风险等级和安全防护级别的规定》(以下简称《规定》)发布实施以来，全市文博系统部分博物馆、纪念馆及文物库房，能够按照《规定》的要求安装安全技防设施，并达到了相应防护级别。安全技防设施在文物安全保卫工作中发挥了重要作用。1999年，市政府制定了《北京市安全技术防范管理规定》，为加强我市文物保护工作，提供了可靠的法律依据。但是，各区（县）仍有部分博物馆、纪念馆及文物库房尚未安装技防设施，有些虽已安装技防设施，但与《规定》的要求还有较大差距。为了更好地落实《规定》，确保我市文博系统的安全，根据国家文物局、公安部《关于进一步落实〈文物系统博物馆风险等级和安全防护级别的规定〉的通知》和市领导有关指示精神，现通知如下：

一、各级文化文物部门及有管理文物任务的单位，要认真落实《文物系统博物馆风险等级和安全防护级别的规定》和《北京市安全技术防范管理规定》，加强防范，确保文物安全。市、区（县）两级所属博物馆、纪念馆及文物库房必须在2001年底以前，按照本单位管理文物的风险等级，安装或完善技防设施，必须达到相应的防护级别。

二、安装使用技防设施的文博单位，必须严格履行报批程序。文物保护一、二级风险等级技防工程的设计、施工方案应报市公安局主管部门审核批准；三级风险等级技防工程的设计、施工方案应报区（县）公安分局主管部门审核批准。无论是报市公安局还是报区（县）公安分局审核批准的，都应报市文物局审核备案。

三、请各区（县）文化文物局及有管理文物任务的单位，于2000年8月30日以前将所属博物馆、纪念馆及文物库房的安全设施情况报市文物局。

四、各区（县）文化文物局接此通知后，要及时向当地政府有关领导汇报情况，取得支持。请各区（县）文化文物局在2000年12月31日前将安装、完善技防设施计划及落实情况报市文物局。

五、在本通知规定的时限内，还没有按照所管理文物的风险等级，安装相应技防设施的，公安机关将依照《北京市安全技术防范管理规定》予以处罚。

特此通知。

附：《文物系统博物馆风险等级和安全防护级别的规定》。

2000年8月9日

文物系统博物馆风险等级和安全防护级别的规定

1. 主题内容与适用范围

1.1 本标准根据《中华人民共和国文物保护法》，规定了博物馆及其藏品的风险等级和安全防护级别要求，是文物系统博物馆建设安全防范系统工程、采取相应防护措施、监督检查的依据。

1.2 本标准适用于所有纪念馆、博物馆、文物管理所；也适用于考古研究所（队）、文物商店及其它收藏文物、标本的单位。

1.3 本标准与下列规定配套使用：

a.《中华人民共和国消防条例》；

b.《博物馆安全保卫工作规定》；

c.《文物藏品定级标准》；

d.《博物馆藏品管理办法》。

2. 术语

2.1 博物馆

国家文物、标本的收藏、宣传、科研的单位。

2.2 藏品

收藏的文物、标本的总称。

2.3 风险等级

博物馆及其藏品所处的危险程度。

2.4 防护级别

不同风险等级应采取的技术和组织措施。

2.5 组织措施

博物馆安全防范工作中的行政管理措施。

3. 风险等级

3.1 具备下列条件之一的应定为一级风险

3.1.1 一级藏品及其专用库房或专用柜。

3.1.2 二级藏品三百件以上（含三百件）或三级藏品五百件以上（含五百件）的库房。

3.1.3 陈列的一级藏品。

3.1.4 收藏、陈列具有重大科学价值的古脊椎动物化石和古人类化石，以及经济价值贵重的文物（金、银、翠、钻等）。

3.1.5 五万件藏品以上（含五万件）的博物馆和藏品库房。

3.1.6 陈列一千件（含一千件）藏品以上的展厅（室）。

3.1.7 小型武器藏品专用库房或专用柜。

3.1.8 国家级、省级博物馆。

3.1.9 一级文物修复室、养护室。

3.1.10 有藏品的列入世界文化遗产和全国重点文物保护单位。

3.2 具备下列条件之一的应定为二级风险

3.2.1 二级藏品及其专用库房或专用柜。

3.2.2 三级藏品三百件以上（含三百件）的库房。

3.2.3 一万件藏品以上（含一万件）的博物馆和藏品库房。

3.2.4 陈列的二级藏品。

3.2.5 陈列五百件藏品以上（含五百件）的展厅（室）。

3.2.6 陈列的现代小型武器。

3.2.7 二、三级文物修复室、养护室。

3.2.8 有藏品的省级重点文物保护单位。

3.3 具备下列条件之一的应定为三级风险

3.3.1 三级藏品三百件以下（不含三百件）的库房。

3.3.2 陈列的三级藏品。

3.3.3 一万件藏品以下（不含一万件）的博物馆和其它单位的藏品库房。

3.3.4 陈列五百件藏品以下（不含五百件）的展厅（室）。

3.3.5 有藏品的县级文物保护单位。

4. 防护级别

4.1 一级防护

4.1.1 一级风险的博物馆必须建有安全防范报警中心控制室，安装具有防盗、防火、通讯功能的报警系统。重要区域应有周界报警装置；重要出入口应有控制设备；重要防护目标和主要通道应有电视监控系统。

4.1.2 一级风险的展厅（室）、库房、文物修复室，必须安装防盗、防火探测器；防盗探测器的技术种类必须有三种以上，并有声音和图像作为复核手段。

4.1.3 陈列的一级藏品和一级藏品的展柜，必须采取防盗及防破坏技术措施。

4.1.4 存有一级藏品的库房、展厅应安装防盗安全门，窗户应安装防盗、防破坏设施；不准改变建筑原状的文物保护部位，必须采取其它安全措施。

4.1.5 报警中心控制室应有防入侵设施和自卫器具。与当地公安机关应有专用无线和有线两种报警通讯设备。

4.2 二级防护

4.2.1 二级风险的博物馆必须建有报警控制室，安装报警控制台。报警系统应具有防盗、防火报警信号的声、光显示功能。重要区域宜有周界报警装置，重要出入口宜有控制设备。

4.2.2 二级风险的展厅（室）、库房必须有防盗、防火探测器。防盗探测器的技术种类应有三种，并有声音作为复核手段。

4.2.3 陈列的二级藏品、小型武器应采取防盗技术措施。藏品展柜必须采取防盗、防破坏技术措施。

4.2.4 二级藏品的库房、展厅应安装防盗安全门，窗户应有防破坏设施；不准改变建筑原状的文物保护部位，应采取其它安全措施。

4.2.5 报警控制室要有防入侵设施和自卫器具，与当地公安机关应有无线或有线报警通讯设备。

4.3 三级防护

4.3.1 三级风险的博物馆必须安装报警控制器。报警时，应有报警部位显示。

4.3.2 三级风险的展厅（室）、库房必须有防火、防盗探测器。防盗探测器的技术种类必须有两种以上，并有声音作为复核手段。重要区域宜有周界报警装置。

4.3.3 陈列和存放的三级藏品应放在有防破坏技术措施的展柜或保险柜中。

4.3.4 报警值班室与当地公安机关必须有通讯联络设备。

5. 报警系统要求

5.1 报警控制器、各种类型的防盗、防火探测器和电视监控器材均应符合国家有关标准。

5.2 一级防护报警系统应具有下列功能：

a. 一级防护报警系统应有对信号传输线路和探测器的检测功能，并能显示故障部位；

b. 有接收多路同时报警的功能，并能显示、记录任何一路报警信号及报警部位；

c. 重要防护区域或重要部位报警时，应有复核、存储、记录、打印等功能。

5.3 二级防护报警系统功能：

a. 除应具有5.2条a项的功能外，还应具有接收两路以上同时报警的功能，并显示、记录报警信号及报警部位；

b. 系统应有声音复核功能。

5.4 三级防护报警系统功能：

a. 除具有5.2条a项的功能外，系统应有显示不同报警信号、不同报警部位的功能；

b. 对各种报警信号应有锁存功能，宜有微型打印机。

5.5 报警系统必须具有备用电源。备用电源应保证连续24小时供电。用直流电源做备用电源时，交流供电恢复后备用电源自动充电。

5.6 报警系统应能在现场环境条件下稳定工作，并应符合工程设计要求。

6. 组织措施

6.1 博物馆的法人代表负责本单位的安全保卫工作，组织领导本标准的实施。

6.2 本标准由上级主管文物行政部门和公安机关主管部门负责监督、检查。

6.3 博物馆应建立相应保卫组织，配备保卫干部和专职警卫人员。

6.4 博物馆的报警控制室应配备值班人员和设备维修人员，值班人员上岗前要经过岗位培训和考核。

6.5 博物馆应在年度经费总额内划出相应比例，保证安全技术防范工作的经费。

6.6 博物馆应制定周密可行的防盗、防火、防抢等应急预案，设备发生故障时要采取应急措施，并向文物行政、公安主管部门备案。

6.7 报警系统出现故障后，要求一级风险在三日、二级风险在七日、三级风险在十五日之内修复完毕。

7. 认定、审批与验收

7.1 一级风险等级的认定由本单位依据本标准提出，经省、自治区、直辖市文物行政、公安机关主管部门审核。报国家文物局和公安部主管业务局批准；博物馆二、三级风险等级的认定，由本单位依据本标准提出，报省、自治区、直辖市文物行政、公安主管部门审核批准。

7.2 一级风险的安全技术防范工程方案由建设单位组织论证，省、自治区、直辖市文物行政、公安主管部门审核后，报国家文物局和公安部主管业务局批准。

7.3 二、三级风险的安全技术防范工程由建设单位组织论证，报省、自治区、直辖市文物行政、公安主管部门审核批准。

7.4 防护级别应与风险等级相对应。防护级别未达到规定要求时，应制定切实可行的整改措施，经主管领导批准后，报主管公安保卫部门备案。

7.5 安全技术防范工程竣工后，由建设单位和审批单位共同组织验收。

附加说明：

本标准由中华人民共和国公安部提出。

本标准由全国安全防范报警系统标准化技术委员会归口。

本标准由国家文物局、公安部二十二局负责起草。

本标准主要起草人：鲁隆庆、吴凤春、刘敏慧、孙凤歧、齐军。

北京市审计局　北京市公安局关于建立案件移送制度和加强工作协作配合的通知

京审法发〔2000〕83号

各区、县审计局，市审计局各业务处（分局）；市公安局各分（县）局，业务处，总队：

根据审计署、公安部《关于建立案件移送制度和加强工作协作配合的通知》，为加强我市审计机关和公安机关的工作联系和协作配合，进一步规范案件移送工作，充分发挥审计机关和公安机关在查处、打击经济领域中违法犯罪活动的作用，维护首都社会主义市场经济秩序，保证我市改革开放和经济发展的顺利进行，现将有关事项通知如下：

一、审计机关和公安机关在查办经济领域违法犯罪案件工作中，要加强协调与配合，互相支持，通力合作。各级审计机关和公安机关要经常交流、通报情况，也可以根据需要召开联席会议，研究解决双方在犯罪案件线索移送过程中及其它工作配合中出现的问题，不断加大查处和打击经济领域中违法犯罪的力度。

二、根据《中华人民共和国刑事诉讼法》、《中华人民共和国审计法》，审计署、公安部《关于建立案件移送制度和加强工作协作配合的通知》的有关规定，对我市审计机关向公安机关移送经济犯罪案件线索的有关程序规定如下：

（一）市审计局各业务处（分局）在审计过程中，发现被审计单位或者有关责任人员有犯罪嫌疑，属于公安机关管辖刑事案件范围的，应当填写《审计机关移送处理书》，连同案件有关证据材料向市公安局有关侦查部门移送。

（二）各区、县审计局在审计过程中，发现被审计单位或者有关责任人员有犯罪嫌疑，属于公安机关管辖刑事案件范围的，应当填写《审计机关移送处理书》，连同案件有关证据材料向本区、县的公安机关移送。

（三）移送犯罪线索的审计机关，对公安机关不立案的决定有异议的，可以在接到公安机关不立案通知后7日内，向原决定的公安机关提出书面复查申请。

三、根据《中华人民共和国刑事诉讼法》、《公安机关办理刑事案件程序规定》，审计署、公安部《关于建立案件移送制度和加强工作协作配合的通知》的有关规定，对我市公安机关接受审计机关移送犯罪案件线索的有关程序规定如下：

（一）市公安局有关侦查部门和各分（县）局对市审计局和各区、县审计局移送的犯罪案件线索，应当予以接受，填写《审计机关移送处理书送达回执》，反馈给移送犯罪案件线索的审计机关，并迅速进行审查。审查后，应将立案的决定或不立案的理由在作出决定之日起7日内通知移送犯罪案件线索的审计机关。

（二）市公安局有关侦查部门和各分（县）局对接受的犯罪案件线索经审查，发现犯罪案件属于其他公安机关管辖范围的，应当在24小时内转送有管辖权的公安机关，并告之移送案件线索的审计机关。接受转送的公安机关经过审查后，应按前款规定的时限及时将是否立案的决定书面通知移送犯罪案件线索的审计机关。

（三）作出不立案决定的公安机关，在收到移送案件线索的审计机关对不立案决定提请复查的书面申请后，应当在10日内作出复查结论，并将复查结论书面通知提请复查的审计机关。

（四）市公安局有关侦查部门和各分（县）局对接受的犯罪案件线索立案侦查终结，移送检察机关审查起诉后，应当及时通知移送犯罪案件线索的审计机关。

四、市公安局有关侦查部门和各分（县）局在侦查活动中，发现有关单位有违反国家规定的财政、财务收支行为，属于审计机关监督范围的，应当将有关线索移送涉嫌违法行为单位所在地的区、县审计局或市审计局有关部门处理。审计机关应当及时向公安机关通报处理结果。

五、各区、县审计局各公安分、县局要根据本区、县的实际情况，制定工作联系、情况通报的具体办法，建立和完备工作协作配合机制。

六、各区、县审计局和市审计局各业务处（分局），市公安局有关侦查部门和各分（县）局在贯彻实施审计署、公安部《关于建立案件移送制度和加强工作协作配合的通知》，市审计局、市公安局《关于建立案件移送制度和加强工作协作配合的通知》过程中遇到的问题，请分别向市审计局和市公安局反映。

2000年9月18日

附件 1

审计署、公安部关于建立案件移送制度和加强工作协作配合的通知

各省、自治区、直辖市审计厅（局）、公安厅（局），审计署各派出机构：

近年来，各级审计机关严格执行《中华人民共和国审计法》和其他有关法律、法规，按照国务院领导关于审计机关要突出重点，注重查处大案要案的指示精神，在审计过程中发现了大量犯罪线索，并根据有关法律关于案件管辖分工的规定，及时移送公安机关查处，取得了显著的成效。特别是 1997 年 10 月 1 日修订后的刑法施行之后，各级审计机关和公安机关密切配合，加大了查处和打击破坏社会主义市场经济秩序、侵犯财产和其他违法犯罪活动的力度。为进一步规范案件移送工作，加强协作配合，认真贯彻落实《中华人民共和国刑法》、《中华人民共和国刑事诉讼法》、《中华人民共和国审计法》及其他法律的有关规定，充分发挥审计机关和公安机关在维护财经秩序，打击经济犯罪方面的作用，现将有关事项通知如下：

一、建立健全案件移送制度。审计机关在审计过程中，发现被审计单位或者有关责任人员有犯罪嫌疑，属于公安机关管辖刑事案件范围（见附件 1）的，应当填写《审计机关移送处理书》（见附件 2），连同案件有关证据材料一并及时移送同级公安机关。公安机关对于审计机关移送的犯罪案件线索，应当填写《审计机关移送处理书送达回执》（见附件 3），予以接受，并迅速进行审查。审查后，及时将立案的决定或者不立案的理由通知移送犯罪案件线索的审计机关，并将不立案的案件有关材料退还审计机关。经审查，对于属于其他公安机关管辖范围的犯罪案件，应当在 24 小时内，转送有关公安机关，并告知移送犯罪案件线索的审计机关。接受转送的公安机关经过审查后，应当将是否立案的决定及时通知移送犯罪案件线索的审计机关。审计机关对公安机关不立案的决定有异议的，可以提请公安机关进行复查；公安机关应当复查，并将复查结果通知审计机关。

公安机关对接受的犯罪案件线索立案侦查终结，移送检察机关审查起诉后，应当及时通知移送犯罪案件线索的审计机关。

公安机关在侦查活动中，发现有关单位有违反国家规定的财政、财务收支行为，属于审计机关的审计监督范围（见附件 4）的，应当将违法行为线索移送审计机关处理。审计机关应当及时向公安机关通报处理结果。

二、加强办案协调与配合。审计机关和公安机关在查处经济违法犯罪案件工作中，要本着各司其职、通力合作的原则，互相支持，互相配合。为加强联系，有利工作，各级审计机关和公安机关要经常交流、通报情况，也可以根据需要建立联席会议制度，研究解决工作中存在的问题。审计机关在审计过程中，发现被审计单位或者有关责任人员有犯罪的重大嫌疑，并且有毁灭、伪造证据或者串供可能，或者企图自杀、逃跑或者在逃等情况，需要采取紧急措施的，应当立即报告公安机关，公安机关应当及时予以处置。公安机关在查处经济犯罪案件过程中，需要审计机关协助查证的，审计机关应当予以配合。

三、突出重点，加强对大案要案的查处。各级审计机关和公安机关应当充分发挥各自的优势，加强协作配合，加大打击力度，重点揭露走私，妨害对公司、企业的管理秩序，破坏金融管理秩序，金融诈骗，危害税收征管，扰乱市场秩序和侵犯财产等类案件，并依法进行严肃处理。审计机关对涉嫌犯罪的，

要及时移送有管辖权的公安机关处理。各级公安机关对审计机关移送的犯罪案件线索，要集中优势警力，运用多种侦查手段，快侦快破，及时查处。

四、严格依法办案。在查处经济违法犯罪案件过程中，各级审计机关和公安机关应当严格依照法定的职责、权限和程序，严格区分罪与非罪，既要防止以罚代刑，降格处理，又要防止扩大打击面。

五、各级审计机关和公安机关应当严格按照本通知的规定执行。在执行过程中遇到的问题，请分别报审计署、公安部。

2000 年 4 月 27 日

附件 2

审计机关在审计工作中常见的依法应移送公安机关管辖的刑事案件范围

根据《中华人民共和国刑法》、《中华人民共和国刑事诉讼法》、《中华人民共和国刑法修正案》和《全国人民代表大会常务委员会关于惩治骗购外汇、逃汇和非法买卖外汇犯罪的决定》的规定，审计机关在审计工作中常见的依法应移送公安机关管辖的刑事案件如下：

1. 刑法分则第三章规定的下列案件：

(1) 生产、销售伪劣产品案（第 140 条、第 149 条第 1 款）；

(2) 生产、销售假药案（第 141 条）；

(3) 生产、销售劣药案（第 142 条）；

(4) 生产、销售不符合卫生标准的食品案（第 143 条）；

(5) 生产、销售有毒、有害食品案（第 144 条）；

(6) 生产、销售不符合标准的医用器材案（第 145 条）；

(7) 生产、销售不符合安全标准的产品案（第 146 条）；

(8) 生产、销售伪劣农药、兽药、化肥、种子案（第 147 条）；

(9) 生产、销售不符合卫生标准的化妆品案（第 148 条）；

(10) 走私武器、弹药案（第 151 条第 1 款）；

(11) 走私核材料案（同上）；

(12) 走私假币案（同上）；

(13) 走私文物案（第 151 条第 2 款）；

(14) 走私贵重金属案（同上）；

(15) 走私珍贵动物、珍贵动物制品案（同上）；

(16) 走私珍稀植物、珍稀植物制品案（第 151 条第 3 款）；

(17) 走私淫秽物品案（第 152 条）；

(18) 走私普通货物、物品案（第 153 条、第 154 条）；

(19) 走私固体废物案（第 155 条第 3 项、第 339 条第 3 款）；

(20) 虚报注册资本案（第 158 条）；

(21) 虚假出资、抽逃出资案（第 159 条）；

(22) 欺诈发行股票、债券案（第 160 条）；

(23) 提供虚假财会报告案（第 161 条）；

(24) 妨害清算案（第 162 条）；

(25) 隐匿、销毁会计凭证、会计账簿、财务会计报告案（第 162 条）；

(26) 公司、企业人员受贿案（第 163 条第 1 款、第 2 款，第 184 条第 1 款）；

(27) 对公司、企业人员行贿案（第 164 条）；

(28) 非法经营同类营业案（第165条）；

(29) 为亲友非法牟利案（第166条）；

(30) 签订、履行合同失职被骗案（第167条）；

(31) 徇私舞弊造成破产、亏损案（第168条）；

(32) 徇私舞弊低价折股、出售国有资产案（第169条）；

(33) 伪造货币案（第170条）；

(34) 出售、购买、运输假币案（第171条第1款）；

(35) 金融工作人员购买假币、以假币换取货币案（第171条第2款）；

(36) 持有、使用假币案（第172条）；

(37) 变造货币案（第173条）；

(38) 擅自设立金融机构案（第174条第1款）；

(39) 伪造、变造、转让金融机构经营许可证案（第174条第2款）；

(40) 高利转贷案（第175条）；

(41) 非法吸收公众存款案（第176条）；

(42) 伪造、变造金融票证案（第177条）；

(43) 伪造、变造国家有价证券案（第178条第1款）；

(44) 伪造、变造股票、公司、企业债券案（第178条第2款）；

(45) 擅自发行股票、公司、企业债券案（第179条）；

(46) 内幕交易、泄露内幕信息案（第180条）；

(47) 编造并传播证券、期货交易虚假信息案（第181条第1款）；

(48) 诱骗投资者买卖证券期货合约案（第181条第2款）；

(49) 操纵证券、期货交易价格案（第182条）；

(50) 违法向关系人发放贷款案（第186条第1款）；

(51) 违法发放贷款案（第186条第2款）；

(52) 用账外客户资金非法拆借、发放贷款案（第187条）；

(53) 非法出具金融票证案（第188条）；

(54) 对违法票据承兑、付款、保证案（第189条）；

(55) 逃汇案（第190条）；

(56) 洗钱案（第191条）；

(57) 集资诈骗案（第192条）；

(58) 贷款诈骗案（第193条）；

(59) 票据诈骗案（第194条第1款）；

(60) 金融凭证诈骗案（第194条第2款）；

(61) 信用证诈骗案（第195条）；

(62) 信用卡诈骗案（第196条）；

(63) 有价证券诈骗案（第197条）；

(64) 保险诈骗案（第198条）；

(65) 偷税案（第201条、第204条第2款）；

(66) 抗税案（第202条）；

(67) 逃避追缴欠税案（第203条）；

(68) 骗取出口退税案（第204条第1款）；

(69) 虚开增值税专用发票、用于骗取出口退税、抵扣税款发票案（第205条、第208条第2款部分行为）；

(70) 伪造、出售伪造的增值税专用发票案（第206条、第208条第2款部分行为）；

(71) 非法出售增值税专用发票案（第207条、第208条第2款部分行为）；

(72) 非法购买增值税专用发票、购买伪造的增值税专用发票案（第208条第1款）；

(73) 非法制造、出售非法制造的用于骗取出口退税、抵扣税款发票案（第209条第1款）；

(74) 非法制造、出售非法制造的发票案（第209条第2款）；

(75) 非法出售用于骗取出口退税、抵扣税款发票案（第209条第3款）；

（76）非法出售发票案（第209条第4款）；

（77）假冒注册商标案（第213条）；

（78）销售假冒注册商标的商品案（第214条）；

（79）非法制造、销售非法制造的注册商标标识案（第215条）；

（80）假冒专利案（第216条）；

（81）侵犯著作权案（第217条）；

（82）销售侵权复制品案（第218条）；

（83）侵犯商业秘密案（第219条）；

（84）损害商业信誉、商品声誉案（第221条）；

（85）虚假广告案（第222条）；

（86）串通投标案（第223条）；

（87）合同诈骗案（第224条）；

（88）非法经营案（第225条）；

（89）强迫交易案（第226条）；

（90）伪造、倒卖伪造的有价票证案（第227条第1款）；

（91）倒卖车票、船票案（第227条第2款）；

（92）非法转让、倒卖土地使用权案（第228条）；

（93）中介组织人员提供虚假证明文件案（第229条第1款、第2款）；

（94）中介组织人员出具证明文件重大失实案（第229条第3款）；

（95）逃避商检案（第230条）。

2. 刑法分则第五章规定的侵犯财产罪中的下列案件：

（1）抢劫案（第263条、第267条第2款、第269条、第289条部分行为）；

（2）盗窃案（第264条、第196条第3款、第210条第1款、第253条第2款、第265条）；

（3）诈骗案（第266条、第210条第2款、第300条第3款部分行为）；

（4）抢夺案（第267条第1款）；

（5）聚众哄抢案（第268条）；

（6）职务侵占案（第271条第1款、第183条第1款）；

（7）挪用资金案（第272条第1款、第185条第1款）；

（8）挪用特定款物案（第273条）；

（9）敲诈勒索案（第274条）；

（10）故意毁坏财物案（第275条）；

（11）破坏生产经营案（第276条）；

3.《全国人民代表大会常务委员会关于惩治骗购外汇、逃汇和非法买卖外汇犯罪的决定》规定的骗购外汇案。

附件3

审计机关移送处理书格式

＊＊＊＊＊＊（审计机关全称）

移送处理书

审＊移〔＊＊＊＊〕＊＊号

＊＊＊＊＊＊关于＊＊＊＊＊＊的移送处理书

__________：

我们在对＊＊＊＊＊＊的审计过程中，发现＊＊＊＊＊＊有下列行为：

我们认为，＊＊＊＊＊＊行为涉嫌犯罪，依法应当追究刑事责任，现移交你＊依法处理，并请将处理结果书面告知我＊。

附件：证明材料＊＊份

（审计机关印章）

＊＊＊＊年＊＊月＊＊日

附件 4

审计机关移送处理书送达回执格式

＊＊＊＊＊＊（审计机关全称）

送 达 回 执

受送达人：

送达文书名称：

送达人签名：

送达方式：

审＊移送［＊＊＊＊］＊号

送 达 回 执

审＊移送［＊＊＊＊］＊号

送达文书名称：

送达人：

送达时间：＊＊＊＊年＊＊月＊日

送达方式：

受送达人： （签名） ＊＊＊＊年＊＊月＊日

代收人： （签名） ＊＊＊＊年＊＊月＊日

备注：

附件 5

审计机关的审计监督范围

根据《中华人民共和国审计法》及其实施条件的规定，审计机关对下列事项进行审计监督：

1．与本级人民政府财政部门直接发生预算缴款、拨款关系的国家机关、军队、政党组织和社会团体的预算执行情况和决算，以及预算外资金的管理和使用情况。

2．本级预算的执行情况。

3．中央银行的财务收支。

4．国家政策性银行、国有商业银行、国有非银行金融机构，以及国有资产占控股地位或者主导地位的银行或者非银行金融机构的资产、负债、损益。

5. 国家的事业组织的财务收支。

6. 国有企业和国有资产占控股地位或者主导地位的企业的资产、负债、损益。

7. 国家建设项目预算的执行情况和决算。

8. 政府部门管理的和社会团体受政府委托管理的社会保障基金、社会捐赠资金以及其他有关基金、资金的财务收支。

9. 国际组织和外国政府援助、贷款项目的财务收支。

10. 其他法律、行政法规规定应当由审计机关进行审计的事项。

北京市高级人民法院 北京市人民检察院 北京市公安局 北京市物价局关于加强北京市涉案财产价格鉴定管理的通知

京高法发［2000］359号

市第一、第二中级人民法院、北京铁路运输中级法院、市人民检察院第一、第二分院、北京铁路运输检察分院、各区、县人民法院、北京铁路运输法院、各区、县人民检察院、北京铁路运输检察院、市公安局各总队、局、业务处、各分（县）局、铁路公安分局、各区、县物价局：

为贯彻落实国家和本市有关涉案财产价格鉴定的有关规定，保证司法和行政执法活动的正常进行，现就加强北京市涉案财产价格鉴定管理有关事宜通知如下：

一、北京市各级人民法院、人民检察院、公安机关在查处和审理刑事、民事、经济、行政等案件时，对于涉案财产需要进行价格鉴定时，应当委托市物价局指定的涉案财产价格鉴定机构进行鉴定。

涉案财产指各级人民法院、人民检察院、公安机关及其它行政执法机关在办理、执行案件过程中所涉及的各类有形财产（包括扣押物、罚没物、纠纷物、抵押物、抵债物、无主物等）、无形财产（包括特许经营权、租赁权、计算机软件、知识产权等）及各类灭失物。法律、法规对涉案财产价格鉴定另有规定的，依照其规定。

二、市物价局负责本市涉案财产价格鉴定的管理、监督工作，依照《北京市涉案财产价格鉴定管理办法》（附件1）和《北京市涉案财产价格鉴定机构管理暂行办法》（附件2）的规定管理本市涉案财产价格鉴定机构和人员。

三、涉案财产价格鉴定机构依法出具的《北京市涉案财产价格鉴定结论书》是人民法院、人民检察院、公安机关及其它行政执法机关查处、审理及执行各类案件中确定涉案财产价格的依据。

对刑事案件涉及鉴定宗标的额10万元以上（含10万元），非刑事案件涉及鉴定宗标的额100万元以上（含100万元）或者情况复杂、难度较大的珍贵古玩、文物、字画、贵重金属等由甲级涉案财产价格鉴定机构出具价格鉴定结论书。

四、人民法院、人民检察院、公安机关委托涉案财产价格鉴定时应当出具《北京市涉案财产价格鉴定委托书》；案件当事人经人民法院、人民检察院、公安机关书面同意后方可委托涉案财产价格鉴定。

五、《北京市涉案财产价格鉴定委托书》包括以下内容：

（一）委托鉴定机关名称；

（二）鉴定的目的和要求；

（三）案由、案号、鉴定书号；

（四）鉴定基准时间或案发时间；

（五）鉴定财产的类别、名称、规格、型号、数量、结构、面积等；

（六）鉴定财产的照片、相关资料或者实物；

（七）其他需要说明的情况。

委托机关送交《北京市涉案财产价格鉴定委托书》时必须加盖单位公章。

六、涉案财产价格鉴定机构向人民法院、人民检察院、公安机关出具的《北京市涉案财产鉴定结论书》包括以下内容：

（一）鉴定的目的、范围、对象、内容；

（二）鉴定的基准时间；

（三）鉴定的主要原则和依据；

（四）鉴定结论；

（五）鉴定适用范围、条件、引用注意事项和其它需要说明的问题；

（六）鉴定异议、复核裁定及申请期限；

（七）鉴定机构公章和鉴定人、审核人的签名；

（八）《北京市涉案财产价格鉴定机构资质证书》（附件3）；

（九）《北京市涉案财产价格鉴定人员资格证书》（附件4）；

（十）其它附件；

（十一）价格鉴定机构在收到委托方提交的《北京市涉案财产价格鉴定委托书》后七日内出具价格鉴定结论。《北京市涉案财产价格鉴定委托书》中另有约定的，从其约定。

七、人民法院、人民检察院、公安机关对价格鉴定结论持有异议的，应当在其接到《北京市涉案财产价格鉴定结论书》之日起15日内向原价格鉴定机构提出重新鉴定，或者向涉案财产价格鉴定复核裁定机构提出复核裁定。

案件当事人对价格鉴定结论持有异议的，可向行政、司法机关提出重新鉴定或复核裁定要求，由行政、司法机关决定是否提出重新鉴定或者复核裁定。

八、申请复核裁定的委托书包括如下内容：

（一）复核裁定的理由；

（二）复核裁定的依据和收集依据的情况简介；

（三）依据提供人和收集依据经办人。

九、涉案财产价格重新鉴定的不收取鉴定费用；复核鉴定结论否决原鉴定结论的，原涉案财产价格鉴定机构除承担相应责任外，应将原收取的鉴定费用退还委托方。

十、根据工作需要，涉案财产价格鉴定人员凭涉案财产价格鉴定机构介绍信或《北京市涉案财产价格鉴定人员资格证书》，可以向有关单位及人员进行调查取证，被调查方不得拒绝或提供虚假证明。必要时，可以要求有关执法机关协助调查。

十一、其它行政执法机关委托价格鉴定，按照本办法执行。

十二、《北京市扣押、追缴、没收等涉案物品估价管理办法》规定的内容与本办法不一致的，按本办法执行。本办法未尽事宜的，可参照《北京市涉案财产价格鉴定管理办法》的规定执行。

涉案财产价格鉴定工作涉及面广、时限性强，责任重大。市高级人民法院、市人民检察院、市公安局、市物价局和有关部门应当密切配合，加强协商，共同研究解决工作中出现的问题。

2000年11月2日

附件 1

北京市人民政府令

第 46 号

《北京市涉案财产价格鉴定管理办法》已经 1999 年 11 月 2 日市人民政府第 18 次常务会议通过，现予发布自 1999 年 12 月 1 日起施行。

市长　刘淇

1999 年 11 月 11 日

北京市涉案财产价格鉴定管理办法

第一条　为了加强对本市涉案财产价格鉴定工作的管理，保护公民、法人和其他组织的合法权益，维护国家利益，保证司法和行政执法活动的正常进行，根据国家有关规定，结合本市实际情况，制定本办法。

第二条　在本市行政区域内进行涉案财产价格鉴定，应当遵守本办法。

本办法所称涉案财产价格鉴定是指审判机关、检察机关、公安机关、仲裁机构等委托方（以下简称委托方），对办理、执行案件中涉及的财产价格委托价格鉴定机构进行鉴定和确认。其他行政执法机关对办理、执行案件中涉及的财产价格需要委托价格鉴定机构进行鉴定和确认的，依照本办法办理。

法律、法规对涉案财产价格鉴定另有规定的，依照其规定。

第三条　市人民政府价格主管部门负责本市涉案财产价格鉴定的管理、监督工作。

第四条　涉案财产价格鉴定由市人民政府价格主管部门指定的价格鉴定机构进行。

涉案财产价格鉴定机构必须取得市人民政府价格主管部门核发的《北京市涉案财产价格鉴定机构资质证书》后，方可从事涉案财产价格鉴定业务。

涉案财产价格鉴定人员必须经市人民政府价格主管部门统一考试合格，取得《涉案财产价格鉴定人员资格证书》后方可执业。

第五条　涉案财产价格鉴定应当遵循客观、公正、及时、科学的原则。

第六条　涉案财产价格鉴定机构及其执业人员，必须遵守法律、法规和规章，执行国家和本市有关涉案财产价格鉴定的规定，严格执业，恪守信用，诚实服务，对涉案财产价格鉴定业务中涉及的情况和资料保密。

第七条　委托方委托涉案财产价格鉴定机构进行涉案财产价格鉴定的，应当在案件处理、审理、裁决过程中或者涉案财产强制执行前进行。

委托方在委托时应当出具《北京市涉案财产价格鉴定委托书》，并提供鉴定机构指定的鉴定样品、资料及相应文件。

第八条　涉案财产价格鉴定机构接受委托后，应当指定 2 名以上涉案财产价格鉴定人员依法进行涉案财产价格鉴定。

第九条　涉案财产价格鉴定机构应当在接到委托书之日起 7 日内作出鉴定结论，出具《北京市涉案财产价格鉴定结论书》，并送交委托方；委托时对涉案财产价格鉴定期限另有约定的，从其约定。

《北京市涉案财产价格鉴定结论书》必须有涉案财产价格鉴定专职人员、涉案财产价格鉴定机构负责人的签名和机构印章。涉案财产价格鉴定机构依据本办法出具的《北京市涉案财产价格鉴定结论书》应当作为委托方处理、审理、裁决案件中确定涉案财产价格的依据。

第十条 涉案财产价格鉴定机构应当根据基准日当时、当地同类财产价格、质量、成新率、完工率等，对涉案财产价格进行鉴定。

涉案财产价格鉴定的基准日，应当由委托方根据案件发生时的实际情况确定。但法律、法规另有规定的，依照其规定。

第十一条 对涉案财产的价格鉴定按下列规定办理：

（一）对流通领域的涉案财产，属于政府定价的，按政府定价计算；属于政府指导价的，按政府指导价的基准价计算；属于市场调节价的，按市场平均价格计算。

（二）对生产领域的涉案财产，按原材料、完工程度和进货成本折合计算。

（三）对有使用价值的伪劣物品，按成新率、实际使用价值或者残值折合计算。

（四）对文物、艺术品、入境物品等特殊涉案财产，按国家和本市有关规定计算。

（五）涉案财产价格鉴定机构根据委托方的要求，可以采用其他价格鉴定方法进行涉案财产价格鉴定，但法律、法规另有规定的，依照其规定。

第十二条 涉案财产价格鉴定机构需要对涉案财产进行质量检验和技术鉴定的，应当委托相应的法定专门机构办理，并将其检验鉴定的结论作为附件提供给委托方。

第十三条 市人民政府价格主管部门指定涉案财产价格鉴定复核裁定机构，根据国家涉案财产价格鉴定复核裁定的规定进行复核裁定。

第十四条 委托方对《北京市涉案财产价格鉴定结论书》有异议的，应当在接到《北京市涉案财产价格鉴定结论书》之日起15日内向原价格鉴定机构提出重新鉴定，或者向涉案财产价格鉴定复核裁定机构提出复核裁定。

重新鉴定或者复核裁定应当在接到重新鉴定或者复核裁定要求之日起15日内完成，并送交委托方。

委托方对复核裁定结论仍有异议的，可以向国家发展计划委员会设立的涉案财产价格鉴定机构提出最终复核裁定。

第十五条 涉案财产价格鉴定人员对涉案财产价格进行鉴定时，有下列情形之一的，应当自行回避，委托方也有权要求其回避：

（一）本案当事人或者当事人的近亲属；

（二）本人或者其近亲属与本案有关系的；

（三）与本案当事人有其他利害关系，可能影响对涉案财产公正价格鉴定的。

委托方要求涉案财产价格鉴定人员回避的，由市或者区、县人民政府价格主管部门决定。

第十六条 《北京市涉案财产价格鉴定机构资质证书》、《北京市涉案财产价格鉴定委托书》、《北京市涉案财产价格鉴定结论书》、《北京市涉案财产价格鉴定复核结论书》等规范性涉案财产价格鉴定文书，由市人民政府价格主管部门统一印制。

第十七条 涉案财产价格鉴定收费按国家和本市有关规定执行。

第十八条 因提供虚假情况和资料，致使涉案财产价格鉴定结论失实，造成当事人人身伤害和财产损失的，由提供方承担法律责任。

第十九条 未经市人民政府价格主管部门指定，擅自从事涉案财产价格鉴定业务的，其所出具的涉案财产价格鉴定结论无效，并由市人民政府价格主管部门对单位处以10000元以下的罚款，对个人处以1000元以下罚款。

第二十条 涉案财产价格鉴定机构、人员违反本办法规定，致使涉案财产价格鉴定结论失实，由市人民政府价格主管部门裁定结论无效，处以警告，并可对机构处以3万元以下罚款，对人员处以1000元以下罚款。

第二十一条　涉案财产价格鉴定人员在鉴定过程中滥用职权、玩忽职守、徇私舞弊构成犯罪的，依法追究刑事责任。尚未构成犯罪的，由市和区、县人民政府价格主管部门或者行政监察部门给予行政处分，并由市人民政府价格主管部门收回《涉案财产价格鉴定人员资格证书》。

第二十二条　对于不以价格作为处理、审理案件依据的财产，不需进行涉案财产价格鉴定。

第二十三条　非涉案财产需要进行价格鉴定的，可以参照本办法执行。

第二十四条　本办法自1999年12月1日起施行。

附件2

北京市物价局关于印发《北京市涉案财产价格鉴定机构管理暂行办法》的通知

京价（事）字［2000］103号

市各有关单位、各区县物价局：

现将《北京市涉案财产价格鉴定机构管理暂行办法》印发给你们，请遵照执行，并将执行中出现的问题及时报告我局。

附：北京市涉案财产价格鉴定机构管理暂行办法

2000年3月7日

北京市涉案财产价格鉴定机构管理暂行办法

第一条　为加强涉案财产价格鉴定机构管理，规范价格鉴定行为，保证司法和行政执法活动的正常进行，依据北京市人民政府令第46号《北京市涉案财产价格鉴定管理办法》有关规定，制定本办法。

第二条　在本市行政区域内从事涉案财产价格鉴定的工作机构均须遵守本办法。

市人民政府价格主管部门负责全市各级涉案财产价格鉴定机构的资质认定和管理工作。

第三条　涉案财产价格鉴定机构资质实行级别制，按机构资质条件分为甲级、乙级。

甲级价格鉴定机构可在全市范围内开展涉案财产价格鉴定工作。

乙级价格鉴定机构可在规定的行政区域范围及规定价格鉴定宗标的额度内开展涉案财产价格鉴定工作。

第四条　乙级价格鉴定机构应当具备下列条件：

(一)具有法人资格，注册资金不低于20万元；

(二)具有相应的组织章程和必要的管理制度；

(三）具有固定的工作场所；

(四)具有三名以上取得北京市人民政府价格主管部门颁发的《涉案财产价格鉴定人员资格证书》的专职工作人员；

(五)具有三名以上经济、会计或建筑工程类专业的中、高级职称的技术人员；

(六)具有二年以上价格鉴定相近业务工

作实践。

第五条 甲级价格鉴定机构应当具备下列条件：

（一）具有法人资格，注册资金不低于50万元；

（二）具有相应的组织章程和必要的管理制度；

（三）具有固定的工作场所；

（四）具有五名以上取得市人民政府价格主管部门颁发的《涉案财产价格鉴定人员资格证书》的专职工作人员；

（五）具有五名以上经济、会计及建筑工程、机械等专业的中、高级职称的技术人员，其中具有二名以上高级职称的技术人员；

（六）具有四年以上价格鉴定相近业务工作实践。

第六条 对在审查认定过程中尚不完全具备第四条、第五条某些规定条件、但又确有价格鉴定工作能力的机构，可由市人民政府价格主管部门颁发《北京市涉案财产价格鉴定机构资质证书（临时）》。临时资质证书有效期限为一年。

第七条 价格鉴定申请资质认定及申领临时资质证书时，应提供以下材料：

（一）申请价格鉴定资质报告书；

（二）价格鉴定机构资质申请表；

（三）批准成立机构文件；

（四）单位法人证明材料；

（五）价格鉴定人员资格证书及技术职称证明材料；

（六）价格鉴定机构组织章程及有关管理制度；

（七）三例以上涉案财产价格鉴定相近业务工作实例。

第八条 市人民政府价格主管部门自收到申请涉案财产价格鉴定机构资质认定报告之日起一个月内做出批复，对经审查符合条件的机构，由市人民政府价格主管部门颁发相应级别的《北京市涉案财产价格鉴定机构资质证书》（含临时）。

第九条 持有市人民政府价格主管部门颁发的《北京市涉案财产价格鉴定机构资质证书》（含临时），可在规定范围内开展涉案财产价格鉴定工作，并接受市人民政府价格主管部门的指导和监督。

第十条 没有取得《北京市涉案财产价格鉴定机构资质证书》（含临时）的价格鉴定机构不得从事涉案财产价格鉴定工作，其做出的鉴定结论不得作为司法和行政执法机关审理案件的依据。

第十一条 涉案财产价格鉴定机构资质实行年检注册登记制度，年检注册有效期满前一个月，要按规定在注册机关申请年检注册登记。年检注册登记时，价格鉴定机构要提供一年的工作报告、人员状况和五个以上典型鉴定案例材料。

第十二条 对违反本办法，有下列行为之一的，由价格主管部门根据情节轻重，按照北京市人民政府令第46号《北京市涉案财产价格鉴定管理办法》有关规定进行处罚：

（一）未取得市人民政府价格主管部门颁发的《北京市涉案财产价格鉴定机构资质证书》（含临时），擅自进行涉案财产价格鉴定的；

（二）超越规定行政区域和价格限额范围从事价格鉴定工作的；

（三）伪造、涂改、出租、转让、出卖《北京市涉案财产价格鉴定机构资质证书》（含临时）的；

（四）在价格鉴定工作中滥用职权、玩忽职守、徇私舞弊的；

（五）资质证书注册有效期满，未按规定办理注册登记，从事涉案财产价格鉴定工作的。

第十三条 涉案财产价格鉴定工作机构违反第十二条规定之一的，价格主管部门将视行为为轻重给予罚款、停业整顿、收回《北京市涉案财产价格鉴定机构资质证书》（含临时)。

对处以停业整顿的涉案财产价格鉴定机构，在停业整顿期间不得承接涉案财产价格鉴定业务，其涉案财产价格鉴定业务可由价格主管部门规定其它涉案财产价格鉴定机构临时承担。停业整顿期限为3—12个月，被停业整顿的涉案财产价格鉴定机构待停业期满，经市人民政府价格主管部门审查合格后，方可继续开展涉案财产价格鉴定业务。

第十四条　本办法自发布之日起执行。

附件3(**略**)

附件4(**略**)

北京市人民政府令

第65号

《北京市洗浴和美容美发经营场所管理若干规定》已经2000年11月14日市人民政府第30次常务会议通过，自2001年1月1日起施行。

市长　刘淇

2000年11月24日

北京市洗浴和美容美发经营场所管理若干规定

第一条　为加强对本市洗浴和美容美发经营场所的管理，促进洗浴和美容美发业的健康有序发展，根据有关法律、法规，结合本市实际情况，制定本规定。

第二条　凡在本市行政区域内从事洗浴或者美容美发经营活动的，均须遵守本规定。

第三条　除宾馆、饭店、写字楼、体育运动场所等附属的洗浴设施和社区便民服务设施外，洗浴经营场所的营业面积不得小于500平方米。

第四条　在洗浴和美容美发经营场所工作的外地务工人员，必须具有合法有效的身份证明、暂住证明和务工证明。

洗浴和美容美发经营场所的经营者使用外地务工人员的，应当持相关证明到区、县劳动和社会保障部门办理用工申请。

美容师、美发师、按摩师等专业人员应当取得《职业资格证书》，并持证上岗。

第五条　严禁洗浴和美容美发经营场所的经营者及其从业人员组织、强迫、引诱、容留、介绍他人卖淫；严禁提供色情服务；严禁开设赌场、赌局；严禁吸毒、贩毒和传播淫秽书刊、录音录像制品、图片等物品。

洗浴和美容美发经营场所的经营者及其从业人员发现在洗浴和美容美发经营场所内从事卖淫、嫖娼、赌博、吸毒、贩毒和其他犯罪或者违反治安管理行为的，应当予以制止，并立即向公安机关报告。

第六条　洗浴和美容美发经营场所的经营者必须遵守下列规定：

(一)不得提供有偿陪侍、异性按摩(头部、足底按摩以及市残联批准的盲人按摩除外)。

(二)不得张贴、悬挂或者设置格调低下、有悖社会主义道德的图片或者装饰物。

(三)洗浴、按摩场所不得设置完全封闭的包间;美容美发场所只能设置开放式隔断。

(四)从业人员统一着装或者佩带统一的

服务标志。

（五）专营或者主营洗浴的，其营业时间不得超过凌晨2时；除依法办理旅店业登记手续的外，不得为顾客提供留宿服务。

（六）其他工商、消防、卫生、环保、旅游、劳动和社会保障等有关管理规定，以及国家和本市制定的行业规范和行业标准。

第七条 向洗浴和美容美发经营场所的经营者出租场地的单位和个人必须遵守下列规定：

（一）向承租人进行遵纪守法的宣传教育，积极协助公安机关做好防火、防盗和防止发生治安案件的工作。

（二）发现承租人有违法犯罪活动或者嫌疑的，予以制止，并及时报告公安机关，不得包庇、纵容。

第八条 洗浴和美容美发经营场所的经营者及其从业人员违反本规定的，按照下列规定给予处罚：

（一）违反本规定第六条第（一）、（二）项规定的，由公安机关责令限期改正，对违反第（一）项规定的可以处以4000元以上2万元以下罚款；对单位直接负责的主管人员和其他直接责任人员处以1000元以下罚款。

（二）违反本规定第六条第（三）、（四）、（五）项规定的，由商品流通部门责令限期改正，并可处以1000元以上1万元以下罚款。

（三）违反本规定第三条、第四条、第五条、第六条第（六）项规定的，分别由公安、工商行政管理、卫生、商品流通、环保、劳动和社会保障等部门依法处理。

第九条 向洗浴和美容美发经营场所的经营者出租场地的单位和个人违反本规定第七条规定的，由公安机关责令限期改正，并可处以1000元以上1万元以下罚款。

第十条 各级行政主管部门及其工作人员参与洗浴或者美容美发经营活动，或者为违法行为者通风报信、提供保护、包庇违法行为的，由有关部门依法追究其行政责任；属违反治安管理规定行为的，由公安机关依法给予治安管理处罚；构成犯罪的，由司法机关依法追究刑事责任。

第十一条 本规定自2001年1月1日起施行。

北京市人民政府令

第64号

《北京市实施〈娱乐场所管理条例〉办法》已经2000年11月14日市人民政府第30次常务会议通过，自2001年1月1日起施行。

市长 刘淇

2000年11月26日

北京市实施《娱乐场所管理条例》办法

第一条 根据国务院《娱乐场所管理条例》（以下简称《条例》），结合本市实际情况，制定本办法。

第二条 在本市行政区域内设立的消费者自娱自乐的营业性歌舞、游艺等场所（以下统称娱乐场所），必须遵守《条例》和本办法。

第三条 本市对娱乐场所的发展实行规

模控制、布局合理的方针。

本市提倡健康有益的、大众化的文化娱乐活动，鼓励和扶植具有民族风格和时代精神的文化娱乐活动，培育和发展农村文化娱乐市场，限制不适于发展的娱乐项目，依法打击娱乐场所内的违法犯罪行为。

第四条　文化行政主管部门、公安机关和工商行政管理部门按照各自的职责，依法对娱乐场所进行管理。

第五条　下列地区不得设立娱乐场所：

(一)东西长安街及延长线(建国门至复兴门)。

(二)中央党、政、军等主要机关周边200米之内。

(三)大、中、小学校周边200米以内。

(四)居民楼内(含商住两用楼)。

(五)市政府规定的其他不宜设立娱乐场所的地区。

第六条　下列场所内不得设立电子游艺场所：

(一)图书馆、博物馆、纪念馆、科技馆。

(二)青少年宫、青少年科技活动中心、儿童活动中心。

(三)群众艺术馆、文化馆、文化站。

第七条　在本办法第五条第(二)项规定范围以外的其他市级以上党、政、军等机关和区县级以上医院周边200米以内申请设立歌舞娱乐场所、电子游艺场所，申请人应当在文化行政主管部门指定报纸上就该娱乐场所的设立意向连续公告三次，自第一次公告之日起30日内，上述范围内的机关、医院不提出反对意见，文化行政主管部门方可受理。

第八条　设立娱乐场所，其经营面积必须符合下列规定：

(一)歌舞娱乐场所的经营面积在200平方米以上。

(二)台球厅经营面积在100平方米以上，球台间距不少于1.5米。

(三)电子游艺厅经营面积在200平方米以上。

第九条　设立娱乐场所除具备《条例》规定的条件外，还必须符合下列规定：

(一)法定代表人或负责人应当具有中等以上学历。

(二)场所内的灯光、音响必须符合文化部颁布的技术标准，操作人员必须有文化行政主管部门核发的资格证。

(三)娱乐场所内的设施、设备应符合《公共娱乐场所消防安全管理规定》，并按要求配备安全技术防范设施、器材。

第十条　申请设立娱乐场所，应当向文化行政主管部门提交以下材料：

(一)书面申请。

(二)工商行政管理部门核发的“企业名称预先核准通知书”。

(三)拟任的法定代表人或负责人身份、简历、学历证明。

(四)组织机构、章程和规章制度。

(五)经营场所的产权证明或使用证明。

(六)设备名称、型号和数量及歌舞娱乐场所使用的音像制品来源、数量。

(七)歌舞娱乐场所灯光、音响检测合格证明。

(八)场所地址方位图和场所平面图。

第十一条　申请设立娱乐场所，应当向公安机关提交以下材料：

(一)场所建筑安全使用证明和场所平面图。

(二)场所防火检验合格证明。

(三)场所内大型设施、设备(指迪斯科舞厅、大厅内的大型特种设备)安全使用证明。

(四)户籍所在地公安机关出具的拟任法定代表人或负责人无《条例》第十条所列情形的证明。

(五)文化行政主管部门出具的审核合格证明。

（六）场所安全保卫制度。

第十二条　下列经营单位不受本办法第五条、第七条、第八条的限制：

（一）星级宾馆、饭店。

（二）营业面积在5000平方米以上的大型商场或写字楼，以及集歌舞、电子游艺、台球等娱乐项目为一体的综合性娱乐服务场所。

第十三条　申请设立娱乐场所，申请人须持本办法第十条、第十一条规定的材料，到区县文化行政主管部门、公安机关办理审核手续。文化行政主管部门、公安机关应在接到申请之日起30日内予以审核；对不符合条件的给予书面答复。申请人经文化行政主管部门、公安机关审核合格后，方可向工商行政管理部门申请办理注册登记，领取营业执照。

本办法第十二条规定的经营单位内设娱乐场的，应当单独办理营业执照。

第十四条　娱乐场所经营单位在领取营业执照后30日内向公安机关提交下列材料：

（一）从业人员登记表和保安公司出具的保安人员情况材料。

（二）经营场所火灾和公众责任险保险单复印件。

第十五条　有营业性演出的歌舞娱乐场所，须遵守国家营业性演出管理的有关规定。

第十六条　歌舞娱乐场所须在明显位置设置未成年人禁入标志；电子游艺场所须在明显位置设置未成年人非法定节假日禁入标志。对未成年人的年龄有异议的，应请其出示身份证明。未成年人在法定节假日进入电子游艺场所，须由成年亲属陪同。

前款所称法定节假日包括元旦、春节、国际劳动节、国际儿童节、国庆节和双休日。

第十七条　电子游艺场所使用的机型、机种、电路板由区县文化行政主管部门负责审核；电子游艺场所增加或更换机型、机种、电路板的，自增加或更换之日起3日内报区县文化行政主管部门审核。未经审核的，不得从事营业活动。

第十八条　娱乐场所的营业时间不得早于8时，晚于凌晨2时；特殊情况经文化行政主管部门同意可以适当延长。

第十九条　娱乐场所的边界噪声必须符合国家规定的标准。

第二十条　娱乐场所的安全管理，必须遵守《条例》和下列规定：

（一）歌舞娱乐场所定员标准为歌舞厅每2平方米1人。

（二）保安人员数量按场所核定定员的一定比例配备，定员不足100人的，保安人员不得低于5名。

（三）娱乐场所内设置的包间、包厢，应当在房门上安装高度适宜、面积不小于0.2平方米、能够展现室内整体环境的透明窗口，不得设置内锁和套间、卫生间；设置长明灯，不得设置可调灯光。

（四）禁止在歌舞娱乐场所内以陪酒、陪舞、陪唱等形式从事有偿陪侍活动。

（五）电子游艺场所不得给予消费者货币、奖券或其他任何形式的物质奖励。

第二十一条　向娱乐场所经营者出租场地的单位或者个人应当遵守下列规定：

（一）向承租人进行遵纪守法的宣传教育，积极协助公安机关做好防火、防盗和防止发生治安案件的工作。

（二）发现承租人有违法犯罪活动或者嫌疑的，应当予以制止，并及时报告公安机关，不得包庇、纵容。

第二十二条　文化行政主管部门、公安机关每年对娱乐场所的审核项目进行年检。

第二十三条　未经文化行政主管部门、公安机关审核，擅自设立娱乐场所经营单位的，或者娱乐场所经营单位违反《条例》规定情节严重，必须立即制止的，由文化行政主管部门、公安机关予以取缔，并可以暂扣其从事违法经营所使用的器材设备，移交工商行政管理部门依法处理。暂扣器材设备的期限不得超过 30 日。

第二十四条 娱乐场所违反本《办法》第十八条规定，擅自延长营业时间的，由文化行政主管部门予以警告并责令限期改正；逾期不改正的，处以 1 万元以下罚款。

第二十五条 违反本《办法》第二十一条规定放任、包庇、纵容违法行为的，由公安机关予以警告并责令限期改正；逾期不改正的，处以 1000 元以上 1 万元以下罚款。

第二十六条 不按本办法第二十二条规定办理年检或年检不合格仍继续营业的，由文化行政主管部门或公安机关予以警告并责令限期改正；逾期不改正的，处 1000 元以上 1 万元以下罚款。

第二十七条 娱乐场所经营单位因违反《条例》规定，被工商行政管理部门吊销营业执照的，自执照被吊销之日起 5 年内不得申办原经营项目，该单位法定代表人或负责人不得再从业于娱乐场所经营活动。

第二十八条 各级文化、公安、工商行政等管理部门及其工作人员参与娱乐场所经营活动，或者为违法行为者通风报信、提供保护、包庇违法行为的，由有关部门依法追究其行政责任；属违反治安管理规定的，由公安机关依法给予治安管理处罚；构成犯罪的，由司法机关依法追究刑事责任。

第二十九条 在远郊区县设立的娱乐场所经营面积标准可以适当降低，具体标准由市文化行政主管部门规定。

第三十条 有音乐演奏或卡拉 OK 设备和表演活动的旱冰场、酒吧、茶座、餐厅等场所兼营娱乐项目的，参照《条例》和本办法执行。

第三十一条 在本办法实施以前已开办的娱乐场所，应当自本办法施行之日起 3 个月内按《条例》和本办法规定整改；凡不符合《条例》和本办法规定的，应当限期转业或停业。

第三十二条 本办法自 2001 年 1 月 1 日起施行。

指挥决策系统

办　公　室

【概　况】　北京市公安局办公室在市局“110”接处警、重大课题调研、信息综合分析、业务数据统计、机要文秘、保密监督检查、接待群众信访、档案管理、专项查办、提案建议办理、外事等工作中充分发挥职能作用，为全局工作的顺利进行提供了有力保障。年内，市局建成了移动指挥中心和局属二级指挥系统，提高了全局处置各类重大突发案(事)件的快速反应能力和全局指挥系统科技应用水平。围绕处置“法轮功”非法组织闹事活动，及时掌握汇总有关情况，确保信息渠道畅通。协助市局党委完成“关于朝海丰城乡结合部社会治安打防控”等7个重大课题调研任务和成果转化，在科学决策、指导实际工作方面发挥了重要作用。狠抓精简文件、减少会议工作，将全局刊物报头减少了50%，提高了工作质量。建立局领导信访接待日制度，开展了“重点信访专项治理”，解决了大批信访重点案件和疑难问题。加强档案监督指导，完成局属档案目标管理达标全部升二级，实现“满堂红”。完成市局“前进中的首都公安”展览布展、揭幕工作，展示了建局52年来的辉煌成就。在办公室处级领导班子和75名领导干部中开展以“三讲”为主要内容的思想教育和岗位培训，提高了领导水平；完成了办公室机构改革和精简分流工作，初步形成机构精干、职责清晰、统一协调的指挥决策系统。全年，有2个单位荣立集体二等功，2个单位荣立集体三等功，64名个人受奖励。

（编　研）

【建立重点工作专项账单】　年内，指挥中心建立了刑事、治安等突出情况日常工作账单和专项工作账单。全年共向局领导和有关业务部门提供各类账单100余份（次），局领导在账单上做出重要批示20余条。

（刘　华）

【加强二级指挥系统建设】　年内，指挥中心对市局党委确定的“指挥系统规范化建设”重点课题开展调研，并将调研成果运用到实际工作，实现了指挥中心与城区各分局、11个远郊分县局、主要业务总队（处）等36个单位的计算机联网，各级指挥系统之间借助网络实现信息共享。并举办二级指挥系统计算机培训班，对局属有关单位的值班和技术人员进行了软件使用和简单维护技术的培训。

（谷　钰　徐晓睿）

【开发基层单位计算机联网系统软件】　年内，指挥中心开发了与基层单位计算机联网系统软件，该软件的应用使基层科、队、所通过计算机三级网查阅分局“110”接警记录，从而提高了“110”出警速度；同时也使基层单位及时掌握本区及周边地区刑事、治安案件发案情况、特点和规律，进行相应的部署防范，为领导决策和调整警力提供依据。

(谷　钰)

【“110”报警服务台工作】 全年，全局“110”报警服务台共接警146万余件，比上年上升70%，通过“110”接报警当场抓获各类违法犯罪嫌疑人8270名，比上年提高31%；救助、咨询服务群众65万人次，比上年增加68%；“110”报警服务台收到锦旗131面、表扬信290余封、电话表扬1690余次。

(李　睿)

【信息工作受到市委表彰】 市局被市委办公厅评为北京市党委系统优秀信息工作单位。

(谷　钰)

【协助局领导指挥处置“法轮功”】 全年，综合处转发公安部、市委等有关做好同“法轮功”斗争的通知7份，为局领导准备向上级领导汇报有关“法轮功”情况的材料17份，整理、上报有关“法轮功”的重要情况信息24件，起草市局与“法轮功”斗争的综合情况、重点专案侦破情况的专报41份。

(王守江)

【围绕工作重点做好情况综合工作】 全年，综合处完成各种综合性文字材料621件，其中撰写局专报、局文件283件，局领导讲话材料95件，全局性工作方案15件，综合分析材料13件，编发《情况反映》、《严打专刊》等各种简报183期，向市领导部门报送《北京市公安局工作月报》、《北京市公安局大事记》等材料32件；出现场、参加重大活动指挥部工作18次；审核、汇总、报送全局各类业务数据10万余笔。

(邓铜铜)

【完成全年重大调研课题任务】 2000年全局共确定重点调研课题7个，其中包括：《关于以巡警为龙头严密社会面巡逻控制问题的调研》、《关于朝海丰城乡结合部打防控问题的调研》、《关于全局机构改革问题的调研》、《关于派出所正规化建设和规范化标准的调研》、《关于各级指挥中心规范化建设的调研》、《关于刑事案件立案分析系统建设的调研》、《关于北京市“十五规划”公安专项规划的调研》，对这7个重大调研课题，都成立了课题组，由市局办公室研究室组织协调有关单位完成调研报告，形成转化为成果的实施方案或工作意见，经市局党委讨论通过后，在全局部署实施。

(宋维秀)

【办理专项查办】 全年，市局共收到市委、市政府、公安部领导专项查办事项43件，比上年同期减少19件，其中市委26件、市政府7件、公安部10件，已全部办复。在承办的专项查办事项中，涉及政保工作3件、治安工作26件、户籍工作1件、刑侦工作10件、加强队伍建设3件。

(李广岐)

【健全公安档案工作管理体系】 年内，档案处制定了《公安基建档案管理实施办法》、《公安派出所档案管理实施办法》等6个规范化管理办法，形成11种10类26个实施办法和操作规范，初步建成具有首都公安档案工作特点、科学合理的档案工作管理体系。

(刘亚利)

【开展档案编研】 年内，针对“申奥”及2001年将在北京举行的第21届世界大学生运动会，档案处收集整理北京、上海、天津等省市召开各种大型运动会的安全保卫工作方案；出版了2期共14万字的《北京公安史志》刊物，与其他单位和部门共同编辑、出版了《荡涤污垢》和《公安档案工作文件选编》等档案编研材料；举办“公安史志专题写作培训班”，局属各单位60余名同志参加，提高了档案编研能力，为基层档案开发利用工作打下了基础。

(马　丽)

【实现全局档案达标升二级】 年内，档案处加强档案监督和指导，完成了对7个单位晋

北京市委常委、政法委书记、
市公安局党委书记、局长
强　卫

北京市公安局党委副书记、副局长
吕实珉

北京市公安局党委副书记、副局长
刘　德

北京市公安局党委副书记、副局长
张家旺

北京市公安局党委委员、副局长
李全福

北京市公安局党委委员、副局长
阮增义

北京市公安局党委委员、副局长
杨文忠

北京市公安局党委委员、副局长
兼公安交通管理局局长
马振川

北京市公安局党委委员、
纪委书记、督察长
张久臣

1 月 28 日，中共中央政治局常委、国务院总理朱镕基偕夫人劳安在市委常委、市委政法委书记、市公安局局长强卫，市局副局长吕实珉、马振川等领导的陪同下到市局警卫处慰问

1 月 27 日中共中央政治局委员、中央政法委书记罗干在公安部部长贾春旺、中央政法委秘书长王胜俊、市委副书记张福森和市委常委、政法委书记、市局局长强卫等陪同下到西城分局府右街派出所慰问

9 月 16 日，市委书记贾庆林在市委副书记张福森，市委常委、政法委书记、市局局长强卫，市委常委、市委秘书长杜德印等陪同下到市局调研科技强警工作

3 月 17 日，公安部部长贾春旺在市局副局长吕实珉、阮增义，督察长张久臣，副督察长刘正学等领导的陪同下，到“110”投诉台视察，贾部长亲自接听了一群众的投诉电话，并耐心解答了投诉人反映的问题

6 月 24 日，市长刘淇在市委常委、政法委书记、市局局长强卫，副市长翟鸿祥陪同下到市局“110”警务中心调研

11 月 29 日“前进中的首都公安”展览在市局档案馆开幕。市局局长强卫，公安部部长助理兼办公厅主任杨焕宁，市委办公厅副主任、市档案局局长王芸等领导及局属各单位的领导出席了开幕式

9月5日，市公安局举行对朝阳、海淀、丰台高发案地区挂牌督战签字仪式，强卫局长与三个分局局长签定了责任书

3月22日至6月23日市局举办了三期局属各单位双正职领导干部培训班，116人参加培训

培训班开设了理论课、信息网络、计算机、警用特种驾驶等训练科目

11月1日至11日、16日至26日，市局分两个阶段组织了全局警务技能大比武活动。全局共有5021名民警参加了比武，评出个人奖180名，战斗队（组）奖32个，团队处置突发事件奖7个，组织奖10个，特别奖2个

办公室

机构调整后，局长助理、办公室主任毕庶琪主持召开办公室领导班子工作会议

综合处的同志们在研究情况汇总、提供情况信息工作

指挥中心认真做好110接处警工作

研究室做好调查研究工作，为领导决策提供依据

政治处配合中心工作，认真抓好民警的思想政治工作，保证了各项工作的顺利开展

信访处努力做好全局的信访接待，认真处理来信来访

档案处领导接待市人大兰天柱等领导来馆参观

外事办公室认真做好全局外事工作

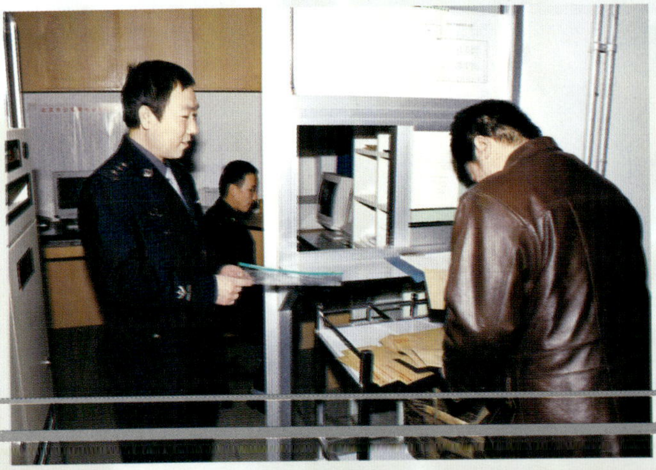

秘书处收发组对局属各单位的文件收发工作认真负责

法制办公室

张家旺副局长同法制办民警研究工作

6 月，市局召开法制工作会议

邀请老领导座谈

处置“法轮功”专案组

政治部

市局召开机构改革动员部署大会

强卫局长在政治部组织的全局刑警上岗考试考场巡视

市局机构改革，将原有机构调整为十一大系统。主管政治工作的刘德副局长在任命仪式上，宣布市局党委任命命令

召开全局民警换装仪式暨展示警容警姿大会

组织全局警务技能技术大比武

大学生岗前培训训练汇报表演

举行全局“昂首迈进新世纪”合唱比赛

纪委

局领导与全局纪检工作先进集体及先进个人代表合影

警务督察队在天安门执行勤务

纪委书记张久臣在领导干部党纪政纪条规考试现场检查考场秩序

组织全局领导干部党纪政纪条规考试

全局审计干部培训

群众监督投诉热线与“110”警务报警联通

纪检、信访电脑软件使用培训

北京人民警察学院

新校址土地征用补偿协议签字，新校园将建于昌平虎峪风景区

千余名学生签名祝北京申奥成功

对在校生进行警用车辆驾驶技战术培训

活跃校园文化生活，陶冶学生情操。师生同台演出文艺节目

全局第三期党务政工领导干部
培训班在第二人民警察学校举行

市局办公室系统领导干部
岗位培训班开班典礼

培训班学员在训练

组织培训班学员进行实弹射击训练

装备财务处

公安部副部长田期玉、装财局局长柳小川在吕实珉副局长陪同下，检查市局“99式”警服发放前的准备工作

强卫局长、吕实珉副局长在装备财务处处长张兵陪同下，检查枪械的管理情况

市局参与兴建的成寿寺政法干部住宅小区建成

召开机构改革双向选择动员大会

北京市公安医院

党委书记、政委任映雪

荣立个人三等功的神经呼吸病房护士长吴秀荣

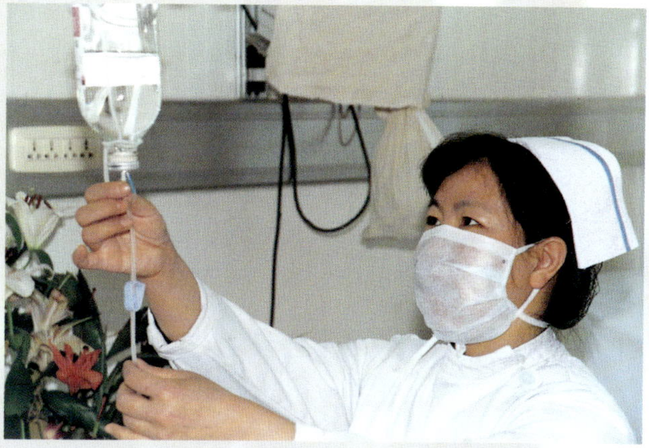

犯人医疗区

新建的北京市公安医院门诊大楼

科技处

7月26日，市局召开第二届科技大会

科技大会上，与会领导向先进集体、先进个人颁奖

召开座谈会，认真听取各单位的意见、建议

信息通信处

信息通信处处长刘营（左二）、政委耿飞（左四）等领导同志在科技汇报会上

程控电话交换中心是市局通信枢纽

新装备的先进通信保障车，即：车载移动指挥中心

图像监控中心对市区重点地区进行动态监视

公共信息网络安全监察处

刘德副局长参加公共信息网络安全监察处成立大会

公共信息网络安全监察处

计算机安全员培训班

举办首届北京地区证券系统计算机安全员培训班

安全技术防范管理办公室

承担国家计委立项《社区安全防范报警体系研究与示范工程》研究课题签字仪式

召开全局技防工作会议

"我爱我家——社区安全技术防范巡回展"剪彩开幕

安全技术防范研究发展中心在推进"科技创安"工作中成绩显著，荣立集体三等功

国内安全保卫总队

举办全局国保干部培训班

科级领导干部竞聘上岗选拔考试

组织民警进行警务技能训练

参观学习

文化保卫处

机构改革大会

副局长阮增义、政治部副主任宋永智出席文保处领导班子任职会

热爱祖国——组织青年民警参观圆明园遗址公园

举办民警计算机使用培训班

行动技术处

领导班子定期开会研究工作

"7.20"专项工作总结表彰大会

实弹射击训练

开展丰富多彩的文体活动，民警在表演韵律操

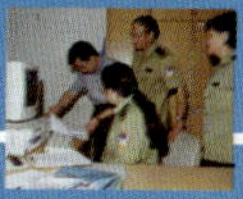

出入境管理处

强卫局长到出入境管理处调研了解护照审批工作情况

年内，被评为“首都精神文明行业活动规范化服务达标单位”后，张淑英政委在接待大厅内向办理签证的外国人征求意见

清理在京的非法出入境中介机构

民警王然作为中国派遣执行联合国维和任务的女警官，飞赴东帝汶，参加执行维和任务

刑事侦查总队

市委书记贾庆林视察刑侦总队

公安部副部长白景富在局长强卫等领导陪同下接见刑侦总队副处级以上现职领导干部

法医检验鉴定中心

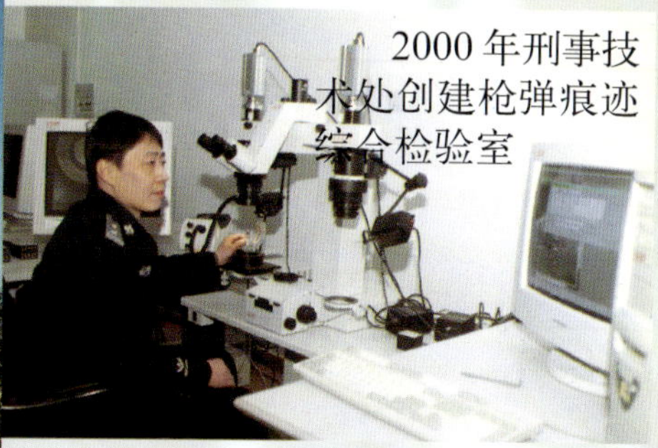

2000年刑事技术处创建枪弹痕迹综合检验室

先进的现场勘察车，配有数字现场信息传输设备

蹲守

总队主持开发的“故宫博物院地宫自动报警监控系统”已发挥重要作用

围剿

侦查员战术配合训练

特警在行动

经济犯罪侦查处

处长兼党委书记张玉明、政委兼党委副书记胡跃庭组织领导班子成员研究工作

组织召开全市“打击经济犯罪研讨会”

查处涉税案件，认真调查取证

打击制贩假币犯罪，成绩突出受到了公安部的表彰

监所管理处

局长强卫深入收容站调研

处长毕晶在处务会上部署工作

治安拘留所证物室民警对拘留人员的物品进行检查、登记

感化教育相结合组织服刑押犯与家属会面

治安管理总队

12月30日23时50分，总队长张伟刚坐镇天安门广场值勤现场指挥调度警力

10月，治安处改编升格为治安管理总队，图为总队成立大会

盘查训练

潜水队准备打捞遇难者

取缔非法犬市

查获非法贩卖盗版、淫秽光盘

本市公园的冰场开放必须审批后才能开放。1月2日，民警在检查北海公园冰场

老山汉墓的现场保卫工作由市局治安处总体负责

查获非法烟花爆竹

捣毁观看黄色录相的窝点

巡察执法总队

接待俄罗斯警察代表团来访，促进友好交流

总队党委部署元旦期间安全保卫工作

举办首都巡警防暴警业务技能比武

总队与武警北京总队防暴队举行签约大会，开展“两警共建”活动

直属防暴支队参与并成功处置“5·27”府右街1路公共汽车上扬言爆炸案

总队在全市巡察系统推出六个规范化建设标杆单位

总队圆满完成在“全国公安巡警防暴警比武”开幕式上的训练汇报表演任务，此次比武北京代表队夺得团体总分第二名

人口管理处

户籍处和外来人口管理处合并成立人口管理处

全局岗位练兵大比武中，人口管理处获奖民警在台上领奖

在第五次人口普查工作中，户籍民警入户核对户口

对派出所户籍民警进行集中培训

防爆安全检查处

副局长
李全福听取
李润华处长
工作汇报

处领导考核
民警对X光机图
像识别能力

训练检查基本功

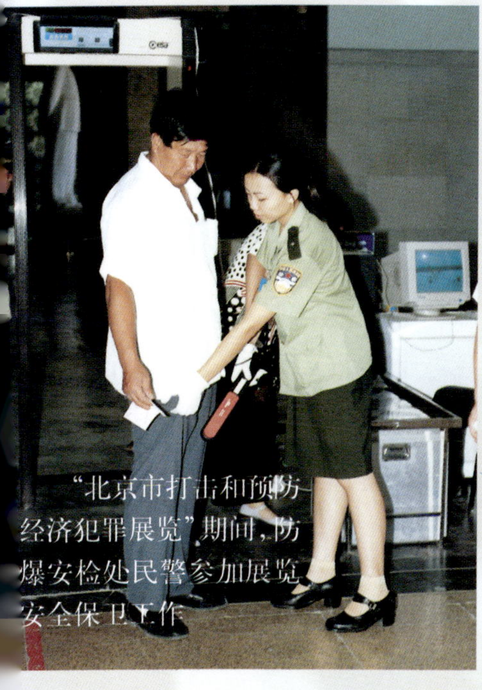

“北京市打击和预防经济犯罪展览”期间，防爆安检处民警参加展览安全保卫工作

与外国防爆专家进行技术交流

治安管理防范控制系统

北京市安康医院

全国人大常委会副委员长彭佩云（左）与院长吕秋霖亲切交谈

举办民警岗位培训班

院档案管理工作晋升为：科技事业档案工作目标管理市级先进

装修改造后的医院办公楼

组织业务技能比武

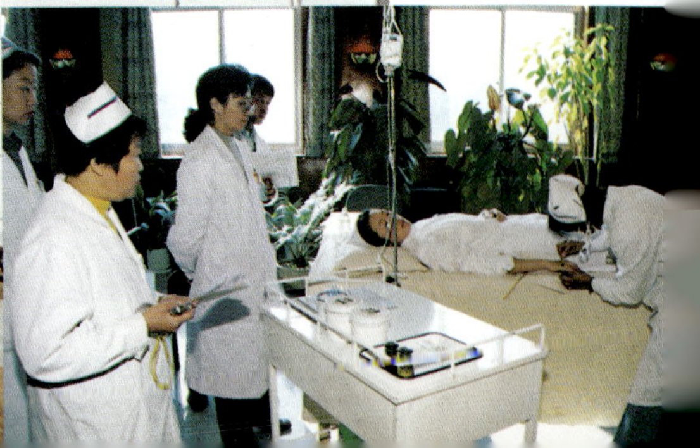

内部单位保卫局

经保处破获特大人民币新券被盗案后，北京印钞厂送来锦旗，表示衷心的感谢

机构改革大会

市局指挥中心，治安总队、刑侦总队领导，分（县）局主管经保工作的领导参加撤并移交会

岗位培训

检查东方广场工地安保工作

检查燃气集团北郊输配厂安全运行情况

指导处在菜市口百货商场珠宝柜台检查安全防范落实情况

东四环路施工现场“保护管线专项治理”现场会

保安管理处

保安服务总公司荣膺“首届全国十佳保安公司”的光荣称号，总经理宋建国受到尉健行、罗干、曾庆红、王忠禹等中央领导同志的亲切接见

局长强卫、副局长吕实珉等领导参观由保安管理处自行研制开发的2000式保安服

集数据、图像和语音处理于一体的，具有先进科技水平的综合性指挥中心

在市局举办的“昂首迈进新世纪”合唱比赛中，荣获丙组决赛第一名。

保安培训中心利用现代化教学手段，对保安员进行外语培训

交通管理系统

北京市公安交通管理局

畅通工程启动仪式

交管局领导接待国际奥委会单项组织官员

交通民警业务培训考试

特勤民警在人民大会堂前疏导车辆

交通民警技能比武

警卫局

1 月 28 日，朱 镕基总理偕夫人劳安来到警卫局驻地亲切慰问全体干部民警

局长强卫、副局长吕实珉等领导在警卫局局长丁世伟的陪同下来到世纪坛中央领导植树现场检查落实警卫工作

机构改革大会宣布警卫局正式成立

9月，部分干部参加市局大比武训练

训练有素，“来之能战，战之能胜”

8月，为配合第六届世界大城市首脑会议安全警卫工作，组织干部进行专项训练

北京市消防局

“让家庭远离火灾”启动仪式

5 月 21 日，五支队官兵抢救被绑架中学生（详细情况见文中条目）

登高车（右）、高喷车（左）正在扑救高层建筑火灾。（两车均从日本进口，登高车主要用于高楼救人，也可由其它车辆供水扑救高层建筑火灾；高喷车主要用于扑救油罐火灾，也可以扑救高层建筑火灾）

检查娱乐场所防火安全

中日消防社会抢险救援北京研讨会

民警在北郊罐瓶厂进行防火检查

化工火灾灭火演习

消防业务大比武训练

消防官兵在北京展览馆进行岗位练兵实战演习

保稳定
打基础
抓改革
兴科技
强素质

升市二级档案管理先进单位，2个单位晋升市科技事业单位档案管理先进单位（相当于市二级）的考评工作，使全局所有独立立档单位（新建单位除外）都晋升为北京市档案目标管理二级以上先进单位，实现了“满堂红”。市局档案工作进入北京市和全国先进单位行列，被市档案局和国家档案局评为“北京市档案工作先进集体”和“全国档案工作优秀集体”。

（刘亚利）

【办公室完成机构改革和精简分流】 年内，在全局机构改革中，市局办公室进行了重组。办公室内设秘书处、政治处、指挥中心、研究室、综合处、信访处、档案处（均为正处级）和外事办公室（副处级）共8个部门。法宜处职能划归政治部，信息通信处电传、明密码电报等机要通信职能划入秘书处。办理退休、提前退休18人，提前离岗6人，调出12人，辞职、辞退2人，精简分流5人，共精简43人，圆满完成了办公室机构改革和精简分流工作。

（刘兰柱）

【实行新的报表制度】 根据公安部“关于实行2000年新的刑事案件统计报表制度”的统一部署，公安机关管辖刑事案件由《刑法》修订前的不足百种，扩大至332种，统计指标项目、统计汇总表式随之扩充增加，统计渠道由“以条为主”（按系统搜集数据）改为“以块为主”（按地区搜集数据），汇总方法由手工汇总改为运行《公安统计计算机系统》等多项改革措施。市局综合统计部门提出了贯彻实施意见，研究设计统一的基础登记台账，编撰、印制了培训使用手册，就数据流程、使用说明、配套表式及其问题作出图解和说明。组织了三次统计数据清理核实及版本转换培训，保证了上报数据准确无误、符合要求。

（郭　证）

【受理人民群众来信来访】 年内，市局和局属各单位信访部门受理群众来信来访58094件次，比上年上升28.1%，其中重复信访上升50.3%。上级机关批交和市局立案的重点信访828件，结办819件，结办率为98.9%。办理群众监督电话3796件。市局被评为北京市信访工作先进集体。

（康建平　宋慧敏）

【实行局领导信访接待日制度】 从2000年起，每月第二周的周三上午为局领导接待日。全年落实接待日12个，12位局领导接待处理信访问题22件。

（康建平　宋慧敏）

【加强对外交流组织民警出国培训】 年内，外事办公室共办理民警因公出国手续231批、618人次，全局民警因公出国比上年的145批、343人次上升了0.6个百分点。

（高红军　张　颖）

【做好接待工作促进警务合作】 全年，外事办公室共接待各类团组102批、1331人，接待人数比上年的92批549人增加了1.4倍。其中：接待内宾60批、330人，接待外宾42批、1001人，不但加强了与国内各省市兄弟厅、局间的联系与合作，更发展了北京警方与国外警界的友谊。

（高红军　张　颖）

【修订《保密工作目标管理考评办法》】 1月1日，重新修订的《市公安局保密工作目标管理考评办法》开始实行。此办法在1997年《北京市公安局保密工作目标管理考评试行办法》的基础上修订而成。

（李　华）

【办理人大代表政协委员提案】 3月1日至5月31日，市局办理全国和市“两会”人大代表建议、政协委员提案共279件，比上年的251件多28件。其中全国人大代表建议、政协委员提案23件；市人大代表建议160件、市政协委员提案96件。有11件人大代表建议、政协提案被市政府办公厅评为优秀承办件。

（李广岐）

【研制推广档案计算机图文信息管理系统】 3月21日，档案处与北京市超星电子技术公司合作完成了公安档案计算机图文信息管理系统V1.0版的研制，签订了应用推广协议。举办了培训班向局属各分（县）局、业务局（处）的49个单位推广应用该系统。该系统具有档案著录、查询、销毁、报表输出等十一大模块，三级菜单结构，包括了目前公安档案所有类别。该系统性能稳定、功能齐全、操作方便，显著提高了档案管理工作效率。

（陶　青）

【开展城乡结合部打防控课题调研】 3月至10月，市局党委主要领导分别率课题组深入朝阳、海淀、丰台三个分局开展调研，先后了解30多个派出所的工作情况，组织了20多个专题汇报。经充分论证，研究室写出了《关于朝阳、海淀、丰台区城乡结合部社会治安打防控问题的调研报告》，经市局党委会讨论研究，制定了《关于朝阳、海淀、丰台区高发案地区派出所挂牌考核实施办法》，提出从2001年开始对三地区33个高发案地区派出所实行挂牌督战，从发案、破案、抓获刑拘人员等方面，考核地区派出所、刑警和巡警的责任，实行月排行榜，年底进行综合考评。9月5日，市局举行了对朝阳、海淀、丰台高发案地区挂牌督战签字仪式，强卫局长与朝阳、海淀、丰台分局局长分别签订了责任书，朝阳、海淀、丰台三个分局与33个高发案地区派出所签订了责任书。

（马　波）

【开展重点信访专项治理】 3月至10月，在全国公安机关重点信访问题专项治理工作中，市局投入专门警力1511名，按时按质结办公安部交办的16件重点信访案件，全局共排查重点信访案件360件，公安部四次转发市局的工作情况和经验。

（康建平　宋慧敏）

【开展统计执法检查】 自5月开始，市局重点对治安案件、交通及火灾死亡事故的受理查处登记记录、统计标准执行、统计汇总报告等情况进行检查。在统一推行刑事案件统计登记台账基础上，将治安案件统计登记台账做了统一规定制发；并制发了《统计数据清理核查通知》。市局研究室与市局警务督察队深入基层单位进行检查。

（郭　证）

【解决“文山会海”】 年内，市局成立专门班子，研究制定了《中共北京市公安局委员会关于精简文件、减少会议的意见》(简称21条)，并召开全局会议进行部署。7月1日起在全局开始实施。据统计，全局简报报头数量由297个减少到139个，减少了一半多。7月至11月，市局印发文件比上年同期减少30%，局属各单位印发各种公文、简报比上年同期减少5.7%，局属各单位召开会议比上年同期减少19.3%。

（贾　娜）

【建立警务回执制度】 7月1日起，在全局范围内就刑事执法、行政执法以及治安行政管理等工作，全面实行了警务回执制度（公安机关依法实施的刑事侦查、治安行政管理及治安行政审批等工作中，开具的有关告知主办部门、办理期限、工作结果和当事人权利义务、监督办法等内容的回复受理手续）。5月中旬，由市局研究室牵头，组织局内10个业务部门参加，研究提出了“警务回执工作制度”方案及《警务回执办法》。确定了公安机关受理的报警情况及群众申办的各类警务事项中，除非当面报告、立等可取、已有法律文书、属于过程连带、非公安机关主管独办的或认为不宜适用的事项外共计7类28项85种事项应当办理警务回执手续。

（郭　证）

【清理整顿统计报表】 自7月下旬开始，开展了清理整顿统计调查报表专项工作。经一个月的清理造册、调整更正、重新报批和审核工作，确定重新颁布合法有效的自制统计报表107件，由各业务主管部门代市局布置。

10月11日，以京公研字〔2000〕804号文件颁布新报表名录，从2001年1月起（含2000年年报）正式执行。基层派出所统计工作减负30%左右。

（郭　证）

【制订实施“110”查勤制度】　8月1日，指挥中心制订和实施了《北京市公安局“110”查勤制度》，先后组织查勤25次，检查基层派出所144个，加强了市局对基层单位警务工作的监督，有效提高了全局“110”接处警工作水平。

（徐晓睿）

【开展岗位培训】　9月11日至11月17日，办公室在市局党校举办了三期156人参加的全局办公室系统副科长以上领导干部岗位培训班。举办全局办公室系统大规模的岗位培训这是建局以来的第一次。市局主管办公室工作的副局长杨文忠亲自到培训班讲课，办公室各部门领导分别主讲了各自的业务课。通过培训，提高了办公室系统领导干部的组织、指挥、协调能力。年内，办公室还举办了两期科员、办事员岗位培训班，共培训119人。

（常际红）

【做好机要文秘工作】　10月12日、20日，办公室根据《北京市公安局职能配置内设机构和人员编制规定》中职能划分、管理权限，先后制发了《关于机构改革后文件发送和印章使用悬挂单位名称牌子等事项的通知》和《关于启用北京市公安局办公室等印章的通知》，以确保在机构改革中局属各单位制发文件、使用印章、悬挂单位名称牌子等项工作的正常运转和有序衔接。

（唐　琼）

【“前进中的首都公安”展览开幕】　11月29日，市局举办的“前进中的首都公安”展览在北京市公安档案馆开幕。展览共展出照片450余张、实物近800件。展览分“亲切关怀、峥嵘岁月、警官风采、走向未来”四部分，展示了北京市公安局自1948年12月17日建局以来，50余年首都公安工作概貌。至年底，局属30多个单位、1000余人参观了展览。

（马学武）

2000年全局档案目标管理达标升级情况

序号	单位名称	升级时间
达标升一级单位		
1	顺义分局	2000年12月1日
2	西站分局	2000年12月27日
达标升二级单位		
1	巡察执法总队	2000年4月29日
2	北京市安康医院	2000年6月15日
3	公共交通分局	2000年6月22日
4	国内安全保卫总队	2000年7月25日
5	警卫局	2000年7月26日
6	防爆安全检查处	2000年10月11日
7	清河分局	2000年12月7日
8	北京市消防局	2000年12月22日
9	北京市公安医院	2000年12月23日

办公室2000年领导名录（机构改革前）

职　务	姓　名	任职时间
主　任	毕庶琪	1998年10月—2000年9月
副主任	张亚臣	1996年11月—2000年10月
副主任	张家祥	1996年11月—2000年11月
副主任	高红军	1998年9月—2000年11月
副主任	李广岐	1999年1月—2000年11月
副主任	陈　伟	1999年5月—2000年11月

指挥中心2000年领导名录（机构改革前）

职　务	姓　名	任职时间
主　任	尹燕京	1996年1月—2000年9月（调昌平分局任职）
政　委	及开选	1997年10月—2000年10月
副主任	李世民	1995年6月—2000年11月
副主任	许　巍	1996年10月—2000年11月
副主任	徐　松（女）	1997年6月—2000年11月
副主任	卞杰成	1997年6月—2000年11月

研究室2000年领导名录（机构改革前）

职　务	姓　名	任职时间
主　任	汤国威	1998年2月—2000年10月（调市局文化保卫处任职）
副主任	李耆年	1991年1月—2000年2月（到最高任职年限，任正处级调研员）
副主任	郭　证	1995年4月—2000年11月

副主任	马国云	1995 年 4 月—2000 年 11 月
副主任	康建平	1998 年 2 月—2000 年 11 月
副主任	王国庆（女）	1998 年 2 月—2000 年 11 月
副主任	马 波（女）	1998 年 10 月—2000 年 11 月
副主任	吕树桐	1999 年 1 月—2000 年 11 月

综合处 2000 年领导名录（机构改革前）

职 务	姓 名	任职时间
处 长	王守江	1996 年 11 月—2000 年 10 月
副处长	宋维秀（女）	1995 年 4 月—2000 年 11 月
副处长	邓铜铜（女）	1995 年 4 月—2000 年 11 月
副处长	罗丽敏（女）	1995 年 11 月—2000 年 11 月
副处长	张延太	1996 年 11 月—2000 年 11 月

法制宣传处 2000 年领导名录（机构改革前）

职 务	姓 名	任职时间
处 长	张 策	1998 年 10 月—2000 年 11 月（调市局政治部宣传处任职）
政 委	赵克伦	1997 年 6 月—2000 年 11 月（调市局政治部宣传处任职）
副处长	刘 蔚	1998 年 10 月—2000 年 11 月（调市局政治部宣传处任职）
副处长	李振波	1998 年 10 月—2000 年 11 月（调市局政治部宣传处任职）
副处长	王建武	1998 年 10 月—2000 年 11 月（调市局政治部宣传处任职）

信访处2000年领导名录（机构改革前）

职　务	姓　名	任职时间
处　长	李立国	1995年11月—2000年11月
政　委	薛增森	1998年8月—2000年2月(到最高任职年限，任正处级调研员)
副处长	刘胜华	1991年6月—2000年2月(到最高任职年限，任正处级调研员)
副处长	郭玉平（女）	1995年11月—2000年11月
副处长	蒋晓刚	1998年2月—2000年11月

保密处2000年领导名录（机构改革前）

职　务	姓　名	任职时间
处　长	刘广田	1997年10月—2000年7月(到最高任职年限，任正处级调研员)
副处长	于得弟	1997年10月—2000年11月
副处长	周志刚	1997年10月—2000年11月

档案处2000年领导名录（机构改革前）

职　务	姓　名	任职时间
处　长	李龙泉	1995年11月—2000年11月
政　委	朱景奇	1998年11月—2000年11月
副处长	郭益兴	1990年7月—2000年3月（退休）
副处长	付世和（女）	1998年2月—2000年2月(到最高任职年限，任正处级调研员)
副处长	王　巍（女）	1997年10月—2000年11月
副处长	张　兵	1997年10月—2000年11月

办公室2000年领导名录（机构改革后）

职　务	姓　名	任职时间
主　任	毕庶琪	2000年9月—
副主任	王守江	2000年10月—
副主任	及开选	2000年10月—
副主任	张亚臣	2000年10月
副主任	王益春	2000年10月—
秘书处处长	张亚臣（兼）	2000年11月—
秘书处副处长	张家祥	2000年11月—
秘书处副处长	于得弟	2000年11月—
秘书处副处长	李广岐	2000年11月—
秘书处副处长	陈　伟	2000年11月—
政治处主任	宋　捷（女）	2000年10月—
政治处副主任	李振清	2000年11月—
指挥中心主任	及开选（兼）	2000年11月—
指挥中心政委	徐　松（女）	2000年11月—
指挥中心副主任	许　巍	2000年11月—
指挥中心副主任	卞杰成	2000年11月—
研究室主任	王益春（兼）	2000年10月—
研究室副主任	马国云	2000年11月—
研究室副主任	宋维秀（女）	2000年11月—
研究室副主任	马　波（女）	2000年11月
研究室副主任	吕树桐	2000年11月—
综合处处长	王守江（兼）	2000年10月—
综合处副处长	邓铜铜（女）	2000年11月—
综合处副处长	郭　证	2000年11月—
综合处副处长	罗丽敏（女）	2000年11月—

综合处副处长	张延太	2000年11月—
信访处处长	李立国	2000年11月—
信访处副处长	郭玉平（女）	2000年11月—
信访处副处长	李世民	2000年11月—
信访处副处长	康建平	2000年11月—
信访处副处长	蒋晓刚	2000年11月—
信访处副处长	周志刚	2000年11月—
档案处处长	李龙泉	2000年11月—
档案处政委	朱景奇	2000年11月—
档案处副处长	张　兵	2000年11月—
档案处副处长	王　巍（女）	2000年11月—
档案处副处长	王国庆（女）	2000年11月—
外事办公室主任	高红军	2000年11月—

法制办公室

【概　况】 市局法制办公室充分发挥职能作用，严格案件审核把关。全年审核刑事案件比上年增加500件，上升29.41%，审结劳动教养案件比上年增加285人，上升5.39%。对重大、疑难、敏感等重要专案提前介入，参与了一批中央督办或在全市、全局挂牌重大案件的审核工作；严格依法审理“法轮功”案件，全面掌握“法轮功”人员审查处理情况，督促协调案件消化处理及人员分流工作，协助局领导现场指挥协调案件审查处理工作。

深入贯彻全国公安法制会议精神，召开全局法制工作会议，下发市局《关于进一步加强首都公安法制建设的决定》，制定了《北京市公安局内部执法质量考评试行办法》，在全局实行市局、各业务系统、各分县局三级执法质量考评；起草了《刑事案件管辖分工规定》、《刑事案件管辖权限规定》和《行政执法管辖权限规定》，并下发全局征求意见确保改革后各项执法办案工作顺利开展；制定《北京市公安局依法行政实施办法（2000—2002年）》，认真贯彻行政复议法，向市政府、公安部作复议答复211件，并对全局撤销、变更、确认违法或争议较大的38起复议案件进行备案。代表市局和市劳动教养管理委员会出庭应诉38件，研究并协助有关单位办理国家赔偿案件22件。

开展公安地方立法调研和法制调研。全年经市政府批准制定并颁布实施规章1件，以市公安局名义或市公安局与有关委办联合发布规范性文件12件，审议全国人大、国务院、公安部、市人大、市政府及有关单位起草的法律、法规、规章征求意见稿及审议局内规范性文件102件；编辑《首都公安法制·学习参考资料》10期和《法制报摘》24期，编辑发行《法规汇编》第19册，接待局属单位查询400余次，完成3个法律法规数据库新内容的追加录入；结合执法办案工作中的重点、热点和难点问题，制定下发《2000年全局法制调研工作安排》，指导、督促各单位开展法制调研工作。

（刘显花）

【清理行政审批项目】 1月，法制办公室组织局属有关单位，根据市政府《关于改革本市行政审批制度的通知》，对现行有效行政执法中的行政审批项目进行了全面清理，共清理出行政审批、核准、审核、备案项目有259项，其中：审批180项，核准38项，审核6项，备案35项。对审批、核准项目作保留处理的有209项，作取消处理的有7项，合并的有1项，下放的有1项。

（刘显花）

【清理公安机关对企业登记前置审批项目】 1月，法制办公室根据北京市人民政府《关于对企业登记前置审批项目进行清理的函》，会同治安管理总队、消防局等有关单位，对涉及企业在领取营业执照前经公安机关审批的项目进行了全面清理，共有涉及前置审批项目36项。经研究，拟改为领取营业执照后审批的8项，保留前置审批的25项，取消前置审批的3项：即设立营业性演出场所（《营业性演出管理条例》）、消防安全检查（歌舞厅、影剧院、宾馆、饭店、商场、集贸市场）（《消防法》）、开办桑那按摩美容美发洗头房（《公安部等四部局关于清理整顿按摩服务场所严厉打击非法活动的通知》）。

（刘显花）

【研讨执法考评办法】 4月14日、18日，法制办公室召集17个分县局、13个业务处的法制办公室、科领导，研讨市局制定的《北京市公安局分县局内部执法考评试行办法》，就《考评办法》涉及的管辖分工、考评标准、考评实施等方面提出了建议。根据与会同志提出的修改意见，法制办公室对《考评办法》进行了修改、完善，形成了《北京市公安局内部执法质量考评试行办法》，7月24日下发全局执行。

（刘显花）

【召开全局法制工作会议】 6月28日至30日，法制办公室组织召开全局法制工作会议，73个单位的正职领导、主管法制工作的局处长和各单位法制办（科）主任（科长）计180余人参加了会议。市局局长强卫出席开幕式并作了《加强首都公安法制建设创建公安执法首善之区》的讲话；市局副局长张家旺作了《抓住机遇迎接挑战全面推进首都公安法制建设》的讲话。

（刘显花）

【规范现场处置警务工作】 7月以来，市局有关部门连续发生人民警察在现场处置违法犯罪嫌疑人员工作中因公伤亡事件，为保证人民警察在各项现场执法工作中，既严格履行职责，又能最大限度地避免和减少人身伤亡，法制办公室牵头召集有关职能部门，研究规范现场处置可疑人员及相关警务工作，制定了《现场处置可疑人员工作规范（试行）》及9个相关实施细则，编辑成携带方便的小册子，发给全局一线执法民警。

（刘显花）

【落实依法治市规划措施】 7月下旬，根据市委办公厅《关于转发市依法治市领导小组〈2000年北京市依法治市工作安排〉的通知》，法制办公室研究确定了全局法制系统落实依法治市规划的具体措施：一是充分运用法律武器，为维护首都社会政治稳定提供强有力的法律保障；二是坚决贯彻严打方针，保持高压态势，提高办案质量；三是进一步强化执法监督，加大评查考核力度；四是进一步完善公安立法和执法制度建设；五是深入推进警务公开；六是全面加强公安建设。

（刘显花）

【开展执法大检查工作】 7月至9月，法制办公室组成检查小组，以执行刑事诉讼法为重点，从全局36个单位随机调取逮捕后公安机关撤销案件、检察院不起诉案件、法院宣告无罪案件、刑事拘留后直接释放案件、不批捕释放案件、取保候审案件、监视居住案件进行执法检查，共检查112件案件、189册案卷，涉案144人。合格案卷共90案112人161册；不合格案卷共22案32人28册，涉及17个单位。对突出案例予以通报，对存在的一般问题，予以执法检查登记。

（刘显花）

【实行劳教案件证据复核、审批合议制】 7月26日，针对劳动教养是公安机关直接审批决定限制人身自由强度最大的行政措施，为把好证据关，确保案件审批质量，法制办公室印发了《劳动教养案件证据复核暂行规定（试行）》和《劳动教养案件审批合议制暂行规定（试行）》。到年底，对120余件案件进行了合议，对30余件案件进行了证据复核。两项规定的试行克服了单人阅卷的片面性，提高了审批工作的前瞻性、严肃性、公正性。

（刘显花）

【组织行政复议法宣传活动】 9月27日，根据市政府的统一部署，法制办公室在出入境管理处、治安处、公安交通管理局和消防局组织了行政复议法颁布实施一周年宣传活动，市局纪委、信访处、出入境管理处、治安处、公安交通管理局、消防局等单位也参加了活动，发放各种宣传材料2万余份，摆放宣传板报50余块，悬挂横幅118条，解答群众咨询问题1400余件，收到较好的社会效果。《北京日报》、《北京法制报》、北京电台等8家报刊、电台分别进行了报道。

（刘显花）

【规范行政审批事项】 10月，依据市政府《关于印发北京市行政审批事项清理方案的通知》，法制办公室对全局169项行政审批事项进行了专项清理，并对保留的115项逐项制定了管理规范，编辑了《北京市公安局行政审批事项及规范》，形成全局合法、统一、完备的执法规范体系，为市局有关单位和民警进行行政审批工作提供了依据。

（刘显花）

【精简机构调整职能】 10月，根据市局机构改革实施方案，法制办公室（挂北京市劳动教养委员会办公室牌子）精简原有机构，调整职能，强化监督指导，对内将原有的9个处科室合并为7个二级处。即办公室改为秘书处，下设研究科；政治处名称不变；检查科改为执法监督处；刑事审批科改为刑事案件处；劳动教养审批处改为劳动教养处；行政复议应诉指导处改为行政复议处；法规资料室和法规科合并改为法规管理处，形成个案微观审核把关、宏观监督指导和内部管理各司其职的新格局。对外将执法监督处的个案监督职能划分给刑事案件处、劳教处、行政复议处，以加强对全局基层执法办案部门的宏观监督和指导。

（刘显花）

案　例　举　要

【邪教组织骨干李昌等人被判刑】 李昌（男，61岁，大学文化，公安部退休干部）、王治文（男，51岁，大专文化，中国铁路物资总公司非金属处工程师）、纪烈武（男，37岁，大学文化，中国有色金属工业贸易集团信息部职员）、姚洁（女，46岁，大专文化，中国华电房地产公司职员）等人自1993年以来追随李洪志“法轮功”邪教组织，积极发展成员，散布迷信邪说，蒙骗他人，致人死亡。1998年以来，李昌等人利用“法轮功”邪教组织，参与秘密策划、组织、指挥、煽动“法轮功”邪教组织成员，在中南海周边、北京电视台等地非法聚集，抗拒国家法律实施，妨害社会管理秩序，并利用该组织发行宣扬邪教的出版物，聚敛钱财。李昌还指使姚洁等人非法获取、故意泄露国家机密，非法持有国家绝密、机密文件、资料。2000 年 1 月，北京市第一中级人民法院以组织、利用邪教组织破坏法律实施罪，组织、利用邪教组织致人死亡罪，非法获取国家秘密罪判处李昌有期徒刑 18 年；判处王治文有期徒刑 16 年；判处纪烈武有期徒刑 12 年；判处姚洁有期徒刑 7 年。

（李韶锋）

【潘某某进行淫秽表演被劳动教养】 6 月 9 日晚 22 时许，潘某某（女，18 岁，江苏盐城市人，1995 年毕业于北京舞蹈学院，后在朝阳区三里屯“九歌”歌厅作三陪小姐），在该歌厅一女经理的安排下，在 8 号包间为黄某、柏某、杨某跳脱衣舞时被当场抓获。北京市劳动教养委员会根据国务院《关于劳动教养问题的决定》、《关于将强制劳动和收容审查两项措施统一于劳动教养的通知》、《劳动教养试行办法》有关规定，于 7 月 10 日决定对潘某某劳动教养一年六个月，被涉及的同案嫌疑人被依法处理。

（刘显花）

【田某某、秦某某参与赌博被劳动教养】 7 月 4 日零时许，田某某（女，37 岁，安徽省无业人员）伙同秦某某（男，44 岁，辽宁省无业人员，1999 年 4 月因赌博被拘留）等人，在北京市东城区东四十三条他人开设的赌场聚众赌博时被当场抓获，收缴人民币 13 万余元、港币 5 万余元、美元 1700 元。7 月 28 日，北京市劳动教养委员会根据国务院《关于劳动教养问题的决定》、《关于将强制劳动和收容审查两项措施统一于劳动教养的通知》、《劳动教养试行办法》的有关规定，决定对田某某劳动教养两年六个月、对秦某某劳动教养两年。其他参赌人员也受到相应处理。

（刘显花）

法制办公室 2000 年领导名录

职　务	姓　名	任职时间
主　任	刘绍武	1995 年 4 月—
副主任	宋宏声	1995 年 3 月—2000 年 10 月（调丰台分局任职）
副主任	郭铁军	1992 年 6 月—
副主任	李渊林	1995 年 3 月—
副主任	戴　谊	1995 年 3 月—
副主任	刘占川	1997 年 10 月—
副主任	赵建章	1997 年 10 月—2000 年 10 月（调朝阳分局任职）
副主任	袁塞路	1998 年 12 月—2000 年 10 月（调宣武分局任职）

队伍管理系统

政　治　部

【概　况】 2000年，全局思想政治工作以深化改革和强化培训为主线，队伍建设得到了全面加强和发展。深入开展“三讲”、“三项教育”活动。上半年，认真开展了第三批市局机关领导班子、领导干部以及全局基层处级领导干部和处级非领导职务干部的“三讲”教育。下半年，在已完成“三讲”集中教育的单位进行了“三讲”教育“回头看”。按照公安部的部署，从9月中旬开始，在26个分（县）局第一批开展了“三项教育”。全局共有37800人参加，占总人数的85%。组织了“百所检查”活动，对存在问题较多的37个基层单位进行了通报批评和挂“黄牌”警告。围绕“治安状况、公正执法、服务质量、纪律作风”四个方面开展了“人民群众测评公安”活动，向社会发出测评表62万余份。分离出“民主测评中列于末位的”、“双向选择落岗的”、“被上级明查暗访查出突出问题的”和“被群众投诉存在服务态度恶劣、刁难群众、执法不公的”民警1341名离岗培训。

2000年为全局“培训年”，市局对局属各单位双正职进行了全员脱产培训。全局共举办领导干部、专业警种、警衔晋升、技术岗位等各类脱产培训班491期，培训人员26012名，超额完成了培训三分之二人员的任务。市局组织的大练兵、大比武活动中设置射击、驾驶、缉捕技战术、现场勘查、法律法规、计算机等大小60余个项目，共有5021人参加，涌现出了180名各警种技能尖子。成功承办了全国公安巡警防暴警比武活动并在比赛中取得了优异成绩，公安交通管理局在全国交通民警大比武中取得佳绩。全局大专以上学历比例提高到58.97%，本科以上学历比例达到12%。

全面实施机构改革，深化干部人事制度改革。本着“精简、统一、效能”的原则，积极稳妥，全面实施了全局机构改革。将职能部门由过去的48个减为29个，减幅达39.6%，形成了11大职能系统。继续推行领导干部公开选拔、竞争上岗制度，市局拿出31个处级领导职位在全局范围内实行公开选拔、竞争上岗；局属各单位结合刑侦改革和“交巡合一”等勤务制度改革，普遍对处、所、队长及警长、探长等实行公开选拔、竞争上岗。全年通过公开选拔、竞争上岗，全局共有85人走上处级领导干部岗位，1146人走上科级领导干部岗位，1060人当上了警长、探长。市局总结推广了崇文分局、怀柔县局、朝阳分局等单位实行民警双向选择任用制的试点经验，全面铺开双向选择。在全国公安系统率先组织警衔逐级晋升考试，对经补考仍不及格的推迟警衔晋升。全年招收应届大学毕业生423人，其中为配合刑侦改革，市局不限籍贯、性别、专业和学校，扩招200名全日制本科毕业生充实刑警队伍。制定了提高和改善公安专业技术人员待遇的若干规定，对有突出贡献的科技人员给予政策倾斜，有效地稳定了科技干部队伍。

加强宣传思想工作，表彰先进。重点培养和宣传了175个基层科队所、310名个人等先进典型，热情讴歌了以袁时光烈士为代表的首都公安民警的光辉形象。先后组织了四次大规模新闻媒体集体采访活动，突出宣传开展“三讲”教育和“三项教育”，以及深化改革、大比武和科技强警等队伍建设的中心工作和重要活动，并围绕处置“法轮功”邪教组织，春节、“两会”保卫，禁毒、打拐专项斗争等进行了及时深入的报道。在政治部网站上开设留言板，在各级领导与广大民警之间架起了直接沟通的桥梁。通过举行“九九式”新警服换装仪式、“昂首迈进新世纪”合唱比赛、青年业务标兵巡回展示等活动，激发了广大民警的责任感和荣誉感。大力表彰先进，全年共有435个集体受到表彰奖励，有9896人立功受奖。90个单位和302名民警被命名为“让人民满意”的先进单位和个人。

（杨超远）

【获全国优秀“青少年维权岗”称号】 年内，市局朝阳分局和平街派出所和海淀分局恩济庄派出所被团中央、公安部授予2000年度全国优秀“青少年维权岗”称号。

（王　伟）

【开展“三项教育”】 年内，在崇文分局进行“三项教育”试点后，在分（县）局中开展了“三项教育”活动，围绕“治安状况、公正执法、服务质量、纪律作风”等方面，开展“人民满意测评公安”活动，共发出测评表62万余份，紧紧抓住社会各界和人民群众反映的突出问题，严格标准，严格程序，以明察暗访的形式，检查了100个派出所，保证了教育效果。按照公安部分离5%的要求，对第一批797名民警实行分期离岗培训。

（王　伟）

【召开党委扩大会议】 1月16至18日，市局召开党委扩大会议，传达全国政法工作会议和全国公安厅局长会议、市政法工作会议精神，对做好全年各项安全保卫工作进行了总体部署，并把“保稳定、打基础、抓改革、兴科技、强素质”作为2000年市局总体工作的十五字方针。

（王　伟）

【召开政治工作暨教育训练工作会议】 1月25至27日，市局召开全局政治工作暨教育训练工作会议，部署2000年思想政治和教育训练工作。会上强卫局长作了重要讲话；刘德副局长做了《认清形势抓住机遇努力开创公安队伍建设的新局面》的工作报告；市局政治部主任甄九庆对市局《关于加强和改革教育训练工作的意见》、《民警在职培训实施办法》、《2000年教育训练工作计划》三个文件作了说明，会后，参会人员分组进行了讨论。

（王　伟）

【中央和公安部、市委领导检查慰问】 1月27日，中共中央政治局委员、国务委员、中央政法委书记罗干在公安部部长贾春旺，市委副书记张福森，市委常委、市委政法委书记、市公安局局长强卫，市委政法委副书记杨显玉，市公安局副局长张家旺等领导的陪同下，先后到西城分局府右街派出所、武警北京总队十四支队、宣武分局白纸坊派出所辖区信建里治保会和崇文分局沈金柱烈士父母家中慰问。

（王　伟）

【公安部领导慰问民警】 1月29日，公安部部长贾春旺、副部长罗峰、赵永吉在市局领导的陪同下分别到门头沟分局斋堂派出所、保安管理处和出入境管理处慰问辛勤工作在公安保卫一线的首都民警，向他们拜年。

（王　伟）

【表彰先进集体和个人】 2月2日，市委政法委召开1999年政法系统开展的“争创人民满意的政法民警（单位）”活动表彰会，市局37个集体和162名民警受到表彰。

（王 伟）

【市领导春节慰问民警】 2月4日，市委书记贾庆林、市长刘淇等市 领导在强卫局长的陪同下到市局对公安民警进行慰问。

（王 伟）

【市局领导春节慰问民警】 除夕夜，市局局长强卫，副局长吕实珉、刘德、张家旺、师国安、李全福、阮增义、杨文忠、马振川，政治部主任甄九庆、纪委书记张久臣等领导分别到市局指挥中心、公安交通管理局指挥中心和交通中队、天安门分局及城八区分局派出所、看守所、刑侦处、技侦处、治安处基层单位拜年，亲切慰问了战斗在一线的公安民警。

（王 伟）

【解答人大代表询问和政协委员咨询问题】 2月14日，市人大、市政协在北京会议中心组织人大代表询问和政协委员咨询活动。市公安局局长强卫，副局长刘德、张家旺、李全福、阮增义、马振川，政治部主任甄九庆、纪委书记张久臣等领导参加了咨询工作，共接待人大代表70人次，政协委员30人次，解答代表、委员提出的各类问题123件。

（王 伟）

【授予人民满意的公安单位和民警称号】 2月15日，市局党委决定：授予公安交通管理局车辆管理所外事科等90个单位为1999年度市局“人民满意的公安单位”先进集体荣誉称号；授予王培红等302名同志为1999年度北京市公安局“人民满意的公安民警”先进个人称号。

（王 伟）

【授予公安廉政爱民先进集体和个人称号】 2月22日，市局党委决定：授予东城分局东四派出所等16个基层单位“廉政爱民先进集体”和东城分局朝阳门派出所民警王泽红等22名民警“廉政爱民先进个人”称号。

（王 伟）

【市局领导慰问“两会”保卫人员】 2月27日，强卫局长先后到北京饭店、贵宾楼饭店、湖北大厦、奥林匹克饭店、新大都饭店等单位检查全国“两会”代表住地安全警卫工作，听取了工作汇报，并提出具体要求。

（王 伟）

【市领导慰问“两会”保卫人员】 2月29日，市委书记贾庆林、市长刘淇，市委副书记张福森等市领导在吕实珉副局长的陪同下，先后到翠宫饭店、友谊宾馆、新大都饭店等单位检查全国“两会”安全警卫工作并慰问了执勤民警和保卫干部。

（王 伟）

【命名青年文明号】 3月3日，团市委和市公安局决定：命名北京市公安交通管理局指挥中心指挥调度科122交通事故报警台等17个青年集体为北京市公安系统“青年文明号”，重新认定北京市公安交通管理局东城支队广场西侧路岗组等63个集体为1999年度北京市公安系统“青年文明号”。5月4日，北京市公安局朝阳分局南磨房派出所、宣武分局牛街派出所、消防局四支队双榆树中队、交通管理局西城支队府右街派出所和东城分局交道口派出所被团中央、公安部命名为全国“公安系统青年文明号”。

（王 伟）

【举办双正职领导干部培训班】 3月22日至6月23日，市局政治部教育训练处与北京人民警察学院在香山疗养院举办了三期（每期一个月）局属各单位双正职领导干部培训班，116人参加了培训。培训班除开设理论课外，还安排了信息网络、计算机、警用特种驾驶等训练科目。

（王 伟）

【召开第十二届团代会】 4月2日至3日，市局召开第十二届团代会。大会选举产生了共青团市局第十二届委员会，田运胜当选为书记，孟晓宇、刘大伟当选为副书记。

（王　伟）

【青年业务标兵展示】　4月13日至28日，市局团委组织第一届“青年业务标兵”先后在人民警察学院、市局机关大院、出入境管理处、第二人民警察学校、顺义、崇文分局等单位举办了展示活动，来自局属37个单位的1700余名基层民警观看了标兵业务技能展示。

（王　伟）

【市局领导接见劳动模范、先进工作者代表】　4月27日，市公安局局长强卫，副局长刘德、政治部主任甄九庆，接见了杨秀奇等市局出席全国及北京市劳动模范和先进工作者表彰大会的代表。

（王　伟）

【优秀青年干部、大学生挂职锻炼】　5月23日，市局召开第二批优秀青年干部和大学毕业生挂职锻炼工作动员会。这次参加挂职锻炼的青年干部84名，将在一年时间内，分两个阶段，第一阶段到政工纪检部门、第二阶段到业务综合部门和基层实战单位锻炼。

（王　伟）

【举办“昂首迈进新世纪”合唱比赛】　5月31日，市局举办“昂首迈进新世纪”合唱比赛决赛。全局共有36个单位组队参赛，公安交通管理局合唱队、刑侦处合唱队、保安管理处合唱队分获甲、乙、丙组的一等奖。市局局长强卫，公安部政治部宣传局副局长王建增，市局副局长刘德、张家旺、师国安、杨文忠、马振川，政治部主任甄九庆出席。市总工会、市文化局、市高级人民法院、市人民检察院、市国家安全局、市司法局和局属有关单位的领导及1000余名民警共同观看了甲组决赛。

（王　伟）

【警官合唱团与德国慕尼黑警察局合唱团进行联欢】　6月15日，市局首都警官合唱团与来华的德国慕尼黑警察局合唱团进行联欢。强卫局长会见了慕尼黑警察局合唱团，副局长刘德、杨文忠参加了联欢活动。

（王　伟）

【首批公开选拔处级领导干部试用期满】　6月24日，经公开选拔，1999年市局党委任命的王砚平等28名处职领导干部（试用期一年）试用期已满。市局党委决定：王砚平等28名同志结束试用期，全部留任。

（王　伟）

【举办老干部健康休养读书班】　6月26日至8月25日，市局在密云培训基地、香山疗养院、平谷京渔宾馆和延庆白河堡干休所，举办了21期1400余名离退休老干部参加的老干部健康休养读书班。

（王　伟）

【授予先进党支部和优秀党员称号】　6月28日，市局党委研究决定，授予交通管理局东城支队帅府园队党支部等十个党支部为局级先进党支部；授予交通管理局卢沟桥队党支部书记张振远等十名党支部书记为局级优秀党支部书记；授予交通管理局西城支队府右街队国铁钢等十名党员为局级优秀共产党员。

（王　伟）

【政工信息网站正式开通】　8月1日，政治部政工信息网站正式开通。设有政工信息专栏，其中有政工简讯、领导讲话、上级精神、队伍建设、工作动态、理论园地、三项教育、经验交流、它山之石、思想政治工作天天谈等栏目；此外还根据民警的不同需求，开辟了留言板、新闻时事、法律法规、文学园地、音乐欣赏、软件天地、网上学堂、BBS论坛等栏目。

（王　伟）

【进行团务培训】　8月4日至9月13日，市局团委采取不脱产的方式，对全局300余名基层团干部进行了全员团务培训。

（王　伟）

【首次进行警衔逐级晋升考试】 8月26日，市局在全国公安系统率先进行警衔逐级晋升考试，局属40个单位的400余名警员参加了晋升警司考试。

(王　伟)

【青年民警形象展示会】 9月27日，市公安局团委举行了市局青年民警形象展示会。公安部装财局副局长陶军生、团市委城区部部长张巨明、市局副局长刘德，市局政治部主任甄九庆等领导出席，局属各单位主管政治工作的领导、团的书记，以及来自基层单位的青年民警代表共400余人到场观摩。

(王　伟)

【举行换着“99式”新警服仪式】 9月29日，市局在石景山体育馆隆重举行换着“99式”新警服仪式。换装仪式上，民警进行了“99式”新警服展示、换装和队列、交通指挥操练表演。公安部副部长田期玉、北京市委副书记张福森，市人大、市政协的领导和市局局长强卫，市局副局长吕实琨、刘德、李全福、阮增义、杨文忠、马振川、市局纪委书记张久臣等领导出席大会，全局2800名民警代表参加了大会。10月1日，市公安局全体民警换着“99式”新警服。

(王　伟)

【全面实施机构改革】 10月12日，市局召开机构改革动员部署大会，全局机构改革工作全面实施。会后，通过机构改革，全局职能部门由48个减为29个，减幅达39.6%。业务机构设置形成了指挥决策、队伍管理、装备财务管理、科技、国保、刑侦、治安管理防范控制、内保、交通、警卫、消防11大系统；市局机关人员精减25%，全局警力向刑警、巡警、派出所等基层岗位倾斜，刑警人数达到总警力的15%以上，派出所民警人数达到总警力的28%以上。

(王　伟)

【刑侦民警任职资格考试】 10月21日，按照公安部《关于开展刑侦民警任职资格考试的通知》要求，市局组织全局35个单位的2388名刑侦、预审民警分5个考点83个考场进行了任职资格考试。考试及格率为90%。不及格的人员补考合格后方可继续从事刑侦工作。

(潘存志)

【警务技能大比武】 11月1日至11日、16日至26日，市局分两个阶段组织了全局警务技能大比武活动。全局共有5021名民警参加了比武，评出个人奖180名，战斗队(组)奖32个、团队处置突发事件奖7个，组织奖10个，特别奖2个。

(王　伟)

【苏仲祥同志逝世】 12月3日，中国警察学会副会长，北京市原副市长，原北京市委政法委副书记、北京市公安局局长、党组书记苏仲祥同志因病医治无效在北京逝世。

(史　钊)

【撤销双重体制派出所】 12月15日，经市局机构改革办公室研究，市局党委决定：撤销东城分局双重体制的协和医院派出所、煤炭部大院派出所、化工部大院派出所、黄寺大街派出所、空后大院派出所、文化部大院派出所、陆军总院派出所；撤销西城分局双重体制的复兴派出所、恭王府派出所、北大医院派出所、儿童少年活动中心派出所、儿童医院派出所、积水潭医院派出所；撤销崇文分局双重体制的天坛医院派出所；撤销宣武分局双重体制的宣武医院派出所、友谊医院派出所；撤销朝阳分局双重体制的朝阳医院派出所、肿瘤医院派出所、建都大院派出所、奥体中心派出所、外汇商品派出所、51115部队大院派出所；撤销海淀分局双重体制的皇亭子派出所、玉泉派出所、太平路派出所、总后大院派出所、阜南派出所、云塔派出所、农研派出所、建松派出所、石油大院派出所、颐北派出所、农大派出所、龙泉寺派出所、西苑派出所、遗光寺派出所、红山口派出所、海卫派出所；撤销丰台分局双重体制的八一厂派出所、警备东路派出所、万源路派出所；撤销石景山分局双重体制的四平台派出所、高井派出所、鲁谷74号院派出所；撤销房山分局双重体制的大安山矿派出所、房山矿派出所、710院派出所、新镇派出所、北京煤矿机械厂派出所、琉璃河水泥厂派出所、长沟峪煤矿派出所；撤销昌平分局双重体制的南口铁道北派出所、石鹰头派出所、小汤山疗养院派出所；撤销大兴县局双重体制的天堂河派出所、中建一局二公司大院派出所；撤销密云县局双重体制的机床研究所派出所、首钢密云铁矿派出所。

（王　伟）

【市公安局成立工会】　经市总工会批准，市局党委筹备北京市公安局工会组织。工会下设办公室和文体部。办公室负责工会的组织、宣传、女工委员会、权益保障、工会福利、财务等工作；文体部采取与市前卫体协合署办公的形式，负责文化、体育工作。局属各单位按人数比例组建相应的工会机构。12月24日，市局召开第一次代表大会，由31个单位推选的292名工会会员代表参加了大会。与会代表对候选人经过无记名投票，差额选举产生了由刘德等31人组成的市公安局工会第一届委员会。同时，等额选举产生了由王晓东等5人组成的市公安局工会第一届经费审查委员会。

（王　伟）

北京市公安局2000年记功奖励情况

全国优秀公安局：

西城分局
东城分局
平谷县公安局

二级英模

海淀分局东宫门派出所民警	袁时光

公安部授予2000年度全国优秀人民警察

公安交通管理局秩序处副处长	翟忠民
公安交通管理局设施处正处级调研员	宋克珠
顺义分局交巡支队事故科民警	李长福
北京人民警察学院刑事侦查学副教授	王超一
顺义分局交巡支队防暴大队民警	刘凯文
消防局双榆树中队指导员	高永路
市局行动技术处电信大队大队长	李长健
市局出入境管理处中国公民出入境管理处副处长	燎　原
市局国内安全保卫总队行动处副科长	肖秋明
延庆县公安局看守所所长	刘　锐
东城分局东四派出所民警	龚海英（女）
西城分局月坛派出所所长	王华强

崇文分局体育馆路派出所民警	冯　飞
宣武分局广外派出所民警	王顺强
海淀分局羊坊店派出所所长	王伟明
通州分局中仓派出所民警	朱晋明
市局警卫局住地处处长	李俊新
宣武分局内保处处长	张俊怀
市局防爆安全检查处排爆大队副大队长	高　伟
海淀分局纪检组副组长	付志华
市局巡察执法总队防暴支队政委	王　君
市局刑事侦查总队指导处正处级调研员	迟滨光（女）
公安交通管理局法制处副处长	郝满良
市局刑事侦查总队刑技处计算机室高级工程师	冯才刚
宣武分局行政处副处长	刘书君
市局刑事侦查总队 321 侦查大队大队长	房亚林
朝阳分局刑侦支队双桥责任区刑警队副队长	王常青
西城分局刑侦支队副支队长	李宝利
延庆县公安局刑侦大队大队长	封晓源
海淀分局刑侦支队预审大队民警	朱　峰

人民满意公安基层单位

东城分局交道口派出所
西城分局月坛派出所
宣武分局牛街派出所
崇文分局崇文门派出所
丰台分局西罗园派出所
石景山分局八角派出所
顺义分局胜利派出所
大兴县公安局榆垡治安检查站
房山分局琉璃河治安检查站
公安交通管理局车管所京南分所
公共交通分局刑警一队

集体一等功

市局查破特大系列盗窃枪支抢劫杀人案专案组
宣武分局侦破“2·19”系列盗窃机动车案专案组
西城分局侦破“8·02”系列盗窃机动车案专案组
市局巡察执法总队
市局国内安全保卫总队侦破“9·21”专案组
市局国内安全保卫总队侦破“1012”专案组

集体二等功

公安交通管理局科技工程建设工作组
大兴县公安局侦破“6·05”系列抢劫案专案组
市局技术侦察处“4·26”特大盗枪外逃案侦办组
宣武分局侦破“3·10”系列入室盗窃案专案组
宣武分局侦破“1·10”持枪抢劫案专案组
公共交通分局侦破“12·10”持枪抢劫案专案组
市局涉外饭店管理处、技术侦察处、刑事侦查处侦破“5·08”抢劫案专案组
顺义分局查破“8·04”持枪抢劫杀人案战斗组
市局缉毒处侦破“4·09”贩卖毒品“摇头丸”案专案组
西城分局刑侦支队侦破“6·07”系列入室盗窃案专案组
市局刑事侦查处、大兴县公安局侦破“7·10”抢劫杀人案专案组
市局侦破“7·6”投毒敲诈案专案组
北京人民警察学院警用车辆驾驶技战术培训组
市局党校函授部
市局户籍处教育训练科
市局警卫处警卫队教育训练小组
公安交通管理局教导支队干训办公室
市局缉毒处侦破“7·5”特大贩毒案专案组
市局刑事侦查处、技术侦察处、丰台分局侦破“9·1”特大袭警案专案组
市局巡察执法总队防暴支队
房山分局侦破“3·10”盗窃机动车案专案组
西城分局侦破“打闷棍”系列抢劫杀人案专案组
石景山分局侦破特大盗掘老山古墓案专案组
市局机构改革工作小组
市局办公室指挥中心处置“法轮功”情况信息组
市局办公室档案处档案升级监督指导组
市局政治部教育训练处
市局法制办公室执法监督工作组
市局国内安全保卫总队“729”专案组
市局国内安全保卫总队“907”专案组
市局刑事侦查总队刑事技术处指纹室
市局治安管理总队文管处清理整顿娱乐服务场所专项行动工作组
公安交通管理局法制处
公安交通管理局科技信息通讯处
市局文化保卫处处置“法轮功”专案组
市局文化保卫处、海淀分局查破“1·16”高校系列盗窃案战斗组
市局行动技术处查缴“法轮功”非法宣传品专案组
市局行动技术处处置“法轮功”专案组

市局经济犯罪侦查处“4·02”专案组
市局监所管理处收容教育一所
市局人口管理处派出所规范化建设课题组
天安门地区分局处置“法轮功”工作组
公共交通分局刑侦一大队
公共交通分局“3·16”打击车匪路霸战斗组
东城分局看守所
西城分局、海淀分局查破法轮功“1101”案专案组
西城分局系列安全防范知识读物编写组
西城分局侦破“11·13”特大抢劫杀人案专案组
崇文分局“两广路”拆迁安保指挥部
宣武分局侦破特大贩卖、虚开假增值税发票案专案组
宣武分局侦破“4·13”街头诈骗案专案组
宣武分局户政办理中心工作组
朝阳分局、市局行动技术处侦破“10·19”绑架人质案专案组
海淀分局刑侦支队预审大队一科
海淀分局治安处文化市场管理科
海淀分局侦破“3·12”盗窃案专案组
丰台分局西罗园派出所
丰台分局侦破“3·16”系列杀人案专案组
丰台分局侦破“5·26”杀人案专案组
石景山分局八角派出所
门头沟分局国内安全保卫处处置“法轮功”工作组
房山分局侦破“2·16”特大职务侵占案专案组
通州分局查缴“法轮功”宣传品专案组
通州分局看守所
顺义分局交巡支队事故科
大兴县公安局榆垡治安检查站
密云县公安局侦破“8·06”强奸杀人案专案组
平谷县公安局看守所
延庆县公安局八达岭治安分驻所
延庆县公安局刑侦大队延庆责任区刑警队第二探组

集体三等功：275个（略）

集体嘉奖：76个（略）

个人一等功

市局防爆安全检查处处长	李润华
市局国内安全保卫处处长	张　越
市局巡察执法总队副总队长	刘剑宇
西城分局月坛派出所民警	王东明
西城分局新街口派出所民警	王志勇
西城分局刑侦支队侦查员	李　兵
丰台分局巡察执法支队十队民警	马福亮（烈士）
丰台分局巡察执法支队十队民警	周文利（烈士）
石景山分局八宝山派出所民警	李立文
市局国内安全保卫总队行动处民警	王　笛（女）
市局国内安全保卫总队行动处民警	山金泉
市局国内安全保卫总队行动处副科长	蒿利斌

个人二等功

公共交通分局刑警一队侦查员	张广体
市局经济保卫处副处长	杜　兵
市局刑事侦查处九队队长	房亚林
宣武分局刑警大队侦查员	王建强
宣武分局刑警大队四队队长	何俊瑜
宣武分局刑警大队技术员	李小印
宣武分局刑警大队一队队长	郑　威
宣武分局刑警大队三队侦查员	彭旭东
宣武分局预审处一科副科长	孙志亭
宣武分局预审处预审员	马宝山
西城分局府右街派出所民警	刘晓东
西城分局府右街派出所副所长	沈　剑
市局特警队队长	孙连辉
市局特警队副队长	朱益军
市局特警队二队队长	庄家夫
东城分局内保处民警	王志方
东城分局安定门派出所民警	王和中
崇文分局政治处民警	樊　琳（女）
公共交通分局预审一科民警	禹　冰
顺义分局仁和派出所民警	汤　迅
市局缉毒处二队侦查员	田永峰
市局缉毒处一队副队长	张继宏
西城分局刑警支队技术队民警	隋德宇

石景山分局刑警大队副大队长	王卫平
石景山分局刑警大队侦查员	李　平
石景山分局八宝山派出所副所长	王金明
北京人民警察学院培训部主任	郑卫平
西城分局刑侦支队一队副队长	张　宁
西城分局刑侦支队一队副队长	王德荣
西城分局新街口派出所民警	周　涛
市局刑事侦查处刑科所痕迹室工程师	李福祥
市局刑事侦查处八队副队长	杨宏伟
市局刑事侦查处一大队侦查员	刘增旭
市局刑事侦查处副处长	张　毅
市局技术侦察处副处长	管苏平
市局技术侦察处一大队技术队队长	张海鹰
丰台分局刑警支队六里桥责任区副队长	花本立
丰台分局刑警支队侦查员	赵益强
丰台分局巡察支队十队民警	赵敬山
市局巡察执法总队副总队长	薛晓明
市局巡察执法总队副总队长	王佐联
市局巡察执法总队防暴支队副支队长	王克豪
市局巡察执法总队特警队一队副队长	杨建泽
宣武分局巡察执法支队民警	刘　军
丰台分局巡察执法支队民警	王军长
公共交通分局巡察执法支队民警	张　合
密云县公安局交巡大队民警	邢文武
房山分局刑警大队一队队长	安春明
西城分局刑警大队大队长	陈　荣
西城分局预审处副处长	贾兴祥
西城分局预审处一科副科长	周文胜
西城分局刑警大队侦查员	董雪涛
宣武分局白纸坊派出所民警	胡亚东
东城分局安定门派出所民警	曹铁兵
海淀分局法制办公室副科长	马建辉
市局政治部教育训练处副处长	赵　援（女）
市局法制办公室刑事案件处民警	李韶峰
市局国内安全保卫总队两非处副科长	王　娜（女）
市局国内安全保卫总队行动处副科长	辛　忠
市局国内安全保卫总队两非处副科长	贺　晖
市局国内安全保卫总队境外处民警	何学谦
市局国内安全保卫总队分局指导处民警	李学谦

市局国内安全保卫总队行动处副科长	王　勇
市局国内安全保卫总队行动处民警	王　伟
市局国内安全保卫总队行动处民警	苏光宇
市局刑事侦查总队副总队长	张　刚
市局刑事侦查总队副总队长	闫　伟
市局刑事侦查总队缉毒支队副支队长	师大尉
市局刑事侦查总队大案支队二队队长	王文忠
市局刑事侦查总队大案支队二队侦查员	李金辉
市局刑事侦查总队预审支队五队预审员	史敏惠
市局刑事侦查总队预审支队五队预审员	李志勇
市局刑事侦查总队指导处正处级调研员	迟滨光（女）
市局刑事侦查总队法医检验鉴定中心物证室副主任	刘雅诚（女）
市局刑事侦查总队政治处副科长	刘　刚
市局刑事侦查总队预审支队三队预审员	宋来如
市局刑事侦查总队预审支队三队副队长	杨绍义
市局刑事侦查总队缉毒支队副支队长	田　壮
市局治安管理总队总队长	张伟刚
市局巡察执法总队总队长	肖　勇
市局文化保卫处副处长	李　谦（女）
市局行动技术处办公室副主任	贾　慧（女）
市局行动技术处电信大队侦查员	张雪梅（女）
市局行动技术处电信大队五队队长	曹　军
市局行动技术处电信大队三队副队长	郭立华
市局信息通信处计算机室科长	锡林花（女）
市局人口管理处高级工程师	和京民
天安门地区分局分局长	王聚成
公共交通分局预审大队预审员	刘　忠
市局保安管理处处长	宋建国
东城分局副分局长	张　京
东城分局政治处副主任	单志强
东城分局保安公司经理	石建明
东城分局巡察执法支队政委	张国立
东城分局看守所所长	郭学军
西城分局分局长	于泓源
西城分局行政处副处长	韩大绪
西城分局月坛派出所所长	王华强
西城分局刑侦支队预审大队民警	王　军
崇文分局巡察执法支队支队长	李绍林
崇文分局户籍处副处长	邸　宏

宣武分局刑侦支队政委	周　杰
朝阳分局治安处民警	张鹏云
海淀分局刑侦支队预审大队民警	杨宏杰
海淀分局海淀派出所民警	孔咏梅（女）
石景山分局模式口派出所民警	刘燕东
房山分局刑侦支队经侦队民警	郭爱民
通州分局次渠派出所所长	刘永生
怀柔县公安局雁栖湖派出所所长	刘　军
密云县公安局行政科科长	郭成军
平谷县公安局局长	武延年
平谷县公安局政委	李术兰（女）
平谷县公安局看守所所长	贾秋顺

个人三等功 1086 **名**（略）

个人嘉奖 8609 **名**（略）

北京市公安局 2000 年烈士小传

【袁时光烈士】　袁时光，男，1966 年 8 月 12 日出生，汉族，大专文化，北京市人。1984 年 11 月在北京市公共汽车一公司四场工作。1987 年 6 月在北京市第二新华印刷厂工作。1989 年 12 月参加公安工作，先后任北京市公安局海淀分局巡逻队、东宫门派出所民警，副科级警员，三级警督警衔。2000 年 7 月 23 日 8 时左右，袁时光在颐和园东宫门广场便衣巡视时，接两名群众举报称：有两名外地男子在颐和园东宫门售票处附近扒窃。接报后，袁时光立即赶赴现场，将两名犯罪嫌疑人截住。在亮明身份，对二人进行盘查的过程中，二人抗拒审查，其中一名犯罪嫌疑人掏出匕首将袁时光面部砍伤，他不顾伤痛，死死抓住歹徒不放。凶残的歹徒拼命挣扎，又一刀扎进袁时光的左腹，并将两名见义勇为的群众砍伤后仓皇逃跑。身负重伤的袁时光，仍奋力追赶 60 米，终因伤重力竭倒在地上。后经医院抢救无效，壮烈牺牲。袁时光为人正直，待人诚恳，爱岗敬业，忠于职守。参加公安工作以来，积极工作，好学上进，工作之余自学高中、中文大专，参加高等教育自学考试中医专业的学习，不断提高个人的政治素养和文化业务素质，把全部身心都投入到首都的安全保卫和为人民服务的工作当中。因工作成绩突出，1997、1998 年连续两年荣获个人嘉奖。袁时光牺牲后，中共北京市委追认他为中国共产党党员，市政府授予他革命烈士称号，公安部授予他全国公安战线二级英雄模范称号。

（刘海峰　杨　峰）

【马福亮烈士】　马福亮，男，汉族，1972 年 11 月 27 日出生，北京市平谷县人。1989 年 9 月考入北京市人民警察学校，1993 年 7 月毕业分配到丰台分局，生前为丰台分局巡察支队 10 队民警，丰 1001 紧急警务车代理车长，三级警司警衔。2000 年 9 月 1 日 18 时许，马福亮带领民警周文利、赵敬山驾驶“110”警务车，在丰台区西三环丰益桥东侧东管头前街执行巡逻任务。当警务车行至东管头前街胡同时，马福亮将有赌博嫌疑的韩学功（男，33 岁，河北省泊头市人）带到警务车上审查。当检查韩随身携带的手包时，发现韩的手包中有手枪，马福亮立即抓住韩的手包，韩拼命争抢，争夺中韩用手枪向车内的民警开枪射击，马福亮当场光荣牺牲。马福亮参加工作以来，先后在芳城派出所和巡察支队工作。他对党忠诚，热爱本职工作，勤勤恳恳、任劳任怨、严格执法、恪尽职守。因工作成绩突出，1990 年荣立集体三等功一次，1999 年受到分局嘉奖并荣立集体二等功一次。马福亮牺牲后，中共北京市委追认他为中国共产党党员，北京市市政府授予他革命烈士称号，共青团北京市委员会追授他北京市“五四”青年奖章，北京市公安局追记他个人一等功。

（刘海峰　杨　峰）

【周文利烈士】 周文利，男，汉族，1978 年 11 月 5 日出生，北京市丰台区人。1994 年考入北京市人民警察学校，1998 年毕业分配到丰台分局，生前为丰台分局巡察支队 10 队民警，一级警员警衔。2000 年 9 月 1 日 18 时许，民警周文利与本单位民警马福亮、赵敬山一起驾驶“110”警务车，在丰台区西三环丰益桥东侧东管头前街执行巡逻任务。当警务车行至东管头前街胡同时，马福亮将有赌博嫌疑的韩学功（男，33 岁，河北省泊头市人）带到警务车上审查。当检查韩随身携带的手包时，发现韩的手包中有手枪，马福亮立即抓住韩的手包，韩拼命争抢，争夺中韩用手枪向车内的民警开枪射击，周文利经送医院抢救无效，光荣牺牲，牺牲时年仅 21 岁。周文利参加公安工作以来，一直在巡察支队工作。他对党忠诚，热爱本职工作，勤勤恳恳、任劳任怨、严格执法、恪尽职守。两年来，先后抓获违法犯罪嫌疑人 150 余人，收到表扬信、锦旗 5 件，在工作中拒收礼金，救助落水群众 2 人次，把全部身心投入到首都的安全保卫和为人民服务的工作当中。周文利牺牲后，中共北京市委追认他为中国共产党党员，北京市市政府授予他革命烈士称号，共青团北京市委员会追授他北京市“五四”青年奖章，北京市公安局追记他个人一等功。

（刘海峰　杨　峰）

北京市公安局 2000 年组织机构图表

2000 年 10 月，市公安局召开机构改革大会。会上宣布重组办公室、精简政治部、纪委、后勤系统机构；户籍处和外来人口管理处合并组建人口管理处；撤销涉外饭店管理处和旅游保卫处，职能并入治安管理总队；建立公共信息网络安全监察处；预审处、缉毒处、特警队并入刑事侦查总队；市委市政府机关保卫处并入内部单位保卫局；北京站分局并入东城分局。市局职能部门由 48 个减为 29 个，形成了十一大业务系统。

以下为 2000 年市公安局机构改革以前的组织机构：

北京市公安局

- 纪委
- 政治部
- 办公室
- 研究室
- 综合处
- 指挥中心
- 信访处
- 法制宣传处
- 保密处
- 档案处
- 法制办公室
- 基建处
- 四服企业办公室
- 计划财务处
- 装备处
- 车管处
- 科技处
- 审计处
- 北京人民警察学院
- 北京第二人民警察学校
- 北京市公安医院
- 北京市安康医院
- 北京市公安交通管理局
- 北京市消防局
- 巡察执法总队

- 一处（国内安全保卫处）
- 二处（刑事侦查处）
- 三处（计算机通信处）
- 四处（市委市政府机关保卫处）
- 五处（外国人管理出入境管理处）
- 六处（行政处）
- 七处（预审处）
- 八处（户籍处）
- 九处（警卫处）
- 十处（经济保卫处）
- 十一处（技术侦察处）
- 十二处（特警队）
- 十三处（治安管理处）
- 十四处（文化保卫处）
- 十五处（旅游保卫处）
- 十六处（林业公安处）
- 十七处（防爆安全检查处）
- 十八处（缉毒处）
- 十九处（经济犯罪案件侦察处）
- 二十处（涉外饭店管理处）
- 外来人口管理处
- 安全技术防范管理办公室
- 保安管理处

- 东城分局
- 西城分局
- 崇文分局
- 宣武分局
- 朝阳分局
- 海淀分局
- 丰台分局
- 石景山分局
- 门头沟分局
- 房山分局
- 通州分局
- 顺义分局
- 昌平分局
- 天安门地区分局
- 北京站分局
- 北京西站分局
- 地下铁道分局
- 公共交通分局
- 经济技术开发区分局
- 燕山分局
- 清河分局
- 大兴县公安局
- 怀柔县公安局
- 密云县公安局
- 平谷县公安局
- 延庆县公安局

以下为 2000 年市公安局机构改革以后的组织机构：

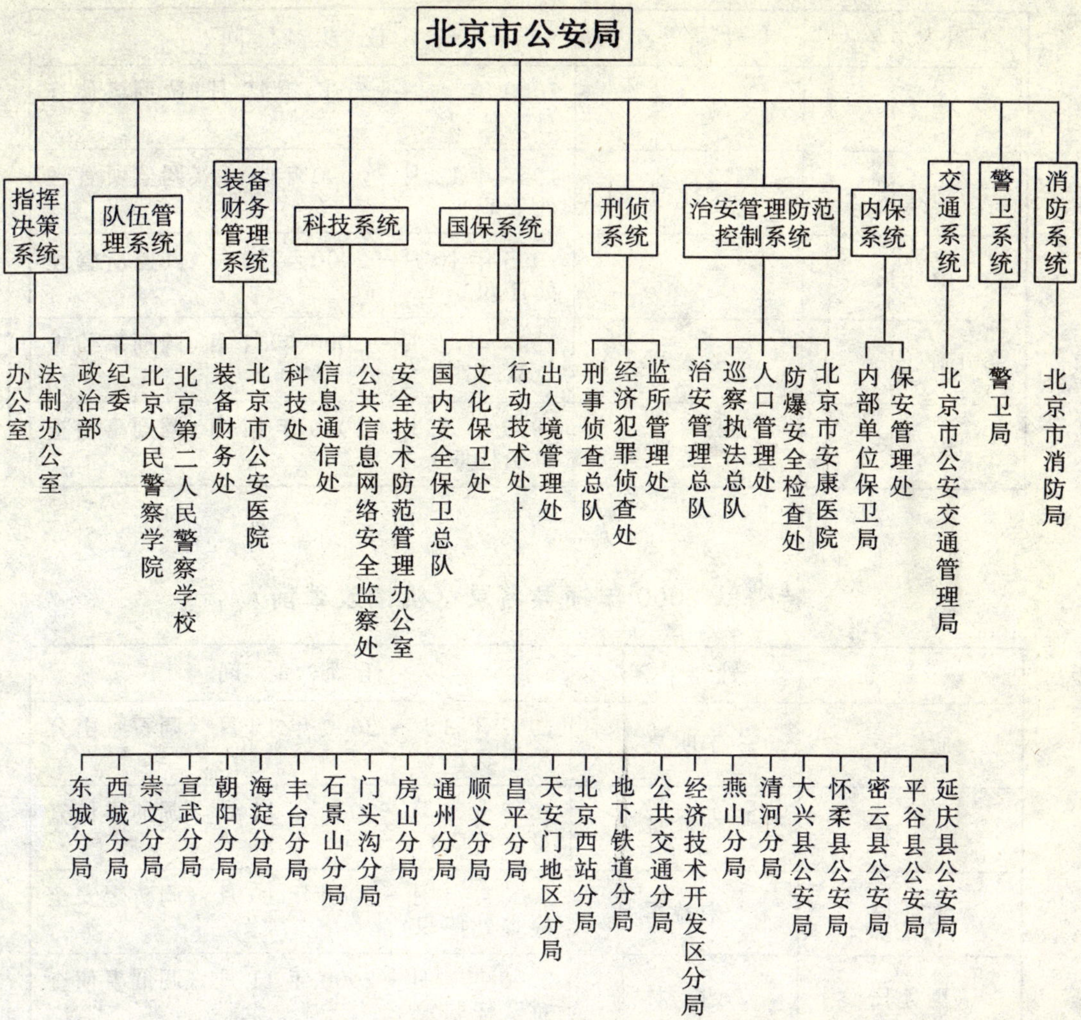

以下为撤销建制单位 2000 年领导名录：

市委、市政府机关保卫处 2000 年领导名录（机构改革前）

职　务	姓　名	任职时间
处　长	赵锡芝	1995 年 6 月—2000 年 10 月（退休）
副处长	崔安琪	1988 年 5 月—2000 年 11 月（调市局政治部任职）
副处长	杨万友	1998 年 3 月—2000 年 11 月（调内部单位保卫局任职）

预审处2000年领导名录(机构改革前)

职务	姓名	任职时间
处长	高岩	2000年4月—2000年10月(调刑事侦查总队任职)
副处长	梁泽溥	1995年12月—2000年10月(调监所管理处任职)
副处长	崔琳	1996年10月—2000年10月(调监所管理处任职)
副处长	王永利	1999年1月—2000年11月(调刑事侦查总队任职)
副处长	董剑	1999年5月—2000年11月(调刑事侦查总队任职)

特警队2000年领导名录(机构改革前)

职务	姓名	任职时间
政委	于明泉	1997年3月—2000年10月(调石景山分局任职)
处长	孙连辉	2000年4月—2000年11月(调刑事侦查总队任职)
副处长	朱益军	2000年4月—2000年10月(调防爆安全检查处任职)
副处长	谢林	2000年4月—2000年11月(调刑事侦查总队任职)

旅游保卫处2000年领导名录(机构改革前)

职务	姓名	任职时间
处长	张兵	1997年10月—2000年10月(调市局装备财务处任职)
副处长	王立力	1995年11月—2000年10月(调昌平分局任职)

缉毒处2000年领导名录（机构改革前）

职　务	姓　名	任职时间
处　长	陶　晶	1998年1月—2000年10月（调刑事侦查总队任职）
副处长	王金海	1998年1月—2000年11月（调刑事侦查总队任职）
副处长	田　壮	1998年1月—2000年11月（调刑事侦查总队任职）
副处长	冯双平	1998年8月—2000年11月（调刑事侦查总队任职）

涉外饭店管理处2000年领导名录（机构改革前）

职　务	姓　名	任职时间
政　委	董小兵（女）	1996年4月—2000年10月（调市局政治部任职）
副处长	唐云利	1996年4月—2000年10月（调治安管理总队任职）
副处长	徐长春	1996年4月—2000年10月（调朝阳分局任职）
副处长	舒　健	1996年4月—2000年10月（调防爆安全检查处任职）
副处长	宿景阳	1999年1月—2000年10月（调监所管理处任职）

四服企业办公室2000年领导名录（机构改革前）

职　务	姓　名	任职时间
主　任	赵晓明	1995年10月—2000年4月（调北京西站分局任职）
副主任	常增奇	1995年10月—2000年10月（调公安医院任职）
副主任	王书清	1996年8月—2000年2月（到最高任职年限）
副主任	朱春起	1997年10月—2000年11月（调市局纪委任职）

基建处2000年领导名录(机构改革前)

职　　务	姓　　名	任职时间
处　长	宁世启	1992年6月—2000年10月(调市局装备财务处任职)
副处长	张　逾(女)	1996年1月—2000年10月(调北京人民警察学院任职)
副处长	焦汉耀	1996年1月—2000年11月(调市局装备财务处任职)
副处长	李增喜	1996年1月—2000年10月(调市局装备财务处任职)
副处长	刘　超	1996年12月—2000年10月(调市局装备财务处任职)

外来人口管理处2000年领导名录(机构改革前)

职　　务	姓　　名	任职时间
处　长	陈　曦	1997年3月—2000年9月(调房山分局任职)
政　委	王　红(女)	1998年9月—2000年10月(调市局人口管理处任职)
副处长	史崇欣	1995年7月—2000年10月(调市局人口管理处任职)
副处长	魏　光	1995年8月—2000年10月(调市局人口管理处任职)
副处长	凌　宏	1998年2月—2000年10月(调市局人口管理处任职)
副处长	刘玉成	1999年1月—2000年10月(调市局人口管理处任职)

北京站分局2000年领导名录(机构改革前)

职　　务	姓　　名	任职时间
分局长	杨五一	1997年8月—2000年10月(调东城分局任职)
政　委	邓俊秀	1996年8月—2000年2月(到最高任职年限)

副分局长	韩金相	1994 年 6 月—2000 年 10 月（调东城分局任职）
副分局长	刘连海	1998 年 4 月—2000 年 10 月（调地下铁道分局任职）
副分局长	赵 军	1999 年 1 月—2000 年 10 月（调北京西站分局任职）

政治部 2000 年领导名录

职 务	姓 名	任职时间
主 任	甄九庆	1995 年 4 月—2000 年 11 月（调北京市政法管理干部学院工作）
副主任	滕 健	1996 年 11 月—2000 年 4 月（调北京人民警察学院任职）
副主任	陈 友	1998 年 1 月—2000 年 10 月（调天安门地区分局任职）
副主任	宋永智	1998 年 1 月—
副主任	徐利京	1998 年 8 月—
副主任	董小兵（女）	2000 年 10 月—
副主任	刘少波	2000 年 10 月—
副主任	张 策	2000 年 10 月—
秘书处处长	陈 友	1996 年 11 月—2000 年 10 月（调天安门地区分局任职）
秘书处处长	衡晓帆	2000 年 11 月—
秘书处副处长	田小立	1995 年 4 月—
秘书处副处长	徐天宝	2000 年 11 月—
秘书处副处长	杨超远	1999 年 1 月—
组织处处长	宋永智	1996 年 11 月—
组织处副处长	韩志民	1995 年 6 月—2000 年 10 月（调巡察执法总队任职）
组织处副处长	王振华	1998 年 1 月—2000 年 11 月（调纪委监察综合处任职）
组织处副处长	丁 涛	1996 年 11 月—

组织处副处长	高栓有	2000年11月—
组织处副处长	李 庄	2000年11月—
组织处副处长	周宝坛	1998年10月—
组织处副处长	兰 宁	1998年1月—
组织处副处长	刘树岐	1998年10月—
人事处处长	王保润	1996年11月—2000年10月（调通州分局任职）
人事处处长	董小兵（女）	2000年11月（兼）—
人事处副处长	张 立	2000年11月—
人事处副处长	郑 毅	1996年11月—
人事处副处长	栗长武	1998年1月—
宣传处处长	徐利京	1996年11月—2000年11月（免兼职）
宣传处处长	张 策	2000年11月（兼）—
宣传处政委	赵克伦	2000年11月—
宣传处副处长	衡晓帆	1995年6月—2000年11月（调市局政治部秘书处任职）
宣传处副处长	魏凤英（女）	1996年4月—
宣传处副处长	金玉发	1996年11月—
宣传处副处长	刘 蔚	2000年11月—
宣传处副处长	李振波	2000年11月—
宣传处副处长	王建武	2000年11月—
警务处处长	陈葆琛	1996年11月—2000年10月（调北京人民警察学院任职）
警务处副处长	张 立	1995年6月—2000年11月（调市局政治部人事处任职）
警务处副处长	刘岩平	1996年11月—2000年10月（调刑事侦查总队任职）
警务处副处长	徐天宝	1998年2月—2000年11月（调市局政治部秘书处任职）
教育训练处处长	王砚平	1999年1月—
教育训练处副处长	王来顺	1998年1月—
教育训练处副处长	赵 援（女）	1998年8月—

教育训练处副处长	王　洪	1999年1月—
老干部处处长	祁公望	1996年1月—2000年11月(调市局工会筹备组任职)
老干部处处长	刘茂廷	2000年11月—
老干部处副处长	武国卫	1997年1月—
老干部处副处长	王文江	1997年10月—
老干部处副处长	崔安琪	2000年11月—2000年12月(提前退休)
群众工作处处长	刘少波	1996年11月—2000年10月(任市局政治部副主任)—2000年11月(兼任市局工会筹备组常务副组长)
群众工作处副处长	刘寿水	1995年6月—2000年11月(调市局工会筹备组任职)
群众工作处副处长	魏　民(女)	1996年11月—2000年10月(调内部单位保卫局任职)
工会主席	刘　德	2000年12月(兼)—
工会常务副主席	刘少波	2000年12月—
工会副主席	祁公望	2000年12月—
工会副主席	刘寿水	2000年12月—
团委书记	田运胜	2000年4月—
团委副书记	刘大伟	2000年4月—
团委副书记	孟晓宇(女)	2000年4月—
现役干部处副处长	高栓有	1996年11月—2000年11月(调市局政治部组织处任职)
现役干部处副处长	李　庄	1998年8月—2000年11月(调市局政治部组织处任职)
党委办公室主任	刘茂廷	1998年8月—2000年11月(调市局政治部老干部处任职)

纪　　委

【概　况】 2000年市局纪委(与市监察局派驻的监察室,警务督察处、审计处合署办公)以落实党风廉政建设责任制为龙头,加大领导干部廉洁自律工作力度。制定了领导干部的配偶子女不准从事经营桑那、按摩、文化娱乐场所的规定;提出了凡民警参与经营桑那、按摩和文化娱乐场所及其充当保护伞的,一经发现,坚决予以辞退的要求。逐级召开了专题民主生活会,针对落实规定进行对照检查。市局和处、分(县)局两级健全完善了领导干部廉政档案,强化了领导干部的廉政意识。强化党风廉政建设责任制工作,在及时调整充实党风廉政建设责任制领导小组成员,不断加强组织领导的基础上,采取措施落实党风廉政建设责任制。加大了对违法违纪的查处力度。充分发挥大案要案领导小组的作用,查处了一批大要案,纯洁了公安队伍。同时还加强对各单位案件审理工作的指导和业务培训,采取分片召开案件质量检查工作会议的形式,现场抽查案卷,当场讲评,及时纠正了存在的手续不完备、文书欠规范等问题。全年共受理信访2095件次,立信访案件641件,为查处违法违纪案件提供了线索。认真落实"收支两条线"规定。按照总体要求和阶段性目标开展了专项检查,加大了监督检查的力度。对罚没收入和行政事业性收费分两级管理,严格按照有关规定执行,未发现截留、坐支和挪用等问题。巩固和深化治理公路"三乱"成果。年内,未发现不符合规定的收费、罚款、集资、基金项目和违反"九个严禁"规定的行为。狠抓执法监察和效能监察工作。组织力量深入局属18个单位的54个基层科队所,对犯罪嫌疑人安全防范工作落实的情况进行了执法检查。加强党风党纪廉政教育工作。狠抓了正反典型教育,表彰了16个廉政爱民先进集体和22名廉政爱民先进个人,总结推广了3个单位抓队伍的好做法、好经验;编发了15期反面典型事例,做到警钟长鸣。集中开展教育整顿,使广大民警严格执法的自觉性增强。在全局党员领导干部中开展了以胡长清、成克杰为反面教材的警示教育。依据《北京市公安局警务公开细则》的规定要求,组织特邀警风监督员,对警务公开的落实情况进行了明察暗访,促进了警务公开工作的健康发展。

警务督察工作,依照公安部制定的《公安机关督察条例》,围绕市局中心工作、抓住领导关注和群众关心的热点、难点问题以及大型勤务保卫工作,认真开展了现场督察。年内,"110"投诉台工作全面启动。为更好地方便人民群众的监督投诉,狠抓了"110"投诉台硬件设施的建设和工作人员的培训。

全年全局审计部门共完成审计项目466项,审计总金额62亿元,全局直接审减节约资金5105万元,并对审计查出的财经违规违纪问题及时进行处理。加强全局审计工作的综合指导,明确单位领导的经济责任,对全局审计工作进行全年度跟踪考核;编发指令性和指导性审计工作通知、简报和信息;举办全局审计干部专业培训班,推动了全局审计工作的发展。

(赵国庆)

【严肃查处民警违法违纪案件】 全年,市局共检查发现民警违法违纪案件164起209人，比上年增加7起15人，分别上升4.5%和7.7%。立大要案41起44人（其中大案2起2人，要案39起42人）比上年增加20起23人，分别上升95.2%和109.5%。已处理民警违法违纪案件152起194人，结案率分别为92.7%和92.8%。已给予党纪处分20人（其中开除党籍3人），给予政纪处分182人（其中开除公职20人），免予处分2人，待处理15人。依法处置41人，其中判刑7人，逮捕14人，刑事拘留7人，取保候审6人，治安拘留7人。并对11人采取了“两规”、“两指”措施。民警违法违纪案件的突出特点是：失职、玩忽职守类案件突出，党员违法违纪案件有所增加，“两所”（派出所、看守所）、“两队”（刑警队、巡察队）违法违纪案件突出。

（刘　岩）

【全年“110”受理处置群众投诉情况】　全年，市局“110”投诉台共接群众投诉电话20435件，其中：移交有关部门8841件，占43.3%，当场答复关于法律、公安业务的咨询电话10465件，占51.2%，快速出警处置1129件，占5.5%。查证属实和部分属实的224件，对违法违纪民警刑事拘留1人，治安拘留1人，党内严重警告处分1人，行政记大过处分1人，行政记过处分3人，行政警告处分3人，辞退1人，免职3人，停职检查3人，禁闭5人，通报批评7人，警诫5人，扣发奖金29人，批评教育161人。诬告误告、无现场902件，其中对诬告行为人拘留处理7人，治安警告5人。

（李建梅）

【督察工作情况】　年内，市各级警务督察处（队）、室出动警力19700余人次，出动督察车7950余辆次，完成领导批办的专项督察任务30余项，完成大型勤务现场督察43次，共检查民警191700余人次，发现和纠正各类问题2637件，提合理化建议644件，发现、排除各种隐患143件，发督察通知单148件，建议书33件，各种文件材料1131件，有15件被公安部转发。

（李建梅）

【全局审计工作情况】　根据审计处直审监督和全局审计工作考核情况，全年全局共完成审计项目466项，审计总金额62亿元。局属各单位对审计查出的财经违规违纪问题及时进行处理，其中，调整入库账外资金2237万元；责令取消违规存折41个并收缴现金162万元；11人因违反财经纪律受到单位党纪政纪处分；责令责任人退还现金15万元；调整和规范会计账项千万余元。通过对重大投资项目的经济合同审计和基本建设项目工程结算审计，全局直接审减节约资金5105万元。

（杨朝俊）

【审计处工作情况】　根据直审监督情况，年内，市局审计处共完成审计项目63项。其中：完成财政财务收支定期审计项目4项；处以上领导干部经济责任审计3项（在施1项）；专项审计6项；市局警察博物馆及全局快速反应指挥建设经济合同审计49项；后续审计1项；审计总金额10.03亿元。审计查出违规违纪金额6848.71万元；审计处直接审减节约资金172万元；查出管理漏洞、追回经济损失25万元；责令被审计单位上缴账外“小金库”现金45万元；责令被审计单位追回会计人员擅自借出单位资金8.5万元；发现基层会计舞弊行为提取现金12万元；查出基层单位固定资产漏记账200万元；要求进行会计账项调整400余万元；提出整改和完善内部管理的建议和意见382条。在对全局审计工作的综合指导中，按照中央规定，明确单位领导的经济责任，加大全局审计工作力度，对全局审计工作进行全年度跟踪考核；编发指令性和指导性审计工作通知、简报和信息等59篇；举办全局审计干部专业培训班15天；通过监督、指导与服务相结合的工作，提高了全局各单位领导干部的经济责任意识和被审计单位财会人员依法合规理财的意识，推动了全局审计工作的开展。

（杨朝俊）

【对领导干部亲属经商情况进行摸底调查】年内，局纪委对副局级以上领导干部配偶子女经商办企业进行摸底调查。完成了全局43名副局级领导干部配偶子女从业情况的摸底调查。对个别领导干部配偶子女经商办企业的情况，反复进行了核实，并如实向市纪委做了汇报。

（刘　岩）

【成立“110”投诉分队狠抓专业培训】　年内，根据首都公安工作的实际状况，市局警务督察处抽调6名副科长以上干部成立了“110”投诉分队，将原有的六个外勤分队合编为三个外勤分队和一个综合分队。对接警人员进行电脑操作和业务培训，大大提高了工作效率。

（李建梅）

【开展“三项治理”教育整顿工作】　在全局开展了严禁刑讯逼供、滥用警械具、滥用强制措施的“三项治理”教育整顿工作。开展教育以来，共接到反映民警打骂群众的99件信访，比上年同期减少63件，下降了65%，教育整顿取得了实效。

（刘　岩）

【组织考核及优秀审计公文评选】　1月，审计处按照《1999年度内部审计工作考核办法》，对全局49个经费单列单位1999年度的内部审计工作进行了综合考核，同时对全局近350篇各类审计公文进行了评选。考核结果为：1999年度全局审计工作达标单位45个，其中，前10名的达标先进单位为：东城、海淀、西城、昌平、崇文分局、平谷县局、门头沟分局、预审处、燕山、石景山分局。1999年度优秀审计公文评选分为8类，共评出10篇优秀审计公文，分别为：国内安全保卫处、东城、石景山、丰台、西城分局、公安交通管理局、预审处、朝阳、通州分局等单位。

（杨朝俊）

【开展警务公开宣传日活动】　1月10日，市局在新千年的第一个爱民月活动中，开展了以“倾听群众意见，实行警务公开，改进执法工作”为主题的宣传日活动。在全市繁华地区设立了58个宣传站和流动点。市局出动警力2100余人，出动车辆200余台，制作板报260块，发放各种宣传材料36万余份，现场咨询人数达1.2万余人，受宣传群众达数十万人。

（刘　岩）

【对全局信访、办案工作进行检查】　2月28日至3月3日，局纪委、监察室采取召开片会的形式，对局属各单位1999年的纪检监察信访四项指标达标情况和办案质量进行全面检查。检查中，先由各单位汇报自查情况，然后与会单位对案卷材料进行了互查，局纪委对部分案卷做了抽查并当场进行讲评，及时纠正了手续不完备、文书不够规范等问题。

（刘　岩）

【“110”报警服务台增加受理群众投诉职能】　2月25日，北京市公安局“110”报警服务台接受群众投诉工作全面启动。中央电视台、北京电视台、新华社、人民日报、北京日报、北京青年报、北京晚报等40余家新闻媒体和报刊相继报道并采访了市公安局“110”投诉台工作情况，有的还作了跟踪报道和采访。

（李建梅）

【强卫局长到投诉台视察】　2月26日，市局局长强卫到“110”投诉台视察，详细询问了投诉台值班民警的工作、生活情况。2月28日，市局纪委副书记、副督察长刘正学主持召开局警务督察处、局纪委控告审诉处、案件检查处、教育调研处等有关领导参加的工作协调会。传达强卫局长视察“110”投诉台时的重要讲话，并研究制定了“110”投诉台快查快办的具体措施和职责。

（李建梅）

【开展重点信访问题专项治理工作】 3月以来，市局纪委遵照公安部和市局关于开展重点信访专项治理工作部署，结合正在开展的"三项教育"和"争创人民满意"活动，局纪委对受理的信访进行排查，共排出累计上访3次以上，写信5次以上的信访老户22件。经工作，疏导教育缓解15件，为群众解决实际问题5件，作其他处理2件；其中给予民警行政记过处分1人，治安拘留1人，其他处理3人，给予群众经济补偿23万元。

（刘　岩）

【强卫局长两次听取全局审计工作汇报】 3月10日和9月6日，市委常委、市政法委书记、市局局长强卫同志亲自听取了市局审计处刘岚处长关于全局审计工作情况的汇报。强卫局长对审计处的工作和全局审计干部的工作成绩给予了充分肯定，并要求：各级领导干部不仅要重视公安保卫业务工作，同时要重视财经管理工作。要加强财会、审计工作管理措施，提高人员素质和加强队伍建设，健全完善规章制度，将责任具体落实到位。纪委监察部门要加强对审计部门的支持，做坚强后盾，要通过审计发现线索，纪检部门要介入。

（杨朝俊）

【召开全局纪检监察工作电视电话会议】 3月14日，市局召开北京市公安局纪检监察工作电视电话会议，传达了中纪委四次全会、市纪委和公安部纪检监察工作会议精神和有关领导讲话；总结了1999年全局纪检监察工作；部署了2000年的反腐败和党风廉政建设工作，表彰了廉政爱民先进集体和先进个人。纪委书记张久臣做了工作报告，强卫局长代表市局党委就如何推进队伍的反腐败和党风廉政建设工作做了重要讲话。

（刘　岩）

【贾春旺接听群众投诉电话】 3月17日，公安部部长贾春旺在市局副局长吕实琨、阮增义，督察长张久臣、副督察长刘正学等领导的陪同下，到"110"投诉台视察。贾部长亲自接听了一群众的投诉电话，并耐心解答了投诉人反映的民警服务态度问题。

（李建梅）

【市局特邀警风监督员换届】 市局首批14名警风监督员届满离任。四年中，监督员做了大量的调查研究工作，坚持明察暗访，提出了许多建设性的意见，积累了很多成功的做法和经验。4月13日，市局召开第二批监督员聘任座谈会，会后余声等13名监督员出席了市局召开的通报全市第一季度治安情况和部署第二季度工作的电视电话会议，并与市局领导合影留念。

（刘　岩）

【下发实行责任追究的实施办法】 5月8日，市局纪委下发了《关于违反党风廉政建设责任制实行责任追究的实施办法》[京公文(2000)139号]。明确了责任追究的内容、权限、程序、范围和形式。

（刘　岩）

【召开全局审计工作会议】 5月19日，市局召开全局2000年度审计工作会议。表彰了1999年度全局10个审计工作考核先进单位和9名优秀审计公文获奖者。市局副局长张家旺作了关于《全面审计，突出重点，依法有效履行审计监督职责，促进公安队伍廉政建设》的工作报告。局属各单位的主管领导参加了会议。

（杨朝俊）

【举办审计干部继续教育培训班】 7月3日至7日、9月18日至29日，审计处在市局香山疗养院举办了两期全局审计干部继续教育培训班，共脱产培训15天，局属54个单位的154人次参加。培训班聘请了首都经贸大学教授和法律界知名律师岳成担任主讲。课程涉及领导干部经济责任审计规程、经济犯罪与刑法、新会计法、合同法、证券法、政府采购、审计公文写作规范、北京市内部审计工作规范等8个方面的内容。同时，辅之以审计工作方法和经验交流会，审计问题的问卷调查和审计处处长刘岚当场答疑等形式，促进了全局审计工作的交流。

（杨朝俊）

【开展严格执行枪支管理规定的教育】 7月至8月，市局开展了“严格执行枪支管理规定，正确履行职责，珍惜党和人民及法律赋予的权力，克服少数民警中的霸气、傲气，滥用手中权力的特权思想和不良习气”的教育活动。通过学习条规，认真查漏洞隐患，对146名民警采取了落实帮教责任、调换岗位、取消持枪资格等措施，使教育整顿取得了实效。

（刘　岩）

【开展警示教育活动】 8月至9月，市局在全局党员领导干部中深入开展了以胡长清、成克杰重大典型案件为反面教材的警示教育。采取自学和集中学习相结合的方式，组织观看专题片《胡长清警示录》、《北京市打击预防经济犯罪展览》、电影《生死抉择》等，结合市局的实际情况，编发了近年来发生的部分领导干部违法违纪的典型案例。

（刘　岩）

【组织领导干部进行党纪政纪条规考试】 8月7日，市局组织全局400余名处、分县局领导干部，分5个考场集中进行了党纪政纪条规考试。考试改变了以往分散答题的做法，由市局统一命题，统一判卷。试卷考题涉及七部党纪政纪法规和中央政法委等项规定及市局下发的有关文件，并围绕如何抓好队伍廉政建设和落实党风廉政责任制，要求每个领导干部联系本单位实际加以论述。在参考的473人中，439人达到90分以上，34人没有达到90分的及格标准。8月14日，市局又组织未及格和因工作没有参加考试的人员进行了补考，使之全部达到了及格标准，促进了领导干部对反腐败理论和有关纪律条规的学习。

（刘　岩）

【清理民警自用小汽车工作】 8月11日至9月5日，市局集中开展了清理民警自用小汽车工作。共清理出小汽车2854辆。其中：符合规定的2742辆，占清理总数的96%；不符合规定的112辆，占清理总数的4%。不符合规定的小汽车全部做了清退。

（刘　岩）

【北京市行风评议组进驻市公安局】 9月14日，北京市行风评议组正式进驻市局，进行为期两个月的以警务公开为主要内容的行风评议活动。市局举行了市局领导与行风评议组的见面会，市局行风评议领导小组办公室主任、监察室副主任高光凤同志向评议组介绍了市局概况和推行警务公开的情况，市局局长强卫代表市局党委及全局民警对行风评议组的到来表示欢迎。

（刘　岩）

【召开首届督察长工作会议】 9月26日至27日，市局召开首届督察长工作会议。全局25个单位的督察长和负责督察工作的政委、副局长等领导参加了会议。会上传达了公安部全国督察工作会议精神，市局纪委书记、督察长张久臣做了工作报告，回顾了《公安机关督察条例》颁布实施三年以来全局督察工作情况。市局局长强卫、公安部督察局局长周山到会并作了讲话。

（李建梅）

【全国公安巡警防暴警比武现场督察】 10月4日至11日，市局警务督察处在公安部督察局的领导下，对全国公安巡警防暴警比武各项赛事进行了全程现场督察。出动督察警324人次，发现并纠正各类问题100余件，提督察建议18条并被采纳，排除重大安全隐患11件。保障了大比武活动各项政令、警令的畅通，确保了枪支弹药的安全和管理到位，维护了参赛民警和值勤民警的警容严整，出色地完成了大比武全过程的现场督察任务。

（李建梅）

【市纪委领导到市公安局检查工作】 10月

纪委2000年领导名录（机构改革后）

职务	姓名	任职时间
纪委书记	张久臣	2000年11月—
监察室主任		2000年11月—
督察长		2000年11月—
纪委副书记	刘正学	2000年11月—
监察室副主任		2000年11月—
副督察长		2000年11月—
纪委副书记	高光凤	2000年11月—
监察室副主任		2000年11月—
监察室副主任	董宪章	2000年11月—
办公室主任	程润锁	2000年11月—
办公室副主任	张平（女）	2000年11月—
办公室副主任	朱春起	2000年11月—
案件检查处处长	王向平	2000年11月—
案件检查处副处长	谭钟	2000年11月—
审理控申处处长	侯长生	2000年11月—
审理控申处副处长	魏秀珍（女）	2000年11月—
审理控申处副处长	毛敬泽	2000年11月—
监察综合处处长	江献之	2000年11月—
监察综合处副处长	王振华	2000年11月—
监察综合处副处长	赵燕妮（女）	2000年11月—
市局警务督察处处长	齐石	2000年10月—
市局警务督察处政委	冯蓬	2000年10月—
市局警务督察处副处长	周天林	2000年10月—
市局审计处处长	刘岚（女）	1998年10月—
市局审计处副处长	徐琪昌	1996年12月—

北京人民警察学院

【概　况】 2000年，北京人民警察学院坚持“科教强警”战略方针和为首都公安工作及队伍建设服务的思想，抓好公安高等学历教育和民警在职培训等项工作，实现了预定工作目标。围绕专业能力体系及考核标准，对5个专业共45门课程内容进行调整，出台了专业能力达标考核标准，完成了部分必修课教学大纲和教案编写工作。对七门教改试点课进行了改革和尝试，改进了教学形式和方法。年内，组织800多名大中专学生到公安一线业务单位进行毕业实习，受到了业务单位及民警的好评。在职民警教育培训工作扎实有效开展，编写了30余万字的考试指导大纲教材，落实了考试题库建设工作，为顺利完成全局800余人的警衔逐级晋升考试工作打下了基础。配合局属各单位处、科级现职领导干部公开选拔竞聘工作，承担和完成了近万人的资格考试考务工作。在稳定成人专科学历教育的同时，重点发展公安自考本科教育，进一步扩大了办学规模。科研工作开创了新局面。着手开展计算机公安应用软件研究。积极参加国内、国际学术研讨会活动。加大了学生管理工作力度。学生管理工作坚持把德育放在首位。积极开展第二课堂活动，促进了学生德、智、体、美全面发展。加大了警务化管理力度，为保证良好教学和生活秩序，学生管理部门健全各种规章、制度。发挥了学生会和学生干部的自我管理的作用。改建多媒体教学中心，完成了校园网与公安网连接，扩建一个有50台计算机的教室。在深入调查研究的基础上，对教师队伍状况进行了科学分析和论证，完成了对教师队伍总数的定编。完成了春节保卫执勤和2000年招生、毕业工作；举办了春季运动会；组织女警方队和特技驾驶参加了全国巡警、防暴警比武开幕式；参加了市成人高等院校第五届田径运动会并取得了优异成绩；参与了全局民警岗位大练兵及警务技能大比武活动的组织和服务工作，在提高首都公安民警综合素质和实战能力工作中做出了贡献。

（曹世印　魏雪英）

【在校生从实践中受到锻炼】 为紧贴一线教学，让学生在公安保卫实践中经受锻炼和增长才干，组织大、中专学生分别参加了支援东城、朝阳、丰台分局、交通管理局“迎接新千年庆典”等重大活动，“春节”、“十一”等节日及处置“法轮功”闹事活动等的执勤保卫工作，先后出动警力9471人次。在公安保卫实践工作中，学生们得到了锻炼，增强了责任感，圆满完成了各项执勤保卫工作，受到了市局及各受援单位领导的一致好评。

（陈涛湘）

【开展丰富多彩的第二课堂活动】 北京人民警察学院在抓好第一课堂教学的同时，积极组织开展第二课堂活动。全年先后请有关专家学者为学生讲授了《金盾工程计划》、《体能、体质与公安工作的关系》、《语言艺术与表达技巧》、《现代国防建设》等专题课程内容。并围绕“人民警察学院第三届艺术节”广泛开展了文艺、体育、当代警察风采展示、书画、摄影、手工制作等项内容的比赛活动。指导学生会建立英语、计算机、演讲等各种兴趣活动小组，活跃校园文化生活，提高了学生的参与意识和社会实践能力。

（赵荣祥）

【积极为一线服务】 为充实、更新教学内容，为一线斗争服务，侦查系教授邱大任等教师长期为一线分析案件语言特征，为破案提供线索。全年受理案件124起，所受理的案件，大多是大要案或久侦未破的疑难案件。

（高文安）

【承担市局各单位领导干部公开选拔竞聘工作】 全年完成了全局16个单位6087名民警的领导干部公开选拔竞聘考试、面试工作。北京人民警察学院有10个单位的干部、教师（约292人次）参与了此项工作。在竞聘考试工作中，始终坚持公平、公正的原则和严谨的工作作风，受到了局属各单位的一致好评。

（许明光）

【完成司晋督培训任务】 年内，人民警察学院共举办7期司晋督培训班，培训1700多人。

（许明光）

【教师主编、参编各类教材20余部】 年内，北京人民警察学院教师参加了公安部高等教育〈专科〉规划教材《行政诉讼法教程》、《刑法学教程》、《逻辑学教程》的编写，其中：主编1人，副主编2人，参编3人。教师自编、参编其它教材、教学参考书20余部，其中《公安实用刑法学教程》等已用于北京人民警察学院教学，法律系教授王若阳编写的《公安实用法学》、《刑事错案与行政败诉案例选编》教材获第三届全国公安系统一等奖、二等奖。

（王　鑫）

【开发计算机软件系统为公安工作服务】 年内，警务科研所科技研究室先后完成了呈报市信息化办公室的市级课题"北京公安信息标准化"的论证和部分预研工作，完成了呈报市局的局级课题"北京公安派出所综合信息管理系统"的论证和部分预研工作。6月22日完成了市科委立项的"智能振动传感电缆报警系统"的全部研制工作，通过专家鉴定并获市局科技进步二等奖。完成了为刑侦处刑科所开发的"犯罪文字信息管理系统"和为海淀分局开发的"人事信息管理系统"课题项目。为市局行政处开发的"北京市公安局警用枪支弹药管理系统"应用软件2001年1月17日正式投入使用，

（李　彤）

【成人学历教育得到巩固和提高】 年内，共有1866人报名参加自考学习，共报考4364科次，其中本科1342人，比上年的250人增加了5.4倍。还招收刑侦、治安专业学生122人，其中走读90人，函授32人。内招1997级交通、治安、文秘三个专业毕业学生95人。公安自考规模迅速扩大。

（魏雪英）

【开展"公安民警素质教育"征文评选】 3月，北京人民警察学院以"公安民警素质教育"为题，在全局范围内开展了征文活动，先后收到征文29篇，其中北京人民警察学院征文17篇，局内征文12篇。经过组织专家对征文进行评选，评出一等奖1篇、二等奖6篇、三等奖9篇。并于12月8日召开了"公安民警素质教育"学术研讨会，李漫林等4位征文获奖者在会上进行了学术交流。

（李　彤）

【增强国际间交流】 3月28日上午，以德国巴登—浮登堡州警察协会主席鲁迪格·麦先生为团长的州警察旅游团一行120人，在中国保安协会和市局外事办的陪同下到北京人民警察学院参观了校史展、健身房及教室。5月8日，澳大利亚法律执行学院院长艾地·华警一行5人到北京人民警察学院开展学术交流活动，并在电教中心为侦查系、警体教研部教师及学生200余人讲授了关于"反恐怖及如何解救人质"的课，受到师生的欢迎。9月27日，丹麦警官旅游团一行11人到北京人民警察学院参观访问。

（魏雪英）

【完成计算机等级考试组考工作】 4月至5月和9月至10月组织了计算机一级、二级和

一级B考试。全局报名人数为2696人，其中一级1033人，通过658人，及格率63.7%；二级165人，通过92人，及格率55.8%；一级B1498人，通过1090人，及格率72.8%，圆满完成了计算机等级考试组考工作。

（程　莹）

【开设警用车特技战术培训班】　4月至11月，由警体教研部、培训部共同承担警用车辆驾驶技战术培训班，共举办了五期，培训84人。通过培训，学员的严格执法、快速反应、适时缉捕和自我防范意识得到了强化；驾驶技能得到明显提高，并能够将这些技能最有效地运用到实战的追击、拦截、别挤、顶撞等战术动作中。这种技能培训解决了一线的急需，而且还能在短时间内迅速提高公安民警的战斗力，减少一线战斗员的流血牺牲和财产装备的损失，填补了市局警用技能训练的空白。

（刘亚东）

【加大教师队伍培养力度】　5月，公安业务基础教研部、法律系、侦查系、理论教研部、警体教研部5位教师分别到市局法宣处、朝阳分局等局属单位挂职实习锻炼。11月7日，派文化教研部一名高级工程师参加了市委组织部和国家外专局组织的出国学习，到美国加州州立大学进行公共管理硕士课程深造。年内，还对54名教师进行了多媒体教学及课件制作培训，对7名计算机教师进行了高级计算机培训，对14名警体和普体教员进行了岗位互换培训。

（刘翠琴　魏雪英）

【积极出访加强交流】　6月2日至13日，以李庆祥院长为团长、邵新莲副院长为副团长的北京人民警察学院访韩代表团一行8人，前往韩国富平警察学校和警察搜查保安研修所进行友好访问。这是北京人民警察学院首次自行组团出国访问，进一步开阔了专业教学和技能培训工作思路。

（魏雪英）

【两项科研成果获市局科技进步二等奖】　6月22、23日，在市局科技进步奖评审会上，侦查系副教授魏玉芝负责的局级课题《狼毒类药物中毒成分的研究》、文化教研部讲师马军负责的局级课题《智能振动传感电缆报警系统》，通过了评审鉴定并获市局科技进步二等奖。《狼毒类药物中毒成分的研究》成果为狼毒类药物中毒案件提供了分析鉴别方法，明确了狼毒大戟的中毒成分，有利于进一步发挥其在医疗中的抗癌作用。该项研究内容与技术方法已达到国际先进水平，填补了两项国内外空白，得到国内有关专家的肯定。《智能振动传感电缆报警系统》是在原有振动传感电缆报警系统的基础上，增加了智能判断等一系列最新科技成果后完成的，该系统可正确判断出误报警，大大提高了系统的可靠性，经试用取得了较好的效果。

（魏雪英）

【完成全国公安巡警防暴警比武开幕式女警方队表演】　6月，市局党委决定由北京人民警察学院承担全国巡警、防暴警比武开幕式分列式女警方队和警用车辆特技驾驶表演任务。从中专部、公安管理系、侦查系、法律系抽调90名女学生组成女警方队，进行了长达4个月的训练。10月8日，女警方队身着新式警服，配64式手枪，脚穿半筒黑皮靴，迈着整齐的步伐，在全国公安巡警、防暴警比武开幕式上接受了中央、北京市委、公安部等领导同志的检阅。还出色地完成了警用车辆特技驾驶表演任务。

（李　明　魏雪英）

【1051名学生毕业走上公安工作岗位】　7月，北京人民警察学院1997级社招大专生（312名）、1996级社招中专生（752名）共计1064名，经过3年和4年的文化与专业知识学习、警务训练和下基层实习锻炼，圆满完成了学业，取得了毕业资格。1051名学生通过了公务员录用资格考试、体能测试、心理测试、身体检查“四项”考核，于7月分配

到市公安局所属27个单位工作，受到用人单位欢迎。

（陈涛湘）

【完成2000年招生任务】 8月中旬，北京人民警察学院3个系4个专业面向社会招生，共招收专科生400名；同时与中国人民公安大学合作办学，招收治安专业本科生40名，按计划圆满完成了招生任务。

（赵荣祥）

【举办市局首期大学生刑警岗前培训班】 北京人民警察学院承办了市局2000年从全国各高校新招的213名大学生刑警的岗前培训任务。培训班于8月24日开班，为期四个半月。参训学员通过警务化训练、政治理论、法律、射击、机动车驾驶、刑警业务与技能等内容的培训，完成了由一名普通大学生向公安刑警角色的转变；增长了相关法律、刑侦业务技能知识，学到了本领，使高学历转化成高素质，为科技强警打下了坚实基础。

（孙世彬）

【重建北京人民警察学院和警官培训中心】 为建设一个适应首都公安工作需要、规划合理、功能齐全、设备先进、全国一流的现代化的北京人民警察学院和警官培训中心，9月30日下午，经市局党委会认真研究，一致通过了在昌平新址将北京人民警察学院和警官培训中心合建一处的方案。10月10日，市局副局长刘德召开会议，研究了新校建设的具体问题，确定把市局原警官培训中心筹建领导小组正式改名为“北京人民警察学院、北京市公安局警官培训中心筹备领导小组”。刘德副局长任组长，成员有李长修、滕健、孙福盛、李汝川、宁世启和王砚平同志。领导小组下设办公室，孙福盛同志兼任办公室主任并主持日常工作，重点抓好新址规划和建设工作。

（魏雪英）

【有偿转让部分房屋所有权及土地使用权】 10月24日，市局副局长刘德陪同国家信息产业部部长吴基传、副部长张春江及北京市电信局局长兼党委书记赵继东、副局长魏德明一行到北京人民警察学院考察了解土地情况。10月27日下午，人民警察学院在京都信苑饭店，与国家计算机网络与信息安全管理中心、北京市电信公司正式签订有偿转让部分房屋所有权及土地使用权合同。市局局长强卫、副局长吕实珉、刘德，北京人民警察学院党委书记李长修、院长滕健、副院长孙福盛，市局装备财务处处长张兵、政委宁世启、副处长刘超，市局行动技术处处长潘景泉，东城分局行政处处长李进江；国家计算机网络与信息管理中心主任蒋耀平，副主任吕诚昭、黄澄清；北京市电信公司总经理赵继东、党委副书记李丹、副总经理魏德明、戚其功出席了签字仪式。滕健院长代表北京人民警察学院在合同上签字。

（魏雪英）

【完成机构和人事制度改革】 10月至11月底，北京人民警察学院认真贯彻市局机构和人事制度改革精神，撤销纪委（其职能划归政治处）、中专部和所有建制科，增设教育技术管理处和公安科技教研部。政治部、科研处、图书资料馆、公安管理系、马列教研部在级别不变的情况下，分别改名为政治处、警务科学研究所、图书资料信息中心、治安管理系和理论教研部。经调整，全院正处级机构由6个变为4个，副处级机构由12个变为14个；16人由市局统一精简分流到朝阳、海淀、丰台等分局，78人提前退休或提前离岗，教职工总数由461人降至371人；6名达到最高任职年龄的领导干部退出现职岗位，处级领导班子平均年龄降低1.5岁，本科以上学历者由59.2%增至69.4%。在市局下达的总编制数内，对各单位实行定岗定编，在教职工中进行“双向选择”，15人更换工作岗位，2人落聘。

（迟　涛）

【圆满完成全局警务技能大比武工作】 11

月1日至26日，承担了市局警务技能大比武的考场、赛场安排和各项组织任务。完成了法律法规、预审阅卷、询问讯问、法律文书、公安业务的笔试和体能测试，计算机操作、警用驾驶、搏击、痕迹发现提取、现场勘查等能力考核等工作。全局共有5021名民警参加了个人全能、个人单项等19个项目的比武。大比武结束后，及时对比武的试卷和技能比赛成绩进行了全面系统地分析，为进一步了解掌握民警个体素质和队伍整体素质状况，确立今后教育培训重点，提供了参考依据。

（许明光　魏雪英）

【签订新校址土地征用补偿协议】　12月6日，北京人民警察学院与昌平区南口镇领导协商，在昌平虎峪风景区内征用土地936亩，总费用约6100万元，并正式签订了土地征用补偿协议。签字仪式在昌平区军都旅游度假村隆重举行。市局出席签字仪式的有：市局局长强卫，副局长吕实珉、刘德，市局装备财务处处长张兵、政委宁世启、副处长刘超和北京人民警察学院院长滕健、副院长孙福盛；昌平区出席签字仪式的有：昌平区委书记白崇全，区委副书记、区长赵凤刚，区委常委、常务副区长董瑞龙，副区长张文祥，区委常委、政法委书记王书和；南口镇党委书记张宝生，镇长朱建波以及昌平区土地局、规划局、计委、公安局的领导。滕健院长代表北京人民警察学院在协议上签了字。签字后，强卫局长和赵区长分别作了重要讲话。

（魏雪英）

【完成一项公安部C类科研课题】　12月27日，由警务科研所教授何秀广负责的公安部C类科研课题“北京市城区道路网与交叉口通行能力及其基本控制理论”，通过专家评审验收。该课题对北京市城区道路网现状进行了较全面的交通调查，在获得大量交通数据的基础上，对北京市道路交通出现的供需矛盾作了详细地分析研究，并运用交通工程学、系统工程学的理论和方法，对北京市城区道路网主要干道的交通状况、通行能力及主要负荷进行了定量与定性相结合的分析，研究了制约北京市道路发展的诸因素之间的相关关系，并对道路网通行能力的计算方法及其动态控制理论进行了有益探讨。评审组专家一致认为，该课题的交通调查数据成果有很强的实用性，交通供需矛盾的内在机理分析，对道路交通建设与管理具有指导意义。

（李　彤）

北京人民警察学院2000年领导名录

职　务	姓　名	任职时间
党委书记	李长修	1996年4月—
院　长	李庆祥	1996年4月—2000年5月（到最高任职年限，保留副局级）
院　长	滕　健	2000年4月—
副院长	孙福盛	1993年7月—
副院长	邵新莲（女）	1996年10月—
副院长	陈葆琛	2000年4月—
副院长	张盛国	1999年1月—

北京市第二人民警察学校

【概　况】 2000年，第二人民警察学校（挂中共北京市公安局党校、北京市公安局警官培训中心牌子）在继续保证学历教育教学质量的同时，转变职能，强化培训，提高素质，加强管理，改善办学条件，努力把学校建成全局民警培训的重要基地。年内，中专教学完成了2个年级88门课程的教学任务，授课总课时达12841小时。以函授学区改设分院为契机，进一步理顺函授办学体制，函授在籍学员达到9933人，包括从大专班到研究生班的9种班次。年内，共举办各类培训班26期，培训在职民警达2000人。通过举办校内、校外的各种培训，充实了干训队伍，形成了能够适应多种培训需求的教学、管理、后勤保障相互配合的培训运作方式，进一步完善了培训管理制度，积累了丰富的民警在职培训经验。年内，投资2200万元，建成建筑面积为10900平方米的行政办公楼、综合服务楼、实验楼和图书馆并投入使用，大大缓解了学校基础设施不足与教育培训需求之间的矛盾，全校教职工和受训学员的住宿、用餐、学习等条件明显改善。

（冯宝山）

【市局函授学区改设为函授分院】 3月3日，经中央党校函授学院批准，中央党校函授学院直属北京市公安局学区正式改设为中央党校函授学院北京市公安局分院。形成了分院所属3个学区26个函授站，从大专学历到研究生学历的覆盖全局的党校函授教育网络。为全局民警参加在职学历教育，提高自身素质和学历层次创造了更加有利的条件。

（冯宝山）

【中央党校函授学院评估验收函授教育】 3月8日至14日，中央党校函授学院来第二人民警察学校进行党校函授教育评估验收工作。市局政治部主任甄九庆出席了评估工作汇报会并讲话。中央党校函授学院副院长史信发，学校党委书记杨秉发、副校长田银玲参加了评估验收工作。评估验收小组组长张殿谨同志介绍了检查验收的指导思想和程序，田银玲副校长汇报了党校的办学历程和评估工作的具体情况。3月8日，评估验收小组查阅了函授部256卷档案文件，从指导思想、组织建设、综合管理、教学管理、教务管理、电化管理、办学设施、财务管理、办学效果、教育评估等十个方面进行评估验收。召开学员、教师和管理人员54人参加的座谈会。评估验收小组在座谈后分别对通州分局辅导站和丰台分局辅导站进行检查验收。评估验收小组对学校几年来的函授教育办学成效及本次评估验收工作给予了充分肯定，同时也对学校办学的不足提出了中肯的意见。北京市公安局分院被中央党校函授学院评为一类办学单位。

（满啸秋）

【北京市公安局警官培训中心挂牌】 5月22日，经北京市编制委员会批准，第二人民警察学校加挂北京市公安局警官培训中心牌子。负责全局民警的岗前初任培训、警务专项技能培训、领导干部任职培训、领导干部岗位培训、公安技战术科研课题研究开发。

（冯宝山）

【举办党务政工领导干部业务培训班】 7月10日至9月8日，举办了三期党务政工领导干部培训班。每期培训班三周，采取集中脱产学习形式，通过专家讲授、自学辅导、小组讨论、大会交流、参观等方式，对60多个单位的162名学员进行了培训。培训班主要研究解决了对新时期思想政治工作重要性、必要性的认识问题；如何提高党务政工领导干部素质等问题。

（赵跃昕）

【先进集体和个人受到市局表彰】 教师节前夕，市局对在2000年教育训练工作中表现突出的单位和个人进行表彰，函授部被授予“北京市公安局先进教育集体”称号，赵维明、周晓薇、刘洪、王秀红4名同志被授予“北京市公安局优秀教育工作者”称号。

（冯宝山）

【承办两期“三项教育”民警素质培训】 根据公安部关于在全国公安系统开展“三项教育”活动的精神及市局党委要求，从11月20日开始举办了两期“三项教育”离岗民警素质培训班。每期培训时间为一个月。对来自城八区及远郊区分县局17个单位205人进行了培训。参训学员培训内容包括7个教学单元20个专题的知识讲授和业务技能训练。通过培训，205名学员中有201名培训合格后重新上岗。

（赵跃昕）

北京市第二人民警察学校2000年领导名录

职　务	姓　名	任职时间
校　长	杨秉发	1995年4月—2000年10月（退休）
校　长	李汝川	2000年10月—
政　委	崔尚兴	2000年10月—
副校长	王立宗	1995年6月—2000年2月(到最高任职年限，任正处级调研员)
副校长	李汝川	1996年4月—2000年10月
副校长	田银玲（女）	1996年4月—
副校长	魏聪敏	1997年10月—2000年10月(到最高任职年限，任正处级调研员)
副校长	赵建军	1999年5月—

装备财务管理系统

装 备 财 务 处

【概 况】 2000年，市局装备财务处实施机构改革方案，将原行政处、基建处、企业办公室合并为装备财务处。年内，为全力保证处置“法轮功”邪教组织闹事反弹活动、严厉打击各种刑事犯罪活动、各项专项斗争等全局性中心工作的顺利进行，装备财务处加大经费保障力度，在合理安排正常经费投向、投量的同时，全年共申请到位各项专款3.36亿余元，相当于年度正常经费拨款的39.7%。利用专款，重点加强了天安门地区分局基本建设、巡察执法总队防暴支队基础设施建设，为刑侦部门更新、配备大量技术装备和机动车辆，为全局民警制作、发放“99式”新警服115万套(件)和警用标志415万件，为“金盾工程”部分建设项目和公安信息化系统建设投入资金2930万元。还争取到位基建专项资金8500万元。

加强信息系统建设，投资建成二级网站46个、三级网站356个、外来人口管理系统、市局移动指挥中心、国保、刑侦、预审、看守等信息系统。为刑侦部门装备计算机指纹和枪弹自动识别系统；改善被盗机动车计算机网络系统；配备PE310型DNA测序仪等勘查取证器材。为政侦部门购置计算机网络设备及照相、摄像等技术装备器材。为防爆安检部门装备排爆机械人、非线性节点探测器、扫雷器、频率干扰仪等技术设备。为巡察部门配发抗击打服、防爆犬、瓦斯发射器等。为行动技术处建立数字手机计费资料数据库系统。为局属各单位购置配发各类机动车辆693辆。完成刑警培训中心等7个基建项目，为近千名民警职工分配了住房。

协助市局机构改革办公室制定撤并单位国有资产处置方案，组织、协调和监督撤并单位资产处置工作。狠抓局内交通安全违法专项治理，年内发生甲方责任事故59起，比上年减少21起，下降27%。编报今后5年全局基建项目规划，为市局“十五”计划的设计提供依据。进行清商工作，完成291个撤销企业的工商注销和83个企业移交，重点对57个保留企业进行规范整顿，强化掩护型企业税前扣留“三项经费”的管理。开展调研工作，年内写出30余篇调研报告，还组织专门力量参与并完成市局“打、防、控”专项调研工作。

(耿文彦　夏建华)

【更换“99式”新警服】 年内，为更换“99式”新警服，市局召开了“99式”新警服净体测量工作会议。提出了具体要求并完成包括代管单位在内5万余名民警的试穿工作。同时对试穿中发现的各种问题，及时反馈给厂家，并派专人驻厂监督检查警服生产质量。

（耿文彦　夏建华）

【两项基建工程获好评】 年内，基建处组织建设的行动技术处备勤楼（总面积12898平方米，总投资3000余万元）及功德林高层住宅楼（建筑面积13486平方米，总造价3600万元）分别获北京市结构长城杯奖并被市建委评为市级优质样板工程。

（耿文彦　夏建华）

【杨旭获荣誉称号】 1月底，基建处干部杨旭在1999年北京市政法系统开展的“争创”活动中成绩突出，荣获中共北京市政法委、北京市人事局颁发的“人民满意的政法干警”称号。

（耿文彦　夏建华）

【24人竞聘上岗】 3月初，行政处党委对部分科级领导干部首次实行公开、平等、竞争、选拔。78人参加竞聘，经过资格审查、笔试、面试及民主测评，经处党委研究并报请市局主管局长审批和政治部备案，24人走上领导岗位。

（耿文彦　夏建华）

【完成机动车辆检查工作】 4月17日至21日，行政处车辆主管部门组织车管干部对局属61个单位车辆管理基础工作、机动车辆安全技术状况和尾气排放治理进行全面检查。在受检的5935辆机动车中，全部合格的5643辆，占95.08%。对有问题的车辆暂扣驾驶员的驾驶证、准驾证，责令有关驾驶员现场整改或责令有关单位领导限期整改。

（耿文彦　夏建华）

【开办内部事故司机培训班】 5月23、24日，市局交通安全委员会在司机培训中心，对局属18个单位20名事故驾驶员和所在单位领导，开办首期公安民警交通事故驾驶员交通法规学习培训班，由培训中心和交通管理局宣传处教员授课，并组织收看交通事故及预防交通事故录像。培训结束前，对参训人员进行了交通法规测试，及格率达到100%，平均分数92分，其中95分以上的8名，占42%。

（耿文彦　夏建华）

【举办《会计法》培训班】 6月13日至29日，行政处举办了三期《会计法》培训班，对市局财务直管单位292名会计进行培训。专门聘请首都经贸大学会计学院副院长崔也光、副教授石彦文为参训人员授课，对会计核算的新要求、完善会计监督制度、会计人员的从业资格管理及其法律责任等重点内容逐条讲解。并进行了《会计法》知识考试，286名会计考试合格，并领到《北京市会计人员继续教育手册》。

（耿文彦　夏建华）

【检查基层冬季供暖】 11月3日，装备财务处领导受市局党委委托，分别带领5个检查组，前往房山、平谷、密云、延庆等分县局所属部分派出所、治安检查站，检查冬季供暖落实情况。针对一些单位存在的经费保障不足等实际困难，研究解决取暖用煤等问题，以保证基层单位的冬季供暖。

（耿文彦　夏建华）

【机构改革工作】 11月29日，装备财务处机构改革工作圆满结束。行政处、基建处和企业办公室通过撤销合并成立了新的后勤领导机构——装备财务处。内设8个业务处、8个建制科，精简建制单位20个，由原来的452人，定编为320人。

（耿文彦　夏建华）

行政处2000年领导名录（机构改革前）

职　　务	姓　　名	任职时间
政　委	毕　晶	1997年1月—2000年10月（调监所管理处任职）
副处长	张　钢	1996年4月—2000年11月
副处长	庐　永	1996年4月—2000年11月
副处长	王俊庄	1996年4月—2000年11月
副处长	秦玉泰	1998年2月—2000年11月（任市局装备财务处纪委书记）
副处长	勾长利	1998年8月—2000年11月（任市局装备财务处行政管理处处长）
副处长	张金龙	1998年8月—2000年10月（调经济技术开发区分局任职）

装备财务处2000年领导名录（机构改革后）

职　　务	姓　　名	任职时间
处　长	张　兵	2000年11月—
政　委	宁世启	2000年11月—
副处长	张　钢	2000年11月—
副处长	李增喜	2000年11月—
副处长	庐　永	2000年11月—
副处长	王俊庄	2000年11月—
副处长	刘　超	2000年11月—

北京市公安医院

【概　况】北京市公安医院隶属于北京市公安局，并接受市卫生局的业务指导，是一所集医疗、教学、研究为一体的三级综合医院。公安医院位于北京市东城区银闸胡同25号和北河沿大街103号，建筑面积23500平方米，包括门诊部和住院部。担负着民警医疗、保健，承担市公安局在押人员医疗工作，重要警务活动现场医疗保障和公费医疗管理工作，提供社会医疗服务等项任务。医院由职能科室和临床科室组成，设病床500张，已开放250张。还配套设有ICU、CCU、手术室、急诊科、透析室、高压氧。门诊部开设了专家及专业门诊。医院工作人员总数565人，行政干部32人，专业技术人员417人，其中：高级职称（教授级）7人，副高级职称29人，中级职称198人，初级职称283人，享受政府津贴3人。

（医　办）

【医药费实施“总量控制，结构调整”】根据市卫生局、物价局、财政局《关于在我市医院实行医药费“总量控制，结构调整”改革的通知》要求，公安医院制定和实施了医药费“总量控制，结构调整”改革方案，即以1999年医药费为基数，将医药费收入的年增长率控制在19%以下，结构调整后药费收入的年增长率控制在14%以下，公费医疗经费实际支出年增长率控制在20%以内。全年，总控医药费收入3797万余元，指标为3547万余元，超标了249万余元。超标原因为住院人数比上年增长了475人次，总计增收了324万余元。

（高桂明）

【直属单位公费医疗情况】　全年，市局直属单位享受公费医疗民警职工共计12250人。全年支出医疗费298万元，年人均支出1609元。其中：门诊费支出1754万元，住院费支出1229万元。全年累计医疗费支出超过万元的大病人数658人，大病支出医疗费1674万元。2000年市局直属单位医疗费支出与上年同期相比上升11.2%，略低于北京市平均上升幅度，属正常增长。

（绳慧敏）

【预防保健工作】公安医院保健科承担着局内、医院地段的预防保健任务。全年共派医护人员20余人次，到局属单位指导预防、处理传染病疫情，采取灭鼠、杀虫、消毒等措施，对100余名民警进行了预防接种疫苗，有效地控制了疫情的发展。定期对局属单位监所进行消毒，预防传染病发生。积极开展群众卫生防疫的普及工作，全年无计划免疫相关疫病发生。年内，公安医院保健科荣获全国卫生防病先进单位。

（白秀桂）

【医疗护理工作】　全年，公安医院接待门诊病人84421人次，急诊病人49人次，急诊抢救成功率85.7%；入院病人1471人次，病床使用率48.5%，床位周转次数5.83%，治愈好转率68.08%，病死率1.83%。年内，发表论文16篇，其中在国家级刊物上发表6篇。完成了病犯病区的人员配备，病房设置，为收治病人进行人力、物力准备。加强了护理五种表格的书写，组织了护士静脉穿刺一次成功率的练习和急诊科护士操作洗胃机技能训练和考评。举办了四次护士必读内容的考试。完成全院206名护士在市卫生局的注册工作，达到护士上岗的基本要求。

（医　护）

【医院拥有大量先进设备】 公安医院重视先进医疗设备的引进，近年来购置了数字检影设备及配套的导管设备、大型X光机、CT设备、自动生化仪、彩色多谱乐、心电图机、外科显微镜、手术床、纤维鼻咽喉镜、肺功能仪、腹腔镜、肿瘤治疗机、德国血透机、太空监护仪、动态心电图及运动平板等。重点装备了手术室、介入中心，具有开颅、开胸、抢救心梗的现代化条件。新购置万元以上医疗设备64件。

（医　办）

【睡眠障碍疾患诊治中心工作情况】 公安医院睡眠障碍疾患诊治中心成立于1999年底。睡眠呼吸障碍是一门新兴的边缘横断学科睡眠医学的一种疾患，包括有单纯鼾症、上气道阻力综合症、睡眠呼吸暂停综合症等，鼾症及睡眠呼吸暂停综合症发病率最高，对健康的潜在危害很大。全年，睡眠障碍中心诊治患者600余人次，其中2/3患者来自全国各地。另外，完成了3000例公安民警“糖尿病、高血压、高脂血症和鼾症及睡眠呼吸暂停综合症”流行病调查工作，取得了较好的社会效益和经济效益。

（肖高辉）

【心血管病区开诊】 全年，内科心血管病区收治患者400人次，抢救危重病人60人次，抢救成功率95%。收治的主要病种有：高血压、冠心病、心功能不全、糖尿病等，还有心血管常见病、多发病。在积极收治患者的同时，积极开展新项目、新技术，已经成功开展了食道心脏电生理检查、导管射频消融术、临时起搏器植入术、永久起搏器植入术、冠状动脉造影术、经皮冠动脉成形术、经皮冠状动脉支架术，以及双肾动脉造影术、全脑血管造影术等周围血管的导管介入检查和治疗，收到较好的经济效益和社会效益。

（金　华）

【成立医疗小分队】 公安医院本着“为公安民警服务、为公安业务服务”的精神，成立了医疗小分队，经常深入基层，为一线民警送医送药。医疗小分队为各类培训班和老干部休养，派医护54人次，诊治1451人次。参加市局举办的追悼会、运动会等临时活动及全国公安巡警防暴警比武、“两会”、“党代会”、“全国政法工作大会”和“法轮功”邪教组织闹事期间医疗保证天安门值勤等任务，共派医护人员100余人次，诊治1000余人次。

（马秀坤）

【窗口护理单位—注射室】 公安医院注射室是医院门诊部的窗口护理单位，主要承担门诊患者的取血、注射和各项治疗任务。以病人为中心，改善服务态度，热情为患者做好医疗服务，满意率均达90%以上。全年，注射室静脉输液7200人次，肌肉注射4515人次，皮试、皮下1178人次，外出体检抽血16838人次，门诊抽血8835人次。

（医　办）

【体检工作】 年内，公安医院有计划地为全局37个单位8387名民警进行了健康体检。体检情况为：全部正常1678人次，占总数的20%。检查出的异常项目有：高血压、心电图异常、肝硬化；前列腺肥大、甲状腺肿大、下肢静脉曲张、乳腺异常；眼底动脉硬化、中耳炎、鼻窦炎；肝、肾结石、脂肪肝、肝囊肿等。此次体检检查出3例肿瘤病人。为加强民警健康动态管理，建立了“首都公安民警生命健康状况监测档案”，并实现了计算机管理，达到随时跟踪、准确了解每一位民警的身体健康状况，同时也为市局了解掌握民警身体健康状况提供了准确的依据。

（吉　利）

【增强服务透明度】 公安医院从提高服务质量入手，为中、西药房配备了计算机，实行了计算机划价。通过不断调试、改进计算机程序，处方划价做到标有明细账，使患者每一次取药后都能得到一张有详细药名、数量、单价和总价的单据，达到了北京市卫生局的要求，保证了患者能够明明白白消费，安安心心服药，得到了患者一致好评。

(李　玲)

【进行继续教育】　根据市局2000年培训年的计划安排，公安医院为提高医疗质量，制定了《继续教育暂行办法》、《住院医师规范培训管理办法》、《北京市公安局卫生专业技术人员岗位培训计划》，进一步明确了继续教育和岗位登记管理制度。利用安全分析讨论会、技术操作示教等形式，参加了国家级继续教育项目、市级认可继续教育项目、市局专业技术培训项目和医院自管继续教育项目。承办了2000年市局卫生专业技术人员岗位培训班。培训班分两期，每期15天，培训学员215人，培训内、外、妇、五官科等常见病、多发病的诊断、鉴别诊断、治疗方法，各种急、重病症的急救知识、健康教育、性病、消毒隔离及戒毒等业务技术，聘请了院内外知名专家教授30名，进行了单科考试和总结考试，取得了较好的培训效果。

(杨献云)

【淋巴显微外科专题项目中标】　公安医院作为北京地区惟一涉及淋巴显微外科领域的单位，对淋巴管疾病诊断治疗进行了长期研究，治疗四肢淋巴水肿267例，是国内第一大组病例，并已掌握较成熟的显微淋巴静脉吻合技术，对淋巴管疾病具有了较深刻的认识。经北京市卫生局专家评审委员会和首都发展科研基金管理委员会的评审，9月13日，公安医院申报的淋巴显微外科专题项目，成为北京市首期中标首都医学发展科研基金重点学科项目，拨款80万元，并根据《首都医学发展科研基金管理细则》规定，医院投入经费80万元，共计160万元，进一步开展研究和发展。

(杨献云)

【改建新门诊部】　公安医院购买了东城区北河沿大街103号写字楼，改建为新的门诊部，建筑面积4600平方米，11月门诊部正式启用，可承担日门诊量500人次，基本解决了门诊流量大、就诊慢的问题。

(医　办)

【病犯病区投入使用】　公安医院与监所管理处密切配合，建立了病犯病区，并于12月19日开诊。对病犯病区进行基础安全改造，配备了政治过硬、业务技术好的医生、护士。病犯病区占地面积450平方米，设有：重症监护室、抢救室、监控室，共有28张床位，是一个功能齐全、抢救设备完善的综合病区。该病区面向全市政法单位的病犯开放。为了确保病犯各项管理工作，医院与监所管理处共同实行了统一的“三警合一”即监控、巡视、管教合一的工作制度，并实施了每日值班民警负责病犯的收住手续及病犯的外出诊治工作制度，保证了病犯在医院治疗期间实行24小时监控。

(李　玲)

北京市公安医院2000年领导名录

职　务	姓　名	任职时间
政　委	任映雪	1992年 4月—
副院长	宋建民	1998年10月—

公安科技系统

科　技　处

【概　况】　2000年市局科技处充分发挥规划、指导、协调、监督和服务的职能，完成了市局公安科技发展“十五”计划的编制和第二届科技大会的筹备以及其他各项科技工作任务。在市局规划小组的领导下，成立了专门编制班子，经过半年的努力，完成了6万余字的市局《科技发展“十五”计划及2010年规划（科技强警规划）》和《公安信息化（金盾工程）总体规划》（金盾工程以解决首都公安信息化为主要内容）的起草工作。积极承担并完成了市局第二届公安科技大会的前期准备工作。与市局政治部共同组织开展了全局科技先进单位、个人的评选工作，评选出市局科技先进个人30名、先进集体15个和首都公安科技突出贡献者47名。配合法制宣传处影视中心，制作了《北京市公安局科技现状和未来展望》录像片。

充分发挥科技宏观管理职能，组织全局重点课题的立项。共向市科委组织申报了18项课题，其中有6项获得市科委立项资助，投入专项经费160万元。申报公安部科技项目14项，其中有5项科技项目获得公安部立项资助。完成并通过技术验收和鉴定的科技成果有6项，其中市科委项目有3项。改进市局科技进步奖励评审办法，加大科技成果奖励。开展了科技处科技信息网站建设，扩大交流、沟通科技宣传的渠道。进一步加强了科技工程的管理力度，在科技工程建设的实用性、可靠性、先进性和可扩展性方面加大工作力度。在社会公共安全产品管理方面，进一步加强和促进了与相关管理部门的联系，逐步加强了对全市取证企业的证后监督管理工作。积极开展了行管会的调整工作，逐步调整了行业管理的内容，对进京销售的产品进行审批管理，发挥了职能作用。

（姜秀立　孙晶东）

【完成市局两个《规划》初稿起草】　年内，科技处完成了《北京市公安局科技发展“十五”计划及2010年规划》（科技强警规划）和《北京市公安局“金盾工程”总体规划》初稿的起草工作。

（姜秀立　孙晶东）

【召开专家论证会】　5月9日，市局在香山疗养院召开了《北京市公安局科技发展“十五”计划及其2010年规划》专家论证会。参加论证会的专家有：中国发展战略学研究会李康，公安部科技局刘正风、沈志工、公安部十一局顾建国等；市政府研究室陆铭琦，市计委白云生，市信息化工作办公室梁眉，市财政局王丽娜。北京市公安局副局长吕实珉、刘德参加会议并作了讲话。专家们就规划的总体框架的结构和内容进行了研讨。

（姜秀立　孙晶东）

【刘淇、翟鸿祥到市局进行公安科技调研】6月24日，市长刘淇、副市长翟鸿祥、市政府秘书长黄承祥在市公安局局长强卫，市局副局长吕实珉、刘德、李全福、阮增义、杨文忠、马振川等陪同下到市局调研公安科技工作。先后到北京市刑事科学技术研究所、“110”警务中心和公安信息中心，了解公安科技建设情况，观看了北京市公安综合信息网和全市外来人口信息系统的演示。听取了科技处关于北京市公安局公安科技发展“十五”计划和“金盾工程”总体规划的汇报。

（姜秀立　孙晶东）

【下发授予集体个人荣誉称号的决定】　7月15日，市局党委决定：授予在“九五”期间作出突出贡献的市局刑事侦查处物证技术研究中心等4个集体“科研先进集体”荣誉称号；授予市局指挥中心技术组等11个集体“科技应用先进集体”荣誉称号；授予市局刑事侦查处物证技术研究中心高级工程师陈建华等16位同志“科技先进工作者”荣誉称号；授予市局指挥中心卞杰成等14位同志“科技应用先进工作者”荣誉称号；授予市局刑事侦查处原高级工程师马建华等47名同志“首都公安科技突出贡献者”荣誉称号。

（姜秀立　孙晶东）

【召开市局第二届科技大会】　7月26日至28日，市局召开第二届科技大会。大会由市局副局长吕实珉主持，市局局长强卫做了重要讲话。市局副局长刘德做了题为《全面实施“科技强警”战略，开创首都公安科技工作的新局面》的主题报告。副市长林文漪、公安部科技局局长司同军到会并讲话。

（姜秀立　孙晶东）

【下发《科技强警战略决定》和《待遇规定》】7月28日，市局党委下发了《关于进一步实施科技强警战略的决定》和《公安专业技术人员待遇的若干规定》。9月18日，为落实《公安专业技术人员待遇的若干规定》的文件精神，市局政治部、科技处联合组织召开了局属有关单位的座谈会，就《待遇规定》的落实情况进行了讨论。

（姜秀立　孙晶东）

【罗干视察科技工作】　8月3日，中共中央政治局委员、国务委员、中央政法委书记罗干在公安部部长贾春旺和北京市委副书记张福森，市公安局局长强卫等陪同下视察了市局刑事科学技术研究所，在市局警务中心视察了北京市公安综合信息网和外来人口信息系统建设情况，观看金融报警卫星定位系统演示，听取了市局科技发展“十五”计划和“金盾工程”总体规划情况的汇报。

（姜秀立　孙晶东）

【贾庆林视察科技工作】　9月16日上午，中共中央政治局委员、北京市委书记贾庆林，市委副书记张福森，市委常委、市委秘书长杜德印等领导在市公安局局长强卫的陪同下，视察市局科技强警工作。听取了市局“十五”科技规划和“金盾工程”规划情况汇报。

（姜秀立　孙晶东）

科技处2000年领导名录

职　务	姓　名	任职时间
处　长	高光斗	1995年4月—2000年3月（退休）
处　长	贾胜文	2000年2月—
副处长	杨明辉	2000年2月—

信息通信处

【概　况】 年内，信息通信处紧密围绕市局中心工作，遵循“规划、建网、应用、共享、管理、培训”的工作思路，根据公安部信息通信局和市局部署，参与了北京市公安局信息化工程（金盾工程）总体规划的制定，提出了总体建设的指导思想、原则、具体任务和经费预算；根据在“金盾工程”实施中担负的重要职责和任务，制定了《北京市公安局信息通信处“十五”科技发展规划》。建有市局有线程控交换中心、无线集群系统、卫星定位系统、与公安部及市局各单位联网的市局计算机信息中心、对北京市重点地区和部位实施监控的市局图像监控系统、市局电视电话会议系统，并配备有市局移动指挥中心指挥车和通信车。在信息通信基础设施建设方面，继续建设公安二、三级信息网络，并获得全国公安二、三级信息网络建设先进集体。在计算机信息网络、图像监控、电视电话会议等项目的建设中应用新技术，取得了成效。根据公安部的统一部署，组织全局有关单位参加公安部解决“2000年问题”和推广预审关押人员管理系统的工作，获得公安部解决“2000年问题”先进集体。在各项公安保卫工作和专项斗争中，制定通信保障方案，参加各种公安保卫勤务，提供信息支持和通信保障，确保了信息准确，通信顺畅，获得了网上追逃、百城联网等信息通信保障先进集体的荣誉。对全局信通系统民警进行了信息通信技术培训，将全局32个信息通信部门的信息通信工作，纳入目标管理，进行系统目标管理考核。

（吉小勇）

【移动指挥中心通信保障车投入使用】 年内，信息通信处负责建设的市局移动指挥中心通信保障车投入使用。信息通信处参与了整体方案的调研、技术论证，具体实施了通信保障车的建设，提出了通信保障车整体方案，参加了通信保障车技术论证、设备选型、订购、安装调试、试运行等工作。“北京市公安局移动指挥中心”由市局指挥中心、微波基站、卫星地面站、指挥车和通信保障车组成，通过微波、卫星和光缆，利用无线通信、有线通信和卫星通信的手段，与市局指挥中心的数据、图像、语音双向传输，具有机动、灵活和高效的特点。“北京市公安局移动指挥中心”的建成，提高了市局对各类突发事件的现场处置和对大案要案的现场指挥和协调控制能力。市局移动指挥中心通信保障车转播在北京举办的2000年全国公安巡警防暴警比武开幕式实况时，经受了实战的检验，达到了图像清晰、信号稳定的设计要求。

（刘　营　陈青岚）

【信息通信基础设施建设】 年内，信息通信处组织技术力量，配合北京人民警察学院、保安管理处、北京站、地铁、西城、宣武、丰台、海淀、通州、门头沟、顺义分局、法医中心等单位的信息通信建设，完成了光缆敷设、光端机安装开通和安装电源等工作，解决了机房搬迁和与市局联网通信建设的需要。根据国家大剧院、高碑店污水厂、京开高速公路等市政工程建设的需求改造了公安专线；支援了北京市安全局和边防局等单位信息通信建设。

（陈相高　董长厚）

【保障勤务通信畅通】 为保证各项勤务通信畅通，信息通信处有线通信系统、无线通信系统的各种通信设备昼夜运转，通信人员24小时不间断值勤。年内，执行通信保障勤务230场（次）；收发市委、公安部、外省（市）公安厅（局）、安全局等单位的明码电报1586份、6万余页，密码电报2600份、7万余页；全局内部普发的明、密码电报1104份（次），7万余页；装电话机244部；修电话机248部；移线改线148对，撤线95对，对线测线2万余次；铺设管道电缆9.930公里，架空电缆线6.470公里；调动电台900余部，备用无线移动电台、设备400余部，配发无线移动电台70余部；203寻呼台寻呼320万次。

（吉小勇　董长厚）

【推广“看守所关押人员信息系统”】 年内，信息通信处推广公安部“看守所关押人员信息系统”，实现了监所管理的信息化。24个看守所（北京站、清河分局除外）的计算机并网运行，各看守所每天向市局数据库传输数据。该系统的建成，实现了监所管理的信息化，并可从看守所业务方面进行自动查询、统计、分析；同CCIC在逃人员数据比对；为全局各有关业务部门提供查询服务。实现了在押人员违法犯罪信息共享，提高了监所管理水平和公安机关打击犯罪的整体作战能力。

（刘　滨　锡林花）

【为“打拐”专项斗争提供信息保障】 信息通信处担负着市局信息中心动态信息查询系统数据库和“北京市公安局综合信息网”的维护和管理工作。年内，公安部在全国范围内开展了打击拐卖妇女儿童专项斗争。信息通信处认真贯彻执行公安部全天候、全方位做好信息通信保障的指示精神，组织有关技术人员为刑事侦查法医中心开通网络，以2Mbps光纤方式连入北京公安信息网，并安装了公安部统一的DNA信息管理系统。抽调技术人员常驻市局刑侦处，帮助安装、维护信息管理系统；组织技术力量多次将本市暂住人口信息与全国人贩子信息进行比对，从中找出多条重要线索；多次配合刑侦部门深入分县局、交通管理部门进行现场信息比对分析，完成了各项信息保障任务。

（侯震宇　苗红斌）

【视频信息系统建设】 市局视频信息系统在1999年进行了更新改造，此系统共安装了摄像监控设备75套。年内，信息通信处又进一步完善该系统的技术功能，使整个系统的运行达到了设计要求。同时完成了与公安交通管理局、保安管理处、西客站、天安门、西城分局等局属单位及市政府人防办的图像监控系统的联网。该系统的监控范围覆盖了从三元桥到国宾馆的全程迎宾线路以及天安门广场地区和市委大门等重要地段，在各种迎宾活动和天安门地区的重大活动期间，为各级领导机关和实战单位提供了可靠的视频信息，提高了市局视频信息系统的信息资源共享率，使公安科技更好地服务于实战。

（周　震　张　建）

【电视电话会议系统建设】 年内，信息通信处对电视电话会议系统的音响、模拟切换器等系统进行了改造。经过改造，提高了系统运行的可靠性和稳定性，为今后的系统扩容工作打下了坚实的基础。市局电视电话会议系统建于1999年10月。在市局警务中心大楼建立主会场，开通了36个以有关业务局、处、分县局为主的分会场。并通过卫星转播与市局移动指挥中心进行交互式图像传输，建立可移动的电视电话会议分会场。该系统通过光缆连接，实现了市局与公安部电视电话会议系统的双向传输。该系统主要用于召开电视电话会议、远程教学培训讲座、远程图像传输等三项公安业务。自开通以来，共召开各种工作会议100余次，各种教育培训讲座57次，充分发挥了其交流方便，快速高效，节约人力物力的特点，成为提高首都公安机关快速反应的又一重要手段。

信息通信处 2000 年领导名录（机

职　务	姓　名	任
处　长	刘　营	2000 年 10 月—
政　委	耿　飞	2000 年 10 月—
副处长	陈相高	2000 年 10 月—

公共信息网络安全

【概　况】 市局党委在机构改革中将原计算机通信处计算机管理监察科的职能进行调整，成立了公共信息网络安全监察处（挂北京市计算机安全委员会办公室牌子）。现有民警 14 人，其中博士生 2 人、本科生 6 人、大专生 6 人。基本职能是保卫首都的公共信息网络安全。主要任务是：对计算机信息系统安全保护工作实施监督、检查、指导；防范、查处危害计算机信息系统安全的违法犯罪案件；组织或委托有关部门对重要计算机信息系统的新建、改建、扩建工程按国家有关标准进行验收；负责计算机病毒、有害数据的预防和控制工作；负责培训计算机信息系统安全管理人员、安全技术人员和计算机信息系统安全的宣传教育工作；组织计算机安全技术的研究和计算机信息系统安全专用产品的销售管理工作；负责与国际联网的计算机信息系统的安全管理和信息监控工作。年内，为遏制有害信息在网上传播和蔓延，查处网上违法犯罪案件，维护信息网络安全，开展了大规模的个人主页专项治理和非法“网吧”专项治理。共检查免费个人主页 74 万个，关闭、清理

理有关网站

安部、人事

通知，举办了

和事业单位

参加了培训

网络安全、

功”邪教组

出了成绩。

【国际互联网

息网络安全

工作放在突

及时提供了

《信息参考》

刊》49 期、

个月，就上

用 88 条。在

期间，发现

的可疑线索

堵“法轮功

（曹　明　解丽娅）

【“110”巡逻车定位系统更加完善】 为加强“110”巡逻车的动态管理，掌握各巡逻车实时的地理位置，市局建成了“110”巡逻车全球卫星定位系统（简称 GPS）。GPS 系统是无线通信、计算机、地理信息及网络等高新技术的组合，可对地面各种移动目标进行实时的跟踪定位。城区八个分局一级警区和部分分局的二级警区巡逻车分别安装了近 160 余套 GPS 车载终端。在市局指挥中心、信息通信处和巡察执法总队安装有显示终端。年内，信息通信处为城八区分局指挥中心、巡警支队安装了 13 套显示终端，使各分局指挥中心能及时掌握本辖区内“110”巡逻车动向和确切的地理位置，进一步提高了快速反应能力。

（呼延雄　王洪钊）

【信息通信设备实行定期维护】 年内，信息通信处对无线通信设备 800、350 集群通信系统的 7 个基站、9000 部用户台进行了定期维护；改装、调试和年检了丰台、顺义分局、密云、延庆县公安局、第二人民警察学校的微波设备；检修维护了通州、顺义、经济技术开发区分局、平谷、怀柔、密云县公安局、公安医院、安康医院等 14 个单位的交换总机设备、“110”报警系统和局属 20 多个单位通信电源设备；全年巡线 7 万余公里，实施重要抢修工程 20 多次；为了便于维护全局公安通信电缆，对各种通信电缆实行了挂牌管理，共计挂牌 3994 个；修复了工人体育场的电视监控系统，并完成了天安门广场及东西长安街电视监控系统改造工程的全面验收；对 203 寻呼台和保安寻呼台加强寻呼设备的维护保养，先后十余次到百花山上抢修寻呼设备，及时更换发射机，并对年内增加的 1800 余台寻呼机用户进行了管理。

（董长厚）

【为打击“法轮功”邪教组织提供保障】 为了保证更加有效地打击“法轮功”活动，市局要求将“法轮功”人员照片上网，进行网上辨认。信息通信处仅用两天时间就完成了数码相机选型、后台系统开发、网上主页改进等工作，并指派专人值班与各分局联络。针对各单位上报照片的质量问题，信息中心组织技术人员对 1000 余张照片进行修改调整，保证了网上辨认工作的顺利开展。信息中心与市局法制办公室一起研究制定了信息采集的详细技术规范，并开发了 B/S 结构“待辨认‘法轮功’人员照片核查系统”，指定专人对系统进行连续测试，不断修改完善。针对系统使用过程中存在的问题，信息中心组织了技术培训，确保信息采集质量，并深入基层了解使用情况，解决技术问题。

（侯震宇　苗红斌）

【解决计算机“2000 年问题”】 按照国务院、公安部、市政府的统一部署，为解决计算机“2000 年问题”，信息通信处完成了全局计算机硬件、软件和应用系统的“2000 年问题”测试、修改工作。北京市公安网络信息系统、人口信息系统、“110”系统、“119”系统、交通指挥系统、出入境管理系统以及其他通信系统等“2000 年问题”全部解决。3 月底，顺利通过了公安部的检查、审核、验收。

（侯震宇　邢东河）

【信息通信工作实行目标管理】 3 月 6 日，信息通信处制定了《2000 年度信息通信工作目标管理考评计划》，将全局 32 个信息通信部门的工作纳入了目标管理。11 月，下发了《2000 年度信息通信工作目标管理考评实施方案》，对全局信息通信处（科）进行具体考评。参加考评单位按照业务系统分为 5 个小组，公安交通管理局、宣武、通州、顺义、门头沟、北京西站分局等六个单位的信息通信处（科），被评为各小组的第一名。通州分局信息通信处、北京西站分局信息通信科分别连续三年被评为第一名。考核中了解到：丰台、西城、海淀分局建成了机关千兆局域网，为市局二级信息网络带宽升级打下了基础。

（耿 飞 董长厚）

【信通系统民警进行全员培训】 6月至8月，以“培训年”为契机，信息通信处对全局信通系统民警进行了全员信息通信技术培训。共举办培训班2期，每期20天，参训人员达390人。由信息通信处有关业务科室的技术人员担任教员，自编教材，内容涉及计算机、有线通信、无线通信、图像传输、电视电话会议和机要传真等方面的知识。按培训内容要求，组织了A、B卷考试，参训单位387人参加考试，达到全员培训人数的93%，及格率100%。

（席燕玲 李云起）

【进行机构改革精简人员】 10月，根据市局机构改革实施方案，在原计算机通信处的基础上成立了信息通信处。下设办公室、政治处、计算机室、技术装备处、有线通信处、无线通信处、

动通信科、

级机构。定

前人员总数

改革后全处

了45%。

【计算机信息

成二级网站

中348个为

局直属业务

县局所属的

公安局二级

结合的DD

2M。三级

速率为128

计算机通信处2000年领导名录（

职 务	姓 名	
处 长	秦镜清	1998年4月一 年限，任正处
政 委	张来和	1998年4月一 年限，任正处
副政委兼政治处主任	席燕玲（女）	1996年8月一 任政治处主任
副处长	陈相高	1996年8月一
副处长	刘 营	1996年8月一
副处长	侯习联	1996年8月一 公监字［2000

【加强对互联网联网单位的安全管理】 根据《公安部关于对与国际联网的计算机信息系统进行备案工作的通知》，公共信息网络安全监察处加强了对与国际联网的计算机信息系统的安全管理。全年，共有800余家单位在市局备案，备案率为100%，其中具有BBS的单位120家，个人主页537家，约73万个。公共信息网络安全监察处对有问题的100余个免费主页进行了关闭、清理，处理有关网站3家、有关人员4名。

（张越今 王国威）

【侦破网络犯罪、清查非法“网吧”】 全年，共协查外省市协查函134起，查处计算机行政案件16起，涉及有关单位8家，有关人员10名，罚没款项12万余元。此类案件具有涉案人员年龄小，对计算机知识掌握较高，但对有关计算机网络的法律法规了解不多等特点。查处的人员中在读研究生1名、大专学历以上5名。为加强北京地区“网吧”的安全管理，开展了大规模的个人主页专项治理和非法“网吧”专项治理活动。经清查，本市现有“网吧”154家，其中合法16家，取缔66家，共处罚金9万余元，暂扣计算机271台，并依法对其余非法“网吧”进行查处。

（张越今 王国威）

【封堵“法轮功”邪教组织的反动宣传】 7月20日，公共信息网络安全监察处在监控中发现，北京西陆信息技术有限公司电子公告栏“海阔天空”栏目下，有“善良的人们，请来了解‘法轮功’真相”、“世界上最大的邪教”两篇反动文章。该公司负责人邹某承认由于管理不善造成以上事情发生。公共信息网络安全监察处责令北京西陆信息技术有限公司删除该主页，严格管理制度，并处以该公司15000元罚款。6月14日又收到广东协查通报，称北京唯网天地科技有限公司网站上有宣扬“法轮功”有害信息的内容。经查，北京唯网天地科技有限公司由于工作疏忽致使该公司网站链接了国外“法轮功”网站。公共信息网络安全监察处责令北京唯网天地科技有限公司删除有关内容，严格管理制度，并处以该公司10000元罚款。

（王世铎 王国威）

【专项斗争取得胜利】 7月至9月，公共信息网络安全监察处开展了对“网吧”的集中清理整治专项行动。共清查“网吧”302家（次），核查上网人员8525人次，关闭40家非法“网吧”，暂扣主机150台。走访了网易、首都在线等北京地区主要ISP、ICP，帮助、督促其制订完善管理制度，删除一切有关“法轮功”反动内容的文章，并及时上报。

（张越今 王国威）

【截获“法轮功”电子信箱】 10月18日，公共信息网络安全监察处截获了三个“法轮功”分子的电子信箱，发现了其传递信息的新方法。通过监控截获了“明慧网”将要发布新经文的消息。经核对信箱的登录记录，查出了一个跨地区的“法轮功”小集团，其中五部市内电话曾拨号上网，登录该信箱传阅、发送反动信息。公共信息网络安全监察处对上述信息及时予以上报，防止了有害信息的扩散。

（王世铎 王国威）

【开展“网吧一条街”安全检查】 11月30日，公共信息网络安全监察处与海淀分局共出动警力80人，依法对“网吧一条街”进行安全检查。“网吧一条街”位于北京大学南门外商业街北侧，是由北京飞宇电脑技术有限公司、北京飞宇电脑技术有限公司网络中心、北京飞宇天天软件开发有限公司下属的九家“网吧”组成。经营面积共3000平方米，上网计算机860台。检查中发现，北京飞宇电脑技术有限公司、北京飞宇电脑技术有限公司网络中心、北京飞宇天天软件开发有限公司在备案后未及时变更备案情况，9家“网吧”均没有上网人员登记记录，56台计算机存有浏览色情、淫秽网站的记录，检查人员对存有问题的计算机登记保存，进一步审查。

市局宣传处(新闻发言人办公室)、北京日报、晨报、北京青年报、工人日报，北京人民广播电台、新华社北京分社等单位对此次安全检查进行了报道。12月5日，公共信息网络安全监察处依据《计算机信息网络国际联网安全保护管理办法》第20条的有关规定，对上述3家公司依法进行了处罚。

（张越今　王国威）

案例举要

【查处润迅公司传播有害信息案】　2月13日，接到“110”报警服务台电话记录，报警人称当日15：06，在百特门网上“SEXDB-SEX.BYTEMEN.COM.CN”上发现黄色信息。为减少社会影响，公共信息网络安全监察处及时关闭了该公司服务器。经调查，该黄色信息为个人主页“性感之城”上的色情链接，该主页保存在北京润迅通信发展有限责任公司的服务器内，主页制作人来自山东省。该公司负责人承认由于管理不善致使事情发生。公共信息网络安全监察处责令该公司加强管理，并予以罚款，同时发文山东省公安厅协查主页制作者。

（王世铎　王国威）

【查处信海公司传播有害信息案】　2月17日，接到广东省公安厅协查函，称北京信海科技发展公司个人主页“伊人工作室”上发现有害信息。为减少社会影响，公共信息网络安全监察处及时关闭了该公司服务器。经调查，该有害信息为该主页上的色情网站链接，并且提供免费色情杂志《秋水伊人》的订阅。该主页保存在北京信海科技发展公司服务器内，主页制作者来自上海。该公司负责人承认由于管理不善致使事情发生。公共信息网络安全监察处责令该公司加强管理，并予以罚款，同时发文上海市公安局协查主页制作者。

（张越今　王国威）

【查处利用个人主页传播有害信息案】　2月17日，接到广东省厅通报，称发现北京市一个名为“区域网络大比武”的个人主页中，链接有大量色情、淫秽的网站。经初步调查，证实该个人主页在某公司服务器中，是一个名为“月牙泉”的个人主页下的一个栏目，由李某某、张某等4人制作。为减少社会影响，公共信息网络安全监察处及时关闭了该公司服务器。经查，证实该网站于1999年12月创办，主要由李某某制作和维护，主要经济来源为广告收入，通过“一卡通”划拨。到2000年2月，日访问量已达8万人次，广告收入共9718.11元。由于该网站管理制度不完善、技术不成熟，致使大量色情、淫秽网站在该主页加入链接。对上述4人分别处以500至2000元罚款，并没收非法收入。这是目前北京市查处的利用互联网个人主页传播淫秽、色情信息取得非法收入最多的案件。

（王世铎　王国威）

【破获非法进入计算机信息网络案】　3月11日，接《人民公安报》报案，称其网站遭到黑客攻击，使《人民公安报》网络版所有数据遭删除。公共信息网络安全监察处民警会同网络管理人员，通过分析该网站保存下来的记录，确定1月26日、2月17日、3月10日等几个可疑时间及对应IP地址。经大量的排查取证工作，确定犯罪嫌疑人为阎某（大学二年级学生）。正当将对阎某进行调查时，3月26日，北京市科协所属的学生科技网遭黑客攻击，网站主页被修改为求职启示，黑客留下了联系电话，严重影响了正在该网站进行的全国第17次奥林匹克信息学竞赛。经核实，该电话为阎某宿舍电话。公共信息网络安全监察处依法传唤了阎某，在对其计算机进行检查时发现了大量用于扫描端口、猜口令的黑客程序，阎某交待了其侵入《人民公安报》网络版和学生科技网的过程。对阎某进行了教育和罚款处罚。

（王世铎　王国威）

【查处安装黑客软件窃取公司秘密案】　6月

16日，博瑞琪集团报案，称其集团（北京）内部发现有人安装黑客软件，窃取公司人事、工资等秘密文件。接报后，公共信息网络安全监察处组织两组民警赶赴现场。一组对集团内部涉案的5台计算机使用者进行调查，另一组对涉案计算机进行检查。初步查明，5台计算机中被放置了“冰河”软件客户端程序，在曹某某的计算机中找到了该软件服务器端程序及属于公司秘密的人事、工资文件。曹某某承认在为公司人力资源部职员、经理修理计算机时分别安装了该软件，并进入经理计算机中，浏览了公司人事、工资等秘密文件。曹某某的行为违反了《计算机信息网络国际互联网络安全保护管理办法》，公共信息网络安全监察处对曹某某给予1000元处罚。这是北京市发现的第一起利用黑客软件窃取公司秘密文件案件。

（王国威）

【非法使用互联网账号案】 7月24日，北京富国电子信息有限公司报案，称其公司所有的互联网账号“rchn0013”被人盗用，损失较大。经工作发现，孟某1月至6月底在其家中，未经许可使用账号“rchn0013”非法上网，致使北京富国电子信息有限公司经济损失1992.3元。并将该账号告诉孙某、张某某一同使用，损失3144.5元。胡某某于1999年至2000年6月底在其家中及工作单位，未经许可使用账号“rchn0013”非法上网，致使北京富国电子信息有限公司经济损失9758.2元。张某于1999年9月至2000年5月底在其家中，未经许可使用账号“rchn0013”非法上网，致使北京富国电子信息有限公司经济损失352元。孟某、胡某某、张某某、孙某、张某的行为违反了《计算机信息网络国际互联网络安全保护管理办法》，属“未经允许，进入计算机信息网络或者使用计算机信息网络资源”的行为。鉴于5人主动退赔，分别给予孟某、胡某某、张某某2000元、1000元、1000元罚款，孙某、张某予以警告的处罚。

（张越今 王国威）

公共信息网络安全监察处2000年领导名录

职务	姓名	任职时间
副处长	王世铎	2000年10月—
副处长	张越今	2000年10月—

安全技术防范管理办公室

【概　况】 北京市公安局安全技术防范管理办公室（挂北京市安全技术防范管理办公室牌子）机构调整前称北京市安全技术防范管理办公室，是市公安局主管全市安全技术防范的职能部门。内设正科级机构4个。主要职能为负责组织、监督、检查社会安全技术防范工作；依法管理技防行业；指导全局技术防范工作开展。年内，技防工作以宣传贯彻《北京市安全技术防范管理规定》为主线，立足于解决社会治安中的突出问题及人民群众关注的热点问题。针对机动车被盗严重这一社会治安中的突出问题，在全市建立起机动车反劫防盗报警服务体系。加强社区科技创安，积极探索技防与物防、人防有机结合的社区防范新模式，推出一批典型示范工程。加强全市重点单位、要害部位的技防建设。继续强化北京市金融单位专用紧急报警联网系统的监管工作；城八区金融单位运钞车无线紧急报警联网系统开通运行，金融单位整体防范水平得到提高；全市重点要害部位的技防设施建设与普及应用取得初步成效。行业管理工作逐步走向法制化、规范化。全年完成对1302家技防产品生产、销售单位及工程安装单位的资质审核，进一步加强对安防工程施工质量的监管，加大对技防产品销售市场的清理整顿力度，扶持中介组织为行业发展服务。对全市居民区科技创安现状进行摸底，撰写了"首都科技创安调研报告"；在大量调查研究的基础上，起草制定了"首都科技创安工程建设五年规划"；针对本市高压输电线路及变电设备被盗问题，制定"北京市高压输电线路安全技术防范方案"；实施基础信息规范化管理，全市重点要害部位技防设施建档率达95%以上。宣传工作紧贴"科技创安"大主题，圆满完成"我爱我家——社区安全技术防范巡回展"，以多种形式宣传普及技防知识，引导安全消费观念。科研工作取得阶段性进展，由研究成果向应用实战的转化效果明显。加强依法行政，完成由普通行政单位向执法单位的过渡性建设。

（时筱贤　应　燕）

【科研课题研究取得阶段性成果】　年内，由安全技术防范管理办公室总承担国家计委立项的《社区安全防范综合报警服务体系研究与示范工程》项目进入攻坚阶段。总课题项目中共包括12个子项目，其中3个子项目由安全技术防范管理办公室直接承担，6个子项目由安全技术防范管理办公室负责指导和参与研究建设，其余3个子项目由外省市承担。《安全技术防范经济性分析与产业化发展结构研究》、《高安全性量子锁具的研究》已经完成研究任务并提前验收结题。通过软课题的研究，不但充实了技防理论体系，同时带动了技防典型应用工程的建设与推广，实现了科研成果直接向现实应用的转化。

（时筱贤　应　燕）

【社区科技创安结出硕果】　年内，安全技术防范管理办公室积极探索社区科技创安的有效模式，加大技防与人防、物防相结合的力度，全市已形成居（家）委会、内部单位和繁华地区"三位一体"的基层安全创建工作格局。全市创建科技创安居民小区已达381个，占小区总数的9.3%。在全市推出了多层、高层居民楼、平房区及农村地区等不同种类的居民小区技防典型。一批以技防为核心手段，覆盖海淀、东城、西城、宣武等城区和以通州区为代表的农村地区的科技创安试点工程先后建立起来。石景山区在技防手段的支持下进行拆除外置式窗护栏的尝试，受到群众的欢迎，成为引起全市注目的技防亮点工程。

（时筱贤　应　燕）

【成功举办社区安全技术防范巡回展】　年内，安全技术防范管理办公室成功举办了"我爱我家——社区安全技术防范巡回展"，社会效果显著。社区巡回展紧扣"科技创安"大主题，共制作60余块展板，展示20余种技防产品实物及系统演示模型，先后在全市18个区县设展，吸引了大约10万人到场参观，专场讲解近600次，同时组织群众对安全防范需求的民意调查，发放调查问卷1万份，收回问卷8187份。巡回展所到之处社区群众反响强烈，80%的区县新闻媒体做了专题报道。

（时筱贤　应　燕）

【强化重点单位、要害部位基础工作】　年内，安全技术防范管理办公室加强了对市政府47号令所规定的重点单位、要害部位技防设施建设情况的统计建档工作，制定了建档规范性要求。至年底，各单位都建立了重点要害部位所属单位及使用技防设施情况的档案，建档率达95%以上。

（时筱贤　应　燕）

【《安全技术防范》改版扩大发行】　年内，《安全技术防范》杂志作为展示安全防范行业发展的窗口，是宣传政策法规，追踪热点问题，介绍新技术产品，普及技防知识的重要阵地。为进一步扩大信息量，从总第44期(2000年第4期)改版发行，在原有“安防论坛”、“技术广角”、“标准化”栏目的基础上，又新增加“科技创安”、“专家点评”等栏目。杂志每年六期，面向全国的技防管理部门、行业企业及用户发行。全年发行量3万余册，刊登稿件119件，同时开发出电子版在2932网发行。

（时筱贤　应　燕）

【强化安全防范技术学会中介职能】　年内，北京安全防范技术学会充分发挥行业的纽带作用，围绕服务于行业发展，开展了多项工作。以政府机构改革的契机，对办公机构进行了调整完善，将经验丰富、精通业务的提前退休民警充实到学会发挥余热。发挥专家技术优势，对100余个安防工程方案进行审核，对30余个安防工程进行验收，对5项技防系统提供专家论证。抓住科普宣传周的时机，在西单地区开展技防知识普及宣传活动，60余名专家到现场解答群众关心的热点问题，接待咨询2000余人次，发放宣传资料4500余份。组织会员单位专题讲座、培训及学术交流活动10余次。

（时筱贤　应　燕）

【安全技术防范行业管理有法可依】　年内，北京市政府第47号令《北京市安全技术防范管理规定》于1月1日起正式实施，国家质量技术监督局、公安部第12号令《安全技术防范产品管理办法》于9月1日起开始实施。为规范北京市安防产品生产、销售市场，加强安防工程质量监督管理提供了切实有力的法律保障。

（时筱贤　应　燕）

【安全防范行业管理工作进一步加强】　年内，安全技术防范管理办公室举办技防工程申请单位技术培训班2次，共5期，500余人次参加培训；对1302家技防产品的生产、销售单位及工程安装单位进行年度审核；配合国家技术监督局抽检防盗安全门生产企业共3家，抽检汽车防盗报警器生产及销售共7家、8个品牌。开展汽车防盗报警器销售市场整顿监督专项工作两次，与技术监督部门联合进行“打假”活动2次；组织对建设投资额为1000万元以上的安防工程进行了抽检。

（时筱贤　应　燕）

【召开全市技防工作会议】　2月23日至25日，安全技术防范管理办公室组织召开了“2000年北京市技防工作会议”，各公安分县局主管技防工作的领导及区县技术防范管理办公室主任到会。市局副局长阮增义出席会议并讲话。杨英主任做了“夯实技防工作基础，再展科技创安宏图”的主题报告，总结和回顾了1999年全市技防工作，就2000年技防工作任务进行部署。会议还安排了《北京市安全技术防范管理规定》的行政执法专题讲座，组织与会人员就《北京市技防工作五年规划(2000—2005)》、《北京市安全技术防范“十五”科技发展规划》和《技防管理信息系统建设方案》进行讨论。

（时筱贤　应　燕）

【机动车反劫防盗紧急报警系统运行】　3月6日，安全技术防范管理办公室在充分调研与论证的基础上，制定了“北京市机动车反劫防盗技术对策研究”及建设方案，得到市局党委批准进入实施阶段。4月至6月，专家咨询委员会对12家申请企业进行初审，其中4家公司通过审核。历时一年共建成四个专业公司网管接警中心，试运行阶段入网车辆达2000多辆。12月31日，市局局长强卫等领导实地考察了建设成果，并给予了充分肯定和高度评价。

（时筱贤　应　燕）

【市委领导视察技防企业】 5月12日，市委副书记张福森、副市长林文漪在安全技术防范管理办公室主任杨英陪同下，到北京森泰克数据通信技术有限公司、华讯和达数据通信公司和声迅电子有限公司，分别听取“GPS车辆定位实时跟踪系统”、“华讯社区报警综合服务系统”、“北京市金融单位专用紧急报警联网系统”的研究及应用情况汇报。

（时筱贤　应　燕）

【金融单位紧急报警联网系统年度检测】 10月至11月，安全技术防范管理办公室组织有关单位及部门，抽检了全市20个金融网监控中心、99个营业网点，及时发现存在的问题并逐一解决，确保金融网报警响应及时、信息畅通，检测以后全网运行状态稳定良好。

（时筱贤　应　燕）

【参加首都综合治理委员会全会】 10月20日，安全技术防范管理办公室作为首都综合治理委员会委员单位参加首都综合治理委员会第28次全体会议。会议由市委副书记、首都综合治理委员会主任张福森主持，市委常委、政法委书记、首都综合治理委员会副主任、市公安局局长强卫出席会议。会上，市公安局安全技术防范管理办公室主任杨英就全市技术防范工作开展、社区科技创安试点建设与推广和全市机动车反劫防盗报警网建设工作作了专题汇报。

（时筱贤　应　燕）

【编制科技创安工程建设五年规划】 根据首都综合治理委员会第28次全会精神，安全技术防范管理办公室承担了编制《首都科技创安工程建设五年规划（技防部分）》任务。在对全国与本市科技创安现状与未来发展进行大量调研论证、分析的基础上，于11月底完成了约2万字包括规划、编制说明、背景材料三部分的起草工作。《规划》着重从市政府第47号令所规定的重点要害部位以及关系到国计民生的场所安全防范建设进行规范和标定，为指导和推动首都“科技创安”工程的开展打下坚实的基础。

（时筱贤　应　燕）

【完成全市技防目标管理考核工作】 11月至12月，安全技术防范管理办公室组织对28个局属单位的技防工作进行全年业绩考评。经过初评、复核和综合评定三个阶段，评选出：好的单位12个，较好单位7个，一般单位3个，因故不参评的6个。技防工作开展好的单位成绩主要表现在：针对解决治安热点问题发挥技防优势；积极在居民小区进行“科技创安”试点；技防基础统计建档工作规范全面；重视基层技防培训工作；积极开展技防宣传及应用推广。

（时筱贤　应　燕）

【完成综合治理科技创安考核工作】 12月，依据首都综合治理委员会［2000］2号和15号文件精神，安全技术防范管理办公室对全市19个区、县（含燕山区）的科技创安工作进行考评，内容包括科技创安发展规划制定、年度落实、启动经费情况及科技创安工程进展等方面。

（时筱贤　应　燕）

【完成安防工程资质年审工作】 12月底，安全技术防范管理办公室依据《北京市安全技术防范工程管理暂行办法》，对全市从事安防工程企业资质进行年审。北京市共有333家企业获得安防工程资质，其中一级资质52家，二级资质39家，三级资质122家，暂定三级资质120家。取证单位本年度共完成安防工程894个，合同总金额近4亿元。正在施工工程545项，总金额近3亿元。

（时筱贤　应　燕）

【城八区运钞车紧急无线报警系统开通】 12月，市城八区运钞车紧急无线报警系统全网建成投入使用。在网络建设公司、各银行保卫处及市局指挥中心、内部单位保卫局、信息通信处等单位的通力合作下，历时两年，共建成3个网管中心、22个银行监控中心，并与市局指挥中心“110”系统并网，750辆运钞车入网处于保护之中，极大地提高了公安机关处置针对运钞车犯罪的快速反应能力，取得了预期效果。

（时筱贤　应　燕）

安全技术防范管理办公室2000年领导名录

职　务	姓　名	任职时间
主　任	杨　英（女）	1998年8月—
副主任	韩锦坤	1997年4月—
总工程师	徐晓波	1998年8月—

国家安全保卫系统

国内安全保卫总队

【概　况】 2000年，北京市公安局国内安全保卫处正式更名为北京市公安局国内安全保卫总队（副局级建制），内设15个职能处。主要职责是：打击境内外敌对势力、敌对分子的各种渗透、颠覆和破坏活动。维护首都社会政治稳定和国家安全。

年内，国内安全保卫总队本着求真务实的工作态度，细化各项工作措施，把同“法轮功”邪教组织斗争作为全总队的头等大事。在强化国保各项业务建设的同时，深入开展国保基层基础工作，确保了“两会”及重大活动的社会政治稳定，有力地打击了境内外敌对势力、敌对分子有组织、有预谋的破坏、闹事活动。在同“法轮功”邪教组织的反复斗争中，破获了一批“法轮功”邪教组织非法聚集滋事的重大案件。对本市有关“法轮功”练习者情况进行调查摸底，在全国范围内率先建成“法轮功”邪教组织活动信息管理系统，并在工作中发挥了重要作用。开展了收缴、清理“法轮功”邪教组织反动宣传品的专项斗争，共查破利用各种手段进行“法轮功”宣传煽动的案件281起。查获作案人500余名，收缴“法轮功”反动宣传品37万余份，端掉印刷、转运、散发窝点31个，收缴相关设备70余台。在同境内外非法组织的斗争中，通过防范、打击，使非法组织“中国民主党”活动持续陷入低潮。破获跨省市非法组织案件。依法查处一非法印制政治性出版物公司，收缴非法出版物100余册。完成第八届“亚太人权研讨会”、美国国务卿奥尔布赖特到京访华、联合国人权高级专员玛丽罗宾逊夫人来京访华等安全保卫工作。随着国保工作领域的不断拓展，国内安全保卫总队全面加强了派出所国内安全保卫基层基础工作，制定了《派出所国内安全保卫工作规范》，确定对分县局国保基础工作的标准及考核依据，初步解决了基层基础工作标准化、规范化问题。在全局各派出所建立了信息员、联络员队伍，初步构筑了基层情报信息网络；完善了对各类重点人员的调查摸底和控制工作，建立健全了国保档案台账。全年向公安部和市局上报了大量情报信息。初步建立了内部局域网，方便了交换和查询工作，提高了工作效率。

（李　军）

【加大信息员队伍建设】 年内，针对“法轮功”邪教组织反弹活动情况突出，为加强情报信息工作，国内安全保卫总队按照公安部、市局领导指示精神，在全局建立了信息员队伍，对掌握“法轮功”组织动态、控制“法轮功”骨干及防范“法轮功”反弹活动情况起到了重要作用。

（李　军）

【推进基础工作】 国内安全保卫总队按照公安部要求，全面加强了派出所国内安全保卫基层基础工作。制定了《派出所国内安全保卫工作规范》，确定对分县局国保基础工作的标准及考核依据，初步解决了基层基础工作标准化、规范化问题。初步构筑了基层情报信息网络，完善了对各类重点工作对象的调查摸底和控制工作，建立健全了国保档案台账，在全市范围内开展对非法组织的基础调查。

（李　军）

【强化情报信息工作】 全年，国内安全保卫总队围绕危害社会政治稳定的敌情和不安定因素，共上报公安部和市局情报信息2000余件，综合整理情报信息100余件，数量和质量比上年同期有了进一步提高。

（李　军）

【实行公开竞聘】 按照市局机构改革的总体部署，国内安全保卫总队加强了干部人事制度的改革，落实了领导干部公平竞聘制度，通过公平竞争选拔了7名优秀人才充实到领导岗位。

（李　军）

【立功受奖情况】 2000年国内安全保卫总队共有2个集体荣立集体一等功；2个集体荣立集体二等功；3人荣立个人一等功；8人荣立个人二等功；肖秋明同志被公安部授予“全国优秀人民警察”称号，团市委授予其“五四青年”奖章。

（李　军）

【加强教育培训工作】 年内，国内安全保卫总队开设国保干部培训班6期，参训人员384人，全面提高了国保队伍的人员素质，为今后的国保工作提供了更强有力的保障。

（李　军）

【粉碎三起“法轮功”聚集滋事阴谋】 境内外“法轮功”骨干密谋于1月1日凌晨在天安门广场聚集滋事。国内安全保卫总队在加强情报信息工作的同时，通报机场和边防部门加强边检查控，并布置各分县局加强社会面清查工作，一举粉碎了“法轮功”“千禧护法”活动。2月4日夜至2月5日，千余名境内外“法轮功”练习者前往天安门广场，图谋制造“天安门农历千禧护法”聚集活动，国内安全保卫总队及时启动相关预案将其阴谋粉碎，并及时成立专案组，全面开展侦查工作，迅速破获此案。国庆期间，境外“法轮功”组织公然煽动广场聚集闹事活动，企图形成新一轮闹事高潮。国内安全保卫总队及时发现，提前部署工作，于10月1日在天安门广场查获千余名“法轮功”人员，又一次挫败了境内外“法轮功”邪教组织的闹事活动。

（何　江）

【确保第八届“亚太人权研讨会”安全】 3月1日至4日，由联合国人权组织主办，我国承办的第八届“亚太人权研讨会”在京召开。为防范境内外敌对势力和法轮功分子干扰破坏会议顺利进行，国内安全保卫总队周密制定工作方案，确保了会议安全。

（李明华）

【抓获2名新疆暴力恐怖分子】 3月18日，在北京西客站站前广场抓获在逃多年的新疆暴力恐怖分子阿布都热合曼、玉山江沙地尔。1998年7月16日，二人纠集20余人在新疆阿克苏地区一私房内制造爆炸装置，案发后长期潜逃。

（谢月建）

【协助部队查清一件泄密文章的来源】 4月30日晚，国内安全保卫总队接市局转来部队保卫部门的紧急通报。4月25日，署名为“一军事爱好者”毕小文在国际互联网站登载了军委首长视察核潜艇基地的消息，并泄露了我军有关军事情况。中央军委领导同志指示尽快查清。国内安全保卫总队领导高度重视，连夜组织开展调查。5月3日在泰安市泰山区公安局的协助下，依法对毕小文进行传唤审查，并对其进行了批评教育。

（刘　锋）

【顺利完成美国国务卿访华安保工作】 6月22日至23日，美国国务卿奥尔布赖特到京访问，为防止“法轮功”人员和其他重点人员到奥氏住地滋事，国内安全保卫总队部署了严密的工作方案，顺利完成了保卫任务。

（李明华）

【依法查处一印制政治性出版物的公司】 9月初，接群众举报“北京东方信邦投资顾问有限公司”印制发行非法出版物《经济参考》，对国家的政治、经济政策进行歪曲并造谣，社会影响恶劣。9月22日，国内安全保卫总队配合市新闻出版局、工商局等行政管理部门，对该公司依法进行查处，当场收缴非法出版物百余册，同时派人赴上海与当地公安机关和工商部门配合，依法取缔该公司在上海设立的分支机构。

（李明华）

案　例　举　要

【破获郭某某在京涉嫌诈骗案】 1998年以来，原四川省非法组织人员郭某某在京以“世界华人国际荣誉联合评选委员会”、“美国诺贝尔发明中心”、“香港科学院”等非法机构名义，多次从事乱评奖活动，大量骗取他人财物，在社会上造成恶劣影响。国内安全保卫总队经侦查掌握证据后，于2000年2月，以涉嫌诈骗罪将其依法逮捕。

（李明华）

【破获“法轮功”煽动信案】 4月13日、21日，在百万庄邮局先后发现寄给北京市委、新华社、中国国民党革命委员会等单位的署名“真实的故事——关于法轮功之一”煽动信17封。5月11日，先后在百万庄等24个邮局发现投寄题为“法轮功真实的故事”煽动性传单517份。

7月9日，在紫竹院、木樨地、宣外大街等4个邮局先后发现给市领导及分、县局投寄的“法轮功”煽动信件6封。遵照公安部、市局领导批示，国内安全保卫总队立案侦查，并分别破获此案，对相关作案嫌疑人进行刑事拘留和劳动教养。

（刘 锋）

【破获跨省市非法组织案件】 1999年1月，公安部通报：河北省公安厅侦查发现，该省刘某频繁流窜于河北、北京、河南、深圳等地，企图串联一些人员成立非法组织“中国自由民主党”，从事危害国家安全的活动。在公安部统一部署下，北京市公安局国内安全保卫总队成立专案组，于2000年7月10日，将来京到处藏匿并流窜作案的刘某抓获，将此案破获。

（李明华）

国内安全保卫处2000年领导名录（机构改革前）

职务	姓名	任职时间
处长	张越	1996年12月—2000年9月
政委	王亮	1996年12月—2000年9月
副处长	孟庆忠	1996年12月—2000年10月
副处长	郭千里	1992年8月—2000年2月（到最高任职年限，任正处级调研员）
副处长	苏家武	1995年11月—2000年10月（到最高任职年限，任正处级调研员）
副处长	焦汉文	1995年11月—2000年10月
副处长	张宪林	1996年10月—2000年10月
副处长	李书业	1998年1月—2000年10月
副处长	唐志刚	1998年8月—2000年10月
副处长	刘志伟	1999年5月—2000年10月

国内安全保卫总队2000年领导名录（机构改革后）

职务	姓名	任职时间
总队长	张越	2000年9月—
政委	王亮	2000年9月—
副总队长	焦汉文	2000年10月—
副总队长	张宪林	2000年10月—
副总队长	李书业	2000年10月—
副总队长	唐志刚	2000年10月—

文化保卫处

【概　况】 2000年，文化保卫处以维护首都文化系统政治稳定为中心，各项工作取得明显成效。坚决遏制“法轮功”邪教组织活动的反弹势头。严厉打击各种违法犯罪活动，维护了首都文化系统特别是高等院校的政治稳定和治安稳定。2000年，“法轮功”邪教组织的反弹闹事活动突出，文化保卫处以同“法轮功”邪教组织斗争为重点，针对文保系统“法轮功”邪教活动的特点，深化敌情意识，从加强情报信息和专案侦察入手，强化重点人控制，严密各项工作措施。采取“严打整治”相结合的方针，严厉打击各种刑事犯罪活动。全年共破获各类刑事案件64起，其中重、特大案件43起，抓获犯罪嫌疑人62名。在不断加大“严打”力度的同时，以高校为重点，进一步强化文保系统治安整治工作。全年共查处各类治安案件126起，查处违法人员120名。在高校校园及周边地区专项治安整治工作中，与属地公安机关及有关部门相互配合，清理外来人口2.4万余人，查处治安乱点184处。协助文保单位党政领导及时妥善处置因治安等各类问题引起的敏感性事件11起。相继开通了计算机二、三级网络，提高了文化保卫工作的科技含量。认真搞好调查研究，完成了四项课题研究，在服务现实斗争、为领导决策和部署工作等方面发挥了积极作用。年内，根据市局赋予的职责任务，对机构设置和任务分工进行了重大调整；建立健全了有关的规章制度，各项工作得到进一步规范，增强了文化保卫队伍的战斗力。

(刘　北)

【调研为实际工作服务】 年内，文化保卫处调研工作针对预警性、全局性问题，开展了“互联网对高校稳定的影响”等重点课题的调研工作，形成了《北京高校互联网调查报告》。通过对目前高校互联网发展现状的分析，重点围绕高校主力站点及其BBS对高校师生的影响和网上大量负面信息给文化保卫工作带来的管理课题，从规范、健全BBS管理制度，加大监控机制，改变管理与技术保障脱节的现状，引导网上舆论等方面，提出了对现实具有指导作用的工作建议。并将调研报告及时转化为成果，为文保工作实践服务。

(成凤林)

【做好“法轮功”人员转化工作】 文化保卫处通过一年多的教育转化工作，使高校、中央国家机关和市属单位的千余名“法轮功”练习者脱离了“法轮功”邪教组织。其中：“法轮功”练习者、清华大学电机系电机五班博士生李某某的转化，在社会上产生较大反响。《北京日报》、《人民日报》、北京电视台、中央电视台先后进行了报道。

(刘秀岭)

【遏制“法轮功”邪教组织反弹】 年内，文化保卫处按照市局统一部署，配合全局有关单位成功挫败了“法轮功”邪教组织煽动策划的多次反弹事件。共处置“法轮功”各类非法聚集、练功等活动百余起。其中，10月份以后，文化保卫系统“法轮功”非法活动出现较大反弹，文化保卫处收缴“法轮功”宣传品139种14800余份，计算机软盘207张，简易播音器材3套，横幅、条幅9件。

(刘秀岭)

【圆满完成信息上报任务】 文化保卫处通过侦察，先后查破了中科院及高校系统曹某、郭某等人策划、炮制“致全国人民代表大会代表的一封公开信”及其签名活动案件；高校郝某某等人策划“4·13”闹事活动案件等，受到市局及公安部领导表扬。在打击防范“法轮功”非法活动等专项行动中，文化保卫处先后撰写了《关于北京文保系统“法轮功”概况及近期反弹问题的综合报告》、《关于对当前文保系统“法轮功”问题形势估计、分析及对策的报告》、《关于查缴“法轮功”宣传品专项行动的阶段性总结报告》等，受到公安部专案组的肯定。

（刘秀岭）

【顺利完成民警双向选择工作】 12月8日，文化保卫处顺利完成民警双向选择工作。文化保卫处现有民警117人，其中76人在原单位入选，37人跨单位入选，双选流动量占单位总人数的35%。有4人落选，落选民警经离岗培训合格后重新安排了工作岗位。

（臧士英）

案 例 举 要

【破获邵建功特大非法经营案】 个体书商邵建功（男，39岁，河南西华县人）长期冒用“红旗出版社工具书编辑部”名义从事非法经营出版活动，红旗出版社向北京市公安局报案，要求公安机关依法追究邵的刑事责任，挽回政治、经济损失。文化保卫处成立了专案组，经过侦察、取证、查证工作，发现邵通过从出版社购买书号，出版图书29万册，总码洋1800余万元。并采用租借、买卖书号、一号多用等手段，非法出版图书232种，800多万册。涉及出版社13家，印刷厂、装订厂20余家，涉嫌非法经营额1亿多元。4月29日东城区人民检察院以非法经营罪批准逮捕邵建功。该案被国家新闻出版署列为2000年全国“扫黄打非”大案之一。

（宋　健）

【破获中央档案馆“6·10”盗窃案】 6月10日8：30分，文化保卫处刑警队接中央档案馆保卫处报案，该馆主楼1号楼103室等5个办公室被盗人民币1.4万元及随身听等大量财物，总价值人民币1.7万元。中共中央办公厅主任王刚和市局局长强卫作出重要批示，并指派刑事侦查总队、文化保卫处、海淀分局组成专案组对案件全面侦查。6月16日，刑事侦查总队通过对文化保卫处在现场提取的痕迹物证的指纹排查，证实犯罪现场留有王李华（男，28岁，四川通江县人）的指纹。经调查，王李华曾于1997年9月伙同李国双、王义（男，26岁，四川人）等人在海淀区盗窃玉米，被海淀区人民法院判刑2年6个月，有重大作案嫌疑。经找与其一起住的王义谈话，王交待了2000年6月9日23时30分，伙同王李华、李绍兵窜入中央档案馆主楼1号楼103室等5个办公室盗窃的犯罪事实。

（肖积贤）

【破获10·25案】 10月25日，中国预防医学科学院发现大量“法轮功”宣传品。接报案后，专案组迅速赶赴现场进行工作。经调查走访发现医学院环保所助理研究员、“法轮功”练习者肖某有重大嫌疑。经工作，肖某交代了自1999年7月至2000年10月，频繁利用单位电脑从“明慧网”下载、制作、散发“法轮功”经文及宣传材料，进行传播，并参与1999年“4·25”网上签名等非法活动的问题。11月27日，肖某被公安机关劳动教养。

（刘秀岭）

文化保卫处2000年领导名录

职　务	姓　名	任职时间
处　长	刘振杰	1997年8月—2000年10月(调内部单位保卫局任职)
处　长	汤国威	2000年10月—
政　委	姚习章	1997年8月—
副处长	李志勇	1991年12月—
副处长	李铁林	1995年4月—
副处长	张　林	1995年4月—
副处长	李　谦(女)	1996年1月—

行动技术处

【概　况】 2000年,行动技术处充分发挥技术手段优势,配合全局各警种,遏制了“法轮功”邪教组织的反弹,参与各类专项斗争,集中攻克大要案,为维护首都的稳定和社会安定做出了贡献。全年接办各类案件700余起,比上年上升43.7%,抓获犯罪嫌疑人400余人。上报情报信息千余条,被公安部采用率连续两年居全国本系统第一名。积极研制开发高精尖技术装备,在办案中发挥了重要作用。根据工作实际需要,狠抓民警的教育培训,举办各类培训班8期,三分之二的民警参加了培训,提高了队伍的政治、业务素质。坚持走规范化管理的道路,以岗位责任制为核心,完善落实各项规章制度。按照市局机构改革的总体方案,调整现有的机构设置,精简一些职能单位,理顺工作关系,提高了工作效能。年内,备勤楼竣工,并具备入住条件。

(贾　惠　朱宜安)

【教育训练成效显著】 全年,行动技术处举办培训班8期,进行了政治理论、计算机知识、档案、机要管理等六方面的培训。建立了一系列配套的规章,如:《培训班管理规定》、《管理人员职责规定》、《培训纪律规定》、《一日生活制度》、《考场规则》等,并将学员的培训情况与单位目标考核挂钩。

(贾　惠　朱宜安)

【遏制“法轮功”邪教组织的反弹】 年内,“法轮功”邪教组织反弹闹事活动突出,严重影响了首都社会政治稳定。行动技术处充分发挥作用,主动出击,及时准确获取了大量信息,上报综合分析材料500余份,深挖幕后策划者和组织系统,为市局领导及时处置“法轮功”反弹赢得了时间。通过工作,破获

“除夕夜”、“两会”等10余起重要节日、敏感日闹事活动。在河北燕郊成功堵截300余名携带刀具，准备在千禧年元旦之夜到天安门广场聚集闹事的“法轮功”骨干分子。先后端掉10余个非法印刷“法轮功”宣传品的地下窝点，起获一大批印刷设备，缴获各类“法轮功”宣传品30余万份。

（贾 惠 朱宜安）

【罗干视察行动技术处工作】 2月2日，中央政法委书记罗干等一行5人，到行动技术处视察工作，仔细询问了技术装备及科研情况，观看了侦察员的现场演示。

（贾 惠 朱宜安）

【获公安部信息先进集体称号】 3月20日，行动技术处情报信息组获公安部授予的1999年度处置“法轮功”案件信息先进集体称号。

（贾 惠 朱宜安）

【机构改革顺利完成】 10月15日，技术侦察处进行机构改革工作，并更名为北京市公安局行动技术处。11月25日，按照市局批准的《北京市公安局行动技术处职能配置内设机构和人员编制规定》，本着精减、统一职能的原则，职能部门由改革前的11个减少为7个。

（贾 惠 朱宜安）

案 例 举 要

【参与破获绑架外国留学生案】 2月20日，一名外国留学生被绑架。犯罪嫌疑人向其驻国外的母亲索要巨额赎金存入一外国账户上，其母遂将三分之一赎金打入该账户。案发后，该国驻华使馆向北京市公安局报案。2月21日，行动技术处接案后经工作，发现人质被藏匿在朝阳区某住宅，遂快速反应当场抓获2名犯罪嫌疑人。经连续工作，2月23日将2名主犯抓获归案。

（贾 惠 朱宜安）

【协助侦破“4·26”特大盗枪案】 4月29日，根据公安部、市局领导对抓捕盗窃枪支、弹药潜逃的5名吉林延边武警支队战士的工作部署，行动技术处经工作，仅用2天就掌握了5名案犯的落脚点。30日，青岛警方将其全部抓获。

（贾 惠 朱宜安）

【抓获冒充中央领导人亲属诈骗的周某】 7月25日，市局交办一起诈骗案。周某伙同朱某（自称中央领导人的孙女）等人虚构“中国西部国际投资集团公司”，并称该公司系中央领导批准成立的，进行“西气东输”工程投资活动。周还多次对外宣称自己是公安部某副部长的亲属，并以办理“中国西部国际投资集团公司”工商执照为由，骗取美国某集团人民币15万元。此案引起中央和公安部领导的重视，朱镕基总理对该案的侦破作了重要批示。行动技术处接案后立即成立专案组，经过4个月的侦查，于12月5日在海淀区将犯罪嫌疑人周某抓获。

（贾 惠 朱宜安）

【成功破获一起特大绑架案】 10月19日7时许，北京某公司库房管理员被3名歹徒绑架，犯罪嫌疑人向其子索要赎金300万人民币，并威胁不许报警。行动技术处与朝阳分局密切配合，在河北、山西、云南等省公安部门的大力协助下，在河北省将人质安全解救，并抓获5名主要犯罪嫌疑人。

（贾 惠 朱宜安）

行动技术处2000年领导名录

职　务	姓　名	任职时间
处　长	潘井泉	1998年2月—
政　委	王　伟	1998年10月—
副处长	柏　林	1998年8月—
副处长	刘广志	1992年2月—
副处长	姚晓光	1998年8月—
副处长	管苏平	1999年5月—
副处长	张　军	1999年5月—
副处长	赵　革	2000年10月—

出入境管理处

【概　况】 2000年，出入境管理工作以严厉打击境外“法轮功”非法活动为重点，确保首都的政治稳定；以推进出入境改革为手段，促进业务管理的全面深化；以狠抓教育培训和机构改革为突破口，加强队伍的素质建设，各项工作取得了明显成果。

全年共查处境外“法轮功”人员122人，比上年上升了50.6%。其中对连续不断入境滋事和多次非法入境的117人遣送出境。加大对非法入境、非法居留、非法谋职外国人的打击力度，不断清理整治社会环境，全年共查处“三非”案件2029起，比上年上升16.3%。加强了对在京临时入境人员的管理，全年共办理住宿登记224.7万人次，查出“不准入境”人员2名，各类嫌疑人7名，布控265人次，有效地配合了全局各项安全保卫任务的完成。全面清理整顿出入境管理秩序，对非法中介活动、中介机构进行清理整顿。充分发挥出入境管理的职能作用，圆满完成了各项大型涉外安全保卫工作，信息渠道畅通，处置妥当，维护了首都的政治稳定。

制定了一系列相关政策，为吸引境外高科技人才、境外留学人员、外国投资者等来京提供入境、出境、居留等便利条件。全年共受理各类外国人签证申请101376件，比上年上升12.3%。全年共办理商社、三资企业备案767家，比上年上升16.6%；办理境外企业代表机构登记备案791家，比上年降低17%。进一步简化中国公民出境手续，放宽限制，简化了申请材料，公民因私事出境呈现大幅增长的趋势。启用新版普通护照。完成了计算机系统的改造，正式启用《中国公民出入境信息管理系统》，新建成的制证中心全部投入使用，日制证量在原基础上增加一倍，大幅度提高了签发护照的整体速度和证件质量。全年共受理公民因私事出国（境）215926件，比上年上升15.5%，其中公民出国旅游人数比上年同期上升了66.8%。

狠抓基础建设，合理利用出入境管理在公安工作中公开管理的手段，深入涉外单位进行法制宣传教育。进一步贯彻公安部制定的出入境管理基层基础工作规范，将出入境管理任务正式纳入了派出所工作规范，保证了工作规范的全面贯彻实施。完成了国际化大都市发展策略分课题的调研，立足公安工作的实际，对当前国际环境中涉外人口的管理问题提出了基本思路和意见。开展了“争创人民满意的公安民警（单位）活动”，被评为“首都创建文明行业活动规范服务达标单位”；坚持在窗口单位评选“优质服务标兵”，全年有23名同志受到表彰。110名民警参加了单位举办的英语初级、中级培训班和口语强化提高班，7名同志被选派出国或到大专院校进修外语，4名同志通过严格考试被公安部选派赴东帝汶执行联合国维和任务，为国家争得了荣誉。

（齐金娥　杜美英）

【在京外国留学生人员增多】 年内，在京外国留学生人员总数首次超过2万人。其中居留期限超过一年的13535人，不满一年的8000人，分别比上年增加35.9%和6.7%。

（于东辉）

【扩大在京记者住宿区范围】 为配合北京市建设国际化大都市和申办奥运会工作，年内，出入境管理处与外交部新闻司等单位共同协商，由外交部新闻司正式发文，将驻京外国记者住宿区范围由原限定在朝阳区范围内扩大到朝阳和东城两个区域，在京外国记者反映良好。

（李盛伍）

【出台方便境外人员往来的新规定】 年内，出入境管理处陆续出台了方便境外人员出入境的新规定，主要是鼓励留学人员来京创业，为外籍高科技人才、来华投资者及家属提供入境、居留等便利，并在居留期限、往返次数及办证速度上予以优惠。

（宋　红）

【启用新的外国人签证申请表】 年内，出入境管理处将多年来使用的外国人《签证申请表》、《外国人居留申请表》、《外国人签证证件延期申请表》、《外国人签证证件变更申请表》改为统一的《外国人签证申请表》，实现了“四表合一”，为全市各涉外单位的外事机构和在京的外国人办理各类签证提供了方便。

（邹文起）

【边控工作实行新规定】 年内，市局下发新规定，对原来按业务归口管理办理边控工作手续调整为公安机关由各办案单位直接承办，市人民法院、人民检察院和税务机关由出入境管理部门承办的新做法。新规定中明确办理边控手续，须承办单位领导签署审核意见，报送市局主管领导批准后，直接送交市局有关部门布控，同时抄报公安部六局备案。

（杜美英）

【境外人员临时住宿登记联网覆盖面扩大】 年内，全市境外人员临时住宿登记信息联网系统覆盖面继续扩大，到年底，与出入境管理处联网单位已达754家，其中涉外单位347家，各分、县局407家。

（孟　杰　王东明）

【严把外国人签证审批关查处违法案件】 年内，出入境管理处依据《中华人民共和国外国人入境出境管理法》，严把审批关，加大了对违法外国人的处罚力度，全年依法处理非法入境、非法居留等违反出入境管理法规案件1779起，比上年上升2%。发现持用伪造新加坡护照的7名巴基斯坦人和使用伪造的中国国徽印章办理假签证的4名伊朗人，对上述人员给予了严厉查处。

(邹文起)

【公民因私出国出境人员增多】 年内，本市公民因私人事务和其他非公务活动出国出境人员明显增多。全年受理21万余人次申请，其中批准出国（境）人员169762人，比上年增加了9.2%。批准自费出国留学10841人，出国探亲访友52665人，出国旅游57643人，出国定居436人。批准赴港澳证件28782件，赴台湾证件3874件。

(杜美英)

【申办出国证件弄虚作假情况严重】 年内，在办理公民出入境证件中，查处中国公民违反出入境管理法规案件622起，比上年上升36.1%，共查处中国公民违反往来台湾、港澳地区管理法案件163起，比上年上升39.3%。在违法案件中，弄虚作假案件突出，占被警告人数的96%，对上述违法行为人，根据《中华人民共和国公民出境入境管理法》均给予了处罚。

(唐家斌)

【外籍专家吴道霖获在华永久居留资格】 意大利籍专家吴道霖，自1979年起与北京中医药大学建立了友好合作关系。二十多年中，先后出资100余万美元，为中医药大学附属东直门医院和北京积水潭医院购置了药物和手术器械，促成中医药大学实验厂与意大利ICTYSZ制药集团正式合作研制抗癌和治疗糖尿病新药，并帮助德国建立了第一家中医医院。吴道霖教授为中国的科学研究和对外文化交流工作做出了突出贡献。根据《中华人民共和国外国人入境出境管理法》，2000年北京市公安局授予其在华永久居留资格证书。

(沈顺今　杜美英)

【春节期间出国旅游人员出现高峰】 春节前，公民出境旅游出现高峰。出入境管理处1月份共批准公民出国（境）25819人，其中出国（境）旅游10508人，超过平时月份的3至4倍。由于短期内申请或领取护照的出境人员相对集中，为承诺申请人14个工作日领取护照、证件，赶制出各类证照4000余件，保证了公民节日期间出国（境）旅游。

(杜美英)

【一韩国游客在天安门广场被炸伤】 2月15日下午16时，湖北来京的精神病患者李相山在天安门广场东南侧一灯杆处引爆自杀，将正在附近游览的韩国游客金来权（男，33岁）炸伤。出入境管理处民警接警后迅速到达现场，确认伤者身份，协助救助伤员，并及时向韩国驻华大使馆通报情况，在后期处理问题中取得了韩方积极配合。出入境管理处经请示市局领导同意，第一次在事发现场以新闻发言人的身份向境外媒体发布消息，有效地避免了无端猜测和恶意中伤，迅速缓和了现场紧张气氛。此作法符合国际通行惯例，境外记者对此反映较好。

(宋　红　杜美英)

【举办外语演讲比赛】 2月29日，出入境管理处举办“喜迎澳门回归，迈向21世纪”外语演讲比赛。全体参赛人员经过预赛、复赛后，在决赛时又逐人进行了精彩的现场演讲。经过评委严格打分，分别评出英语一等奖2名；二等奖2名；三等奖3名。法语一等奖1名；二等奖1名。出入境管理处的领导现场向获奖人员颁发了证书。

(杜美英)

【进一步简化赴港澳地区申请手续】 3月1日，出入境管理处进一步简化公民赴港澳地区从事商务等非公务活动的申请手续。本着优先照顾高新技术企业、纳税创汇大户的原则，实行定额审批。对本市三资企业、股份制企业、私营企业、个体企业中的从业人员降低赴港澳从事商务活动的受理、审批标准。外国企业驻华办事机构、使领馆、外国新闻机构驻华办事处等中方雇员、高新技术企业人员、享受免税待遇企业的从业人员申请赴港澳商务签注的，可免交企业注册资金、纳税证明、创汇证明等材料和境外邀请函。

（刘杰伟　杜美英）

【中韩警方首次在京合作办案】 针对韩国人绑架案件突出的问题，3月6日至10日，以韩国汉城地方警察厅金文稿为团长的代表团到京，根据市公安局和汉城警察厅1997年签订的友好交流协议书进行首次合作办案。7日，出入境管理处主持召开了中韩双方案情通报会，就办案线索、要求交换意见并提供资料。中方及时进行了工作部署。10日上午，金文稿团长在韩国驻华使馆召开记者招待会，通报双方合作办案情况。韩国驻华大使权炳铉表示，汉城警察厅与北京市公安局签订协议后已形成姊妹关系，首次合作办案取得圆满结果，为今后再度合作打下了良好基础。10余家新闻媒体进行了现场采访。

（刘杰伟　杜美英）

【召开出入境管理专业会】 6月20日，市局召开出入境管理专业会议，贯彻落实公安部《中华人民共和国普通护照审批、签发管理规范》。这次会议，对公民出入境管理工作进行了重大改革。一是将公民因私出境审批表下放到全市户籍派出所和分县局外事单位；二是以重点核查代替普通复查的办法堵塞可能出现的漏洞，增强核查的针对性；三是明确重点核查项目，较好地解决了因审查项目不清造成的工作问题。

（易　蔚）

【出入境证件全部实现电脑打印】 7月，出入境管理处签发中国公民因私出国护照、赴港澳台通行证和外国人签证、居留证等证件全部实现了电脑打印。97新版护照用激光打印替代了92版护照的针式打印技术，进一步增加了科技含量与防伪性能。新的计算机制证系统全部启用后，改变了传统的领取证件的查找方法，新系统以条形码为基础，按电脑所给包号编排查找，提高了工作效率，缩短了取证人排队等候的时间。

（冯春玲　宁唯嘉）

【出入境管理10项便民新举措】 7月，出入境管理处集中推出10项便民新举措。一是申请人就近到公安局出入境管理处或分县局出入境管理部门、派出所领取申请表；二是简化了审批程序，出国（境）申请审批表从一式两份改成只填写一份。三是放宽了外省市在京人员办理因私护照的限制；四是调整了申请人出国意见的签署办法；五是进一步加快了办证速度，缩短了急件办理时间；六是在旅行社建立了4个申请站点，申请人递交申请更加方便；七是申请人可自行选择采用邮政特快专递的方式领取护照；八是设立了电话咨询室，解答电话咨询问题；九是免费为申请人拍摄护照照片；十是进一步完善了警务公开内容，重新修订了电子触摸屏的咨询系统，编写印发出入境须知。

（段亚先　杜美英）

【启用新版普通护照】 出入境管理处自7月17日起，执行公安部新的公民因私出国（境）受理审批办法。7月18日开始签发新版中华人民共和国普通护照。新版护照采用条码、数码实时采集、图像压缩、护照转印膜等先进的防伪技术，取消了“婚姻状况”和“身份”两个项目。

（宋　红）

【举办出入境管理干部培训班】 7月24日，出入境管理处举办全局出入境管理干部培训班。培训内容涉及领导科学、管理理论及主要出入境业务，并邀请了外交部领导进行了时事讲座，内容广泛，形式多样。培训班采取封闭式集中办班，共举办三期、每期20天。各分县局出入境管理部门领导及出入境管理处各科室领导共60余人参加了培训班，对于提高出入境管理干部整体素质起到了积极作用。

（苏　强　杜美英）

【争创首都文明行业】 出入境管理处作为窗口单位，向北京市首都精神文明建设委员会申报开展争创首都文明行业活动。8至10月，首都精神文明建设委员会通过听取汇报，邀请警风警纪监督员和客户代表参加座谈会征求意见，对民警进行书面答题测试，在接待大厅和社会有关单位发放调查问卷等形式对出入境管理处的创建活动进行了全面考评，群众满意率达99.4%。一次通过考核，达到创建文明行业的考评标准，被评为“首都创建文明行业活动规范化服务达标单位”。

(安国祥　金常诗)

【维和警官出征东帝汶】　年内，出入境管理处先后有4名民警在东帝汶参加维和行动。9月28日，出入境管理处王然同志经过严格考核和联合国官员的甄选考试后，作为市公安局参加联合国维和行动赴东帝汶的第一位外事女警官，抵达东帝汶首都帝力执行维和任务，负责东帝汶失踪人口及无名尸体的统计和调研工作，并经常深入现场，实地挖掘尸体。国内多家新闻媒体予以报道。

(杜美英)

【进行机构改革】　10月至12月，出入境管理处机构改革工作圆满结束。市局正式批准外国人管理、出入境管理处改名为出入境管理处。人员编制296人，机构编制12个二级处。与改革前2个二级处、14个科室的编制相比，减少职能部门4个。原技术科和计算机室合并组建科技信息通信处。原政治处下设的监察科撤销，实行政工、纪检、监察、督察、审计合署办公。原外国人签证科和首都机场口岸签证科合并组建外国人签证处，原外国人住宿登记管理科和外商驻京机构、三资企业管理科合并组建外商企业管理处，新建了证照管理处。

(安国祥　金常诗)

【参加东南亚地区出入境管理研讨会】　11月26日，第十四届东南亚地区出入境管理研讨会在日本东京召开，东南亚地区16个国家和欧洲、北美洲、大洋洲及联合国难民组织、国际移民组织等代表出席会议。出入境管理处副处长吴建设作为中国公安部的代表在大会上发言，阐述了中国政府对于非法移民问题的原则立场，通报了中国公安机关出入境管理部门在促进国际间正常交往与打击非法移民活动方面所做的主要工作，受到与会代表的关注。

(吴建设)

【进行出入境中介机构专项治理】　根据国务院加强中介活动管理工作的部署，12月，市公安局成立清理中介机构专项治理办公室，由出入境管理处牵头，市局和北京市教委、劳动局、工商局等有关单位参加，对全市309家从事中介活动的机构，其中50家外商驻京代表机构、259家中资机构进行了集中清理整顿。对其中32家境外非法从事出入境中介、23家超范围经营和3家无照经营的中介机构违法违规问题进行了处理，取缔1家、查封11家、限期整改5家，收容12人、罚款2人、批评教育8人，对6起有诈骗、组织偷渡嫌疑的重点线索进行了立案侦察，抓获犯罪嫌疑人4名，刑事拘留1人。进一步规范了出入境中介市场，打击了非法移民活动，维护了出入境管理秩序。

(王元君　杜美英)

【召开聘用外国专家管理工作会】　12月，北京市区域内具有聘用外国文教专家资格的单位已增至219家，聘用外国文教专家已达1052人。出入境管理处与市政府外事办公室、市教委、国家外专局联合召开“外国专家聘用管理工作会”，要求各涉外单位真正实现管理机构、管理人员、岗位职责、规章制度、安全防范措施“五落实”。

(刘　波)

案例举要

【查获一起韩国人携带冰毒案】　5月10日，韩国人尹成培(男，49岁)持“F”字(访问)签证入境。11日当其从首都机场出境时被当场查获携带“冰毒”2千克。根据《中华人民共和国刑事诉讼法》有关规定，市局出入境管理处配合缉毒处严肃查处，以涉嫌走私、运输毒品将尹培成刑事拘留。

（刘杰伟　杜美英）

【美国人桑万·斯考特驾车肇事案】 6月28日15时，美国人桑万·斯考特（男，37岁）无照驾驶中华牌汽车，沿东三环由北向南行驶至长虹桥路口时违章并道，值勤交警赵连成纠正时被其撞倒在车前盖上面，桑万·斯考特继续行驶，后被群众拦截住。堵截中，桑万·斯考特又将车内未办理手续的养犬放出将赵连成及出租车司机龚玲明咬伤。6月30日，根据《中华人民共和国治安管理处罚条例》和《北京市严格限制养犬规定》，桑万·斯考特被处以治安行政拘留25天、罚款人民币5000元，并没收养犬。7月25日，根据《中华人民共和国外国人入境出境管理法》有关规定，桑万·斯考特被遣送出境并被列入不准入境人员名单。

（吕　光）

出入境管理处2000年领导名录

职　务	姓　名	任职时间
处　长	俞国海	1995年10月—
政　委	张淑英（女）	1995年10月—
副处长	陈岩明	1992年5月—2000年2月（到最高任职年限，任正处级调研员）
副处长	范鹏章	1990年5月—
副处长	吴建设	1995年10月—
副处长	刘建华	1996年12月—
副处长	段志安	2000年11月—

刑事侦查系统

刑事侦查总队

【概　况】 北京市公安局刑事侦查总队于9月26日在原刑侦处、预审处、缉毒处、特警队基础上组建成立。下设19个单位，其中正处级机构7个，副处级机构12个。年内，刑事侦查总队共破获各类重、特大案件907起，抓获各类违法犯罪嫌疑人696名，打掉犯罪团伙28个。收缴毒品海洛因19.99公斤，冰毒6.6公斤，大麻5.9公斤，摇头丸225.3公斤。收缴赃车43辆、赃款人民币307万元，美元80万元、毒资47万元，其它赃物折合人民币100余万元。破获拐卖妇女儿童案件92起，抓获拐卖妇女儿童犯罪嫌疑人165名，解救被拐卖妇女118名、儿童49名；特警支队共出动警力3500人次，完成防爆备勤、安全检查460次，排爆、搜爆120次，起获各类炸药20公斤、雷管24枚，拆除爆炸装置5个；警犬侦察训练大队全年完成重大政治活动安检任务151次、出各类刑事案件现场47起、实物鉴别15起，为侦破案件提供了重要依据。刑事侦查总队加大了科技工作的力度，使市局DNA检测技术走在了全国的前列。全年共勘察各类案件现场2137起，出动警力11317人次，受理各类检验案件26293起，受理法医鉴定案件4325起，收存违法犯罪人员指纹42865份，利用计算机指纹自动识别系统破案165起；预审支队全年共审理各类刑事案件707件，审结567件，审结率达80.2%。按照公安部关于刑侦体制改革的总体部署，19个分县局成立了刑侦支大队，建立了责任区刑警队，10个远郊分县局实现了侦审合一。通过改革减少了层次、理顺了关系、落实了责任。在破获重、特大案件、暴力案件，维护首都的社会治安、打击犯罪的工作中发挥了重要作用。

（陈　庄）

【刑事案件立案情况】　全年，共立刑事侦查部门管辖的各类刑事案件78603起，其中重大案件49698起，占全部案件总数的63.22%；特大案件9800起，占全部案件总数的12.47%，占重大案件总数的19.72%。

（陈　庄）

【破获刑事案件情况】　全年，破获刑事侦查部门管辖的各类刑事案件29902起，其中破获重大刑事案件15172起，破获特大刑事案件2298起，破获年前积案6234起；外省市、铁路等系统案件5039起。全年共查获各类犯罪团伙2650个（外地来京人员组成的团伙1745个）；通过破案收缴各类枪支66支、子弹227发；抓获各类犯罪嫌疑人26474名，其中外地来京作案人员15789名，占总数的59.6%。

（陈　庄）

【缉毒工作成绩显著】　年内，刑事侦查总队缉毒支队认真贯彻“堵源截流”的禁毒方针，协调市局各单位开展打击毒品犯罪专项斗争；积极开展争创“无毒社区”活动；强化了全市易制毒化学品的生产、经营、管理工作；加强并组织了对全市娱乐场所的禁毒检查、监督工作；结合“6·26”国际禁毒日大力开展禁毒教育。全年共破获重大毒品案件84起，其中走私毒品案2起、贩卖运输毒品案70起、制造毒品案1起、非法持有毒品案10起、强迫引诱、教唆吸毒案1起；抓获毒品犯罪嫌疑人150名；收缴毒品255.7公斤，其中海洛因19.5公斤、大麻5.9公斤、冰毒2.9公斤、摇头丸225.3公斤；收缴易制毒化学品621.65公斤；缴获枪支7支、子弹190发。打掉了一个由缅甸籍毒枭陈美菊为首的9人贩毒团伙，切断了一条由境外向北京贩毒的通道。

（陈　庄）

【年内完成刑侦机构改革任务】　年初，市局党委扩大会议上提出了“改革和加强刑侦工作意见”，明确规定年底前完成“侦审合一”。市局采取了“自下而上”，即先分、县局，后市局的步骤，“先试点、再铺开”、“交流经验、互为完善”等方法，积极稳妥推进刑侦改革工作。5月16日，召开了“刑侦改革工作会议”。9月26日市政府批准市局成立刑事侦查总队，10月底完成了19个分、县局责任区刑警队的建立和远郊区县11个分、县局侦审合并，实现了年内完成“改革和加强刑侦工作”的目标。

（陈　庄）

【“打拐”专项斗争成绩明显】 2月22日，公安部部署在全国开展“打击人贩子，解救被拐卖妇女儿童”专项斗争。北京行动迅速，初战告捷，至6月底战果明显，全局共破获拐卖妇女儿童案件92起，抓获拐卖妇女儿童的犯罪嫌疑人165名，其中“网上”逃犯13名，解救被拐卖妇女118名、儿童49名，打掉犯罪团伙21个，查获团伙成员77名。按照公安部的要求，北京市公安局法医中心还承担了天津、河北、山西、内蒙、云南、西藏、陕西、甘肃、宁夏等地公安机关采集血样建立DNA数据库的工作，在“打拐”专项斗争中共收到20个省市公安机关送检的失踪儿童父母的血样1875份，并将其中1720份建库上网，完成了8396份失踪儿童的DNA数据库的建立。

（于　文）

【公安部部长贾春旺慰问首都刑警】 3月14日上午，公安部部长贾春旺在市局副局长阮增义、刑侦处长王军等领导的陪同下，到刑侦处八队视察工作并看望正在备勤的民警。

（陈　庄）

【市长刘淇等领导视察刑科所】 6月24日上午，市长刘淇、副市长翟鸿祥在市局局长强卫等领导的陪同下，冒雨视察了刑科所。

（陈　庄）

【中央政法委书记罗干视察刑科所】 8月3日上午，中共中央政治局委员、国务委员、中央政法委书记罗干，在公安部长贾春旺，北京市委副书记张福森，市委常委、政法委书记、市局局长强卫等领导的陪同下，到市局刑侦处刑科所视察科技强警工作。在听取了刑科所基本情况汇报后，罗干参观了该所的计算机室、痕迹室、指纹室、理化室及现场勘查车，详细询问了刑科所现场图形自动测绘系统、特种光源实验室、枪弹痕迹自动识别系统、指纹自动识别系统、扫描电子显微镜实验室及现场快速处置系统的情况。

（陈　庄）

【打击街头犯罪整顿首都治安】 为确保国庆节期间首都治安稳定，市局自8月15日至9月20日，在全市开展了以“打击街头犯罪、盗窃机动车犯罪”集中统一行动，全局共破获各类刑事案件5462起（包括年前积案、管辖外案件），抓获犯罪嫌疑人3906名，打掉犯罪团伙218个，抓获团伙成员766人。其中破获街头案件1541起，抓获犯罪嫌疑人868名。打掉街头犯罪团伙68个，抓获团伙成员236人。

（于　文）

【市委书记贾庆林等到刑科所调研】 9月16日，市委书记贾庆林在市委副书记张福森，市委常委、市政法委书记、市局局长强卫，市委常委、市委秘书长杜德印等领导的陪同下，到市局刑侦处刑科所调研科技强警工作。贾庆林在听取了刑科所的基本情况后，询问了外来人口中“三无人员”指纹捺印的有关情况，随后参观了计算机现场绘图实验室、痕迹特种光源实验室、枪弹痕迹实验室、指纹自动识别系统、理化室的扫描电镜及刑事案件现场流动实验室。

（陈　庄）

案例举要

【查获李正光等犯罪集团案】 1999年12月16日18时许，在朝阳区华都饭店停车场发生一起持枪杀人案，吉林省朝鲜族人金中德（男，32岁）被3名男子持军用枪和小口径手枪打伤致死。案发后，市局刑侦处会同有关业务处及朝阳分局立即赶赴现场开展侦破工作。经工作初步查明，1999年11月，犯罪嫌疑人李正光（男，39岁，朝鲜族，住哈尔滨市道里区安松街92号，原系哈尔滨市“乔四”黑社会集团骨干成员，于1989年12月伙同他人在哈尔滨市用猎枪打死1人后外逃，经常活动在东北三省，系黑龙江省头号上网逃犯）为使其犯罪集团独霸朝阳区娱乐场所市场，策划并指使其手下杀死吉林省“舒兰帮”头目金中德。调查表明，此案是一个带有黑社会性质的犯罪集团所为。2000年3月7日由市局刑侦处牵头组成专案组，经20多天的缜密侦查并组织精干力量，在北京、长春、河北等地抓获了以李正光为首的团伙成员48名。缴获自制火猎枪2支、小口径手枪6支、催泪枪1支、收缴猎枪子弹49发、小口径子弹45发、日本军刀1把及军刺、管制刀具、棍棒等凶器40余件；同时打掉“老汪青帮”、“新汪青帮”、“舒兰帮”、“哈尔滨帮”、“五常帮”带有黑社会性质的犯罪集团。经查证，该犯罪集团自1995年以来在东北、河北、河南、重庆、四川、天津等十几个省市，共持枪、刀打死12人、打伤4人，控制娱乐场所，收取保护费，从事绑架抢劫、贩毒等犯罪活动。

（陈　庄）

【破获“1·27”郑彬爆炸案】　1月27日晚19时许，东城区雍和宫大街61号祥和服装店门前发生爆炸，1人受伤。案件发生后，市局刑侦处会同东城分局组成专案组开展侦破工作。经访问，事主郑军（男，37岁）称在祥和服装店门前，发现其自行车筐内有一报纸裹着的物品，当打开报纸时发生爆炸，其左手被当场炸掉。通过检验确定炸药为黑火药，药量约为150克左右，盛装物为水暖管件变径三通。经工作，确认郑军之弟郑彬(32岁，北京双鹤药业公司片剂厂包装工人，已下岗，1994年6月在电子协会取得《电视维修》证书，现为中国个体业余无线电台台长)有作案嫌疑，遂于29日依法传唤了郑彬，郑彬对其自制爆炸装置以泄私愤的犯罪事实供认不讳。

（陈　庄）

【李相山天安门引爆自杀案】　2月15日下午16时许，在天安门广场一灯杆处发生爆炸，1名男子当场死亡，1名韩国游客受轻伤。案件发生后，市局刑侦处会同天安门分局及有关单位全力进行侦破。经对现场提取的爆炸残留物进行技术鉴定，该爆炸装置为导火索引爆的铵锑炸药，药量约2公斤。从现场死者身上发现一关于李相山长期赴京上访的文字材料。经查证和鉴定，认定死者即是多次在天安门广场闹事被收容的李相山(男，35岁，湖北省郧西县夹河镇田湾村四组农民)，近年来因对当地计划生育等问题不满，先后20余次来京上访闹事；曾在天安门广场用墨水瓶抛砸毛主席像、拦截国旗护卫队，多次被收容遣送。1月21日，李相山再次来京，携带一装有爆炸装置的编织袋，在北京卫戍区门前被东城分局查获。28日经北京安康医院司法鉴定，该人患有精神分裂症，被当地公安机关接回处理。后又再次来京，于2月15日在天安门广场引爆自杀。

（陈　庄）

【侦破何天文等抢劫、杀人案】　3月16日上午，在丰台区铁匠营顺二条15号附近一平房的水井内发现1具无名女尸，经市局刑侦处法医尸检，该女尸死于机械性窒息合并打击头部，死亡时间在半年左右。18日经丰台分局刑警大队及东铁营派出所查明，曾在碧海蓝天歌厅做小姐的杜菲（女，33岁，吉林省吉安市人）于半年前走失，特征与死者相似。丰台分局迅速开展工作，20日先后抓获犯罪嫌疑人何天文（男，32岁，贵州盘县特区洒基镇人）、孟庆东（男，30岁，甘肃省兰州市人）、高兴成（男，35岁，黑龙江肇东市人）等3人。经审查，3人分别交待了1999年7月至2000年1月在丰台、大兴、崇文等区，先后杀害歌厅、发廊、洗浴中心服务小姐杜菲等6人的犯罪事实。此外何还交待1996年1月伙同贵州盘县人陈亚娟（女，在逃）在云南曲靖一发廊内杀害1名服务小姐。7案共杀害7人，抢劫现金7300元、存折5个（已取走），合计94000元、BP机2个、手机1个及项链、戒指等首饰。

（陈　庄）

【协助黑龙江省解救被拐少女】 4月11日刑侦处接到黑龙江省尚志市公安机关请求协助解救被拐少女。刑侦处根据线索，仅用6小时就在一餐厅内将犯罪嫌疑人潘明杰（男，31岁，住黑龙江省尚志市九江泡养路公区家属房）抓获，当场解救1名被拐卖少女。在少女的指认下，到朝阳区一洗头房内将涉嫌拐卖少女的犯罪嫌疑人吴敦芬（女，31岁，陕西人）、何利（女，21岁，黑龙江省尚志市人）抓获。犯罪嫌疑人对其强奸、强迫少女卖淫的犯罪事实供认不讳。

（陈　庄）

【侦破“4·25”碎尸案】 4月25日，在朝阳区大望路10号、宣武区宣外大街18号门前，分别发现装有人体尸块的编织袋和箱子，经法医检验为同一人体组织。案件发生后，市局刑侦处立即组织技侦人员赶赴现场，会同宣武、丰台分局组成专案组开展侦查工作。经专案组进行大量的摸底调查，并利用现代科技侦查手段，于5月31日在山西省大同市将犯罪嫌疑人崔恩伟（男，22岁，黑龙江人）抓获。经审讯，案犯供认了4月24日下午5时许，将与其同居的歌厅小姐张春霞（25岁，吉林人）掐死后肢解，并用刀片划伤尸体脸部、割掉鼻子及右耳，后将尸体装入编织袋内抛尸的犯罪事实。还供认了5月26日在丰台区创业宾馆强迫歌厅小姐杨春利与其发生性关系，后用电线将杨勒死的犯罪事实。2001年3月5日，崔恩伟被以故意杀人罪终审判处死刑，剥夺政治权利终身。

（陈　庄）

【侦破“6·06”昌平入室抢劫杀人案】 6月6日凌晨2时许，4名案犯闯入昌平区镇化庄村中科院画家李冰（男，35岁）家的二层别墅内，持刀将李砍死、将李的爱人砍伤，抢走现金5万余元及手机、首饰、牡丹卡等物后逃逸。案件发生后，市局刑侦处会同昌平分局组成专案组，赶赴现场开展侦破工作。经现场勘察，提取了案犯作案用凶器及在实施抢劫时案犯在现场滴落的血迹和部分足迹。经工作，6月7日将主犯唐永成（男，29岁，吉林省通化县二密镇村农民）抓获，起获赃款1.9万元。经审讯，唐犯供认了曾多次到被害人家附近观察并伙同王明（男，52岁，住东城区谢家胡同6号）、吴跃进（男，42岁，住东城区分司厅胡同1号）、韩庆海（男，37岁，河北省赤城县镇守堡乡农民）等5人共同作案、分赃的犯罪事实。专案组于6月10日在北京将韩庆海抓获，6月11日在重庆市科技开发区将王明、吴跃进抓获，当场起获打灭火弹的手枪2支、匕首1把、赃款8千元及用赃款购买的手表6块。12月19日，唐永成被一审判处死刑，剥夺政治权利终身。

（陈　庄）

【破获刘胜等特大抢劫、杀人案】 7月10日7时30分，大兴县半壁店乡森林公园树林中一面包车内1男1女被杀害。案件发生后，市局刑侦处立即赶赴现场会同大兴县局组成专案组开展侦查工作。经工作，确定被害人是王萍（女，32岁，丰台区草桥农商联合公司副书记）、詹金建（男，32岁，丰台区草桥玫瑰园小区物业公司经理）。根据现场勘察和调查访问发现，7月8日住大兴县黄村的李某某，报案称其妻王兴霞（38岁）7月7日驾驶一辆白色松花江牌面包车外出拉活下落不明。经对现场遗留物品进行辨认，确系王兴霞车上所留，遂将两案并案侦查。通过调查，很快查明刘胜（男，20岁，大兴县安定镇前辛房村人）、陈强（男，18岁，大兴县安定镇大渠村人）2人有重大犯罪嫌疑。经侦查，7月16日专案组派人将逃往河北遵化市的刘胜、陈强抓获。经审查犯罪嫌疑人供认，5月中旬刘胜伙同陈彪（男，21岁，大兴县安定镇大渠村人）在河北省廊坊市中心租一长安牌出租车，途中2人将司机杀死后掩埋（已将尸体挖出），将车卖掉得赃款3万元；7月7日中午，刘、陈2人在大兴县黄村小白杨超市租王兴霞的面包车到半壁店森林公园将王用汽车油门拉线勒死，将尸体埋在公园槐树林中（已将尸体挖出），将车抢走。7月8日22时许，刘、陈伙同芦刚（男，19岁，大兴县礼贤镇人）驾驶抢劫的面包车，在大兴县安定镇批发市场门前，持刀抢劫一农民现金190元，并将该人扎成重伤（已核实）。7月9日上午，刘、陈、芦3人驾抢劫的面包车到森林公园，将红色面包车上王、詹2人杀死，抢得现金700元、手机2部、寻呼机1个。根据案犯交待，专案组于7月16、17两日在大兴县将芦刚、陈彪抓获。

（陈　庄）

【抓获系列入室抢劫团伙】　8月21日凌晨2时许，市局刑侦处在杜家坎收费站设卡盘查时，发现1辆红色松花江牌微型面包车行驶可疑，令其停车接受检查。经检查发现，车内有8人身份不明，车上有10余把菜刀及1把匕首。经审查，犯罪嫌疑人田胜（男，20岁，湖北人，暂住海淀区西北旺宋家村57号，在当地因伤害他人逃跑）交待，8人均系同乡，在京以“做生意”为名，暂住东城、海淀、朝阳、丰台等地。该犯供认先后在上述地区及昌平作案数十起（初步核实8起），抢劫人民币20余万元；抢劫香烟、电视机、手机、金银首饰等物品折合人民币30余万元；除此8人外，还有10余人在逃。现已起获北京130卡车、松花江面包车各1辆、菜刀13把、匕首1把、手机5部、寻呼机2台及少量现金。

（陈　庄）

【侦破贾庆胜持枪入室抢劫案】　10月2日、11月2日，东城区华侨大厦801房间、国际大厦8029房间发生2起入室抢劫案。事主陈德贤（男，55岁，湖南省经贸委主任），在房间内被一男子持枪抢劫人民币600元、美金1500元、港币5000元及手机1部；事主潘建光（男，27岁，温州鹿城恒升鞋业公司经理），被抢人民币8000元及手表、手机等物品。案发后，刑事侦查总队大案支队立即会同东城分局开展侦破工作，并于11月14日19时将犯罪嫌疑人贾庆胜（男，17岁，福建省厦门市开源区湖滨南路5号）抓获。经审查，案犯供认了2000年8月来京打工，因无固定收入，遂于10月2日、11月2日先后到华侨大厦、国际大厦2次抢劫的犯罪事实。

（陈　庄）

【伪造信用卡诈骗巨款案】　11月9日，刑事侦查总队根据线索，打掉一个伪造美国运通信用卡，诈骗40余万元的犯罪团伙，抓获犯罪嫌疑人韩佳（男，21岁，无业，住东城区）、宝宁（男，30岁，无业，住东城区）、李观瑞（男，43岁，无业，住广东省湛江市霞山区工农路50号）、李东（男，28岁，无业，住广东省南海市盐步镇横江粤林公司宿舍602号）、刘豪刚（男，38岁，无业，住广东省深圳市海涛花园22栋6楼C座），当场起获伪造的各种信用卡10余张。经依法对3名广东籍犯罪嫌疑人的住处搜查，起获了写码机、复制机、刷卡机、笔记本电脑、彩色复印机等作案工具及盗用他人信用卡的财产资料。5名犯罪嫌疑人对其伪造信用卡进行诈骗的犯罪事实供认不讳。

（陈　庄）

【破获特大运输海洛因毒品案】　11月13日，刑事侦查总队缉毒支队获悉：一女子携带1公斤左右海洛因，于当晚乘坐T62次昆明至北京的列车到京的线索后，缉毒支队立即组织力量，于15日14时30分在北京西站将犯罪嫌疑人马咏梅（女，38岁，回族，住兰州市）抓获，当场起获其藏在纸袋内的海洛因4块，共计1300克。

（陈　庄）

【持枪抢劫亮马河大厦巨款案】　11月13日14时10分许，亮马河大厦M层电梯内大厦出纳员与1名保安在送款途中，被一男子持枪将装有钱款的密码箱抢走，内有人民币现金34万元、人民币现金支票1张（8千元）、人民币转账支票2张（24.99万元）、美元支票1张（3975元）。案件发生后，市局、刑事侦查总队领导即带特警支队等侦技人员赶赴现场，会同朝阳分局迅速开展侦破工作。在对现场进行封锁后，刑事技术人员又对案犯扔弃密码箱的6层厕所进行技术勘察，15时30分事主认出犯罪嫌疑人。经查，犯罪嫌疑人周吉彬（男，25岁，汉族，四川省内江市人，1999年12月在北京亮马河大厦硬石餐厅当保安员，因赌博于2000年5月被辞退后回原籍，无业）交待，退伍回原籍后即预谋来京抢一笔钱，11月3日到京后住其老乡家，6日上午到固安买了1把仿真手枪。10日下午，其带仿真手枪、单刃匕首及帆布背包到亮马河大厦预谋抢劫未遂，13日13时30分又一次实施抢劫。抢劫后因未能打开密码箱，遂将密码箱扔在厕所里，将匕首和原硬石餐厅员工证扔在厕所的水箱里，将仿真手枪扔在垃圾桶里，将帆布背包及1副茶色眼镜扔在厕所洗手间（上述物品已起获）的犯罪事实。经刑事侦查总队刑事技术人员对犯罪嫌疑人指纹与现场提取指纹进行比对，认定同一。2001年2月19日，北京市第二中级人民法院以抢劫罪判处周吉彬无期徒刑。

（陈　庄）

【打掉一流氓恶势力犯罪团伙】 12月20日晚23时许，刑事侦查总队根据线索打掉一专门从事绑架、抢劫、轮奸、盗窃及以收取保护费名义，对歌厅、游艺厅老板、黑车司机等进行敲诈犯罪活动的流氓恶势力犯罪团伙，抓获国巍（男，20岁，无业，住大兴县）、张强（男，20岁无业，住大兴县卫生局宿舍）、王倩（女，20岁，无业，住大兴县黄村镇）等14名犯罪嫌疑人，缴获作案用仿真手枪1支、长刀7把，抢劫用蒙面面具6个，盗窃作案用汽车钥匙22把。经查证，自1998年以来，该团伙在大兴县地区对外公开自称是黑社会组织，采取持刀威胁、绑架、轮奸的方法强迫女青年卖淫，其中强迫卖淫作案4起；持刀抢劫作案10起；盗窃机动车作案3起。另外，还对当地歌厅、游艺厅老板及小公共黑车司机进行威胁，强行收取保护费等犯罪活动。

（陈　庄）

刑事侦查处2000年领导名录（机构改革前）

职　务	姓　名	任职时间
处　长	王　军	1995年4月—2000年9月
政　委	张新威	1996年8月—2000年9月
副处长	张　毅	1997年3月—2000年10月
副处长	张　刚	1997年3月—2000年10月
副处长	杨建国	1996年10月—2000年10月
副处长	闫　伟	1996年10月—2000年10月
副处长	陈　强	1999年1月—2000年10月

刑事侦查总队 2000 年领导名录（机构改革后）

职　务	姓　名	任职时间
总队长	王　军	2000 年 9 月—
政　委	张新威	2000 年 9 月—
副总队长	陶　晶	2000 年 10 月—
副总队长	高　岩	2000 年 10 月—
副总队长	张　毅	2000 年 10 月—
副总队长	张　刚	2000 年 10 月—
副总队长	杨建国	2000 年 10 月—
副总队长	闫　伟	2000 年 10 月—
副总队长	陈　强	2000 年 10 月—

经济犯罪侦查处

【概　况】 经济犯罪侦查处充分发挥业务处的职能作用，严厉打击经济领域犯罪活动，破获了姬振民等人假冒中央领导人亲属，利用伪造的中国银行国际结算部 3 亿美元存款凭证、中国银行 40 亿元人民币存款凭证和存款 13 亿美元进行融资诈骗案；张大波侵犯商业秘密案；唐玉峰等伪造中国太平洋保险公司机动车保险单，诈骗客户保费案；牛宽朝非法吸收公众存款 1400 万元案等一大批影响大、危害严重的经济犯罪案件。组织了全市性的打击制贩假币、打击骗取出口退税和涉税等专项斗争。加大对信用卡、信用证诈骗案件的打击力度，维护了首都的金融环境。组织完成了公安部交办的“4・02”、“4・20”、“8・07”等涉税专案的协查工作和公安部开展代号“台风行动”的打击涉税犯罪的统一行动。加强了对新型经济犯罪的调研和打击，对分县局立案侦办的百万元以上经济案件进行了立案审查，为各分县局、业务处在对经济案件管辖、性质认定等方面存在的争议进行了协调，成立了华北经侦协作区。初步完成了建立经济案件信息系统和二、三级网络建设立项工作的可行性研究，完成了光缆的铺设工作。年内，与第二人民警察学校共同承办完成了 6 期，每期 20 天的全局经侦岗位培训班，全局共有 482 名经侦民警参加了系统岗位培训和任职资格的考试。

（许　勇）

【经济犯罪案件总量大幅度上升】 年内，全局各单位共受理各类经济犯罪案件4677起，比上年上升43.9%；立案侦查3709起，比上年上升63.4%；破获案件2757起，比上年上升近一倍；抓获各类经济犯罪案件嫌疑人1289名，收缴赃款赃物折合人民币2.3亿余元，比上年增加1.9亿余元。

（许 勇）

【全力查处上级交办大要案件】 全年，经济犯罪侦查处受理局级以上单位交办案件328起，其中中央、国务院，市委、市政府和人大、政协等部级以上交办案件175起，占局级以上交办件的53.4%。其中立案144起，经工作破案117起，结办39件，抓获涉案嫌疑人44名。

（许 勇）

【协查经济犯罪案件400余起】 年内，市局受理全国有关公安厅局经济犯罪侦查总队（处）请求协查经济犯罪案件413起，抓获犯罪嫌疑人46名，追缴赃款、赃物折合人民币1860万元，体现了全国公安一盘棋的思想。

（许 勇）

【诈骗案件同比高于上年】 年内，全局共立案侦查诈骗类案件1992起，比上年增加723起，上升57%；其中：金融诈骗案件800起，占所立诈骗案件总数的40%；合同诈骗案件1192起，占所立诈骗案件总数的60%；诈骗类案件涉案金额4.8亿余元，占所立各类经济犯罪案件总金额的37.7%，与上年相比减少了6626.8万元；破获合同、票据、集资、贷款、金融凭证、信用卡、信用证、有价证券、保险等诈骗案件1235起，比上年增加604起，破案率提高了13个百分点；追缴赃款近1.5亿元，是上年的6.5倍；抓获犯罪嫌疑人659名，比上年增加275名。

（许 勇）

【设卡查堵堵塞假币进京渠道】 年内，为了切断犯罪嫌疑人通过铁路或公路运输、贩卖假币进京渠道，从源头上对制贩假币犯罪予以致命性打击，市局打击制贩假币犯罪联合行动办公室组织有关单位开展设卡查堵工作，共收缴假人民币一百余万元，有力打击了制贩假币犯罪。

（许 勇）

【涉税案件高出上年200%】 年内，全局共立案侦查涉税类案件914起，比上年上升207.7%；破获虚开增值税专用发票，伪造、出售伪造的增值税专用发票，非法出售、非法购买增值税专用发票等涉税类案件904起，破案率为98.9%，破案率同比提高了216.1%。追缴罚没入库税金765.6万余元，抓获涉嫌人员202名，抓逃率同比提高117.2%。收缴普通发票124余本，空白增值税专用发票16本零2155份，伪造的增值税专用发票500余本。

（许 勇）

【职务犯罪大幅度上升】 年内，全局共立案侦查利用职务之便侵犯财产类犯罪案件540起，同比上升79.4%；涉案金额1.5亿余元，涉案金额同比上升161.7%；占所立各类经济犯罪案件总金额的11.7%。破获职务侵占、挪用资金等案件307起，同比提高111.7%；追缴赃款5043.5万元，同比提高102.1%；抓获涉嫌人员247名，同比提高了85.7%。

（许 勇）

【增设案件材料移送表】 经济犯罪侦查处针对业务档案中有些涉案材料随案件嫌疑人移交时，无移交手续，容易出现责任不清的问题，编制了《案件材料移送表》（一式两份），一份随案件嫌疑人移送，一份留在业务档案中备查。这一措施的实施，有利于规范经济犯罪侦查业务档案和基础业务建设，并有利于提高侦查员办案质量，防止在案件材料移送过程中出现遗漏和遗失。

（许 勇）

【华北经侦协作区成立】 2月22日至24日，华北经侦协作区在京成立。协作区成员北京、天津、河北、山西、内蒙古公安厅局的代表以及重庆、福建、黑龙江、江苏、上海、辽宁、四川、陕西、广东、浙江等公安厅、局的特邀代表在华北经侦协作区成立大会上，交流了公安机关协作办案的经验、体会，通过了华北经侦协作区章程。会上市局局长强卫对经济犯罪侦查系统开展外协工作提出了四条意见：要继承和发扬经侦协作的优良传统，不断拓展经侦协作空间；经侦工作有较强的专业性，需要加强同行间的交流学习；经侦协作必须以依法办案为前提，克服地方保护主义；经侦协作应有计划地增加科技投入，提高科技含量，实现资源共享。

（许　勇）

【开展打击制贩假币专项斗争受到部级表彰】 4月至9月，根据国务院反假币工作联席会议全国电视电话会议精神，市局组织开展了全市打击制贩假币犯罪联合行动的专项斗争。全局共破获制贩假币案件146起。其中万元以上特大案件45起；收缴假人民币927万元（含铁路公安处立、破、收缴数），假美元0.94万元；抓获犯罪嫌疑人194名，其中外地人186名，占抓获总数的96%；打掉犯罪团伙15个。10月，公安部授予经济犯罪侦查处打击制贩假币犯罪联合行动办公室、海淀分局巡察支队和公共交通分局刑警四队“全国公安机关打击制贩假币犯罪联合行动先进集体”的荣誉称号。

（许　勇）

【“台风行动”告捷】 8月，经济犯罪侦查处根据公安部关于全国涉案地区于25日凌晨3时开展代号为“台风行动”的打击涉税犯罪的统一部署，共抓获涉案嫌疑人31名，收缴增值税专用发票20本，电脑版增值税专用发票2000余份。

（许　勇）

【经济犯罪案件侦察处更名经济犯罪侦查处】 10月，经市局党委批准，北京市公安局经济犯罪案件侦察处更名为北京市公安局经济犯罪侦查处。

（许　勇）

【理顺经侦机构】 11月，经济犯罪侦查处根据市局机构改革的总体框架，将经济犯罪侦查处原8个正科级内设机构调整为10个二级处建制的内设机构。各分县局有18个刑警大队中设置了经济犯罪侦查队。

（许　勇）

案　例　举　要

【破获梁汉钊等人特大信用证诈骗案】 3月23日，经济犯罪侦查处破获中国国际企业合作公司五部经理梁汉钊（男，40岁，住北京海淀区翠微南里）、副经理高原（男，40岁，住北京海淀区中关村）及香港鹏昌集团经理朱柏炎，利用信用证诈骗银行2800余万美元案。经查，由梁汉钊指使国企公司进出口五部职员陈琦（女，30岁，住北京宣武区南纬路）起草并伪造假外贸进口合同、货物收据并代表合同卖方鹏昌公司签上假名，加盖鹏昌公司印章，梁汉钊代表买方签字盖章；朱柏炎负责在香港提供假发票、运输单、装箱单等单据；高原从中联系提供假合同信息等事宜。梁汉钊3人从1996年到1998年，以进料加工各种显示器、音响为名，伪造假外贸进口合同近300份，先后从建行北京分行、工行北京分行等七家银行开出信用证近300张。朱柏炎在香港获取累计诈骗银行1亿多美元后，一部分款项以人民币形式汇入国内，用于偿还银行所开信用证款，以达到在银行循环开出信用证，继续骗取外汇的目的；另一部分款项用于鹏昌公司深圳新企电子有限公司、东莞电缆厂、东莞东达电子厂的投资经营。因造成新的亏损和倒闭，中国国际企业合作公司五部对外开出1亿美元的信用证中，有2800余万美元没有偿还银行，并无法在外汇管理局核销，致使国家外汇大量流失。梁汉钊、高原被检察院以涉嫌信用证诈骗罪和骗汇罪，提起公诉。

（许　勇）

【破获卢颖诈骗案】 5月19日，经济犯罪侦查处破获公安部交办的一起以评选“中华人民共和国优秀人才金奖”名义，诈骗全国各地知名专家、学者数百人的特大案件。此案涉及面广，影响恶劣。中央政法委书记罗干、国务院副秘书长徐荣凯、公安部部长贾春旺等有关领导极为关注，并作了重要批示。经济犯罪侦查处民警通过一份虚构的中华人民共和国优秀人才评委会文件，经工作，将住在北京宣武区白顺宾馆的犯罪嫌疑人卢颖（男，54岁，职业为个体医生，住湖北省石首市绣林太平坊大道）抓获，收缴伪造的“中华人民共和国优秀人才评选委员会”印章一枚及“中华人民共和国优秀人才评选委员会”假文件，追缴赃款18.6万元人民币。通过深挖破案92起。卢颖被提起公诉。

（许　勇）

【打掉22人的涉税犯罪团伙】 6月19日，宣武分局与大栅栏商场派出所民警密切配合，将正在倒卖增值税专用发票的犯罪嫌疑人杜贺斌（男，21岁，河北荣城县平王乡平王村人）抓获，当场收缴5本假增值税专用发票。经对杜贺斌所持的假增值税专用发票来源的审查深挖，不仅捣毁了一个非法印制增值税专用发票的黑窝点，还一举打掉了一个以林锦和（男，48岁，广东省潮阳市人）、周昭盛（男，34岁，广东省潮阳市人）、许汉亮（男，37岁，广东省潮阳市人）为首的犯罪团伙。该团伙自1999年以来非法印制、倒卖、虚开增值税专用发票价税合计5000余万元。打掉这一犯罪团伙共收缴16本空白增值税专用发票、500余本伪造增值税专用发票和假公章150余枚。林锦和、周昭盛等22人中，2人被判刑，17人被移送起诉，1人被劳动教养，2人被取保候审。

（许　勇）

【破获刘美华破坏计算机信息系统案】 9月，海淀分局根据北京博达超技术开发公司报案，破获刘美华破坏该公司计算机信息系统案。经审查，刘美华（男，24岁，天津大学毕业，江西新赣人）利用其1998年6月至1999年4月担任北京博达超技术开发公司计算机程序员，负责对新一代EES电气设计系统中的低压配电软件系统进行修改和编写工作的便利条件，在“源程序”中偷加了一段以时间设定的有害程序，并盗走该公司EES“源程序”，拟高价出售。造成购买装有该公司有害程序EES系统的用户，在1999年8月1日系统突然发生瘫痪，信息全部丢失的严重后果。全国各地百余家客户纷纷要求退货，给该公司造成巨大经济损失。刘美华因涉嫌破坏计算机信息系统罪被提起公诉。

（许　勇）

经济犯罪侦查处2000年领导名录

职　务	姓　名	任职时间
处　长	张玉明	1995年4月—
政　委	胡跃庭	2000年10月—
副处长	胡忠福	1995年4月—
副处长	武　汉	1995年4月—
副处长	田援朝	1996年8月—

副处长	杨云旺	1996 年 10 月—
副处长	刘　艺	1998 年 2 月—
副处长	王久良	1998 年 6 月—

监所管理处

【概　况】 市局监所管理处成立于 2000 年 10 月 12 日。全年，第一、第二看守所共收押犯罪嫌疑人 2000 人。拘留所共收押各类违法犯罪人员千余人。收容教育所共收教 2000 余人，组织性病检查 2192 人，查出患有性病的 461 人（占 21%），已治愈 352 人，收教期满解除收容教育的 2111 人。治安收容站共收容各类人员 29 万余人。阴山嘴收容所全年管理、教育收容人员千余名。

（陆惠清）

【进行看守所等级评定】 看守所等级评定是全国公安监管系统每年一度的评定工作。监所管理处按照公安部制定的《看守所等级评定办法》，组成 5 个考评小组对全局 22 个看守所进行全面考评。综合评定出：平谷县看守所、崇文区看守所为一级看守所（公安部已批准）；东城区看守所、宣武区看守所、石景山区看守所、门头沟区看守所、通州区看守所、顺义区看守所、大兴县看守所、怀柔县看守所、延庆县看守所、密云县看守所、北京市清河看守所为二级看守所；西城区看守所、朝阳区看守所为三级看守所。

（陆惠清）

【收容工作】 市公安局治安收容站全年共收容各类人员 29 万余人，是 50 年来收容人数最多的一年。在管理工作中，共发现违法犯罪线索 30 多条；发现假币案件 50 余起，共收缴假币 9090 元；查出携带淫秽盗版光盘 7 起 7 人，收缴光盘 82 张；收缴各种管制刀具、危险物品 5610 余件；医务室治疗患病的被收容人员 8 万余人次，送医院就诊的危重病人和精神病人 2600 人次；抢救被收容的危重病人 2487 人次；为被收容人员存取人民币 3928 万余元，金银首饰、BP 机、手机等贵重物品 38936 余件。全年动用警力 8915 人次，组织 2252 趟次火车，租用长途汽车 67626 辆次，组织外省市来京接人 1708 节次，送出被收容人员 26 万余人，比 1999 年上升 95%。

（陆惠清）

【组织卖淫嫖娼学员学习】 收容教育所对新入所的卖淫、嫖娼学员一律实行为期 28 天的入所教育。全年组织学员学习全国人大常委会《关于严禁卖淫嫖娼的决定》、《卖淫嫖娼人员收容教育办法》等法律法规 133 课时，共有学员 2 万余人次参加学习。收容教育所针对学员的特点，组织学员观看性病知识的录像讲座，普及性病防治知识，使他们认识到性病的危害。全年聘请专家讲课 3 次，共有学员 1180 人次听课；组织观看录像 56 次。

（陆惠清）

【实行警务公开接受群众监督】 第一看守所在市局实行警务公开以后，将警务公开内容全部上墙，制作举报箱，公布举报电话。把在押人员生活情况拍成照片、设置专栏，向在押人员家属介绍该所的执法状况，增加执法透明度。该所实行周三所长接待日，由所政委接待前来咨询办事群众，解答问题，现场办公。看守所还针对接待中家属提出的带有普遍性的问题，专门印制了《北京市看守所对在押人员家属提出问题的答复》，公开张贴上墙。

（陆惠清）

【开展监管系统教育培训】 10月30日至11月17日，监所管理处举办了为期3周的全局看守所、拘留所领导干部培训班，46名同志参加了培训。通过系统学习，在监所管理基础知识、监所规范管理、领导综合素质等方面都有了明显提高，得到了局领导的充分肯定。

（陆惠清）

【监所管理处组建完毕】 11月30日，监所管理处动员部署机构改革工作。全处主要职能为：负责管理市看守所、拘留所、收容教育所、治安收容站、阴山嘴收容所；指导分县局看守所、拘留所、市局所属安康医院、强制戒毒所的监管、教育工作；指导、监督看守所依法承担的执行刑罚工作；掌握关押情况，检查监督监所安全防范工作，配合有关部门规划和指导监所设施、装备和技术建设；负责全局监管民警的业务培训、考核。监所管理处内设办公室、政治处、纪委、装备财务处、监所指导处、科技信息通信处、第一看守所、第二看守所、拘留所、收容教育所、治安收容站、阴山嘴收容所12个副处级机构。监所管理处以原市局预审处部分机关人员、北京市第一看守所、第二看守所和原市局治安处的收容站、收容教育所、拘留所、阴山嘴收容所人员为主组成。

（陆惠清）

【成立病犯科】 12月19日，监所管理处组建病犯看守管教科。为解决市局监管系统单位看管患有严重疾病的在押人员耗费警力、易出事故的情况，为分县局看守所解决实际工作中的难点。经市局审批，从监所管理处下设的北京市看守所编制内划拨部分警力，在公安医院设立病犯看守管教科。病犯看守管教科主要负责全局各看守所需住院治疗的危重在押人员。至年底，病犯看守管教科共看押房山区、丰台区等看守所住院病犯5人。病犯看守管教科的成立，解决了全局各看守所多年来的一大难题。

（陆惠清）

【向外地分流"法轮功"人员】 年底，在公安部统一协调下，监所管理处会同市局法制办公室提前部署、周密安排，与市局有关单位紧密配合，分三次分别向天津、河北、辽宁三省市公安机关分流"法轮功"人员近2000人。

（陆惠清）

监所管理处2000年领导名录

职务	姓名	任职时间
处长	毕晶	2000年10月—
政委	王健	2000年10月—
副处长	梁泽溥	2000年10月—
副处长	崔琳	2000年10月—

副处长	刘连明	2000年10月—
副处长	马 恒	2000年10月—
副处长	宿景阳	2000年10月—

治安管理防范控制系统

治安管理总队

【概　况】 治安管理总队以维护首都政治稳定为根本，坚决查控“法轮功”邪教组织的非法活动，防止在天安门广场及中南海等重点地区及其周边聚集闹事。协助地方党委、政府积极化解矛盾，严密查控各类上访重点人，妥善处置各类群体访。加强对信访部门周边治安秩序的清理，维护信访部门正常工作秩序。认真研究，制定工作方案、预案，强化现场控制处置，有效防止了“新国大”、“两广路”拆迁、牛街拆迁等“期民”、居民以及出租车司机到重点地区聚集滋事。结合本市治安特点和各个时期中心工作，持续不断地开展全市社会面治安秩序清理整治，组织全市性集中清查统一行动45次，最大限度地净化了社会环境。与有关部门开展联合执法工作，打掉非法废旧金属回收站(点)270余个、制贩“三假”(假文凭、假证件、假公章)团伙15个，取缔非法保安服务公司46家，查缴一批假烟、假酒、假药等与人民群众生活密切相关，关系群众生命健康的制假、贩假案件。开展清理整顿首钢周边治安秩序行动，打击盗窃、哄抢工业原材料等违法犯罪，努力创造良好治安环境，服务首都经济建设。认真贯彻国务院《娱乐场所管理条例》，坚持“清理、整顿、打击、规范”原则，对娱乐服务场所进行不间断的清理整治。4月至6月开展集中专项行动，严格娱乐服务场所治安管理，查获影响大、隐藏深、性质恶劣的犯罪窝点356个，抓获卖淫嫖娼、聚众赌博、淫秽表演等违法犯罪人员6337名，收容营利性陪侍、异性按摩等外地人员16102名。集中整治娱乐服务场所，依法取缔无证照及超范围等违法经营的场所。适时开展“扫黄打非”集中统一行动，有效净化了首都的文化市场。严格危险物品管理和特种行业阵地控制，深入开展对危险物品单位、旅馆业、公园风景游览区的安全大检查，防止各类重大责任事故发生。认真组织收缴非法危险物品行动，确保首都安全。大力推广旅馆业计算机联网工程，全市联网旅店达3711家，提高了旅馆业阵地控制能力。严格审批，依法管理，确保全市1378项5926场大型活动绝对安全。认真做好"大运会"前期准备工作，成立专门组织机构，明确职责分工和人员编制，圆满完成国际"大体联会议"及在京考察活动安全保卫。积极参加首都防空联合战役研究性演习和北京市人民防空演习，确保演习活动的绝对安全。认真做好窗口接待和便民利民工作，做好拾物招领工作，及时发还群众丢失被盗物品。

（诸建全　贾　岚）

【同"法轮功"邪教组织进行斗争】 全年，治安管理总队共到天安门广场等地参加处置"法轮功"人员闹事执、备勤任务70次，出动警力3800人次。在天安门广场等重点地区和本市中小旅店查获一批"法轮功"人员，有力地维护了首都的政治和社会稳定。

（徐卫东）

【深入开展"扫黄打非"斗争】 治安处组织有关单位加强对书刊、音像市场的清理检查，打击制贩非法出版物的违法活动。全年共取缔违法摊点300余家，抓获制贩盗版、淫秽制品的违法犯罪人员2392人，收缴各类非法出版物286.9万件（非法音像制品245.8万件、非法书刊41.1万册）。经审验，收缴淫秽制品31.12万件（淫秽音像制品28万件、淫秽书刊3.12万册），取得了"扫黄打非"工作的阶段性战果。年内，还先后破获了"李硕非法出版《新官场秘经》案"、"《通信商情》非法出版案"、"杨干军非法出版图书案"、"牛存良、托娅非法出版图书案"等4起全国及本市挂账大案，有力地维护了本市出版市场的良好秩序。

（胡海渊）

【查处非法犬类经营场所】 年内，在加强日常治安管理的基础上，全局治安系统专门组织执法力量，会同市畜牧兽医部门对非法犬医院、犬市场等犬类经营场所进行了6次专项执法检查活动，出动警力及其他执法人员5000余人次，集中对怡亚世界宠物园、通州梨园牲畜交易市场等非法犬医院、犬市场进行了查处。全年共查处非法犬医院20家，罚款8.1万元，没收犬用物品3678件；取缔非法犬市9个，没收非法交易犬300只。期间，北京电视台、北京电台、北京青年报等16家新闻媒体进行了跟踪报道，形成广泛社会影响。

（秦小军）

【拣拾物品招领】 全年，共接收109个单位和个人送交的拣拾物品3050件，与上年相比，上缴单位增加18个，上升20%；物品减少2664件，下降47%；接收拣拾人民币60198元，比上年增加37558元，上升166%；发还各类物品112件，比上年减少108件，下降49%；处理各类物品1700余件，处理机动车、非机动车1431辆。年内，接待来访群众2660人次，来信来电、参观咨询2913人次，收到表扬信8封。1月，招领处举办"让失物回家过年"主题爱民月活动，发放各类宣传材料600余份，接待群众咨询500余人次。3月8日、15日，中央电视台国际部记者对招领处进行了采访，并在中央电视台《每日佳艺》栏目中以"失而复得"为题播出。

（陈卫民　杜淑英）

【严肃查处重大责任事故案件】 年内，全局有关单位共受理各种事故报案181件，死212人，伤52人。其中冒顶32件，高坠27件，触电23件，物体打击22件，坍塌等事故77件。经济损失662万元。立案33件，责任人死亡不予立案83件，其它事故在调查处理中。

（王启振　谭玉成）

【加强治安秩序清理整治工作】 年内，共组织集中清查行动45次，出动力量74万人次（民警32万人次），查获各类违法犯罪和违反治安管理人员45万余人，净化了社会治安环境，维护了良好的社会治安秩序。

（郭腾跃）

【大型群众活动安全顺利进行】 年内，全市共举办各类大型群众性活动1378项5926场次。其中：国际活动788项、国内活动590项。全年共接待群众3630万人次，出动警力19万人次。比上年的950项4732场次，分别增加了428项1194场次，上升31%和20%；接待群众比上年增加了1520万人次，上升42%；出动警力减少了88863人次，比上年下降47%。

（马　东）

【打击制贩“三假”违法犯罪活动】　年内，全局治安系统深入打击制贩“三假”(假文凭、假证件、假印章）违法犯罪活动，共打掉制贩“三假”团伙15个，查获制贩“三假”违法犯罪嫌疑人177人，取缔非法刻字点15户，收缴各类印章3212枚，各类假工作证、学生证、驾驶证、居民身份证等证件3456本，各类高等院校假文凭及资格、技术证书2874本。收缴制假造假工具电脑、打印机、复印机、打号机、激光雕刻机等54台。

（郭腾跃）

【维护信访秩序】　年内，治安管理总队会同各分县局，对重点地区和重点信访部门堵门静坐、制造事端的集体访，会同有关部门，维护现场治安、交通秩序，依法妥善快速处置。全年共参与处置各类集体访494批22万余人次，出动警力4653人次，未发生大的治安问题，有效地维护了信访秩序和社会安定。

（张庆林）

【完成潜水打捞任务】　年内，治安管理总队治安行动支队共执行潜水打捞任务43次，协助分县局打捞溺水尸体22具，打捞被盗保险柜1个、汽车车牌9副，打捞坠水汽车4辆，受到有关部门和群众的好评。

（张润金　朱金海）

【收缴非法危险物品】　年内，治安部门重点加强对各种涉危案件的查处及对各类非法危险物品的收缴工作。共查处各类涉爆违法犯罪案件54起，涉案违法人员及犯罪嫌疑人104名；收缴火、炸药1329.95公斤、雷管4505枚、导火索1036.76米。查处各类枪支案件10起，收缴各类枪支161支、各类子弹2800余发。此外，收缴管制刀具2185件、仿真玩具气弹枪1243支，消除了社会不安全隐患。

（于　虹）

【加强弩的管理】　根据公安部和国家工商行政管理局《关于加强弩管理的通知》，市公安局与市工商局联合转发了《关于加强弩管理的通知》，规定将弩的生产、销售、运输、购买及使用弩开办营业性射击等项目纳入治安管理范围，各区县工商分局凭市公安局的批准文件办理登记注册；严禁个人持有弩。同时组织各公安分县局开展了对非法销售、持有弩的收缴工作，共收缴弩11件。

（冯志强）

【旅馆业计算机查控网上在逃人员】　根据公安部《旅馆业治安管理信息系统标准》规定，全局治安管理系统特行管理部门进一步加大工作力度，提高旅馆业计算机临时户口登记系统的安装率，加大对隐藏在旅馆业中违法犯罪分子的打击力度。截止年底，本市4608户旅馆中安装计算机旅客临时户口查控系统的有3711户，全市装机比例达到了80.5%。全年通过旅店业计算机临时户口登记系统的比对，查获公安部网上通缉在逃人员376名。2月16日晚，西城分局特行科民警在上网比对时，将当晚入住本区凯达宾馆815房间的高福洙（男，49岁，吉林省延吉市人，系公安部网上在逃部级重点抓捕的违法犯罪嫌疑人）抓获。该人杀人抢劫银行后在逃三年，此次来京住店仅2小时即被抓获。

（许　平）

【预防煤气中毒】　全年共发生煤气中毒事故25起，死亡34人。死亡率为0.34/10万，与上年相比，事故起数下降了47.9%，死亡人数下降了47.7%，与上年市政府规定的147人的参考指标、死亡率1.5/10万相比，分别下降了76.9%和77.3%。同时，治安管理总队组织专人对1996年至1999年全市煤气中毒死亡事故情况进行了认真研究，按照“实

治安管理处2000年领导名录（机构改革前）

职　务	姓　名	任职时间
处　长	赵怀达	1997年8月—2000年9月
副处长	乔　祯	1992年5月—2000年2月(到最高任职年限，任正处级调研员)
副处长	郄文璞	1993年10月—2000年2月(到最高任职年限，任正处级调研员)
副处长	李　兴	1993年10月—2000年2月(到最高任职年限，任正处级调研员)
副处长	王　凯	1996年4月—2000年10月
副处长	柴志平	1996年12月—2000年10月
副处长	郑　坚	1997年4月—2000年10月
副处长	邹燕平	1998年9月—2000年10月
副处长	马　恒	1999年1月—2000年10月(调监所管理处任职)
副处长	高　扬	1999年1月—2000年10月

治安管理总队2000年领导名录（机构改革后）

职　务	姓　名	任职时间
总队长	张伟刚	2000年9月—
政　委	赵怀达	2000年9月—
副总队长	王　凯	2000年10月—
副总队长	唐云利	2000年10月—
副总队长	柴志平	2000年10月—
副总队长	郑　坚	2000年10月—
副总队长	邹燕平	2000年10月—
副总队长	高　扬	2000年10月—

巡察执法总队

【概　况】 北京市公安局巡察执法总队是1995年4月根据北京市人大常委会审议通过的《北京市人民警察巡察条例》，于同年5月组建的（副局级单位）。共有直属警力501人，是市公安局主管巡察工作的职能部门。担负着处置群体性骚乱和群体性暴力事件；参加灾害事故救援；对全市巡警的警务活动进行指挥协调；负责巡警业务培训等项任务。各区（县）公安分（县）局设置巡察支（大）队。负责辖区110接处警、主要大街的巡逻控制、突发事件的先期处置及巡逻业务指导工作。遇有全市或跨区（县）范围的突发事件时，巡察执法总队按市局指挥中心的命令，协调有关支（大）队实施快速布警。

年内，巡察执法总队完成了全国公安巡警防暴警比武活动开幕式训练汇报任务和首都巡警防暴警业务技能比武活动。强化全员培训和岗位练兵工作，以规范化建设为切入点，夯实队伍建设基础，以直属防暴支队实行军事化管理为突破口，积极稳妥地推进机构和人事制度改革，保持了队伍稳定。完成了首批科级领导干部公开选拔、竞争上岗工作。巡察执法总队积极开展各项调查研究工作，完成市局党委部署的“以巡警为龙头严密社会面巡逻控制问题”的专题调研工作。

（郭小虹　田海军）

【抓规范建设树标杆单位】 全年，巡察执法总队根据规范化建设标准六个方面的具体内容，在各有关单位的通力配合下，狠抓了试点工作，树立了崇文支队五队、房山支队琉璃河治安检查站、宣武支队广外警区、东城支队王府井步巡段、朝阳支队“602”110警务车组、西城支队南闹市口巡警岗亭6个规范化建设标杆单位，在巡察队伍中树立了规范化建设的样板。

（田海军）

【加强社会面巡逻控制】 全年，全市巡察系统采取行之有效的措施，通过巡逻盘查、“110”快速反应，破获各类刑事案件9659起，治安案件12847起，收缴被盗机动车482辆，枪支60支，子弹1323发，管制刀具1598把。

（田海军）

【完成处置突发事件等保卫任务】 年内，全市巡察执法系统参与处置群体性事件、涉爆案件现场、大型活动和路线警卫等各类勤务1万余次，出动警力41.8万余人次，鉴定可疑物21起，拆除爆炸物6起。

（田海军）

【加大投入改善装备】 年内，巡察系统各单位积极争取地方政府和分（县）局党委的支持，加大了对规范化建设的投入。据不完全统计，在开展规范化建设活动中，共争取经费近一千万元，增加、更换了“110”警务车60余辆，增配个人防护器材120余件，同时还下大力改善了民警的工作条件和生活环境。

（田海军）

【加大治安整治力度】 年内，全市巡察系统会同城管、工商等部门持续开展以清理“三无”人员，街面黄、赌、毒为重点的整治活动，共出动警力11.4万余人次，对全市19342处治安乱点进行了清理整治，取缔无照摊点65890个、制假窝点6617个，查获黑车5732辆，盗版、淫秽光盘93221张，违禁书刊60477册，毒品130余千克。

（田海军）

【试行“交巡合一”改革】 年内，认真贯彻市局党委关于交巡合一体制改革部署，充分发挥指导、协调和服务的职能，本着“既合队伍、又改机制”的思路，在门头沟、顺义、平谷、大兴、延庆、怀柔、密云7个区县试行“交巡合一”改革。为保证此项工作顺利开展，在市局的统一协调下，巡察执法总队会同公安交通管理局及时总结搞好推广培训、引入竞争机制、实行“一警多能”、打击破案等方面的先进经验和典型案例。成功组织召开了“交巡合一”新闻发布会。截至年底，远郊七个交巡支（大）队正式成立，治安、交通管控地区扩大了197.5公里，管控道路增加687公里，全年共处置交通事故4746起、治安刑事案件1362起，处理违法犯罪嫌疑人1257人，治理交通、治安乱点2626个，有效缓解了远郊区县警力不足的矛盾，提高了警务工作的整体综合效能，增强了社会治安和道路交通的动态控制能力。

（田海军）

【开展以巡警为龙头严密社会面巡逻控制调研】 巡察执法总队与市局研究室撰写了《关于以巡警为龙头严密社会面巡逻控制问题的调研报告》，制定了《关于改革和加强巡逻工作的意见》、《关于改革和加强巡逻工作的实施方案》（试行）等相关文件，提出了以规范执法执勤工作为重点，进一步健全巡逻管理体制，合理调整警力布局，强化城近郊区263条主要大街和辐射区域的巡逻控制等措施，经市局党委讨论通过，于2001年1月召开的党委扩大会上进行了全面部署。

（吕树桐）

【开展全员岗位培训】 年内，巡察系统充分发挥巡察执法总队训练处集中办班和各支（大）队实施普训两级训练体制的优势，共举办业务培训班62期，2009名35岁以下的民警参加了培训，占应训民警总数的64%，合格率达95.8%。

（田海军）

【推进机构和人事制度改革】 年内，巡察执法总队实施机构调整，设有办公室、政治处、纪委、装备财务处、指导处、训练处和直属防暴支队7个直属单位。截止年底，直属单位精简分流43人，调整、理顺内设机构30个，重新任命副科职以上干部64名，顺利地完成了巡察执法总队原特警队划转刑事侦查总队及巡察执法总队机关各处、室、防暴支队的“三定”和民警双向选择任用制工作，保持了队伍的稳定，加强了竞争机制。

（田海军）

【防暴民警在“家”看上了电影】 1月14日，在西红门驻地礼堂，巡察执法总队领导班子成员和防暴支队全体民警一起观看了电影《没完没了》，让实行军事化管理的防暴民警不出营区就看上了电影，丰富了他们的业余文化生活。

（田海军）

【推出巡察系统规范化建设标准】 4月，为贯彻落实市局党委关于加强基层基础工作规范化建设的要求，巡察执法总队推出了《巡察系统规范化建设标准》，从巡察民警的基本条件、勤务模式、接处警、警队、治安检查站、警区、警段、巡警“110”警务车、巡警岗亭等9个方面进行了规范，明确了标准，以此作为加强巡警队伍建设和巡察工作考核验收的重要标准。

（郭小虹 田海军）

【防暴支队图书室建成开放】 4月6日，巡察执法总队投资2.5万元在防暴支队建成民警图书室。该图书室共有64种期刊、20种报纸、各类书籍528册。

（田海军）

【反复修改磨合，制定完善方案】 4月至10月，巡察执法总队受领在全国巡警防暴警比武开幕式上进行训练汇报表演任务后，本着边训练、边制定方案的原则，组织策划、编排科目和演示程序，并在实践中不断加以改进完善。经过多次反复修改磨合，先后制定了训练汇报、比武、会务工作方案和12个专项方案，从第一次编组训练，到最后一次预演，共组织了9次全流程合练或演练，30余次分项合练，基本上实现了整体活动方案化、工作安排流程化、现场活动图示化，为公安部顺利组织全国性比武活动提供了较为科学和详实的有关工作预案。

(田海军)

【开展“两警共建”活动】 5月28日，巡察执法总队与武警北京总队举行隆重的签约大会，拉开了巡察执法总队直属防暴支队与武警北京总队特勤支队开展“两警共建”活动的序幕。这是在新形势下，加强首都公安、武警防暴队伍建设的具体实践，在为首都社会稳定和经济发展服务的各项工作中，实现统一指挥、优势互补、协同作战、形成拳头的战斗集体，最大限度地发挥警力和装备的效能。

(田海军)

【首次进行训练汇报编队训练】 6月26日，巡察执法总队组织所有参加10月份全国公安巡警防暴警比武分列式汇报表演的单位在总队防暴支队操场进行首次编队训练。参加训练的有：首都巡警护旗方队、警徽方队、防暴枪方队、特警方队、女警方队和盔甲方队。车辆方队由摩托车方队、防暴警犬方队、特种车方队组成。特种车方队由巡逻车、防暴车、装甲运兵车、排爆车、指挥车、宣传车以及防暴水炮车等较先进的特种防暴专用车辆组成。通过训练，展示了首都公安民警良好的精神风貌和战斗作风及首都防暴队伍精良的装备。

(田海军)

【为湖北省巴东县公安局捐款】 7月4日，巡察执法总队民警、职工积极响应市局党委的号召，纷纷伸出援助之手，为受水灾的湖北省巴东县公安局捐款26140元，人均捐款63元。

(田海军)

【首都巡警防暴警业务技能比武活动成功举行】 8月29日至9月1日，首都巡警防暴警业务技能比武活动在巡察执法总队西红门训练基地举行，历时4天。来自巡察系统24个支（大）队和专业分局巡察队以及直属特警队的155名在编民警参加了理论考试、射击、攀登、催泪弹投掷、着装游泳、武装越野等6个项目的比武。经过3天激烈的角逐，崇文巡察支队、东城巡察支队、丰台巡察支队获得团体A组前3名，直属特警队、天安门巡察队、密云交巡大队、昌平巡察大队、公交巡察队、石景山巡察支队获得了团体B组前6名，同时还产生了个人6项全能前20名和10个单项的记录创造者。

(田海军)

【全国公安巡警防暴警比武开幕式圆满成功】 10月8日下午，全国公安巡警防暴警比武在北京市公安局巡察执法总队西红门训练基地隆重开幕。出席开幕式的领导有中央政治局常委、中纪委书记尉健行，中央政治局委员、国务委员、中央政法委书记罗干，中央政治局委员、北京市委书记贾庆林，全国人大常委会副委员长曹志，全国政协副主席张思卿。中央办公厅、国务院办公厅、全国人大办公厅、全国政协办公厅和中央、国家机关有关部门的领导及公安部党委全体成员，北京市委、市人大、市政府、市政协和有关部门的领导也应邀出席了开幕式。市局党委成员及局属各单位主要领导出席了开幕式。新华社、中央电视台、中央人民广播电台等新闻单位的记者到会采访。公安部和市局联合利用卫星通信车、公安卫星通信网及会议电视系统向全国各地公安机关及市局所属各单位转播了开幕式实况。来自全国31个省、市、自治区公安厅、局的比武队员和观摩代表参加了观礼。首都巡警防暴警向中央领导同志作了精彩的训练汇报。此次比武活动历时四天，10 月 11 日比武活动胜利闭幕。北京代表队夺得比武团体总分第二名；七九式冲锋枪射击团体第一名、攀登团体第一名、催泪弹投掷团体第二名、着装游泳团体第五名、武装越野团体第七名共六块奖牌。

（田海军）

【市局训练汇报暨比武表彰活动】 10月19日，市局在公安部礼堂隆重召开北京市公安局巡警、防暴警训练汇报暨比武总结表彰大会。公安部副部长罗锋，市委常委、政法委书记、市局局长强卫，公安部政治部主任祝春林，公安部三局局长武冬立，市委政法委常务副书记慕平，武警北京总队总队长杨德安，副总队长魏哲和市局副局长吕实珉、刘德、李全福、阮增义、杨文忠等领导出席了大会。参加全国公安巡警防暴警比武活动的局属各单位和武警北京总队的近千名公安民警和官兵参加了大会。会上，公安部政治部主任祝春林宣读了由贾春旺部长签署的《关于给北京市公安局巡警总队记一等功的命令》；参训和参赛的 17 个先进集体和 433 名先进个人的代表，在欢快的乐曲声和热烈的掌声中，接受了领导颁发的奖状、奖章。

（田海军）

巡察执法总队 2000 年领导名录

职　务	姓　名	任职时间
总队长	肖　勇	1999 年 12 月—
政　委	张伟刚	1999 年 12 月—2000 年 9 月（调治安管理总队任职）
政　委	王春和	2000 年 9 月—
副政委	郭士德	1995 年 8 月—2000 年 4 月（调通州分局任职）
副总队长	张宪法	1995 年 4 月—
副总队长	王佐联	1997 年 3 月—
副总队长	吴树春	1998 年 2 月—2000 年 4 月（调丰台分局任职）
副总队长	薛晓明	1999 年 4 月—
副总队长	刘剑宇	1995 年 4 月—
副总队长	李向军	2000 年 4 月—

人口管理处

【概　况】 2000年，按照市局机构改革方案，原户籍处、原外来人口管理处合并成立北京市公安局人口管理处（挂北京市外来人口管理工作领导小组办公室牌子）。负责全市户籍管理的法规草案、制度的制定及组织实施工作；指导检查全市派出所的基础工作；负责对全市常住人口、外来人口的管理及登记、统计、查询工作；制作、办理居民身份证件，审批户口；组织、指导人口信息计算机管理和办理边境证、暂住证；制发楼、门牌。年内，大力开展创安活动，进一步完善以派出所为主体的社区防控体系，对《派出所工作对象管理工作规范》进行了重新修订，同时对重点人口系统数据进行了重新合库。加大外来人口管理服务力度，通过清理整顿，本市外来人口犯罪率首次下降了1个百分点，加强基层管理网络和暂住人口信息系统建设。开展户口整顿工作，为高质量完成北京市第五次人口普查奠定了基础。积极稳妥地推进户籍制度改革。开展派出所民警教育培训工作，组织户籍系统开展了练兵、大比武活动，人口管理处荣获市局党委颁发的全局大比武组织奖。加强人口信息管理和远郊区人口信息系统建设。开展了常住人口信息数据的纠错工作，狠抓了照片采集工作，努力加快远郊区县人口信息三级网络系统的建设步伐，制定了在全市停建、停查口卡的解决方案，全面启动了在全市彻底取消口卡的系统工程。完成了全市1097万常住人口公民身份号码的编制工作，编码率达到100%。加大警务公开的力度，与“266”声讯服务台合作，开办了“北京市公安局人口管理业务信息查询专线”。

（李　杰）

【新建人口卡片80余万张】 全年，各分县局、派出所共建报人口卡片81.1万张，其中14.8万张16周岁人口的建卡工作，第一次实现了全部由计算机操作完成。90%以上的分县局建卡质量达到了优秀标准，使新建口卡迅速投入了查询。截止年底，人口管理处共接待各类查询2.7万人次。

（李　杰　傅玉辉）

【办理边境通行证9万余张】 全年共为92609名赴边境地区人员办理了边境管理区通行证，与上年相比，增加了4074人。因公赴边境地区的76558人，占82.67%；因私赴边境地区的16051人，占17.33%。其中：前往深圳、珠海经济特区的88792人，占95.88%，前往东北、内蒙边境的1426人占1.54%；前往广西、云南边境的2391人，占2.58%。

（李　杰　傅玉辉）

【小城镇户籍改革试点取得成效】 全年，共办理小城镇户口8001户，16806人。其中：本市“农转非”5915户，11806人；外省市迁入2086户，5000人。试点镇的户籍制度改革工作使小城镇吸纳了资金，引进百万元以上的建设项目313个，解决劳动力就业17735人，拉动了小城镇的经济发展。

（李　杰　傅玉辉）

【审批办理入京户口】 年内，共审批申请入京户口材料7619件、12062人。直接办理中央、市属单位及随迁家属、军队转业干部、应届大中专毕业生户口手续27271人。

（李　杰　傅玉辉）

【规范外来人口临时居住点管理】　按照市政府关于建设外来人口集中居住点，推广集中居住和公寓式管理的要求，年内，人口管理处组织有关分局到朝阳十八里店、海淀四季青、丰台大红门、马家堡、石景山古城调查摸底，提出了对外来人口临时居住点实行规范化管理的意见：健全管理组织，规范管理制度，严格管理措施，加强检查考核。

（李　杰　傅玉辉）

【加强对外来人口的宣传教育】　年内，人口管理处和各区县及有关职能部门，结合外来人口的实际和特点，通过各种途径，采取多种形式，大力加强以法律法规、文化技能、职业道德为主要内容的宣传教育。全年共召开各种会议2万余场，发放宣传材料近240万份，外来人口受教育面超过90%。7月15日，市外来人口管理办公室还会同有关部门在北京国安剧场，举办了“爱首都、建首都、我为首都添光彩”为主题的外地来京务工经商人员文艺汇演，北京电视台予以转播。进一步激发了外来人员为首都发展做贡献的热情和积极性。

（李　杰　梁增光）

【打击外来人口违法犯罪活动】　年内，全市各级公安机关结合对外来人口和出租房屋的清理审查，通过深入摸底、发函调查、举报奖励、巡逻堵卡等，严厉打击外来人口中的违法犯罪活动。全年共查获外来刑事犯罪嫌疑人1.58万人，抓获在逃犯503人，打掉犯罪团伙373个，破获各类刑事案件4487起，其中重大案件1804起。全年外来人口犯罪比率首次下降1个百分点。为此，市长刘淇在《北京政法信息》上批示：“外来人口管理有显著成绩，值得高兴。”

（李　杰　梁增光）

【清理整顿安装门（楼）牌工作】　年内，人口管理处组织各分县局对城近郊区门(楼)牌进行了清理整顿，共清理主要街道2613条，登记破损丢失、字迹不清、编号混乱的楼牌1814块、门牌75764块，取消不规范门牌标志292处。全年制作、安装门（楼）牌188041块。农村地区门（楼）牌城市化管理进程加快。远郊分县局提高了门（楼）牌的制作安装数量，安装率达到36.1%，比上年提高了11.1%。朝阳、海淀、丰台、石景山4个城近郊区的农村地区，全部实现了“一门一牌”；顺义、平谷农村地区门（楼）牌制作安装达到了100%。

（李　杰　傅玉辉）

【部署派出所窗口服务专项治理】　年内，按照市局《关于在“三项教育”活动中开展派出所窗口服务专项治理工作的安排》，人口管理处通过窗口治理，解决了一些群众反映强烈的突出问题。在人口普查前的户口整顿期间，为群众更正居民户口簿主要项目差错49907件，变更自然项目223870件，为出生小孩办理户口登记4404人，为手持各种证件户口待定人员办理入户手续2086件，受到社会好评。

（李　杰　傅玉辉）

【净化社会环境】　年内，市公安局与工商、劳动、城管等职能部门密切配合，严格依法行政，检查娱乐服务场所7778户；查抄各种制假窝点520处、无照经营1万余户，查处外来无照游商、摊商25万余人次，罚款930万元；取缔非法职介机构127家，处罚违法用工单位112家；拆除各类违章建筑460余万平方米。有效地净化了社会环境。

（李　杰　梁增光）

【严格出租房屋管理】　年内，市局组织各分县局将出租房屋纳入管理视线，强化治安管理。截止11月底，全市通过调查掌握了各类出租房屋16.1万户，52.6万间，其中符合办理合法出租手续的12.5万户，40.7万间，纳入了治安管理，并依法对12万户，37.9万间出租房屋核发了《房屋租赁安全合格证》。在严密治安管理措施的同时，各分县局依法加大了对非法出租行为的处罚。全年共处罚违法出租房主7512户。其中：行政拘留21人，吊销证牌165户，限期改正的3846户，罚款7358户、342.8万元。

(李 杰 傅玉辉)

【完成外来人口计算机三级网络系统建设】

年内，外来人口计算机三级网络系统建设基本完成，共录入外来人口信息224.9万人，出租房屋信息13.9万户，刑事拘留和行政拘留人员信息1.25万人，重点人口信息427人。公安专用网正式开通了网上查询、网上比对，由此破获刑事案件743起，查处治安案件1308起，抓获在逃犯35人。利用外来人口信息系统为本市及外省市公安机关提供查询服务672人次，查中率72%。

(李 杰 傅玉辉)

【居民身份证编号清理纠错】 年内，人口管理处利用人口信息三级网络管理系统排查重、错编号程序，组织各分县局开展了居民身份证编号清理纠错工作。经过派出所、分县局二级校验排查和市局两次全市人口数据合库，共发现各类居民身份证编号差错89151件，其中：居民身份证重号72483件(含双重户口)、错号14826件、一人多号1842件。此外，还发现外地迁入本市人员使用非法行政区划代码编制的居民身份证号码1061件。截止8月底，已解决差错83755件，纠错率达93.95%。居民身份证的纠错，确保了公民身份号码的准确性、惟一性。

(李 杰 傅玉辉)

【继续创建安全责任区】 按照市政府2000年为群众办实事折子工程的要求，年内，人口管理处在全市派出所进一步开展创建安全责任区活动，全市4179个责任区中，达到安全责任区标准的有3221个，占责任区总数的77%。完成了市局提出的年底安全责任区达到总数70%的目标。

(李 杰 傅玉辉)

【治保会建设取得进展】 年内，人口管理处配合市政府街道体制改革，提出了进一步改进和加强治保会工作的意见。城八区共调整充实和新组建治保会4664个。全市街乡33113个治保会中，有27169个达到了安全治保会标准，占治保会总数的82%。全年有21444个治保会辖区没有发生刑事案件。

(李 杰 傅玉辉)

【强化外来人口的日常管理】 年内，全市成立了街乡村镇外来人口管理站3397个，在外来人口和出租房屋中建立各种自管小组4.7万个，聘用专职协管员6000名。同时，实行"检查报告单"制度，把外来人口管理站与职能部门工作有机地结合起来，调动基层管理单位的积极性，提高群众的法制观念。提高了外来人口《暂住证》办证率，全市登记暂住人口1871191人，符合办理《暂住证》条件的有1675181人，实际办理暂住证1615806人，办证率为96.5%，达到了年初确定的工作目标。

(李 杰 傅玉辉)

【做好社会面安全保卫工作】 在全国九届人大、政协三次会议和国庆节期间，人口管理处部署组织各分县局、派出所采取有效措施，抓好社会面重点人、重点地区、重点事件的发现、掌握和信息收集、反馈等工作。城八区分局开展调查摸底，对151名严重不满人员进行了疏导教育，并布置治保积极分子进行工作。全市共动员出47.6万名群众投入到安全保卫工作中，其中：看门护院力量30.6万人；值班巡逻力量17万人。同时，进一步加强了对会场和住地外围200米内的社会面控制工作。

(李 杰 傅玉辉)

【解决计算机与手工统计人口误差】 1月10日，人口管理处部署了解决计算机与手工统计人口误差的专项工作。截止10月底，各分县局、派出所通过户口核对和对遗留问题的查找，共发现应登未登4109人，应销未销11337人，计算机应登未登1584人，这三项相抵共解决人头差错8812人。截至年底，计算机与手工统计人口误差已解决95%。统计误差的解决，为2001年实现人口统计计算机管理打下了基础。

（李　杰　傅玉辉）

【加强对监外罪犯的管理】 1月，人口管理处部署组织各分县局、派出所对监外罪犯的现状、表现和管理工作情况进行全面检查。经检查统计，全市共有监外罪犯2969人，并建立监督考察小组2903个，8931人。通过教育和改造，2854名监外罪犯服从监督管理，占总数的96.1%。有86人提供各类线索114件，从中破获各类案件7起。

（李　杰　傅玉辉）

【整治外来人口管理重点地区】 1月，各分县局按照市局清理整治外来人口重点地区的部署，积极组织协调各有关职能部门，对43个重点地区，开展了集中清理整顿。先后组织行动3361次，出动各种力量13.4万人次，审查外来人口24.9万人，从中查获外来各类犯罪嫌疑人3902人，破获刑事案件2432起，治安案件2735起；收容“三无”人员6.6万人，动员离京8.2万人，教育处罚6.3万人；教育处罚违法出租房主1162人，罚款50.5万元，停租613户；补办暂住证5.8万个。通过清理整顿，43个重点地区中的26个地区整体面貌发生明显好转，17个地区的治安秩序、环境等方面有所好转。

（李　杰　傅玉辉）

【新增小城镇户籍改革试点启动】 2月15日，经市政府批准，本市新增加通州区宋庄镇等11个小城镇为户籍制度改革试点镇。人口管理处加大对新增试点小城镇和有关分县局的业务指导力度，建立组织机构、培训工作人员、进行规划设计、宣传政策规定、清理整顿户口及规范审批程序。年底，新增加的11个试点镇中，除2个规划未完成外，其余9个都通过了人口管理处的验收，正式启动。

（李　杰　傅玉辉）

【完成公民身份号码的编制赋码工作】 根据国务院《关于实行公民身份号码制度的决定》和市政府《关于实行公民身份号码制度的意见》，人口管理处组织各分县局于2月底完成了全市1097万常住人口18位公民身份号码的编制工作，编码率100%。为1024万人《常住人口登记表》上居民身份证的编号进行了升位变更，赋码率达93.35%；变更了344万户《居民户口簿》上的居民身份证编号，赋码率为86.91%；制发了18位号码的居民身份证50余万张。

（李　杰　傅玉辉）

【调整充实外来人口管理领导机构】 3月，市政府对外来人口管理工作领导机构进行了调整。市委常委、常务副市长孟学农，市委常委、政法委书记、市公安局局长强卫分别担任市外来人口管理工作领导小组组长和副组长。领导小组成员由法制、公安、劳动、工商等26个部门的正职领导担任。同时，市政府与各区、县政府及各主要职能部门签订了外来人口“目标管理责任书”。各区县政府也对外来人口管理工作领导机构进行了调整，与街乡政府和有关职能部门签订了责任书。

（李　杰　梁增光）

【加强派出所规范化建设调研】 为加强派出所规范化建设，3月至11月，人口管理处成立了“派出所规范化建设课题组”，与市局研究室等有关部门撰写《关于进一步深化派出所改革加强派出所规范化建设的调研报告》，制定了15个分规范在内的《派出所工作规范》、《关于开展派出所达标活动的工作意见》和新的《派出所工作考核办法》。经市局党委讨论通过，于2001年1月召开党委扩大会进行了全面部署，全局派出所开始了为期三年的达标活动。

（李　杰）

【开展派出所民警岗位培训】 3月4日，人口管理处成立了负责全局户籍派出所民警岗位培训工作的专门班子，制定出《派出所民警全员培训工作计划》，编印下发了7000册《派出所民警全员培训专题讲座学习资料》，并在东城分局举办了全局第一期派出所民警全员培训试点班。全年，共组织协助各分县局举办派出所民警业务培训班83期，受训民警4151人，占应训民警总数的75%。完成了市局年底培训民警三分之二的工作目标。

（李　杰　傅玉辉）

【居民身份证“无底卡”制证系统试运行】 4月1日，人口管理处与山东通联电器厂联合研制开发的“无底卡”制证系统，在居民身份证“快证”制作中试运行。该系统改变了传统的派出所制作打印底卡，分局集中后向市局报卡、市局验卡、翻拍制证的程序，由前台输入制证人信息，现场采集照片，网络传输制证。将原40分钟制作一张证件的时间，缩短为15分钟。“无底卡”制证系统实现了居民身份证制、发、管计算机化管理，省时、省力、省原材料，大大提高了居民身份证“快证”的制作效率和质量。

（李　杰　傅玉辉）

【开展重大案件责任追究】 4月，人口管理处根据公安部及市局领导的批示精神，组织力量，会同公共交通分局、外来人口管理处、东城、朝阳分局等单位，对陈学义持枪抢劫杀人犯罪团伙19名成员居住地责任区民警的工作情况进行了调查。提出了民警在工作对象管理工作中存在的应列未列、列而不管、不按规范进行管理等问题，并对负有责任的领导和民警，责成有关分局按责任追究制度作出了相应的处罚。

（李　杰　傅玉辉）

【纠正跨区县间双重户口】 4月5日，人口管理处对全市3月31日的常住人口信息数据进行了合库，共发现跨区县间双重户口6964对。其中：由于内部工作失误造成的6433对，占92.38%；人为因素空挂户口造成的520对，占7.46%；其它复杂原因造成的11对，占0.16%。为此，人口管理处下发通知，要求各分县局对跨区县间双重户口进行认真核实及纠错。截止6月底，19个分县局共纠正跨区县间双重户口6953对，占双重户口总数的99.84%。其中城八分局发现4126对，纠正4117对，纠正率达99.78%；远郊区县发现2838对，纠正2836对，纠正率达99.93%。通过对跨区县间双重户口的纠正，有效提高了常住人口信息的数据质量。

（李　杰　傅玉辉）

【来京创业留学人员在京落户办法出台】 6月20日，人口管理处根据市政府鼓励留学人员来京创业工作的若干规定，制定了来京创业留学人员在京落户的实施办法。留学人员凭规定的证件、证明可到市公安局户籍接待室直接审批，办理入户手续。只要留学人员的《户口准迁证》、《迁移证》、《北京市（留学人员）工作寄住证》及在京合法住所证明等手续齐全，落户地点明确，派出所均应立即办理落户手续。截止年底，共为150余名来京创业的留学人员办理了北京户口。

（李　杰　傅玉辉）

【《户籍管理工作沿革》出版】 6月20日，人口管理处编辑的《户籍管理工作沿革》一书印制完成，下发至各分（县）局、派出所。书中分类汇编了1949年至1995年北京市户籍管理工作，包括户籍管理机构、常住户口管理、户口迁移管理、人口统计工作、人口卡片管理、居民身份证管理、人口信息计算机管理、街巷楼门牌管理、治安保卫委员会沿革、管制与社会改造等十个方面的内容。

（李　杰　傅玉辉）

【人口信息计算机管理工作受表彰】 7月7日，公安部表彰了全国公安系统百城人口信息管理系统联网工作先进集体和先进个人。人口管理处和信息通信处在“百城联网工程”中克服工作任务重、技术要求高、时间紧、难度大等诸多困难，创造性地开展工作，超额完成了任务，被授予先进集体。人口管理处唐京利、黄健同志被授予先进个人。

（李　杰　傅玉辉）

【开展人口普查户口整顿宣传活动】　7月至9月，市人口普查办公室与人口管理处组织开展了大规模的人口普查、户口整顿宣传活动。先后召开各种宣传会议3.6万次，广播电视宣传3.3万次，设置宣传板报、橱窗2.9万块，张贴标语、挂横幅20.9万条，印发各类宣传材料437.4万份，宣传人数达1180.4万人次，收到了较好的社会效果。

（李　杰　傅玉辉）

【完成人口普查户口整顿工作】　根据北京市第五次人口普查户口整顿的总体安排，7月至9月，户口整顿工作在全市展开。8月1日，各分县局派出所民警、普查员统一行动，集中20天入户核对户口。全市共登记户籍人口395.8万户，1097万人。登记过程中摸清了本市人户分离人员160.3万人，户口待定人员5.8万人，暂住人口255.9万人，漏登、重登和应销未销户口人员5.6万人。同时，变更更正户口登记项目差错27.4万项。通过户口整顿，解决了一批户籍管理中存在的突出问题，为人口普查登记提供了准确、翔实的人口资料。

（李　杰　傅玉辉）

【户籍业务信息查询专线开通】　8月20日，人口管理处与266信息台合作，开办了“北京市公安局户籍业务信息查询专线”，接待有关申办户口、证件事项所需的证明证件、收费标准和办理时限等查询服务。查询专线号码为：26611166。具体方式为基本信息电话语音查询功能和传真查询功能。截止年底，已接待群众查询1.2万余人次。

（李　杰　傅玉辉）

【维护工作对象信息系统数据】　9月11日，人口管理处修订了《派出所工作对象管理工作规范》，对工作对象信息系统数据进行了重新合库。合库后全市工作对象信息系统中，共有工作对象84894人。其中：重点人口54540人，占总数的62.9%；调查掌握对象30354人，占总数的37.1%。城八区分局工作对象共66211人，占全市工作对象总数的78.3%。

（李　杰　傅玉辉）

【组织派出所民警岗位练兵大比武】　11月1日，由人口管理处组织开展了全局派出所民警岗位练兵大比武活动，20个分县局的101名选手参加了法律法规、法律文书制作、办理证件、派出所业务基础工作技能、盘查搜身技能、实战应用射击技能、计算机应用技能、体能素质等8个项目的角逐。经过5天的笔试、口试和技能考核，有14个单位的37名选手59人次获得了个人单项前3名和总成绩前10名。11月14日，市局召开派出所民警岗位练兵大比武活动总结大会，获得户籍警种个人全能、个人单项、组织奖的东城分局和平里派出所民警张云等37名个人，宣武分局户籍处等4个单位受到了表彰奖励。

（李　杰　傅玉辉）

【机构改革取得成效】　11月10日，人口管理处召开成立大会。经市局研究决定，原市局户籍处与市局外来人口管理处合并为市局人口管理处。人口管理处下设：办公室、政治处、装备财务处、科技信息通讯处、常住人口管理处、审批处、外来人口管理处、指导处、人口信息管理处、证件制作管理中心。

（李　杰　傅玉辉）

【评选年度治保先进集体和个人】　11月16日，人口管理处召开会议，部署评选先进治保会和先进治保积极分子工作。经评选，市局决定授予东城区安德里等35个治保会为北京市先进治保会标兵；东城区史家胡同等1422个治保会为北京市先进治保会；魏君等20人为北京市先进治保积极分子标兵；沈丽华等1972人为北京市先进治保积极分子。

（李　杰　傅玉辉）

【汇总户口核对统计情况】　12月31日，人口管理处对年终户口核对统计情况进行了汇总。结果显示，全市常住人口共3979056户，

11075342人。其中：非农业人口7607004人，占全市总人口的68.68%；农业人口3468338人，占31.32%。全市人口共增加83690人，与上年净增人数相比，增加13686人，上升19.55%。全市共登记出生人口72168人，出生率为6.54‰。注销死亡人口77587人，死亡率为7.03‰。全年人口自然增长为－5419人，自然增长率为－0.49‰，与上年相比，自然增长减少6578人，自然增长率下降0.6个千分点。人口自然增长下降，出现负增长。全年由外省市迁入本市141548人，本市迁往外省市52439人，净增89109人，机械增长率为8.07‰。与上年相比，机械增长增加20264人，上升了29.43%。

（李　杰　傅玉辉）

户籍处2000年领导名录（机构改革前）

职　务	姓　名	任职时间
处　长	马碧原	1995年5月—2000年10月
政　委	王超岚（女）	1995年5月—2000年8月（退休）
副处长	孟繁荣	1992年6月—2000年10月
副处长	张玉顺	1993年6月—2000年10月
副处长	郑广德	1995年10月—2000年10月
副处长	张　健（女）	1999年1月—2000年10月

人口管理处2000年领导名录（机构改革后）

职　务	姓　名	任职时间
处　长	马碧原	2000年10月—
政　委	王　红（女）	2000年10月—
副处长	孟繁荣	2000年10月—
副处长	张玉顺	2000年10月—
副处长	郑广德	2000年10月—
副处长	史崇欣	2000年10月—
副处长	魏　光	2000年10月—
副处长	凌　宏	2000年10月—
副处长	张　健（女）	2000年10月—
副处长	刘玉成	2000年10月—

防爆安全检查处

【概　况】 2000年，市公安局防爆安全检查处以防爆安全检查为中心，全面提高政治素质和业务素质，搞好队伍建设、基础业务建设和技术装备建设。走科技强警之路，加大教育培训力度，提前两年完成了全员培训任务，提高了防爆安全检查、排爆技能及整体素质。全年共执行安检、排爆勤务655次；安全检查近110万人次，检查物品近40万件，查出各类违禁品267件，其中：手枪3支，子弹27发，管制刀具92把；处置涉爆现场、扬言爆炸等现场近百次。圆满完成了全国公安巡警防暴警比武活动的排爆技能表演任务。

（胡珍颖　韩永成）

【实现“涉爆现场不炸响”】 全年，防爆安全检查处排爆队共出勤400余次，鉴定可疑物近70件，成功拆除爆炸装置16枚，鉴定硝铵炸药22.4公斤，黑火药3.4公斤，自制炸药1公斤，电雷管27枚，8号火雷管673枚，导火索30.12米，发令枪2把，发令弹300枚。

（杨　凡）

【针对业务特点进行重点培训】 年内，针对业务特点，有计划地对全处民警进行人身安检、场地安检、汽车安检、安检设备操作及爆炸知识等内容的业务培训，对图像识别、排爆技能、炸药探测等专业技能进行了重点培训。讲授了法律法规、安检业务、警务技能等15门课程，并进行了5次专业课程考试，提前2年完成了市局要求的全员岗位培训任务。

（郭靖怡）

【机构改革工作】 年内，在全局机构改革中，原巡察执法总队特警排爆队划归防爆安全检查处，并对内设机构进行了调整。新增设业务指导处，加强对全局安检、排爆工作的协调指导工作；充实了安检、排爆两个实战部门的人员力量。

（李　娟）

【开展对外培训】 年内，共接待来自香港和部分省市公安机关参观学习190人次。并为北京武警、分县局、警卫处、保安公司、北京人民警察学院等单位举办培训班17次，约1700人参加了培训，并取得一定成效。武警十四支队240名武警战士参加培训后，两名武警战士在天安门广场地下通道执勤时，运用所学知识在盘查可疑人携带物品时，检查发现了导火索和雷管，有效避免了爆炸事件的发生。

（胡珍颖）

【拓宽信息渠道，规范信息管理】 年内，拓宽信息渠道，多方位、多角度地获取安检信息，信息来源由原来5、6处扩展到10余处。特别是增设了因特网信息查询渠道，及时了解、掌握大量的国内外涉爆案件动态。完成了防爆安检信息库的建设，制作了信息综合查询软件，按照市局有关保密规定完善了保密措施。全年共收集整理国内爆炸案信息216条，国外爆炸案信息170条，编制局内《安检与排爆》刊物10期，共计10万余字，编制《信息专刊》（快讯）10期。

（李　红）

【加强调研工作】 防爆安全检查处围绕为防爆安检各项工作服务，积极开展调查研究。为确保调研工作确有实效，年初结合防爆安检立法、职能作用、信息工作、器材装备等内容确定了10个调研题目，组织各科室有关人员结合工作实际开展调查研究。年内，共召开防爆安检业务研讨会6次，完成调研报告14篇。

(张　颖)

【完成打击和预防经济犯罪展安全检查】 8月，北京市打击和预防经济犯罪展览在军事博物馆举行。防爆安全检查处每天派出20余名民警，承担安全检查任务。在一个月的展期中，安全检查达83万余人次，检查随身携带物品22万余件，查出管制刀具91把，步枪子弹1发，确保了展览的安全，受到市局领导好评。

(胡珍颖)

防爆安全检查处2000年领导名录

职　务	姓　名	任职时间
处　长	李润华	1995年4月—
政　委	舒　健	2000年10月—
副处长	李福会	1995年4月—
副处长	朱益军	2000年10月—
副处长	郑春生	2000年10月—

北京市安康医院

【概　况】 北京市安康医院是一所三级精神病专科医院。医院位于房山区岳各庄镇西周各庄村西，占地面积12.2万平方米，建筑面积4.4万平方米。始建于1965年4月，定名为“北京市第二精神病疗养院”，隶属于北京市民政局；1969年5月20日，更名为“北京市精神病院”；1981年8月改称“房山疗养院”；1982年5月划归北京市公安局，同年8月恢复“北京市精神病院”名称；1988年7月10日更名为“北京安康医院”；1995年9月13日更名为“北京市安康医院”。主要收治危害社会治安的精神病人，承担强制戒毒任务，开展精神医学司法鉴定、心理测试和精神医学康复工作。医院为正处级，公安事业编制。内设8个职能科、5个临床科、3个医技科、门诊部、精神医学司法鉴定科和戒毒中心（副处级，现下设4个科）各1个。医院设床位1500张。现有民警职工510人，其中：专业技术人员350人，包括正高职称5人、副高职称10人、中级职称73人、初级职称262人；行政后勤人员160人。全年收治精神病人173人，收治戒毒人员2408人，完成精神医学司法鉴定216例，招录新警心理测试3598人。

年内，安康医院继续深化医护三级查房制度，提高医疗文书书写质量，全面加强医疗质量管理；戒毒中心继续加强基础建设，推出警务公开制度，在建立和完善规章制度上下功夫，实现了“无毒品流入、无脱逃、无自杀、无因互殴致重伤或死亡”的“四无”安全目标；制定了“十五”科技发展计划；一项科研课题获市局科技进步四等奖，一个课题组获科技大会奖励；医院后勤管理继续在科学规范、节能降耗上下功夫，水、暖、电、气、车辆、物资保障能力加强，服务水平明显提高，实现了交通、消防安全指标为“0”；医院绿化美化、环境管理更加规范，绿化面积比上年增加了14%，病区、戒毒区、办公区和生活区的格局初步形成；按照三级医院文明规范服务标准创建“文明窗口单位”，让人民满意活动深入人心，医院获首都精神文明建设委员会颁发的“规范化服务达标三级医院”铜牌，在市政府警务公开的行风评议中获好评。

（孟庆会　肖延杰）

【精神病人收治工作】　全年，安康医院收治各类精神病人173人，其中杀人、放火等严重危害社会的精神病人33人。年末，医院有住院精神病人637人，其中：肇事肇祸的精神病人180人。圆满完成了首都重大节日和活动期间精神病人的收治工作，有效地预防了因精神病人引发的杀人、上访等事件的发生。

（孟庆会　肖延杰）

【强制戒毒工作】　安康医院戒毒中心以“严格执法、文明管理、精心治疗、耐心教育”为指导思想，坚持“治疗、康复、教育、挽救”的八字方针，对吸毒人员开展药物治疗的同时，为降低复吸率，着力做好心理康复治疗。实施了行为矫正治疗、毒品危害教育、法制教育、道德伦理教育、体能训练等综合康复措施。全年，收治戒毒人员2408人。在市区跟踪随访戒毒出所人员，进行尿毒检查260人次；以防复吸为目标，开展心理咨询，召开戒毒人员家属座谈会，教会他们如何帮助戒毒人员预防复吸。全年接待来自社会各界及国内外专家、学者的参观50余次，受到普遍赞誉。10月中旬，戒毒中心被公安部评为“规范化管理强制戒毒所”。

（孟庆会　肖延杰）

【精神医学司法鉴定工作】　安康医院精神医学司法鉴定科作为医院重点科室，以为委托办案单位提供优质、便捷的服务为目标，坚持科学严谨的工作作风，以维护首都社会治安、打击犯罪、维护精神病人合法权益为出发点。全年，进行精神医学司法鉴定216例，其中为外省市鉴定19例、外出鉴定44例、住院鉴定7例。多次完成上级机关指定交办的赴案发现场对重大、疑难案件进行精神医学司法鉴定的任务。经北京市司法鉴定委员会复鉴的案例，符合率达到了100%。

（孟庆会　肖延杰）

【心理科工作】　年内，安康医院心理科引进韦氏成人智力、艾森克个性问卷、卡特尔个性问卷、瑞文渐进测验等心理测量量表，应用计算机技术进行心理测试，并陆续推广到临床。完成了住院精神病人心理测试145人次；招录新警心理测试3598人；结合在公安部科技局立项的科研课题中对治安警、巡警、刑警三警种共300人进行了有针对性的访谈。

（孟庆会　肖延杰）

【科技工作】　年内，安康医院在市局立项的科研课题有1项，院级课题有3项；10篇医疗论文在国家级杂志发表，6篇在省级杂志发表，32篇参加了学术会议交流；有2篇护理论文在市级以上杂志发表。“海洛因依赖综合治疗”课题组被市局授予“科技应用先进集体”称号。“具有凶杀行为的精神分裂症患者与凶杀犯百例MMPI的对照研究”课题获市局科技进步四等奖。安康医院派出6名医护人员赴英国短期培训，2名护士长赴香港学习。检验科艾滋病初筛实验室通过市卫生局和防疫站评审，成为全市第一批被认证的艾滋病初筛实验室;医院通过了市卫生局、市劳动和社会保障局的评审，被确定为第一批医疗保险定点医疗机构。

（孟庆会　肖延杰）

【彭珮云等领导视察戒毒中心】 6月27日，全国人大副委员长、全国妇联主席彭珮云，全国妇联副主席顾秀莲，市委秘书长杜德印，市人大常委会副主任段柄仁，公安部禁毒局局长杨凤瑞、监管局副局长张向宁，市妇联主席李巧云，市公安局副局长、禁毒办副主任阮增义等领导到医院视察戒毒工作。彭珮云为戒毒所题词:“你们从事的是一项利国利民的崇高事业，希望你们发扬成绩，克服困难，为禁毒工作做出更大贡献”。

（孟庆会　肖延杰）

北京市安康医院2000年领导名录

职　务	姓　名	任职时间
院　长	吕秋霖（女）	1992年6月—
政　委	王　森	2000年10月—
副院长	柴宝森	1992年6月—
副院长	何建华	1995年2月—2000年12月（提前退休）
副院长	王佩贤（女）	1995年2月—
副院长	张惠民	1995年2月—

内部安全保卫系统

内部单位保卫局

【概　况】 2000年，在市局机构改革中，将原经济保卫处，市委、市政府机关保卫处合并为北京市公安局内部单位保卫局。年内，大力加强国保基础工作，制定《国保基础工作规范》，对“法轮功”人员及各种非法组织进行了全面排摸，确保了企业内部的稳定。在治安防范工作中，狠抓以“防抢、防盗、防自然灾害事故”为主要内容的安全检查，确保连续三年实现了公安部提出的金融单位“盗抢不成”的工作目标。严厉打击各类刑事犯罪，开展打拐、禁毒和清理整顿文化娱乐场所的专项斗争，在单位内部进行摸底调查，配合有关方面开展工作。对首钢周边治安秩序进行集中整治，遏制住了大规模哄抢、偷窃首钢原材料的违法犯罪活动。围绕国企改革，深入开展调查研究，完成4项重点调研专题，为工作决策提供了重要依据。建立公安信息网，加快科技强警步伐。与市局光缆联通，建立二级公安指挥室，完成了城八区金融运钞车卫星定位系统报警网，进一步完善了金融系统报警网络建设，办公自动化取得初步进展。40%的民警掌握了计算机基本操作，为实现公安工作网络化、信息化奠定了初步基础。抓好教育培训工作，初步形成培训新机制。完成了年内培训三分之二民警的任务。内部单位保卫局民警中取得大学本科学历的42人，占13%；取得大学专科学历的174人，占53%。40名民警取得计算机一级B以上合格证书，21人通过了警衔晋升培训考试。举办保卫人员培训班18期，2350人参加培训并通过考试，获得岗位培训合格证。

（张小波　赵建华）

【破获刑事案件167起】　全年，内部单位保卫系统破获刑事案件167起（其中破获重大案件101起），全部案件和重大案件破案率分别为48%和38.3%，与上年比，分别上升3%和下降3%。抓获各类犯罪嫌疑人256名，打掉犯罪团伙25个，为企业追回经济损失562.47万元。

（赵建华）

【开展企业内部安全检查】　年内，内部单位保卫局坚持开展以“防抢、防盗、防自然灾害事故”为主要内容的安全检查，共出动警力6192人次，检查要害部位、重点防范部位50842处，填写《检查记录》9804份，发送《治安隐患通知书》703份，解决不安全问题11619件。

（张小波　赵建华）

【圆满完成岗位培训任务】　根据市公安局关于教育培训的部署，内部单位保卫局结合工作情况制定了教育培训规划，与人民警察学院共同编制了内保系统民警培训题库，完成了市局要求培训民警达三分之二以上的指标。全年举办培训班15期，参加培训民警528人，其中内部单位保卫局333名，已全部培训完毕；各分、县局195名，占应培训总数275名的71%。根据工作需要，共设置了23个专题，对新形势下的内部单位保卫工作进行了探讨性的研究，同时为增强民警的实际工作需要，更好的协助企业解决好因劳动争议等原因引发的内部不安定事端而专设了《劳动法》、《公司法》等课程，深受民警欢迎。

（赵建华）

【完善三级管理二级指导】　年内，内部单位保卫局将现行工作机制明确归纳为：三级管理二级指导。三级管理：按照单位的级别、规模、性质由市局、分、县局和派出所进行分层指导、监督、检查内部单位的保卫工作。二级指导：市局职能部门指导分、县局内保部门工作；分、县局内保部门指导派出所内保工作。这一工作机制的建立和完善，有力地推动了全市企事业内部保卫单位整体防范工作的开展。

（栗　萍）

【开展保卫人员上岗培训】　年内，为认真贯彻落实《北京市企业治安保卫责任制规定》共举办21期保卫人员培训班，对2350名保卫人员进行了上岗培训。设置了治安管理处罚条例、保卫工作概述、治安保卫责任制、诈骗案件的预案与对策、要害保卫工作、安全检查工作、技术防范工作、企业内部维护稳定工作等课程。每期学习完毕均进行闭卷考试，考试合格后发给上岗合格证书。

（解北峰）

【围绕国企改革深入开展调查研究】 年内，根据公安部《关于对国有企业保卫工作进行综合调研的通知》精神，内部单位保卫局组织专门力量，写出了《关于国有企业保卫工作的调查与思考》的调研文章，比较系统地总结分析了在市场经济条件下，国有企业保卫工作的变化与受到的冲击，以及如何适应和加强国企保卫工作。

（赵建华）

【建立开通二级公安指挥室】 年内，内部单位保卫局在新建和改造办公楼的同时，将原48平方米的小会议室改建为新的内部单位保卫局指挥室。新建指挥室的开通运行，增加了同时接收值班电话数量，满足处置两个不同级别的警力调动指挥工作需要，极大地提高了工作效率，实现了地理信息系统的计算机应用，安装了1：5000的全市电子地图，将内部单位保卫局管理的所有单位的基本情况，以地理信息的形式反映出来。

（张晓江）

【妥善处置肉联厂集体上访事件】 北京肉联厂因经营亏损，于1999年12月宣布破产。对职工进行分流、安置工作中，部分农转非职工对领取的安置费用少表示不满，2000年1月18日到2月11日连续聚集、封堵肉联厂大门，到市食品公司上访。内部单位保卫局及时召开有关单位和部门负责人参加的协调会，积极配合单位党政领导妥善处置农转非职工的上访工作，并派出警力在现场维护秩序，基本保证了单位正常秩序和安置工作的进行。

（赵建华）

【更换保卫人员工作证】 按照《北京市企业治安保卫责任制规定》的要求，2月份内部单位保卫局开展了对全市保卫人员换发（颁发）新的“北京市保卫人员工作证”工作，为8500名保卫人员换发（颁发）了新的工作证。

（解北峰）

【开展内保安全大检查】 7月中旬，根据市局《关于贯彻落实中央领导批示精神，迅速开展安全大检查的通知》精神，内部单位保卫局牵头组织全局内保部门民警深入基层，与企事业单位配合对全市中央在京单位和市属、区县各企事业、文化单位进行了为期10天的安全大检查。检查共出动警力4164人次，检查各类部位33437处。其中：要害部位和重点防范部位21535处、易燃易爆部位3056处、大型油库99处、加油气站553处、重点工程47处、大中型商场215处、金融营业网点1739处、重要物资仓库190处、其他部位6003处，发现解决不安全问题6853件。

（郭冬生）

【开通计算机公安信息系统三级网】 10月至12月底，内部单位保卫局完成了局内各办公室的综合布线工程，在此基础上建设了由中心网络、主机系统、信息发布系统和UPS电源系统构成的计算机公安信息系统三级网络。采用以交换机为中心的星型网络拓扑结构，在其边界使用路由器接入市局公安网，采用国际通用的互联网络协议标准TCP/IP协议，由PC服务器双机和独立磁盘阵列构成网络主机，确保了数据的安全存储。三级网络的建成给工作带来了极大的方便，大大提高了文件传输、信息查询等项工作的效率。

（宋　威）

【贯彻改革精神调整管辖单位】 11月9日，内部单位保卫局在市局警务中心大会议室召开了有市局指挥中心、治安管理总队、刑事侦查总队有关领导，各分、县局有关领导参加的调整管辖单位工作会。会上将1187个中央在京单位的保卫工作关系移交属地公安机关管理，并明确了案件管辖的划分。

（赵建华）

【建立内部单位保卫局】 11月，根据市委市政府《北京市公安局职能配置内设机构和人员编制规定》，设置北京市公安局内部单位保卫局。内部单位保卫局是市公安局主管企事业单位内部保卫的职能部门。内设机构16个,其中正处级机构5个,副处级机构10个,正科级机构1个。这次机构调整将市委、市政府机关保卫处纳入内部单位保卫局管辖,首钢、矿务局两个公安处改制为北京市公安局内部单位保卫局下属的业务处,新组建航天工业保卫处。职责任务,除首钢、矿务、航天及金融保卫处管辖的单位外,不再办理分管企事业单位的刑事案件,主要行使对直管单位内部安全保卫工作的监督检查职能和对分县局内部单位保卫业务的指导职能。

(秉 萍)

【召开经验交流会】 11月30日,内部单位保卫局在中国气象局报告厅,召开了全市贯彻落实《北京市企业治安保卫责任制规定》经验交流大会。市公安局局长强卫,公安部三局副局长杨奇,中央企业工委办公厅副主任张来亮,市政法委副书记、市综合治理办公室主任吴玉华,市工业纪工委、市建委、市政管委、市商委、市金融纪工委及中央国家机关和部分在京直属单位,北京市属、区属单位主管保卫工作的党政领导、企业法定代表人和保卫部门负责人共400余人参加了会议。会上,6个单位的领导分别介绍了落实《责任制规定》的经验。

(秉 萍)

案 例 举 要

【打掉特大金融系列诈骗案团伙】 1月27日,内部单位保卫局经过一年多艰苦细致的缜密侦查,打掉一个以犯罪嫌疑人陆峰(男,34岁,北京市恒企发展公司总经理,1983年因打架劳动教养)、成敬(男,44岁,北京新纪元高新技术实业发展公司经理,1981年因投机倒把罪判处有期徒刑五年)为首进行特大金融凭证、贷款诈骗的犯罪团伙,共抓获犯罪嫌疑人10名。经审查发现该团伙涉案20起,涉案金额高达2.7亿元,被骗单位17家,经工作破案13起,涉案金额1.89亿元,收缴赃款及赃物折合人民币1.528亿元,起获了三套用于私刻印鉴的电脑、扫描仪、彩色打印机等作案工具。3月16日已将陆峰、成敬依法逮捕。

(赵建华)

【入室抢劫犯罪嫌疑人吕和平落网】 1月28日,内部单位保卫局将作案后藏匿一年多的特大持械入室抢劫犯罪嫌疑人吕和平(男,46岁,内蒙古呼和浩特市无业人员,1973年因盗窃罪被判处有期徒刑13年)抓获。经审查,吕交待1998年10月至11月间,伙同于全文(因拒捕被击毙)持枪、砍刀闯入北京王府井大饭店、京信宾馆、五洲大酒店客房进行抢劫以及在朝阳区和平街持枪拒捕的犯罪事实。抢得现金20余万元,价值12万余元的钻石戒指一枚,手机多部等物,所得赃款用于吸毒、挥霍殆尽。3月9日吕和平被逮捕。

(赵建华)

【破获诈骗中成药特大案件】 3月25日,内部单位保卫局抓获伪造提货单、诈骗北京同仁堂集团公司82万元中成药的特大案件嫌疑人黄晓林(男,44岁,江西人,个体)、敖爱华(男,37岁,江西樟树市大桥供销社副主任)二人。黄交待:因做生意赔本并欠赌债,遂借与同仁堂集团公司长期有供销关系,找人印制北京同仁堂集团公司提货单,私刻该公司两枚提货专用章,打印好购货单位、药名等内容,指使敖爱华用伪造的提货单,将市场紧俏的安宫牛黄丸、大活络丸、乌鸡白凤丸等760箱中成药骗走。4月26日以诈骗罪依法对黄晓林、敖爱华二人逮捕。

(赵建华)

【破获滋扰警务电话案】 6月10日,内部单位保卫局在市局指挥中心和电信部门的配合下,破获了一起利用CDMA手机133网,滋扰"110"报警服务台的案件。犯罪嫌疑人刘艳东(男,26岁,河北涞水县石亭镇山后村人,租住北京市石景山区)被抓获,收缴作案使用手机8部。刘交待自5月份以来，使用多部手持电话频繁拨打“110”、“112”、“119”警务电话，进行辱骂滋扰。刘艳东以涉嫌破坏电信设施罪被依法处理。

（赵建华）

【侦破北京印钞厂特大盗窃案】　年初以来，全国6个省的20余家银行在对北京印钞厂生产的百元面额产品开封时，先后发现新印制的人民币短缺，短缺数量少则千元、多则10万元。此案引起中国人民银行总行领导的高度重视，行文北京市人民政府请求予以侦查破案。经济保卫处与刑事侦查处接案后，立即组织精干的刑事技术力量开展侦破工作。经对北京印钞厂进行现场勘察、指纹比对，发现广东省潮州市短缺10万元案现场指纹痕迹与该班工人田增军（男，31岁）的指纹极其相似，田作案嫌疑重大。经审讯，田交待了于1999年8月14日下午3时，乘装件班无人之机盗窃人民币10万元（1包）及从1996年开始抽张作案十几起，盗窃金额达19万余元的犯罪事实。起获赃款人民币9.66万元、澳元1.38万元（折合人民币7万余元）。9月26日已将田增军依法逮捕。

（陈　庄　赵建华）

【破获一起伪造公文印章案】　内部单位保卫局破获一起伪造公文、印章诈骗投资资金案，犯罪嫌疑人江林之（原名江剑勋，男，55岁，四川乐山人，刑满释放人员）、马长春（男，53岁，江苏无业人员）被抓获。经审查，江、马二人交待，自2000年2月份以来伙同杨即明（男，60岁，青海西宁人，刑满释放人员）利用伪造的“中央文件”，以中央政策研究室副主任、青海省组织部部长名义，打着秘密从国外引资和进口石油高回报率的旗号，先后四次从中国石油化工集团公司骗得人民币10万余元。在马长春住处查获了伪造的盖有“中华人民共和国财政部国际司”等印章的假公文，以及大量所谓“国民党引资证明文件”、赃款13万元等。9月6日将犯罪嫌疑人杨即明抓获。9月28日江、马、杨三人被依法逮捕。

（赵建华）

【破获境内外勾结信用卡诈骗案】　9月9日至11日，黄树潮（男、31岁、美籍香港人）、利伟强（男、加拿大籍华人）、林雨（男、47岁、广州市人）勾结孟庆志（男、48岁、黑龙江省肇东市海城人、中警会服务中心法人代表）、栾建东（男、55岁、北京市人、中警会服务中心副主任）进行信用卡诈骗活动，由黄树潮以每张卡400美元的价格在境外购买100张伪造的信用卡带回国内，由孟、栾二人提供收银POS机的使用地点，利伟强负责刷卡，黄树潮、林雨查验清单，在北京东岳重阳公寓的两台收银POS机上，使用76张伪造的VISA卡、万事达卡，共发生信用卡消费业务420笔，合计诈骗金额763万余元。此案在内部单位保卫局与有关单位工作下告破。

（何晓鸥）

经济保卫处2000年领导名录（机构改革前）

职　务	姓　名	任职时间
处　长 （经济民警总队总队长）	刘宪民	1991年5月—2000年2月（到最高任职年限，任正处级调研员）
政　委 （经济民警总队副总队长）	刘　松	1996年12月—2000年9月

副处长	褚维忠	1993年6月—2000年10月(到最高任职年限，任正处级调研员)
副处长	牛新民	1996年1月—2000年10月
副处长	李彩珍（女）	1996年1月—2000年10月
副处长	杜 兵	1996年1月—2000年10月
(经济民警总队副总队长)	马广兴	1996年10月—2000年10月
副处长	王益春	1998年8月—2000年10月(调市局办公室任职)
副处长	朱 辉	1998年8月—2000年10月
副处长	张 强	1999年1月—2000年10月

内部单位保卫局2000年领导名录（机构改革后）

职 务	姓 名	任 职 时 间
局 长	刘 松	2000年9月—
政 委	王树彬	2000年9月—
副局长	刘振杰	2000年10月—
副局长	牛新民	2000年10月—
副局长	李彩珍（女）	2000年10月—
副局长	杜 兵	2000年10月—
副局长	朱 辉	2000年10月—
副局长	张 强	2000年10月—

保 安 管 理 处

【概 况】 年内，市局保安管理处（北京市保安服务总公司)结合首都保安工作实际，不断开拓进取，在确保客户单位内部安全，协助公安机关预防和打击违法犯罪活动，维护首都治安秩序和社会稳定等方面作出了积极的贡献。年内，全市保安系统共提供破案线索987件，协助公安机关破获各类刑事案件1767起，抓获各类违法犯罪嫌疑人8432名，抓获“法轮功”顽固分子110人，查缴“法轮功”宣传品15383件。发现并及时消除客户单位内部各种不安全隐患2万余件，为客户挽回直接经济损失2423万余元。在承担保安服务的近3600家客户单位中，没有发生刑事、治安案件和重大治安灾害事故的达99.8%。全年共为群众做好事11万余件，拾金不昧的数额达2046万余元，受到广大客户和社会各界的肯定和好评，被授予“首届全国十佳保安服务公司”的光荣称号。进一步加大行业管理力度，协助有关部门查处“黑保安”，规范保安服务业市场；经过广泛调研，完成了《保安服务操作规程》和《保安服务质量标准》初稿的编写工作，为进一步规范保安行业奠定了基础；着手进行了新式保安服装的开发研制工作；不断加强保安队伍的正规化建设和规范化管理，建立保安纠察体系和内部监督机制，实现全系统保安员统一岗前培训和持证上岗。加快保安高科技的投入，完成保安管理处指挥中心建设工程，全面启动保安技防，电子保安联网报警系统进入试运行，基本完成GPS/GSM机动车反劫防盗系统的开发和试验、电子地图的制作和市场调研推广等基础工作。

（包　赟）

【清理“黑保安”】　根据公安部《关于保安服务公司规范管理的若干规定》，保安管理处配合治安管理等部门加强对全市保安服务业的清理整顿。在1月至3月的集中清理工作中，取缔46家非法保安公司，清退或收编966名非法保安员。全年共调查“黑保安”和单位自建保安的违法违纪问题57起，为遏制非法保安的发展，净化保安服务市场起到了一定作用。

（包　赟）

【加强保安管理指挥中心建设】　保安管理处成立指挥中心建设专项工作组，经过8个月的时间，完成了指挥中心硬件基础建设。指挥中心工程涉及计算机局域网和广域网、保安信息管理系统、电视电话会议系统、数字程控交换、电视监控等技术，是集数据、图像和语音处理于一体的现代化信息管理和指挥调度系统，具有实用性和先进性，体现了多功能、综合性和高效快捷的特点。

（包　赟）

【实现保安员持证上岗】　为进一步加强保安队伍建设，不断提高保安队伍整体素质，保安服务总公司在全系统实行保安员持证上岗考核，保安员通过业务知识、军事体能和品行三方面的素质考核，取得《保安人员资格证书》后才能上岗。经过严格考核，截止到10月底，全系统已实现了全员持证上岗。

（包　赟）

【招收保安纠察队员】　为加大保安纠察工作力度，在28家分公司分别建立保安纠察队的基础上，1月8日，保安服务总公司从解放军三军仪仗队、中央警卫团招收了综合素质较高的复员战士作为保安纠察队员，对提高保安纠察队整体素质，发挥纠察队示范作用起到了积极作用。

（包　赟）

【马京敏获全国十佳保安员称号】　年内，北京市十佳保安员、首都十佳外来务工经商青年丰台分局保安分公司保安队长马京敏，因工作成绩显著，5月被北京市授予劳动模范。12月15日，获全国十佳保安员的称号。

（李志友）

【隆重举行保安系统总结表彰大会】　1月22日，保安系统1999年度总结表彰大会在北展剧场隆重举行。宣武等11个分公司、东城分公司驻东直门派出所保安分队等19个集体、28名保安员、41个团组织、52名团干部、团员等先进集体和先进个人受到表彰奖励；东城分公司驻长安文化娱乐中心保安分队等27个集体和58名保安员分别获得“群众满意、客户满意保安示范岗”和“优秀保安员”荣誉称号。

（包　赞）

【召开高科技研讨会】　4月8日，保安管理处召开“GPS/GSM机动车辆反劫防盗及指挥调度系统”现场研讨会。公安部一所、市局安全技术防范办公室、信息通信处、防爆安全检查处等领导、专家参加了会议。经过深入探讨和研究，与会人员对该系统的技术先进性、功能实用性给予了充分肯定，并对保安服务公司如何发挥人防和技防相结合的优势，配合公安机关预防和打击机动车辆盗抢犯罪活动等方面提出了许多宝贵意见。

（包　赞）

【勇夺合唱比赛桂冠】　5月31日，在市局举办的“昂首迈进新世纪”合唱比赛中，保安管理处合唱团成员团结一致，以总成绩19.42分的高分荣获丙组决赛第一名。

（包　赞）

【首批承担法警工作的保安员上岗】　6月23日，由48名保安员参加的法警专业培训班正式结业。作为首都第一批聘任制法警，经过40天的专业培训，被分配到包括北京市高级法院在内的法院系统的9个单位承担法警工作。

（包　赞）

【举办首期经理培训班】　9月4日至15日，保安服务总公司举办了首期全市保安系统分公司经理培训班。共有30家分公司经理参加培训。培训包括邓小平理论、经济合同法、劳动法、会计法、企业管理知识、当前国内政治经济形势等内容。

（包　赞）

【培训工作纳入正规化轨道】　11月1日，全系统保安员的岗前培训工作实现了统一管理、统一培训。到11月1日，全市保安系统29家分公司已按规定要求全部纳入统一培训。

（包　赞）

【实施机构人事制度改革】　按照《北京市公安局职能配置内设机构和人员编制规定》，保安管理处（挂“北京市保安服务总公司”牌子）作为市局职能处列入编制，并明确主要职能为管理全市保安业，对保安人员进行教育培训、指导全市保安工作。全处民警定编为76名，设政治处（副处级机构）1个；办公室、装备财务科、培训中心、指导科和技防管理科（正科级机构）5个。

（包　赞）

【荣膺全国十佳保安服务公司】　12月15日，由公安部、全国总工会、共青团中央联合在人民大会堂隆重召开“首届全国先进保安服务公司优秀保安员”表彰大会。北京市保安服务总公司被评为“首届全国十佳保安服务公司”，东城分公司被评为“全国先进保安服务公司”，丰台分公司保安员马京敏被评为“全国十佳保安员”，开远分公司张杰等7名保安员被评为“全国优秀保安员”。会上，北京市保安服务总公司总经理宋建国代表先进保安公司做典型发言。

（包　赞）

保安管理处（保安服务总公司）2000年领导名录

职　务	姓　名	任职时间
处　长	宋建国	1997年10月—
总经理		1996年8月—

政　委	李福生	1997年10月—
政　委		1996年 8 月—
副处长	齐　放	1997年10月—
副总经理		1996年 8 月—
副处长	黎小康	1997年10月—
副总经理		1997年10月—

交通管理系统

北京市公安交通管理局

【概　况】　2000年，公安交通管理局（挂北京市公安局交通警察总队牌子）以劳动密集型向科技密集型转变，简单经验型向科学创新型转变，粗放型向集约型转变，单纯管理型向管理服务型转变的工作思路，以实施“畅通工程”、创建平安大道为载体，坚持严格执法，突出严格管理和科学管理，强化队伍自身建设，在全市机动车增至158万辆和道路大面积施工的情况下，总体交通环境发生了近年来从未有过的变化。全市交通秩序明显改观，按照公安部畅通工程考核标准，100处主要路口达标率90%，155条主要大街达标率95%。交通拥堵明显缓解，市区交通拥堵总数比上年下降6.5%，基本保持了畅通。交通死亡事故明显下降，年内，全市共发生交通事故32378起，死亡1459人，比上年少43人，下降2.9%，万车交通事故死亡率为9.8，比市政府控制指标下降3.7。全年处罚交通违章1793万起，申请行政复议的不足万分之0.6。执法环境得到明显改善，市民交通遵章率日益提高，主要大街遵章率达到95%以上。交通设施进一步规范、完善，主要大街标志设施达到“科学规范、整洁美观、清晰醒目、齐全有效”的标准。车辆管理和驾驶员管理工作进一步深化，从源头上预防和减少了违法行为和交通事故的发生。逐步完善目标管理责任制，将科学的目标管理方式覆盖全局各项工作，推动全局业务工作和队伍管理水平上了一个新台阶。在远郊区县实行了“交巡合一”。据“122”报警台每月抽样回访，群众对交通民警执法执纪满意率始终保持在90%左右。特勤交通保卫任务万无一失，圆满完成了全国“两会”、多国大城市首脑会等重大活动和假日旅游高峰交通保卫任务。全年共出各种勤务21804次，出动警力537008人次，其中，元首级勤务43次，二、三级外宾勤务113次。圆满完成了对“法轮功”邪教组织人员活动的处置，配合有关部门出色完成了群体性上访事件的处置工作。全年共处置突发、偶发事件2657起，协助破案193起，抓获犯罪嫌疑人26名，截获布控车35辆，为维护首都稳定作出了新贡献。

（关　杰）

【建立非现场执法管理系统】　年内，通过交通管理综合信息系统和全天候的交通监控、违章监测网络，建立了数字化非现场执法管理系统，并在全市全面实施。非现场执法扩展和完善了传统的执法方式，降低了执法成本，提高了执法效率，对司机产生了极大震动，有效地促进了驾驶员遵守交通法规的自觉性，执法力度和效果明显增强。全年非现场处罚闯红灯、乱停车等违章10万多起，追查未缴纳罚款4.6万人，已满12分未接受教育考试的2.8万人，处罚未审验驾驶员31566人次。

（关　杰）

【建立新的警务管理机制】　面对年内集中退休800多人，任务增加等不利因素，公安交通管理局以各种现代化科技手段为依托，积极推进岗位管理制度，改革勤务方式。将全市岗位分为3类13种，实行定人、定时、定岗，使岗位管理初步实现规范化。通过扩大单警控制范围，减少422处固定岗，节约警力636人，新增岗位810处，其中巡逻岗占70%，使警力的时空分布更加科学合理，路面管控范围和力度明显加大。

（关　杰）

【建立交通协管员队伍】　公安交通管理局全面改进交通协管员的使用和管理，成立局、支队、值勤队三级组织机构，抽调责任心强、业务工作熟练的122名民警具体负责，聘用2356名交通协管员在路面协助维护交通秩序，有效地弥补了值勤警力不足。

（关　杰）

【深化创建平安大道】　年内，在巩固、深化102、107国道创建成果的基础上，重点加强104国道和6条高速公路的创建工作。在沿线深入开展创建“交通安全文明村”活动，14条国、市道和高速公路沿线327个村庄，已有257个达到了“交通安全文明村”标准，占79%，其中有91个达到了市级“交通安全文明村”标准。同时，对40处事故多发点段、832处山区危险点段加强综合治理，对酒后开车、非司机开车和“三超”（超速、超载、强行超车）等严重违章大力整治，加大执法力度。年内，14条国、市道和高速公路交通事故死亡258人，比上年下降7.6%，其中列入公安部评比的104国道事故死亡1人，102、107国道均未发生死亡事故。同时，102、107国道治安案件也明显下降，取得了交通、治安双“丰收”的良好局面。

（关　杰）

【加大交通管理执法力度】　年内，公安交通管理局结合对150处路口、255条大街实施交通秩序规范化管理，采取“集中行动、专项整顿、强化日常管理”三种主要形式，大力整治交通秩序，严格纠正、处罚交通违章。以整顿非机动车、行人违章，人力三轮车、农用车、两轮摩托车、大、小公共汽车、出租车违章、大货车超载、冒黑烟违章、非公交车走公交专用车道违章和酒后开车、非司机开车等严重影响秩序、安全的重点违章，组织开展了70多次整顿。全年共纠正各种交通违章2281万起，处罚1793万人次，滞留违章车43万多辆次，吊扣驾驶证5万多个，纠违、处罚分别比上年上升了21%和26%。在事故执法方面，依法拘留336人，撤销驾驶证713个，提交司法机关追究刑事责任的251人。在执行交通安全责任制方面，处罚交通肇事单位、交通违章超标单位1635个，其中给750个单位发了交通事故隐患通知书，挂警告黄牌46个单位，停车整顿10个单位，追究单位领导责任40人。在车务执法方面，严格执行机动车报废标准，依法报废机动车1.9万辆，促进了首都交通环境和大气环境改善。

(关 杰)

【规范交通执法行为】 年内，公安交通管理局规范违章处理程序，规范执法文件，初步建立起执法规范体系。全年共开展各种执法检查211次，针对检查发现的37类执法错误，处理违法违纪民警1922人次。在事故处理方面，通过制定事故办案程序规范、退补案卷程序等一系列规定，规范了事故处理审批和重新认定。

(关 杰)

【严格规范警务管理】 年内，交通管理部门各级指挥中心充分发挥行政管理手段，严格落实三级领导上路、路况信息报告、“122”接处警、检查督导等10大类、74项警务管理规章。全市每天早晚高峰有170余名领导在路面巡视，每天有21个时段领导亲自报告路况信息，覆盖面达到全市主要道路。全年领导干部上路13.3万人次，报告路况信息5.2万条，检查岗位40多万次，检查民警57万人次，解决路面问题1.3万多起，切实保证了警力到位和各项管理措施的落实。

(关 杰)

【规范完善交通设施建设】 年内，新增、更新交通标志8916面，提高了交通标志覆盖率；设置新型路名牌3500面，初步形成路名牌网络，并在新型路名牌上增加了方向性，在专用设施、知名旅游景点附近交通标志上增加了中英文对照标识，方便了外埠来京人员、外国客人出行；增划人行横道线2500多处，施划交通标线2167公里，新建、改建交通信号灯251处，对83处路口实施了多方位信号灯控制，新设置36处“自助式人行横道灯”，保证了行人过街交通安全。使用高亮度闪光雨线、反光隔离墩轮廓标识膜、减速胶带等新的交通标志，方便了群众，维护了秩序。到年底，交通标志已达48221面（反光标志35076面），交通标线已达9319.6公里，安全护栏已达227947米，信号灯已达1036处。全面提高了交通设施规范化、科学化管理水平，合理有效地疏导了道路交通流。

(关 杰)

【科学组织交通流】 年内，对东大桥、和平里、西单路口等21个地区实施区域性交通优化，优化渠化路口197处、路段275处，改造路口39处，新增导向车道214条，增加车行道合计97.5公里。并与有关部门联系，对设置不合理、影响道路畅通的78处公交站点进行了调整，施划出租车站308处。特别是针对全市大范围道路施工，先后发布了18个交通管制《通告》，科学组织流量流向，加强施工区域交通维护疏导，不仅保证了各项施工顺利进行，而且最大限度地减少了对正常交通的影响。按照市政府部署要求，对小公共汽车、货车、农用车、人力客货三轮车行驶路线进一步从宏观上进行了调整，积极联合有关部门，将小公共汽车退出市区7条主要大街，人力客货运三轮车退出二环路以内主要道路，正三轮、农用车、马车、拖拉机退出四环路以内地区，有效消除了一批拥堵节点，使市区路网的总体通行能力得到了有效提高。

(关 杰)

【开展安全大检查】 年内，根据江总书记批示精神和国务院、市委、市政府、公安部开展安全生产大检查的部署要求，公安交通管理局多次部署在全市开展交通安全大检查。领导带队深入各区县、长途客运场站等检查30余次，各区县交通支、大队结合百分验收，与有关部门密切配合，组织检查组1561个，深入到47000多个单位进行了交通安全宣传和检查，共抽查机动车30多万辆，查出不合格的5000多辆，其中强制报废704辆，停驶2000多辆，其它车辆均限期修复。

（关　杰）

【加强重点违章重点单位的管理】 公安交通管理局制订了单位车辆违章控制指标及考核办法，依据交通违章信息管理系统，将违章超标30%的社会单位作为管理重点，加大追查、处罚、教育整顿力度。特别是针对出租汽车、小公共汽车违章现象严重，组织宣传民警携带POS机深入610个重点单位，检查3.1万名司机的违章记分情况，对满12分的司机令其参加培训，对8分至11分的司机作为重点司机加强管理。先后处罚交通违章超标的出租汽车、小公共汽车公司1240单位次，其中给698家发了警告通知书，给34家公司挂黄牌，并对530辆达到报废标准的小公共汽车，依法强制报废，集中送到解体厂解体。经过整顿，下半年出租汽车、小公共汽车违章分别比上半年下降30%和29%。

（关　杰）

【开展社会化交通安全宣传】 围绕实施“畅通工程”、创建平安大道等中心工作，全市共召开各种宣传会、动员会6万多次，发放宣传材料148万份，发动群众上街22万人次，与社会单位签订“交通安全责任书”48万份，与沿街单位签订“门前三包责任书”13万份，测试驾驶员182万人次，举行了“畅通工程”启动日、交通安全宣传周等5次大型宣传高潮活动，形成了社会轰动效应，促进了社会单位内部交通安全管理。

（关　杰）

【开展交通新闻宣传】 年内，公安交通管理局先后37次召开新闻发布会，将交通管理的重要政策、措施及时向社会公开，体现了交通新闻宣传的针对性、有效性、及时性和服务性。在新闻媒介开设“交警说法”、“新闻曝光”等固定栏目，使交通法制宣传经常化、日常化。年内，新闻单位共刊播有关首都交通管理的稿件29431篇（条），其中电视台3720条、电台17435条、报刊8276条，并推出了106部电视专题片和一批有影响、高质量的精品。交警自演的23集电视系列剧《大路方圆》和6部电视电影分别在北京和中央电视台播出。

（关　杰）

【全局机构改革进展顺利】 按照市局统一部署，结合首都交通管理实际，本着精简机关、理顺职能、充实基层的原则，对公安交通管理局机构设置进行了调整。改革后，管理层次由4级减少为3级，机关职能部门减少5个，减幅达25%，全局机构形成综合部门、业务部门、事业单位、实战单位四大系统28个单位。同时，完成全局“三定”工作，即：定职责任务、定内设机构、定人员编制，精简人员1164人，最大限度地使警力向实战岗位倾斜，提高队伍的战斗力。

（关　杰）

【大力开展民警岗位培训练兵活动】 年内，以提高民警素质为主线，紧紧围绕新刑法、行政复议法等新法规的实施和公安交通执法告知词、交通事故公开处理等新措施的出台，对民警进行普法教育和专题法制教育。对值勤、事故、宣传、车管等专业岗位的民警进行脱产培训。同时根据交通管理工作中出现的重点、难点问题及时开展专项业务培训。全年共举办各种业务脱产培训班32期，培训民警2928人次。

（关　杰）

【领导干部竞聘上岗】 年内，公安交通管理局全面实施副处以下领导干部公开选拔、竞争上岗。近千名民警通过自荐和组织推荐参加了公开选拔，经过严格的笔试、答辩、考核、公示等程序，有20名副处职、93名正科职、112名副科职领导干部走上了领导岗位。

（关　杰）

【加大干部考核、调整力度】 年内，公安交通管理局党委对全局667名现职副科以上干部进行了全面测评，对24名优秀率较低、不适合担任领导职务的干部实行了末位下岗，对46名优秀率低于50%、不称职率高于

10%的领导干部进行了集体谈话，下发了《领导干部警告书》，增强了干部队伍的危机感和紧迫感。同时对80名超龄的现职领导干部予以免职，全年共交流调整405人次。

（关　杰）

【执法装备保障有力】　年内，公安交通管理局在改善工作生活环境、改善民警伙食质量的同时，大力改善民警执法装备，配发适合新式警服的反光背心4700件、夜间专用警戒标志77套，有效保证了民警在夜间上路执法、事故勘查时的人身安全。为一线民警配备警员手持机984台、测速雷达仪50台、进口酒精检测仪150台，更新电台500台，有力保证了日常管理和执法工作。

（关　杰）

【贾春旺到公安交通管理局视察】　1月25日，公安部部长贾春旺轻车简从，直接来到公安交通管理局指挥调度中心大厅，视察北京交通管理工作。贾部长听取了公安交通管理局领导关于交通指挥控制系统、交通流视频检测系统、警车卫星定位系统、“122”接报警系统、交通综合信息管理系统、路面民警岗位设置的情况后，对交通管理工作提出具体要求，并通过无线电台亲切慰问了值勤民警。

（关　杰）

【“畅通工程”启动仪式】　2月26日，在天安门广场举行了城市交通管理“畅通工程”启动仪式。汪光焘副市长在会上发表了讲话，刘淇市长向“畅通工程突击队”授旗。公安部部长贾春旺、部长助理杨焕宁、部公安交通管理局局长孟宏伟、副局长王金彪，建设部副部长郑一军，中央精神文明办副主任胡振民，共青团中央书记处书记赵勇，中直管理局副局长张建平、国务院机关事务管理局司长张洪，北京市市长刘淇，副市长汪光焘、市委常委、政法委书记强卫，北京卫戍区副司令员孙本胜、市政府秘书长黄承祥、副秘书长任殿华、市交通局局长张燕生、市精神文明办主任赵东鸣，团市委副书记李印泽，市公安局副局长、公安交通管理局局长马振川、政委胡层林等领导参加了启动仪式。

（关　杰）

【交通管理科技工程通过评审验收】　2月29日和3月1日，市计委和市科委共同组织有关行业主管、科研单位的领导及专家学者，对公安交通管理局交通管理科技工程(一期)进行评审验收。得出了“系统总体设计起点高，功能强，技术指标合理，运行稳定可靠，有很好的性能价格比，使用管理制度化，在建国50周年庆典活动交通保卫中发挥了重要作用，达到了国际先进水平，处于国内领先地位”的结论，一致同意该系统通过鉴定与验收。

（关　杰）

【调整办理停车泊位证明】　自3月1日起，公安交通管理局对停车泊位实行计算机网络化管理，调整了办理停车泊位证明的有关规定。各交通支队向公共停车场和对外开放停车场地的非公共停车场，按其申报的停车泊位数统一发放《机动车停车场地证》，车辆所有者从这些停车场获得停车场地证明后，到所在区交通支队的办证窗口直接办理停车泊位证明，通过停车管理系统核实，只要停车场地证明真实有效，手续齐全，当场可打印停车泊位手续，次日即可办理牌照或检验手续。新规定实行以来，群众反映良好。

（关　杰）

【启用车检信息系统】　3月1日起，公安交通管理局与全市41家检测场联网，正式启用机动车车检信息系统。配合本年度机动车检验工作，各检测场驻场民警利用该系统对受检车的交通违章、事故、被盗抢等信息进行核查对比，不仅对逃避处理的交通违章、事故及被盗抢车辆起到了“卡口”作用，而且加大了对交通违章的追查处罚力度，在预防和打击机动车领域违法犯罪活动及追查交通肇事逃逸案件方面发挥了积极作用。全年，通过车检信息管理系统，查出未接受处罚违章车2.6万辆、事故逃逸车15辆、被盗抢机动车8辆。

（关 杰）

【实行驾驶员记分管理】 3月1日，根据公安部《机动车驾驶员交通违章记分办法》的要求，公安交通管理局通过先进的计算机信息网络和智能技术，在全国率先对机动车驾驶员交通违章实施记分管理。全年共有136849名驾驶员因交通违章满12分进行了考试。

（关 杰）

【推出驾驶员计时培训改革】 4月4日，公安交通管理局将过去的机动车驾驶员集中培训改为零散计时培训。计时培训以考试场为主体，对全市教练员和教练车进行统一管理，在全市考试场建立与车管所联网的计时培训计算机系统，凡已通过交通法规培训的学员，在学习驾驶证的有效期内，可任选驾校、任选教练场、任选教练员进行培训，按小时交费，只要练满所学车型规定的时间，就可以预约桩考、路考。从4月20日开始，首先在顺义玉马考试场和通县京东考试场进行试运行。到年底，共接待参加计时培训的学员51669人，有39476人次参加了桩考，34677人次参加了路考，29468人领取了驾驶证。

（关 杰）

【开通交通管理网站】 5月11日，公安交通管理局在“北京市政府中心网站——首都之窗”正式开通交通管理网站，网址为WWW.bjjtgl.gov.cn。交通管理网站设立车辆管理、驾驶员管理、警务公开、预约法规培训、意见箱等栏目，群众上网十分踊跃。全年，共有65887人访问了交通管理网站，有617人提出意见和建议。通过上网，市民可以了解交通管理的各项制度措施，不仅初步实现了网上办公，而且为广大群众监督交通管理执法增加了新的渠道，取得了良好的社会效益。

（关 杰）

【成立安委会专家委员会】 5月18日，市交通安全委员会专家委员会成立暨第一次工作会议在公安交通管理局召开。副市长、市安委会主任汪光焘，市安委会副主任、市政府副秘书长任殿华，市公安局副局长、公安交通管理局局长马振川，副局长于春全以及受聘的国家机关、科研单位、高等院校的20位资深专家委员出席了会议。专家委员会主要对交通管理措施和决策提出意见、建议，发挥交通管理的参谋作用。

（关 杰）

【会见越南公安部代表团】 6月9日上午，以越南公安部副部长黄玉为团长的越南代表团参观了公安交通管理局指挥中心。公安交通管理局领导马振川、张锁成参加会见并介绍了公安交通管理局的工作情况。

（关 杰）

【设立流动宣传执法站】 自7月份开始，宣武交通支队利用停放在路边的面包车设立了“交通安全宣传教育流动执法站”，在车外悬挂宣传横幅，在车内悬挂交通事故案例图片。在执法过程中，先由值勤民警对非机动车、行人违章进行纠正，再由宣传民警进行现场教育，讲解交通法规以及交通违章的危险性和危害性，组织观看交通事故案例图片，发放交通安全宣传材料。通过设立流动宣传执法站，突出宣管结合、文明执法，在改善路口秩序和社会反映上都收到了较好效果。此项措施在全市得到了推广。

（关 杰）

【西单路口实施“立交平座”】 7月份，公安交通管理局对西单路口进行“立交平座”改造。通过对路口周边的武功卫胡同、横二条胡同、时代广场东侧、南侧路、教育街等道路进行优化、渠化，完善交通设施、交通标志等措施，使西单路口具备了“苜蓿叶”式立交桥的功能。实施“立交平座”后，通过路口的机动车均以直行通过，不但提高了路口车速，缩短了路口信号周期，而且由于机动车、非机动车交叉点减少，使路口交通秩序明显改观，道路通行能力提高了15%。

(关　杰)

【召开小公共汽车行业教育整顿大会】 7月5日和12日，市交通安全委员会办公室召开全市出租车、小公共汽车行业交通安全教育整顿工作大会。市交通局局长张燕生、公安交通管理局局长马振川在会上分别做了动员讲话。各区县交通安全委员会办公室主任，交通支（大）队主管队长、部分小公共汽车公司经理、司机代表及新闻记者500多人参加了会议。会上，给予北鹏客运中心等4家交通违章严重超标的公司黄牌警告；给予北京科林通客运有限责任公司等31家小公共汽车、康辉等326家出租汽车违章超标公司书面警告和经济处罚。

(关　杰)

【使用新一代闯红灯自动监测仪】 7月下旬，在中关村地区8个路口安装了16处新一代闯红灯自动监测仪，实现了全天候监测。新的自动监测仪智能识别交通违章能力更强，摄取的违章车辆图片清晰度更高，图像传输速度快，可靠性强，应用范围更广，图片的有效利用率达到了85%以上，并且具有联网功能，实现了从违章监测、图像拍摄到图片传输的全部自动化。

(关　杰)

【接待日本警察厅交通业务考察团】 7月26日下午，日本警察厅交通业务考察团到公安交通管理局参观考察，并到车辆管理所进行业务交流。公安交通管理局领导马振川、李建华接见并介绍了车务管理情况。

(关　杰)

【启用全新交通安全宣传标语】 8月份，公安交通管理局在广泛征求社会各界意见的基础上，启用了全新的交通安全宣传标语牌，并在长安街、平安大街、前三门大街3条“畅通工程”严管街安装了170面永久性宣传标语牌。此次安装的永久性标语口号，摒弃了过去“严禁”、“不准”、“纠违”、“处罚”等强硬口吻，改用了以人为本、体贴、爱护、温馨的语句。如“谢谢您，把交通安全放在心上”、“开车多一分小心，家人多十分安心”、“纠正您一次违章、送给您一片关爱”等，新标语达到了警示、教育人的目的，受到了社会各界的广泛欢迎。

(关　杰)

【开展交通安全宣传日活动】 8月12日，市交通安全委员会办公室、公安交通管理局组织开展了以“千万市民齐参与、争做文明北京人”为题的交通安全宣传活动。市委常委、组织部长李炳华，市政协副主席李荻生、市人大秘书长刘正民、市政府副秘书长任殿华、市精神文明办公室主任赵东鸣等市有关领导和公安交通管理局领导马振川等分三路参加了城八区的宣传活动。

(关　杰)

【公安部检查平安大道创建工作】 8月14日至16日，公安部交通管理局领导同福建、湖北、江苏公安厅交警总队领导组成检查组，采取座谈汇报、上路巡视、走访询问等形式，对北京创建平安大道工作进行了检查，并分别听取了公安交通管理局、大兴县公安局有关工作汇报。检查组对北京创建平安大道工作给予充分肯定，总体评价是：工作高标准，队伍高素质，成效高水平，体现了“首善之区”的示范作用。市局副局长、公安交通管理局局长马振川、政委胡层林等有关领导陪同检查。

(关　杰)

【启用计算机路考系统】 9月5日，公安交通管理局在全国率先推出了机动车驾驶技术计算机路考系统，在首汽丰田驾驶员培训中心考试场正式启用。该系统是由公安交通管理局车管所与首丰考试场、福州凯特机电有限公司共同研制开发的。其工作原理是通过考试车辆和考试场内道路、障碍设施上安装红外线传感器和无线接收装置，发送和接收车辆考试信息，实现电脑比对评判，并通过显示、语音系统公布考试成绩。该计算机路考系统的使用，使机动车驾驶技术考试全过程实现了计算机管理，彻底改变了多年来道路驾驶考试落后的人工模式，保证了执法公正、公开。

（关　杰）

【贾春旺视察北京“畅通工程”实施情况】 9月8日，公安部部长贾春旺、部长助理杨焕宁、部公安交通管理局局长孟宏伟、副局长王金彪在市局局长强卫、副局长马振川，公安交通管理局政委胡层林等陪同下，视察了北京市“畅通工程”实施情况，看望了值勤民警。视察中，听取了公安交通管理局局长马振川关于“畅通工程”工作落实情况的汇报，并与部分交通支队领导进行了座谈。

（关　杰）

【接待国际奥委会单项体育组织官员】 根据北京奥运会申办委员会的统一安排，从10月20日至12月底，公安交通管理局领导马振川、于春全、张景利分别接待了棒球、排球、射箭、网球、体操等18个国际奥委会单项体育组织官员。在公安交通管理局指挥中心，体育官员们听取了公安交通管理局领导用英语介绍的北京交通管理概况，观看了交通控制系统的动态演示，对北京交通管理工作表示赞赏，并对接待表示感谢。

（关　杰）

【汪光焘听取申奥交通管理工作汇报】 10月23日上午，汪光焘副市长听取了公安交通管理局关于申奥交通管理工作总体思路和工作措施汇报，给予充分肯定并提出了具体要求。北京市政管委、市交通局、市环保局有关领导和公安交通管理局领导马振川、胡层林、于春全等参加了会议。

（关　杰）

【召开交通工程学会代表大会】 11月10日和20日，北京交通工程学会（成立于1981年8月）召开常务理事扩大会议和第三次会员代表大会。大会进行了理事会换届改选，选举市公安局副局长、公安交通管理局局长马振川等71位同志为北京交通工程学会第三届理事，大会经投票，一致选举马振川同志为学会理事长。

（关　杰）

【开展业务技能大比武活动】 11月底，公安交通管理局组织了交通警种警务技能大比武。公安交通管理局20个单位通过比武选拔出622名民警，分别参加了值勤、事故处理、宣传、车管专业岗位的4项全能、16个单项、1个集体项目的比武活动。对比武成绩突出的113名民警和15个集体给予了表彰奖励，其中38名民警被授予业务训练标兵称号，75名民警被授予业务训练能手称号。同时，公安交通管理局还参加了公安部交（巡）警技能大比武活动，取得了团体第四名的好成绩，并在交通事故现场勘察比赛中荣获第一名，两名民警荣获“交通民警业务训练标兵”称号。

（关　杰）

案　例　举　要

【密云发生死亡4人事故】 1月4日12时25分，密云县西略庄镇河北庄村司机张海强（男，22岁）驾驶面包车（上乘李海燕等5人）在密云县密卸路西略庄玻璃钢桥南由东南向北右转弯时，因路面有冰雪，车辆向右侧滑，撞坏桥栏坠入京密引水渠中，张海强等4人溺水身亡。

（池文兴）

【通州发生死亡5人事故】 7月29日15时10分，在通州区京沈高速公路15公里500米处，北京市高速公路绿化公司雇用司机张光喜驾驶挪用牌照的“东风”牌水罐车，在上述地点进京路线超车道内头西尾东停车浇水作业。适有安利平（男，42岁）驾驶“尼桑”小客车由东向西驶来，小客车在刹车中撞在水罐车尾部，造成安及5名乘车人先后死亡的特大交通事故。

(池文兴)

【门头沟发生死亡6人事故】 9月29日，河北省三河市燕郊开发区普查队司机刘殿库(男，42岁)酒后(经检验，每百毫升血液中酒精含量为128.6毫克)驾驶桑塔纳小客车，内乘首钢第一建设物资公司储运科科长许家林等5人，前往门头沟区慰问物资公司退休职工返回首钢途中，在门头沟区京源路由西向东行至22公里600米处，超越同方向行驶的一辆松花江旅行车时，驶入逆行。适有北京阳光货运有限公司天津分公司司机李君启(男，28岁)驾驶卡玛斯集装箱车由东向西驶来，发现情况在紧急刹车过程中，两车正面相撞，桑塔纳车右侧又与被超越的旅行车左侧接触，致使旅行车向右侧翻在路边沟内。造成6人死亡，3人受伤，桑塔纳小客车报废，集装箱大货车严重损坏。刘殿库在事故中死亡，司机李君启负次要责任，10月13日被公安机关治安拘留15天。

(池文兴)

【朝阳发生死亡4人事故】 9月29日22时5分，司机张永春(男，23岁，内蒙古太仆寺千斤沟乡四联村人)酒后驾驶小货车在朝阳区京津塘高速路出京方向由北向南行至东四道口跨线桥下时，突然驶向西侧路边，将站在路边等车的江苏省丰县赵庄镇来京打工人员韩某、赵某、孙某、王某等6人相继撞倒，造成4人当场死亡，2人受伤，小货车严重损坏，张永春弃车逃逸。9月30日，张永春被公安机关刑事拘留。

(池文兴)

北京市公安交通管理局2000年领导名录

职务	姓名	任职时间
局长	马振川	1997年7月—
政委	胡层林	1997年7月—
副局长	于春全	1994年1月—
副局长	丁保生	1994年1月—
副局长	周国平	1997年12月—
副局长	王亮	1989年2月—2000年2月(到最高任职年限，任正处级调研员)
副局长	刘继忠	1994年1月—
副局长	李建华	1998年4月—
副局长	张锁成	1998年4月—
副局长	张景利	1999年8月—

安全警卫系统

警 卫 局

【概 况】 年内，按照市委市政府批准的北京市公安局机构改革方案，市公安局警卫处升格为北京市公安局警卫局（副局级），是北京市公安局直属现役制单位，下设办公室、政治处、后勤处等10个业务部门和8个分局警卫处。警卫局主要负责党和国家领导人、来访重要外宾、以及在京举行的重大国际、国内活动的各项安全警卫工作，担负党、政、军首脑机关外围和在京首长住地外围以及中央主要领导同志常备路线安全警卫任务。2000年，警卫局组织实施了中央常委547人次在京活动的安全警卫工作；完成了33位国家元首和政府首脑级外宾，77位副总统、副总理、议长和副议长级外宾，48位部长级外宾，共计158位重要外宾在京活动的安全警卫工作；完成了全国“两会”、北京市“两会”、中国北京高新技术产业周、第六届世界大城市首脑会议、中非论坛、北京国际马拉松赛等重要国内、国际会议和重大活动共490余场次的安全警卫任务。全年累计执行各种临时警卫勤务近8000起，派出警力近30万人次，圆满完成了各项安全警卫任务。

年内，警卫局以“抓基础、抓训练、抓管理”的工作思路，全面深入贯彻市局党委扩大会议和全国警卫局长会议精神，以确保各项安全警卫任务万无一失为目标，警卫工作没有出现任何纰漏和问题。警卫局大力加强警卫队伍建设，7月、10月和11月份，60余名处级领导和干部先后三次在局属各单位与分局警卫处互相进行了交流和轮岗锻炼。被交流和锻炼的干部在工作中精神面貌有了很大改变，增强了队伍的活力。警卫局从公安大学录用8名应届毕业生充实警卫队伍，这是继1996年以来第5次录用地方大、中专院校毕业生，为警卫队伍的年轻化、知识化建设奠定了坚实的基础。截止年底，警卫局35岁以下的年轻干部比例为61%，大专以上学历约占51%。以教育训练为契机，局党委多次召开会议研究制定了《警卫局2000年教育工作训练和基础调研计划》，先后举办2期警卫业务理论学习研讨、技战术训练培训班。8月份，为完成“世界大城市首脑会议”安全警卫任务，进行了专项工作训练，通过培训，提高了干部的实战能力和组织协调应变能力。

（邸书相　孙彦涛）

【建成警卫信息管理系统】 年内，为提高工作效率和办公质量，警卫局建立了以警卫工作组织指挥为核心，以综合信息管理为基础，以警卫局计算机局域网为运行环境的“警卫信息管理系统”。初步实现了智能指挥和动态实力分析的应用，使警卫工作在运用计算机管理方面上了一个新台阶。

(邸书相)

【编写警卫基础编研材料】 年内，警卫局编写了《首都警卫工作经验材料汇编》、《首都警卫工作方案汇编》、《北京市公安局警卫局50年大事记》、《首都警卫工作研讨文集》。提高了警卫工作制度化、规范化建设和工作质量。

(邸书相)

【圆满完成新千年庆祝活动安全警卫工作】 1999年12月31日23时至2000年1月1日零时23分，江泽民、李鹏、朱镕基、李瑞环、胡锦涛、尉健行、李岚清等27名党和国家领导人到中华世纪坛参加首都各界迎接新世纪新千年庆祝活动。警卫局共组织部署警力4705人，圆满完成了庆祝活动的安全警卫任务。

(邸书相 孙彦涛)

【完成江总书记视察活动安全警卫工作】 1月24日，江泽民总书记在国务院有关部委和北京市领导的陪同下，到北京774厂分别视察了东方冠杰车间、IT大楼北京东方电子集团股份有限公司产品展示大厅，并到高家园一区分别慰问了退休职工王海礼、周秉礼，到上地高新技术产业开发区视察创业大厦。最后在创业大厦听取了贾庆林书记的工作汇报。围绕总书记视察活动的安全警卫工作，全局共部署警力3900余人。

(邸书相 孙彦涛)

【田期玉视察北京警卫工作】 1月27日，公安部副部长田期玉、公安部警卫局局长董福元在市公安局副局长吕实琨的陪同下到警卫局检查工作，听取汇报并亲切慰问了全体警卫干部。

(邸书相 孙彦涛)

【朱镕基总理慰问公安民警街道干部】 1月28日下午，朱镕基总理偕夫人劳安到市公安局警卫局亲切慰问公安民警、武警官兵和居民代表。北京市公安局局长强卫、副局长吕实琨、马振川、市公安局警卫局局长丁世伟、政委霍连成等领导同志参加了座谈，并与总理合影留念。总理对大家一年来的辛勤工作给予了充分肯定。并请参加座谈的同志转达他对公安民警、武警官兵及全市人民的慰问。

(邸书相 孙彦涛)

【完成北京市“两会”安全警卫工作】 2月14日至20日，北京市第十一届人民代表大会第三次会议和政协北京市九届三次会议分别召开，会场设在北京会议中心和京西宾馆，与会代表和委员下榻天安门招待所、五洲大酒店、京西宾馆3处。警卫局全面负责大会的各项安全警卫工作，分别成立了大会警卫组和住地警卫组，协调市局有关单位按照工作方案要求落实各项安全措施，确保了会议的安全。

(邸书相 孙彦涛)

【认真做好全国“两会”安全警卫工作】 3月3日至15日，九届全国人大三次会议和全国政协九届三次会议分别在京举行。出席会议的人大代表、政协委员分别住在27处宾馆、饭店。江泽民、李鹏、朱镕基等中央主要领导同志先后14次到住地参加小组会。对“两会”期间的安全警卫工作，各级领导十分重视，江泽民、李岚清、田纪云、罗干、贾庆林、王忠禹等中央领导同志和中央政法委、公安部及市委市政府领导同志都对安全警卫工作作出了专门指示。此次警卫工作新增住地多，警卫工作难度大，规格要求高。按照市局党委的要求，由警卫局代表北京市公安局全面协调全国“两会”期间的各项安全警卫工作，圆满完成了“两会”期间的各项安全警卫任务。

(韩新省 孙彦涛)

【完成中央领导植树活动警卫工作】 4月1日，江泽民、朱镕基、李瑞环、胡锦涛、尉健行、李岚清等16位党和国家领导人到中华世纪坛世纪钟广场参加一年一度的植树活动，这是党和国家领导人第18次集体参加植树劳动。此次活动具有时间固定、地域开阔、周围制高点多、情况复杂、不易控制等特点。活动前，警卫局对现场周边情况进行了深入细致的调查摸底，制定了专门的安全警卫工作方案。活动当天，共组织部署警力2264人，确保了党和国家领导人植树活动的绝对安全。

（韩新省 孙彦涛）

【完成李鹏同志视察活动警卫工作】 6月1日、2日、6日，李鹏委员长先后视察了北京重型电机厂、首钢日电电子公司、松下彩管有限公司、东方电子有限公司、北京供电局等单位，6日下午到北京市委参加了座谈会并合影留念。警卫局代市公安局起草了警卫工作方案，并派出专门人员勘察现场，确定行车路线，警卫部署做到了社会化、群众化，与周围环境和气氛十分和谐，确保了安全。

（韩新省 孙彦涛）

【部分中央警卫现场移交北京】 6月27日、7月25日，公安部警卫局、中共中央办公厅警卫局分别与北京市公安局联合召开中央国家机关和部分中央直属机关警卫现场移交协调会议。106个中央国家机关、29个中直机关主管安全保卫工作的厅局级领导和保卫部门负责人和武警北京总队有关领导分别参加了会议。会议通报了公安部《关于调整国家机关部分现场警卫勤务的通知》的精神。传达了经中央办公厅、公安部领导批准的《中办警卫局关于调整中央直属机关部分现场警卫勤务的请示》，北京市公安局警卫部门领导就今后警卫对象到中央直属机关有关单位参加活动时如何做好现场警卫作了专项汇报。会议形成以下纪要：自2000年下半年开始，原由中办警卫局承担的部分中央直属机关现场警卫勤务，交由北京市公安局负责，各有关单位必须认真贯彻中办、国办《警卫工作规定》，明确责任和义务，团结协作，确保安全。

（韩新省 孙彦涛）

【贾春旺部长视察北京警卫工作】 8月24日，公安部部长贾春旺、警卫局局长董福元、治安局局长武冬立等在市局副局长杨文忠陪同下到警卫局视察工作。贾春旺部长对进一步做好首都安全警卫工作和加强队伍建设提出了明确的要求：一是加强首长住地外围创建"安全警卫责任区"工作。二是做好路线安全警卫工作，加大安全系数。三是树立安全防范意识，严密部署现场安全警卫工作。四是要认真抓好警卫队伍建设，提高警卫队伍的整体素质，增强警卫队伍的战斗力和凝聚力。

（韩新省 孙彦涛）

【完成世界大城市首脑会议警卫工作】 9月28日至29日，第六届世界大城市首脑会议在京举行，大会主会场设在北京饭店，与会代表下榻北京饭店和贵宾楼饭店。会议期间，朱镕基、钱其琛等党和国家领导人分别出席大会并发表讲话，江泽民总书记接见了与会代表。此次会议对加快北京市现代化建设，积极配合"申奥"工作有着极为深远的意义。为确保大会安全顺利进行，在大会筹委会和市局党委的统一领导下，警卫局负责安全警卫工作的组织实施，并为出席会议的城市首脑配备了随身警卫。围绕大会各项活动共部署集体组织活动现场警卫16次，代表单独外出活动现场警卫89次，路线警卫22次，为各国市长派出带道警车66辆次，累计部署警力4000人次，确保了大会各项活动的安全。

（韩新省 孙彦涛）

【"中非论坛"会议安全警卫工作】 10月10日至12日，由外交部、外经贸部共同主办的"中非论坛"会议在北京举行。来自非洲44个国家和国内的代表约700人参加会议，正部长以上外宾83人，其中包括阿尔及利亚总统布特弗利卡、多哥总统埃亚德马、赞比亚总统奇卢巴、坦桑尼亚总统姆卡帕，以及贝宁首席部长、塞舌尔副总统、乌干达、毛里求斯副总理等。论坛会议开、闭幕式在人民大会堂，全会和专题研讨会在北京饭店。4位总统下榻钓鱼台国宾馆。副总统、副总理及其他与会外宾分别住贵宾楼饭店和北京饭店。党和国家领导人江泽民、朱镕基等分别出席了大会开、闭幕式并会见非洲国家代表团团长及与会部长。警卫局负责论坛开、闭幕式大会堂现场外围、北京饭店、贵宾楼住地以及与会代表在京活动现场及路线的安全警卫工作，对大会及专题研讨会会场、外方代表住地、代表集体外出活动路线、现场，均按警卫方案进行了部署。并完成了代表参观八达岭长城、北汽福田股份有限公司、中关村创业大厦、颐和园和在“北京之夜”文化城晚餐、观看文艺演出的安全警卫工作。

（邸书相　孙彦涛）

【做好法国总统在京活动安全警卫工作】 10月22日，法国总统希拉克来华访问，在京期间下榻王府饭店，会见法国侨民，到中国会晚餐。对此次法国总统来访安全警卫工作，各级领导高度重视，警卫局严密部署，圆满完成了此次重要外宾来访的安全警卫任务。

（邸书相　孙彦涛）

【莫斯科警察代表团到警卫局考察】 11月26日，以俄罗斯莫斯科市内务总局代总局长什维特津为团长的警察代表团到警卫局参观考察。市局副局长吕实珉、局长助理、办公室主任毕庶琪、警卫局局长丁世伟、政委霍连成、副局长齐世华等与外宾进行了亲切友好的座谈。丁世伟局长代表警卫局向俄方介绍了北京市警卫局的主要任务、机构设置和队伍建设等相关情况。

（邸书相　孙彦涛）

警卫处2000年领导名录（机构改革前）

职　务	姓　名	任职时间
处　长	丁世伟	1997年2月—2000年9月
政　委	霍连成	1999年7月—2000年9月
副处长	齐世华	1995年6月—2000年10月
副处长	师雅峰	1995年8月—2000年10月
副处长	张学勤	1997年10月—2000年10月

警卫局2000年领导名录（机构改革后）

职　务	姓　名	任职时间
局　长	丁世伟	2000年9月—
政　委	霍连成	2000年9月—
副局长	齐世华	2000年10月—
副局长	师雅峰	2000年10月—
副局长	张学勤	2000年10月—

消防管理系统

北京市消防局

【概　况】 消防局（挂北京市公安局消防总队牌子）是北京市人民政府实施消防工作的行政管理部门，也是北京市公安局的一个职能机构。1965年前消防队伍实行公安体制，干警实行职业制；1965年后，消防民警（班长以下人员）实行现役制，兵员列入国家征兵计划，干部仍是公安体制；1983年，消防队伍正式纳入中国人民武装警察部队序列，为现役体制，实行警衔制。1986年8月经市政府批准，市公安局消防处升为二级局，称为北京市消防局。1989年在机构名称上又称中国人民武装警察部队北京市消防总队和北京市公安消防总队。1996年12月30日，经公安部批准，全国消防部队实行新的机构编制。消防局编制为4340人。全市共有6个消防支队，47个消防中队。在全市18个区县和燕山、亦庄、北京西站、清河、地铁等地分别设立消防监督处（科）或消防大队。2000年底，消防局共有水罐、泡沫、干粉、登高、破拆、抢险、侦毒、洗消、防爆、排烟、照明等消防车辆259辆；消防器材34656件；空气呼吸器、隔热服、防化服、缓降器等个人装备39975件。

2000年，消防局坚持“预防为主，防消结合”，遏制了重特大火灾和群死群伤恶性火灾的发生，一般火灾下降，火灾形势趋于好转，为保障首都改革开放和社会主义现代化建设顺利进行创造了良好的消防安全环境。年内，公共消防设施建设明显加快，北京经济技术开发区消防中队、十三陵蓄能电厂消防中队、西客站特勤消防中队正式投入备防，提高了城市抗御火灾的能力。全市范围内集中开展了易燃易爆场所、公共娱乐场所、公众聚集场所安全疏散设施的专项治理和消防安全大检查工作。在精心制定消防保卫工作方案，严格组织现场勤务的基础上，确保了重要节日、重大政治经济活动的消防安全。进一步规范了消防行政审批程序，理顺了内部监督管理机制，加强了建筑工程消防监督工作。全面推行消防监督检查与复查处罚分离的做法，实行量化标准和目标管理，在内部形成了有效的监督制约机制。以“让家庭远离火灾”为主题，在全市范围内组织开展了丰富多彩的宣传活动，在社会上引起较大反响。年内，全市共有企事业专职消防队120支，队员2304人，消防车276辆。全市18个区县都有义务消防团组织，下设消防分团，义务消防队3.9万支，总人数达77万余人。针对兵役体制改革的新特点，有针对性地调整灭火训练内容，加强消防员考核和培训，最大限度地发挥兵员的使用效能，扑救火灾的整体能力有所提高。加大科技投入，按照市公安局的统一部署，制定了“金盾工程”、“十五”期间发展规划，积极推进计算机网络建设，不断增加对外宣传和网上服务的功能，实现了网上查询消防审核、消防验收信息，进一步完善了警务公开工作。

（王 玮）

【全市火灾情况】 全市共发生火灾5037起，火灾死亡42人，烧伤107人，直接财产损失1435.9万余元（其中重大火灾4起，直接损失179.4万元，死、伤各8人）。与上年同期相比，除受伤增加15人，上升16.3%外，火灾次数减少358起，下降6.6%，死亡减少11人，下降20.8%，直接损失减少1729万元，下降54.6%。其中：电气火灾1480起，占29.4%；用火不慎火灾1377起，占27.3%；吸烟612起，占12.2%。其余为：玩火296起，放火201起，违章165起，自燃35起，雷击3起，原因不明198起，其它原因导致的火灾670起。从行业看：商业485起，交通运输业346起，工业175起，社会服务业134起，教科文卫业、农业牧渔业各95起，机关团体31起，科学技术25起，仓储业22起，邮电通信业9起，房地产业7起，金融保险业1起。

（张 贤）

【机动车火灾增加】 全年共烧毁各种机动车500余辆，火灾损失占全年总损失的39%。这是火灾发生的一个新情况。

（王 玮）

【消防行政处罚力度加大】 年内，消防局依据有关消防法规，加大对各种违法违章行为的处罚力度。全年共实施消防行政处罚3413起，罚款9824859元。其中：对单位处罚2046起，包括警告263起，停产停业36起，罚款1747起计7827839元，并处罚主管领导103人，230400元；对个人处罚1367起，其中：警告111起，罚款1249起计1766620元，拘留7起11人。在3413起处罚中，查处火灾391起，违章3022起。与上年比处罚起数增加778起，上升29.53%；罚款金额增加3653459元，上升59.2%。

（张先来）

【消防验收工作逐步规范】 年内，消防局逐步规范消防验收工作，先后依据有关消防法规，制定了《北京市建筑工程消防验收规定》、《消防验收告知体系》、《消防验收工程流程控制体系》、《消防验收判定规则》、《消防验收结论评判细则》等，并提出了北京市消防验收均按照ISO9000认证系列标准进行。全年共完成6210个建筑工程的消防验收，累计建筑面积1800万平方米。

（张先来）

【消防审核咨询更加方便快捷】 年内，消防局对消防审核咨询系统进行改进，在原拨打消防审核咨询电话（62241188转2135、2136、2137、2138）和查阅《北京市消防局警务公开细则》的基础上，又在“北京消防”网站（www.bjxfj.gov.cn）开通了消防审核咨询栏目，在消防审核受理室设立触摸屏，方便了报审人员查询和咨询。

（张先来）

【哈龙淘汰示范中心工作全面启动】 根据《中国消防行业哈龙整体淘汰计划》，1999年11月，北京市正式被国家环保总局对外合作中心和公安部哈龙淘汰特别工作组批准为哈龙管理计划省级示范中心。1月，北京市哈龙淘汰示范中心工作全面启动。年内，消防局先后印发了《关于对哈龙消防产品实行定点销售、维修的通知》和《北京市消防局哈龙消防产品专卖点、专修点管理规定》，严格了非必要场所使用哈龙灭火器的审批制度，并对全市近百家销售哈龙灭火器和17家维修哈龙灭火器的厂家进行了清理、整顿。确定了北京市丰台区永外大红门消防器材厂、北京市崇文区龙潭消防器材厂、北京市宣武区广外消防器材厂、北京市朝阳区安贞消防器材修理厂、北京安宏消防器材销售中心5家为专修点，中国建筑科学研究院建筑防火研究所为专卖点，有效地控制了哈龙灭火器的销售。

（张先来）

【加气站消防监督工作逐步规范】 年内，消防局和市政管委联合对全市汽车用燃气加气站设计和安装单位进行清理，确定7家设计院和3家安装公司负责加气站的设计和施工。6月28日，消防局将加气站建筑设计防火审核、施工现场消防监督和竣工消防验收统一归防火监督部危管处负责，并规定加气站的消防审核和竣工验收在受理后10个工作日内完成。加气站的建筑设计防火审核，主要依据1999年7月发布的《北京市车用燃气加气站建设规定》和2000年7月1日建设部批准发布的《汽车用燃气加气站技术规范》（CJJ84－2000）。据统计，消防局共完成80座燃气加气站的建筑防火审核，其中，液化石油气（LPG）站59座，压缩天然气（CNG）站21座。

（张先来）

【一批新型消防装备投入使用】 年内，为提高灭火能力，消防局先后购置并配发了生命源探测仪、侦毒仪、热敏成像仪等29台火场用仪器，200余件高压水枪、等离子切割机、氧气切割机、堵漏工具、无火花工具等技术含量高的器材装备，在实战中发挥了重要作用。

（王 玮）

【消防车辆逐步实现大型自动化】 年内，新购置14辆新型消防车辆。其中，进口特种车4辆，国产大型水罐、泡沫消防车10辆。这些消防车技术含量高，适用广泛。投入使用后，大大提高了消防部队的战斗力。

（平秀增）

【建成消防车安全检测线】 年内，投资80余万元，在消防局汽车修理厂建成了集大型消防车和小型行政车同时检测的汽车安全检测线。检测线采用清华紫光的CAISM－IV型全自动汽车安全检测系统，具有全自动和多工位同步验车能力。各工位检测设备的检测范围及精度达到目前国家规定的技术标准，检测汽车尾气达到北京市环保标准。满负荷检车节拍为3分钟/车。10月，首次对消防局500多辆车进行安全检测。此条汽车安全检测线在全国消防部队中尚属首例。

（平秀增）

【建成空气呼吸器检测中心】 为保证抢险救援人员在恶劣作业现场能够得到有效地呼吸防护，保证部队高效的战斗力。年内，消防局汽车修理厂与上海依格安全装备有限公司合作建成了空气呼吸器检测中心。检测中心主要有空气呼吸室、维修室及水压站三部分组成，定期对消防局的空气呼吸器进行检测、维修。检测中心的建成，填补了消防局在空气呼吸器检测、维修、保养上的空白。

（平秀增）

【完善和发展消防督察工作】 年内，消防局督察组制定完善了一系列的规章制度和工作预案，组建了有司、政、后、防各部副处长以上干部组成的督察队。建立了电话举报制度，积极参与信访案件、电话举报等方面的调查工作，从消防官兵一日生活、遵纪守法、业务工作、执法水平和服务质量等多方面征求群众意见，对群众反映强烈的热点、难点问题，配合中心工作开展专项督察，及时发现各种问题和隐患，并督促整改，全年共开展专项督察10余次，发现解决各类问题百余件。

（刘宪文）

【加强消防业务培训】 年内，消防局共举办包括干部任职，干部岗位资格，士官晋职、选拔，消防监督执法，计算机使用，火灾原因调查，抢险救助技术，装备器材保管，空气呼吸器维修检测，特种消防车司机等内容在内的培训班32期，培训人员近2500人次。其中，1090人分两批参加了全国公安消防监督检查人员岗位资格考试，720名警官取得消防监督员资格；本着干部晋职、晋衔“逢晋必训”的要求，有2名师职、7名团职、260名营职以下的干部参加了干部任职培训；为提高士官队伍的整体素质，编制了《北京市消防总队士官培训（专业科目）计划》，培训计划包括了所有士官编制岗位标准中12类20个专业具体培训内容，为士官专业科目培训提供了依据。

（王 玮）

【第一年实行士官制度】 2000年是实行士官制度的第一年，消防局根据士官队伍改革后出现的新情况和新问题，围绕“严格管理，提高素质，夯实基础，建立一支过硬的士官队伍”这一基本原则和目标，针对士官队伍的人员结构、数量规模、使用范围、管理机制相对于原来的志愿兵队伍变化较大的特点，制定了管理目标。开展了两次纪律作风教育整顿，根据公安部消防局制定的《士官管理规定》，5月25日制定印发了《北京市消防总队士官管理规定》。各单位在贯彻实行管理规定的同时，结合实际有针对性地制定了相关的制度和措施。使士官队伍素质有了明显的提高，成为首都消防部队的骨干力量。

（王 伟）

【加强对外来务工人员的消防安全教育】 近年来，因外来务工人员引发的火灾事故时有发生，特别是在火灾死伤人员中，外来务工人员占有相当大的比重。为此，消防局编写了《外来务工人员消防安全知识读本》，各乡、镇、街道和公安派出所在办理《务工证》、《暂住证》时发到每一名外来务工人员手中。同时，积极督促有关单位落实对外来务工人员消防安全教育的责任。

（王 玮）

【消防调研工作有新进展】 年内，消防局共完成调研论文52篇，内容涉及防火监督、灭火救援、后勤保障和队伍管理的各个方面。经过公安部、市公安局、北京消防协会等特约评委的评审，19篇论文获奖。其中，《关于北京工业布局调整中消防安全工作的思考》、《中关村科技园区消防管理现状和设想》以及《建立健全消防执法监督制约机制应建立两个体系完善两项制度抓好两项工作和一个提高》三篇论文获得一等奖。

（王 玮）

【开展战训基础工作调研】 年内，消防局对灭火重点单位进行了调整，对全市大中型油气罐站、化工生产企业、化学危险品仓库等进行了专项调研。经过近8个月的时间，绘制完成了新一套全市化工类灭火救援作战计划，统一印制下发了化工类灭火救援作战计划图表。绘制完成了全市公共消火栓责任区索引并已扫描入机，投入使用。完成全市6万多条消防地理信息基础数据调查、采集工作，标注地图155幅，完成系统电子地图的制作。建立了10种灭火资料基础档案。

（王 玮）

【耐火输配电装置获国家实用新型专利】 年内，消防局消防科研所单独承担的重点科研项目——耐火输配电装置项目，通过国家级检测机构的检测，取得北京市消防产品质量认可证，并获国家实用新型专利，专利号分别为：ZL 96 2 44173.2、ZL 96 2 44172.4。耐火输配电装置项目还荣获北京市公安局科技进步三等奖。耐火输配电装置包括耐火母线槽和耐火电缆槽盒两个部分。耐火母线槽和耐火电缆槽盒的主要功能是：当发生火灾时，保护母线槽或电缆槽盒中的电缆，保证消防用电设备能正常运转，发挥防火灭火作用。

（张先来）

【加强中日消防技术合作】 作为中日两国政府合作项目的北京消防教育训练中心，在合作交流过程中，积极学习日本消防的先进技术和经验。年内，结合我国实际情况认真编写了《救助论》、《救助训练操法手册》、《市民防火防灾教育指导教科书》、《消防设备操作与维护》等教材，与日方专家合作拍摄了《建筑竣工验收概要》、《消防救助技术训练操法》等录像及教学片，补充了北京消防在社会抢险救援及城市防灾教学方面的不足。

(王　玮)

【新建成3个消防中队】 年内，北京经济技术开发区消防中队、十三陵蓄能电厂消防中队、西客站特勤消防中队建成投入使用。截至年底，全市共有公安消防队站47个，其中，规划市区范围内27个，远郊区县20个。

(王　玮)

【顺义消防中队面向社会开放】 顺义消防中队被确定为面向社会开放的消防宣传教育基地之一。每月的第一个周六上午9：00至11：00对社会开放。开放期间，中队通过多媒体教学、观看消防展览、消防基本功和消防技能表演、常用灭火器材操作演示等多种形式向驻地厂矿、企业、党政机关、街道居委会、学校等单位的员工、居民、学生进行逃生自救、防火、灭火基本消防常识教育。参观人员还可以利用中队逃生烟道等模拟设施进行实地演练，加深对消防工作的认识，提高消防安全意识。

(陈俊明　王志强)

【垡头消防中队开展警营一日游活动】 年内，垡头消防中队成立了以中队为基地的"青少年消防团"，积极利用节假日为辖区中小学举办"警营一日游"活动。活动中，对学生进行队列训练，为广大师生讲述如何报警、自救等防火常识和灭火技能。全年，发放消防宣传材料13000余件，培训辅导1800余人。

(马晓金)

【日本消防专家获市政府"长城友谊奖"】 "长城友谊奖"是北京市政府为表彰在京工作并做出突出贡献的外国专家设立的政府奖。在2000年13名获奖者中，北京市消防局与日本政府共同建设的"北京消防教育训练中心"专项技术合作日本专家组业务协调员田中德成先生荣获该奖。

(王　玮)

【清理消防行政审批事项】 根据市政府《关于改革本市行政审批制度的通知》要求，年初，消防局对原有的16项审批和5项备案进行了全面的清理。经市政府批准后，保留了7项审批，5项备案，1项核准，取消了8项审批。清理后的消防审批事项分别是：建筑设计消防审批、建筑工程消防验收审批、公众聚集场所使用或开业前消防审批、大型群众活动消防安全许可审批、易燃易爆化学物品消防安全许可审批、易燃易爆化学物品运输审批、建设工程施工现场消防安全许可审批；消防工程施工企业资质核准；经销消防产品资格备案、外地消防产品在京销售备案、境外消防产品在京销售备案、北京市消防产品生产、维修备案、充灌、使用氦气球备案。

(张先来)

【申办消防审核情况】 年内，消防局通过实行《北京市公安局申办消防事项回执单》，共接待申办消防审核人员25000人次，受理各类消防审核7258项，质量检测1458项，办理各类消防审核批复6329项。12月14日，《中国青年报》以《北京市消防局窗口贴近群众》为题，对此作了专门报道。

(张先来)

【参与编写消防应急灯具国家标准】 1月31日，在公安部科技司立项，由北京市消防局参加编写的国家标准《消防应急灯具》GB17945—2000，经国家质量技术监督局正式发布，并于10月1日正式实施。该标准包括消防应急灯具的定义、分类、技术要求、试验方法、标志、检验规则和使用说明书，共9章，181条，适用于一般工业、民用建筑中安装的消防应急灯具。

(张先来)

【举办中日消防交流研讨会】 2月22日至24日，由北京市消防局与日本国际协力事业团主办的"2000年中日防灾交流北京研讨会"在北京梅地亚中心举办。研讨会旨在推进中日两国消防事业的发展，共同探讨防火、防灾方面的经验、教训和前景。中日两国消防专家就城市防火、防灾的论题进行了充分交流，共有8篇论文进行了大会发言。公安部、科技部、北京市、日本驻华大使馆、国家地震局、中国消防协会、北京减灾协会以及全国19个省、直辖市、自治区消防总队的代表130余人参加了会议。11月7日至9日，由北京市消防局和日本国际协力事业团共同主办的“2000年中日消防社会抢险救援北京研讨会”在北京国际会议中心举行。研讨会就社会抢险救援的主题展开了积极的研讨与交流。武装警察部队学院、日本消防专家及北京市消防局的8名代表分别在研讨会上进行了演讲。

（王　玮）

【开办消防专业中专大专班】　3月，由北京市消防学校开办的“98级”消防专业中专班实行春季招生。学校遵循士兵“入伍即入学，退伍便成才”的原则，学员在完成两年半的消防业务理论、消防基础技能学习之后，进入消防业务实习阶段。经考试合格取得成人中专毕业证书。此举是新时期部队政治工作和培养军地两用人才的有益尝试。年内共有280名“98级”士兵学员毕业，注册新生248人。为满足社会对中高级消防管理人才的需求，北京市消防学校与中国人民武装警察部队学院合作，成功地开办了第一期消防管理专业大专函授班，有37名学员通过全国成人高考取得了学籍并开始了为期三年的函授学习。

（赵瑞锋）

【开展易燃易爆场所消防安全专项治理】　为认真吸取外地和北京市的易燃易爆场所火灾教训，3月初至4月底，消防局在全市组织开展易燃易爆场所消防安全专项治理。在这次专项治理中，共检查易燃易爆场所1965个，其中加油站874个，液化气站458个，石油化工商店268个，化工厂72个，液化气、煤气、天然气储备厂（站）31个，油库31个，其他单位231个，发现并解决火灾隐患4071件，责令83个单位限期整改，36个单位停业整改，19个单位停止销售，对80个单位进行经济处罚，罚款35万元，行政拘留1人。

（张先来）

【《北京市防火安全工作管理规定》发布实施】　3月13日，市长刘淇签署第53号市政府令，发布《北京市防火安全工作管理规定》，并于5月1日起实施。同时，1990年9月17日以市人民政府第32号令发布的《北京市防火安全责任制暂行规定》废止。《北京市防火安全工作管理规定》是依据《中华人民共和国消防法》，在原来的《北京市防火安全责任制暂行规定》的基础上，结合北京市消防工作实际制定的一部综合性消防规章。该规定共10条，对各企事业单位如何做好防火工作作出了明确规定，主要包括单位的消防安全职责、义务以及违反规定的法律责任等内容。该规定的发布实施，使单位的防火工作有法可依，对推动北京市的消防工作具有重要意义。

（张先来）

【第三次北京—巴黎消防技术交流活动】　4月20日至30日，第三次北京—巴黎消防技术交流活动在北京举行。此次交流的主题是地下建筑设施的火灾预防和扑救。以勒费弗尔将军为团长的巴黎消防总队代表团一行6人对消防局进行了为期10天的友好访问和交流。消防局主要介绍了我国地下建筑设施的消防审核及火灾扑救案例、地下商场的防火监督管理及火灾扑救、地下铁道的火灾预防和扑救，并安排法方参观访问了消防局调度指挥中心、教育训练中心、消防中队以及地下铁道、地下商场等设施。法方主要介绍了法国地下建筑的概况以及消防审核和火灾扑救、公路隧道、地下铁道隧道消防安全管理和火灾扑救案例，并配以相应的录像和图片。

（王　玮）

【全国家庭防火宣传教育活动仪式在京举行】

4月26日，由公安部、国家广电总局、全国妇联、中保公司联合举办的“让家庭远离火灾——全国家庭防火宣传教育活动启动仪式”在北京最大的居民小区——方庄芳群园举行。来自北京市的300多名居民代表参加了启动仪式。启动仪式由公安部消防局副局长李伟主持，公安部部长助理杨焕宁代表公安部、国家广电总局、全国妇联、中保公司讲话。北京市公安局副局长张家旺代表北京市在启动仪式上致辞。启动仪式上，到会领导向居民代表以及现场群众赠送了宣传品，并深入居民家中发放宣传材料。启动仪式后，消防局及时与市广播电视局、市妇联、中国人民保险公司北京分公司联合下发了《关于开展全市家庭防火宣传教育活动的通知》，并对全市家庭防火宣传教育活动进行了具体部署。年内，以“让家庭远离火灾”为主题，全市共举办消防培训班780期，居民座谈会650余次，消防知识竞赛430余次，灭火演习800余次，消防运动会130余场，出消防宣传黑板报82000余块，发放消防宣传材料600余万份，受教育人数达350万人次。

（张先来）

【消防救助技术培训班在京举办】 5月10日至5月31日，公安部消防局委托北京消防教育训练中心举办了“公安消防部队救助技术培训班”。参加培训的112名学员来自全国36个城市的消防特勤大队、中队。培训班由北京市消防局经日方专家培训的救助队员担任教员，共讲授了18项有关救助技术的课程，结业时举行了救助技术训练汇报表演。

（王　玮）

【抢救被绑架中学生】 5月21日，海淀区八一中学初一年级学生袁帅被一男子绑架到密云县城关镇果园北区3号楼5单元501室，且室内有爆炸物品，人质随时会有生命危险，急需解救。下午14时10分，消防局密云中队接到县公安局协助解救人质的电话后，立即组织抢险救援小组赶到现场，在详细了解情况后，救援小组冒着生命危险，灵活运用消防救助技术，从六楼借助消防安全绳下滑到人质被劫的五楼阳台，破窗入室，将人质成功解救出来，受到市、县公安局领导和当地政府、群众的高度赞扬。《人民公安报》、《北京青年报》等多家媒体对密云消防中队官兵英勇解救人质的事迹进行了报道。

（陈俊明　王志强）

【参与“5·30”重大交通事故救援】 5月30日，位于香山杏石路口地段发生一起重大交通事故，一辆公交车与一辆大水泥罐车相撞，两车全部侧翻，造成9人重伤，34人轻伤。途经此处参加四支队业务技能比武的35中队11名官兵看到这种情况立即组织救援，将9名重伤员抬上消防车，每名战士护理一个受伤者及时送往医院进行抢救。

（李彦江）

【北京消防艺术代表团赴巴黎】 6月21日至28日，应法国巴黎消防总队的邀请，消防局局长刘瑞祥率北京消防艺术代表团一行15人赴法参加了巴黎消防艺术节活动。艺术节上，消防官兵精彩的《金龙狂舞》表演展示了中国公安消防队伍的风采，掀起了艺术节晚会的高潮。

（王　玮）

【全市开展消防安全大检查】 为贯彻落实江泽民总书记等中央领导同志关于安全生产的重要指示和国务院、公安部、市政府安全生产工作电视电话会议精神，认真吸取外地发生重特大火灾事故、特别是群死群伤事故频发的惨痛教训。从7月中旬至9月底，消防局在全市组织开展消防安全大检查。检查中，市消防局将一旦发生火灾容易造成重大人员伤亡、重大经济损失和重大政治影响的单位作为重点，对易燃易爆场所、商场市场、公共娱乐场所、医院、学校等10个方面的5564个单位进行全面检查，发现并解决火灾隐患6744件，责令375个单位限期整改，责令10个单位停业整改或停止施工，对269个单位进行经济处罚，罚款123万元。

（张先来）

【开展公众聚集场所安全疏散设施检查】 为有效预防和遏制群死群伤恶性火灾事故，根据公安部等六部委联合印发的《关于开展对公众聚集场所安全疏散设施专项检查的通知》要求，9月份，消防局在全市组织开展公众聚集场所安全疏散设施专项检查。共检查公众聚集场所3199个，其中商场、市场231个，宾馆饭店255个，医院90个，学校337个，歌舞厅1217个，影剧院、礼堂145个，其他单位924个，发现并解决火灾隐患6214件，共责令323个单位限期整改，4个单位停业整改，对60个单位进行经济处罚，罚款32.45万元。

（张先来）

【消防特勤队伍建设通过国家检查验收】 根据公安部、国家计委、财政部《关于对重点城市消防特勤队伍专项建设进行检查验收的通知》要求，9月11日至12日，由公安部消防局副局长李伟带队，国家计委、财政部、公安部组成联合检查组，对北京消防特勤队伍专项建设进行了检查验收。“两部一委检查组”以听取汇报、实地查看设施、装备和训练工作落实情况、现场抽查官兵对业务技术掌握以及交换意见的方式，对北京市消防特勤队伍建设情况进行了检查。实地检查了北京市消防局消防特勤大队，方庄、西客站特勤消防中队，北京市消防局消防教育训练中心的车辆、装备和设施。检查组认为北京消防特勤队伍建设起点高，工作进展快，取得了明显的阶段性成果，并在领导重视、装备器材配置到位、训练成效显著、训练基地建设初见成效、官兵精神面貌良好等方面给予了充分肯定。检查组在优化队站布局、提高建队标准、加大经费投入、优化官兵的文化结构等方面也实事求是地提出了意见和建议。

（李建春　王　玮）

【人民大会堂重大火灾隐患彻底消除】 10月，历时四年的人民大会堂改造工程竣工。改造中，拆除了万人大礼堂、小礼堂和六千人大宴会厅闷顶内的木质吊顶及易燃风管保温材料（甘蔗板），拆除了万人大礼堂两侧到顶棚的木质墙板，更换了万人大礼堂二、三层挑台上的木质结构，共拆除木材等可燃装修材料2000多立方米。安装了火灾自动报警系统、双波段火灾探测报警系统、红外对射烟感报警系统、自动喷水灭火系统、防排烟系统等先进的消防报警、灭火系统。改造工程分别于8月、9月、10月通过消防验收。改造后的人民大会堂万人大礼堂、小礼堂和六千人大宴会厅闷顶内完全清除了可燃装修材料，存在四十余年的人民大会堂重大火灾隐患彻底消除。

（张先来）

【市委、市政府领导进行消防调研】 11月9日是全市消防日，市委副书记、市长刘淇，市委常委、常务副市长孟学农，副市长汪光焘，市委常委、市委政法委书记、市公安局局长强卫，市政府秘书长、办公厅主任黄承祥等领导同志到消防局调研。在视察了部分新购置的消防车辆装备和“119”调度指挥中心后，听取了消防局政委张学伟的工作情况汇报。刘淇市长对北京的消防工作给予充分肯定并提出要求：加强重大火灾隐患的整改工作；加强冬季施工现场的消防工作；加强外来务工人员消防安全教育；加强消防部队的实战能力。

（王　玮）

案　例　举　要

【山东一货车起火】 1月21日晚，山东省苍山县西城第一车队一厢式货车行驶至大兴县京开公路定福庄路段时起火，汽车和车上大量服装被烧毁，直接损失940414元。经查，司机孙某从山东出发后，因天气太冷汽车几次熄火，用明火多次烤柴油箱。当汽车行至该路段时又一次熄火，孙即用明火烤油箱时，不慎引起火灾。

（张 贤）

【昌平华城商场发生火灾】 6月9日6时许，昌平区沙河镇华城商场发生火灾，过火面积2700平方米，烧毁商场内的家具、电器、百货、办公用品等，直接财产损失847800元，该商场值班员吴继军（男，32岁）被烧死。经调查，起火原因是该商场内的电气线路短路，引着可燃物蔓延成灾。

（张 贤 张先来）

【宣武发生4人死亡火灾事故】 7月23日17时44分，位于宣武区南菜园65号的宣武区菜蔬冷库发生火灾，过火面积1000平方米，直接财产损失840元。火灾造成4人死亡（詹孟辉，男，28岁；詹月平，男，32岁；詹殿会，男，41岁；詹孟亮，男，28岁），2人重伤（詹更林，男，37岁；詹建军，男，30岁），均为河北省清苑县人。经调查，起火原因为6名外地施工人员在拆除冷库内设备时，焊工詹殿会违章使用气焊切割冷却管道引燃可燃物，因自救不力火势迅速蔓延致灾。

（张 贤 张先来）

【协和医院施工现场发生火灾】 10月26日9时45分，东城区帅府园1号北京协和医院北配楼施工现场发生火灾，过火面积500平方米，烧毁保温喷图机1台、被子6套及一些保温材料，直接财产损失5000元。火灾造成3人死亡（陈东联，男，29岁；陈必松，男，22岁；胡必成，男，18岁。三人均为安徽人），6人受伤。经调查，火灾是电焊工在焊接暖气管道支架时，火花落到地下一层保温材料（聚氨酯）上引起的。

（张 贤 张先来）

北京市消防局2000年领导名录

职 务	姓 名	任 职 时 间
局 长	刘瑞祥	1994年12月—
政 委	张宝林	1994年9月—2000年7月（退休）
政 委	张学伟	2000年6月—
副局长	杜兆刚	1992年7月—
副局长	王宏旗	1994年4月—
副局长	张正福	1994年4月—
副局长	侯铁生	1997年5月—2000年10月（退休）
副政委	陈益新	1999年9月—
副局长	张华锋	1999年9月—

区域警务管理

东城分局

【概　况】　东城区地处北京市中心，是首都政治、文化活动的重要窗口。总面积25.38平方公里，常住人口62.56万，流动人口8.7万。辖区内有王府井现代化商业中心区，有首都的主要门户北京站，是公安部等国家部委和北京市委、市政府等首脑机关所在地以及许多中央领导居住地，做好东城区安全保卫工作，在维护首都稳定工作中占有举足轻重的地位。2000年东城分局深化各项公安改革，全面加强基础工作建设，加快科技强警步伐，大力提高队伍素质，持续不断开展打击“法轮功”邪教组织和“严打”专项斗争，有效地维护了全区的政治稳定和社会安定。

在与”法轮功”邪教组织的斗争中，采取有力措施，加大对全区“法轮功”人员的调查、控制力度，对通往天安门广场周边要道实施控制，做好开发应用“法轮功人员管理”计算机软件工作，有效遏制了“法轮功”邪教组织非法活动反弹。

全年共破获各类刑事案件2687起，比上年上升6.8%；破获本区年内案件1167起，比上年上升57.1%，破案率为45.9%；抓获作拘留以上处理的违法犯罪嫌疑人4566人，其中外地人2879名，占63%；打掉犯罪团伙249个；抓捕在逃人员85名。全面强化治安管理，崇文门“三角地”治安秩序基本得到解决。开展“扫黄打非”专项斗争，共抓获卖淫嫖娼人员313名，查获淫秽、盗版、非法音像制品、书刊共计8.5万余件。年内，全区共发生各类火灾173起，造成经济损失123815元，与上年相比分别下降了13.1%和15.5%。

东城分局通过建设派出所小指挥室、科学布建街面巡逻力量，结合加强基层治保组织建设，雇用社区保安并加强整顿管理，使巡逻防范力量更加合理充分地发挥作用。继续开展封闭式小区建设和平房区安全防范建设，全区落实安全防范措施的小区已达97%。与有关企业、部门合作，以指挥中心为枢纽，组建起309家用户参加的技防网络。在王府井大街、东四南大街等繁华地区安装了图像监控系统，形成区域性技防网络，全区建成23个技防小区。年内，221个社区居（家）委会刑事案件发案低于实有人口的1‰。6月份首都综治委与市统计局在全市开展“群众安全感”民意调查，东城区社会治安状况良好位居全市各区县之首。加大科技强警步伐，完成了计算机三级网络建设。“违法犯罪信息管理系统”课题组被市局评为“科技应用先进集体”。为适应执法办案工作的需要，制定下发了33件执法规范性文件，建立完善了行政复议、接报警、法制员、律师会见等工作制度。对全区102所中小学校周边环境进行整治，开展对在校生的法制教育。监所等级化建设，在原有工作成果的基础上，增加了科技含量，全年监所内未发生任何重大恶性责任事故。

年内，共举办各种类型培训班29期，培训民警1200余人，占分局民警总数的2/3。在首都巡警防暴警业务技能大比武活动中，获总成绩第一名。在开展“争创人民满意公安民警（单位）”活动中，大力推广了交道口派出所为人民服务的先进经验，规范各项窗口服务制度，11个派出所被区委、区政府评为窗口达标单位。对群众反映的合理意见和建议整改率达到91%。在全国开展的重点信访专项治理中，被公安部授予先进集体。

（刘　滨　赵为民）

【加大人事制度改革力度】 年内，东城分局按照市局有关改革部署安排，加大人事制度改革力度，通过公平竞争和严格选拔，54名青年民警走上领导岗位；精简机关，抽调40名民警充实一线单位；通过竞聘上岗和双向选择，共选出警长71名、探长28名。

（刘　滨　赵为民）

【警务技能大比武名列前茅】 年内，在全局开展的警务技能大比武活动中，抽调180名民警进行全封闭式军事化训练。比赛中获得总成绩第一名，共有43名选手和团体进入了各项比武项目的前10名，在个人全能比赛中1人摘取桂冠，7人进入前10名。

（刘　滨　赵为民）

【举办“东警”夏令营】 为提高中小学生的自我保护能力，杜绝和减少青少年违法犯罪案件发生，在区教育局的大力协助下，东城分局组织全区50名中小学生代表，利用暑期举办了“关注社会安宁、明辨是非曲直”为主题的“东警”夏令营活动。活动中，学生们参观了市局、分局指挥中心，观看了分局“110”接处警演练，参观了和平里、交道口派出所，参加了警用枪支实弹射击和法律知识竞赛。

（刘　滨　赵为民）

【开展中学生法制教育】 东城分局不断强化对全区102所中小学校周边环境的整治，对在校学生开展法制教育。在各学校设立“举报箱”，给每个学生发放《报警卡》，为学生报警、报案提供方便；和平里派出所民警孙建华撰写的以中小学生自我安全防范、保护为内容的《安全在我心中》一书已由中国少年出版社出版发行，市公安局局长强卫为该书作序。该书已成为本区中小学校法制教育教材之一。

（刘　滨　赵为民）

【建立派出所小指挥室】 年内，东城分局在13个派出所建立了派出所指挥室，负责受理群众报警、“110”接处警以及本单位的信息综合管理。小指挥室为分局指挥中心的配套机构，是派出所指挥、信息枢纽，实行24小时值班制度。派出所小指挥室的建立，提高了快速反应能力和公安业务现代化水平。

（刘　滨　陈　祯）

【市委领导视察看守所】 1月1日，市委常委、市委副书记张福森在市委常委、市政法委书记、市公安局局长强卫，武警北京总队总队长刘红军，东城区委副书记、区政法委书记郑和平，东城分局分局长刘瑞宾的陪同下，到看守所视察工作。详细了解了在押人员不同诉讼阶段分管分押情况，提出看守预审要相互配合，建立一套严密的制约措施，保证刑事诉讼的顺利进行。

（刘　滨　赵为民）

【圆满完成春运保卫任务】 历时40天的北京站春运安全保卫工作于2月29日圆满结束。安全迎送旅客477.2万人，比上年同期多45.2万人，增加10.5%；工作中查获清理违反治安管理人员912名，破获刑事案件1起，抓获非法诈骗巨款、伤害在逃等刑事犯罪嫌疑人8名。

（刘　滨　赵为民）

【被评为全国公安信访专项治理先进集体】　在3月至10月公安部组织开展的重点信访专项治理工作中，东城分局认真排查、突出重点，共排查重点信访案件14件，其中公安部、市局交办各2件，自排10件，结办率达100%，被公安部评为全国公安重点信访问题专项治理先进集体。

（刘　滨　赵为民）

【完成“两会”保卫工作】　3月3日至15日，在全国人大、政协会议保卫工作期间，东城分局共投入警力2200余人，累计加班8千余个工作日。共破获各类刑事案件94起，抓获作拘留以上处理人员237人，妥善处置集体访23起、个人访20起，查获“法轮功”邪教组织人员120余人。

（刘　滨　赵为民）

【全国人大侯宗宾等领导到分局调研】　6月15日，全国人大内务司法委员会领导侯宗宾、陶驷驹、李九龙、黄玉章、顾云昌到东城区看守所视察工作，对刑事诉讼执法工作进行检查、调研。市委常委、市政法委书记、市公安局局长强卫，区委书记连廉，分局分局长刘瑞宾分别汇报了工作，并对提出的有关问题作了解答，全国人大内务司法委的领导们表示满意。

（刘　滨　赵为民）

【完成江总书记视察安全保卫任务】　10月1日晚，江泽民总书记在贾庆林、刘淇、汪光焘、强卫等市领导的陪同下到王府井视察北京市夜景照明工程。为做好安全警卫工作，东城分局专门研究部署，制定落实安全警卫方案。对可能遇到的突发事件提前预测，充分准备，确保了总书记行车路线和步行视察王府井的绝对安全。

（刘　滨　赵为民）

案　例　举　要

【破获聚龙花园入室抢劫案】　1月23日，东直门聚龙花园发生一起持枪入室抢劫案，四名犯罪嫌疑人闯入事主家中，将事主捆绑后抢走现金、金银首饰总价值人民币12万元。接报案后，东城分局立即组织开展侦破工作。8月23日，经过缜密侦察将武庆双等4名犯罪嫌疑人抓获，经深挖破获抢劫案2起，起获自制左轮手枪3支、子弹40余发。

（刘　滨　赵为民）

【查获一个盗窃轿车团伙】　2月28日晚，巡察支队民警通过巡逻盘查，查获两名随身携带汽车钥匙坯子、扳手、钳子等可疑物的嫌疑人。通过审查深挖，查获一个专门盗窃高档轿车的犯罪团伙，将广东来京犯罪嫌疑人黄伟雄、徐海添、王立海抓获，追缴各种日产高档轿车38辆。

（刘　滨　赵为民）

【查处集资诈骗案】　4月17日，东城分局接举报线索，将涉嫌集资诈骗和虚报注册资本的嫌疑人牛宽朝（男，35岁，山西省永济市人）等9人抓获。经审查，牛宽朝等人使用假发票虚填人民币49万元，虚报注册资本开办北京纪元创智贸易有限公司，并以该公司的名义，以非法占有为目的，以共同投资为幌子，以高额回报为诱饵，骗取500余名事主的信任，共集资1200余万元，其中以红利名义返还投资人1020余万元，收缴149万余元。其余约100余万元被牛宽朝挥霍。牛宽朝因非法吸收公众存款一审被判处有期徒刑6年。

（刘　滨　陈　祯）

【破获“7·10”杀人案件】　7月10日凌晨，建国门集贤里2号楼发生一起杀人案，被害人齐某某（女，12岁）右肋、右臂、右小腿有多处刀伤，失血过多死亡。案件发生后，东城分局加大对案件的走访和对重大嫌疑人可能落脚点的控制力度。7月17日，将犯罪嫌疑人、被害人的舅舅李钧抓获归案。经查：其因家庭房屋纠纷问题与其他家庭成员矛盾较深，案发当晚用一自制双刃刀将正在睡觉的外甥女杀害后逃跑。

（刘　滨　赵为民）

分局领导听取各业务处工作汇报

东城分局

分局被公安部授予“全国优秀公安局”称号

刑侦支队挂牌办公

新建并投入使用的分局看守所

分局长于泓源在全国公安系统优秀单位、优秀人民警察表彰会上领奖（前排左一）

西城分局

为适应时代的发展，分局领导参加计算机知识学习

分局指挥中心

区域警务管理

1月27日，中共中央政治局委员、国务委员、中央政法委书记罗干，在公安部部长贾春旺、市局局长强卫等领导陪同下，到沈金柱烈士家中慰问

崇文分局

市局局长强卫（右三），崇文区区长李晓光（右四）等领导同志在分局长王仲伸的陪同下视察分局看守所

“三项教育”中分局邀请党的十五大代表、“五一”劳动奖章获得者、优秀售票员李素丽作报告

9月12日，分局看守所会同检察院与在押违法犯罪青年开展“普法结对子”活动。著名歌唱家王洁实与在押失足青年签订“普法结对子”协议书

执行警务任务

宣武分局

“全国优秀人民警察”、“北京市劳动模范”
陶然亭派出所外勤民警刘吉铎

开斋节期间民警在
牛街礼拜寺值勤

分局户证办理中心

户籍民警培训班

朝阳分局

刑警侦查员参加全国刑警素质考试

朝阳区外来人口办证中心建成投入使用

分局在枣营中学内开办禁毒宣传展览

高煜局长、单志刚政委与分局党组成员一同研究工作

海淀分局

分局800余名民警参加竞聘科、队、所长考试

7月23日，在颐和园东门广场，东宫门派出所民警袁时光在抓捕盗窃犯罪分子过程中，与歹徒英勇搏斗，不幸光荣牺牲

民警袁时光牺牲后，被追认为革命烈士。市局局长强卫同袁时光烈士的父亲在命名大会上

6月6日，分局为14对离退休老同志举办金婚庆典，分局长王志江代表全局民警向曾经为公安工作奉献了毕生精力的老同志表示感谢

丰台分局

分局办公大楼

248名选手参加了市局警务技能大比武，取得了较好成绩，分局政委夏其忠向获奖民警颁奖

分局举行民警住宅楼交付使用仪式，市局局长强卫（右二）亲自为民警发放住宅钥匙

石景山分局

3月21日，副市长刘敬民（右二）亲切慰问侦破老山古墓被盗案全体民警

分局召开新局长赵福奎上任欢迎会。市局副局长吕实珉（左三）、区委副书记初建华（左二）、副区长孟令友（右三）、分局长赵福奎（右一）等领导在欢迎会上

区域警务管理

分局领导班子

门头沟分局

分局长席善宝（中）到潭拓寺镇北村现场办公解答群众提出的户口问题

分局政委周福海检查民警业务培训考试

分局召开党组扩大会议部署工作

房山分局

司政后民警培训班开学典礼

维护社会政治稳定，查处打击“法轮功”非法活动

分局指挥中心

区域警务管理

专职档案员向解昆局长（右一）现场演示“公安档案信息计算机图文管理系统”

通州分局

分局政委杜太原（左二）陪同区委书记崔君乐（左一）到民警执勤一线检查公安装备的使用情况

分局办公大楼

中仓派出所民警朱晋明被公安部授予“全国优秀人民警察”。在朱晋明帮助下与“法轮功”邪教决裂的张大妈（右）和治保主任赶来祝贺

区域警务管理

6月，公共交通分局和市公交总公司举行“反扒破案奖励基金签字”仪式，公交总公司每年拨款60万元，用于反扒工作中做出突出贡献的集体和个人

公共交通分局

“全国优秀人民警察”、“反扒能手”刑警大队副大队长付作新值守反扒热线电话

刑侦二大队将被盗车辆发还事主

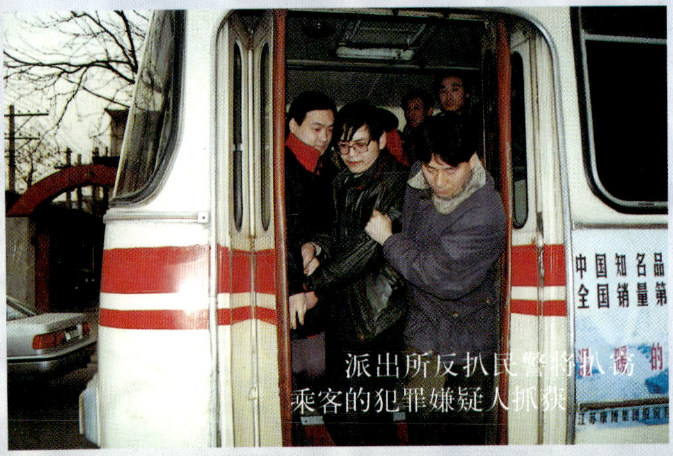

派出所反扒民警将扒窃乘客的犯罪嫌疑人抓获

民警冒雪向司售人员进行安全宣传

地铁分局领导班子成员。左起依次为：纪委书记吴学栋、副局长刘连海、副局长张福、局长安金池、政委杨文清、副局长鲁思敬、副局长程勇、政治处主任张淑芳

地下铁道分局

12月26日，共青团地下铁道分局团委召开第四次团员大会

分局召开2000年总结表彰会

巡察大队民警在地铁西直门站内巡逻

5月20日，地铁总公司第四届职工运动会上，分局代表队入场

区域警务管理

快速出击

经济技术开发区分局

分局领导在研究工作

分局破获“家佳康”被盗案后，事主送来锦旗表示感谢

分局建局五周年，举行升旗仪式以示庆祝

区域警务管理

县局召开年度总结表彰会。会后县政法委书记韩德保（前排中）、局长李晓奇（前排右三）等领导与立功单位代表合影留念

密云县公安局

水上巡逻，维护密云水库周边治安秩序

刑侦大队召开被盗摩托车发还会，将破案查获的摩托车发还群众

县局筹备建设现代化设备完善的新办公大楼（效果图）

新任县局局长、党委书记武延年（左二）在党委扩大会上部署工作

平谷县公安局

开展“三项教育”活动中，组织对民警进行考试

巡察岗亭：既是接报警处置问题和维护治安秩序的岗位，又是便民、利民、为民排难解忧的处所

县局召开“严打”斗争先进集体和先进个人表彰大会

区域警务管理

县局全体党委成员左起：刘春梅 张勇军 王春来 高合宽 朱宝贵

110国道上，张山营治安检查站民警日夜把守着北京通往大西北的交通要道

延庆县公安局

八达岭长城治安分驻所的民警在执行警卫任务

交巡民警在延庆县最繁华的新风路口执勤

拥有一流设备、技术力量的公安医院延庆分院

北京市森林公安处

市林业公安系统举办领导干部培训班

森林公安民警在森林防火了望塔监视林火

森林公安民警在盗伐林木现场勘查取证

专业森林消防队队员在集中训练

专业森林消防队在扑救森林火灾

专业森林消防队在进行森林火灾的扑救实战演习

区域警务管理

抓政治思想、带好队伍，分局组织支部书记培训

北京首都国际机场公安分局

处置飞机场紧急突发事件现场演习

机场紧急突发事件处置抢救伤员演习

英雄民警苏钰炜事迹表彰会，分局领导与其合影留念

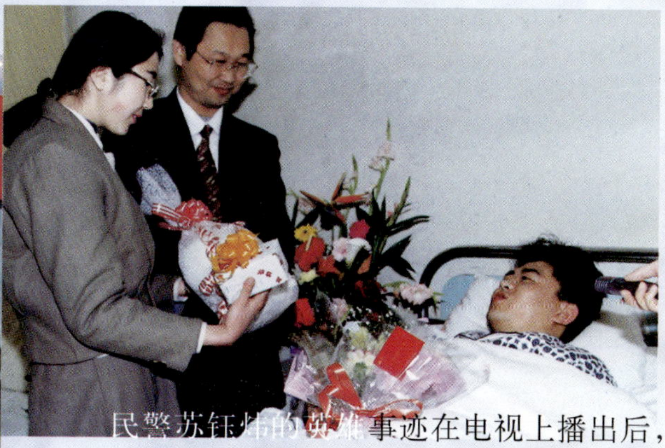

民警苏钰炜的英雄事迹在电视上播出后，一位女中学生代表全班同学，来到医院慰问她们崇拜的英雄

以“三项教育”为契机，全面加强队伍建设

北京海关走私犯罪侦查分局

北京海关走私犯罪侦查分局挂牌成立

公安部授予“1·06”特大走私案专案组集体一等功

民警在清理扣押的涉嫌走私车辆

区域警务管理

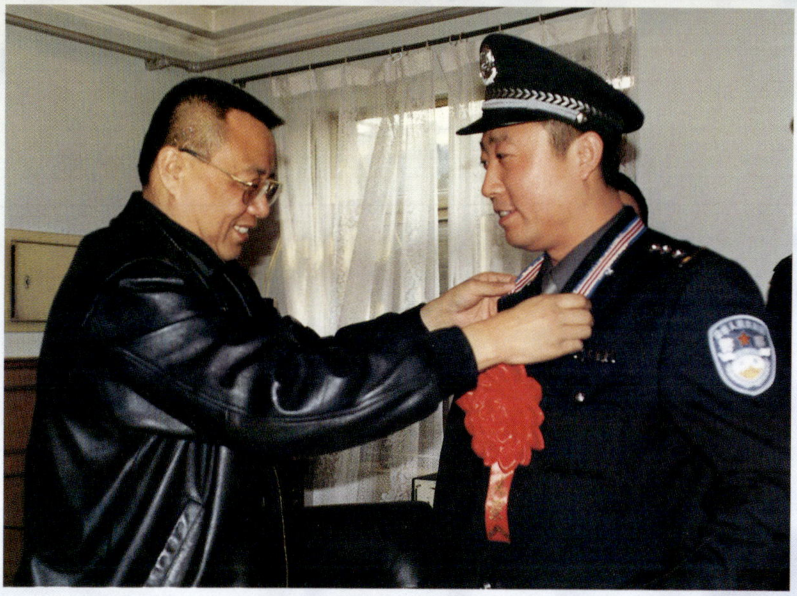

党委书记、局长姜战林为查获“3·9”携带爆炸装置、擒获4名杀人抢劫犯罪集团成员的参战有功民警颁发二等功奖章

北京铁路公安局

公安段民警认真开展网上查缉追逃工作

列车上，乘警正在审查非法携带枪支、匕首的犯罪嫌疑人

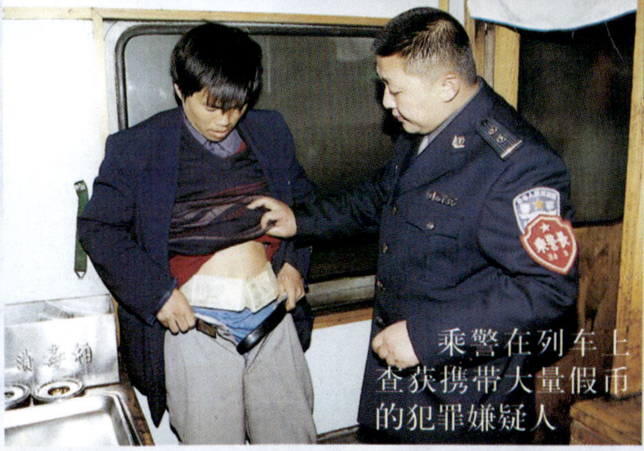

乘警在列车上查获携带大量假币的犯罪嫌疑人

公安段民警对进站旅客携带物品进行安全检查

区域警务管理

车站值勤民警与乘警办理交接

列车乘警进行安全防范宣传

北京铁路公安处

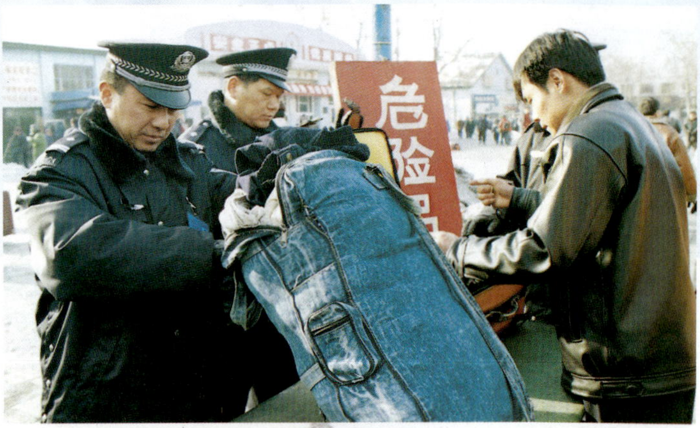

车站值勤民警检查危险品

公开处理票贩子

区域警务管理

党组书记、处长赵玉珉带队检查电气化铁路施工线路安全保卫工作

铁路工程公安局第八公安处

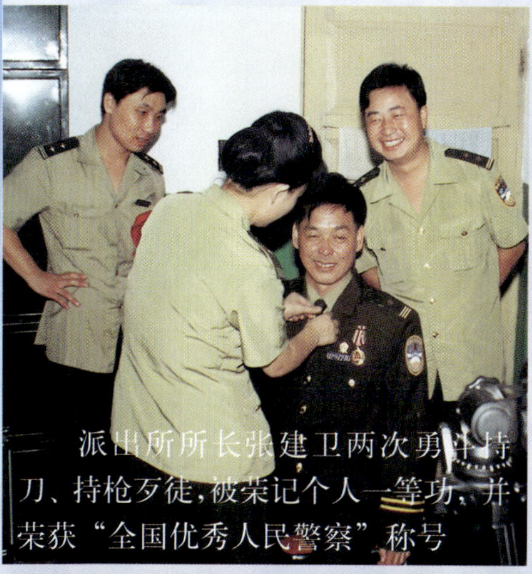
派出所所长张建卫两次勇斗持刀、持枪歹徒，被荣记个人一等功，并荣获“全国优秀人民警察”称号

安全检查

雨夜巡察铁路线

夜巡盘查嫌疑人

区域警务管理

铁道建筑公安局、中铁十六局领导出席公安处“三项教育”动员会。前排左起：公安处副处长沈仲岳、书记李定观、局党委副书记侯向东、书记沈柏铭、局长陈树林、铁道建筑公安局局长刘彦照、公安处处长宋佑玉

铁道建筑公安局第十六公安处

民警教育民工安全使用消防器材，保障施工生产安全

部署工作

快速出击，抓获罪犯

东城分局2000年领导名录

职　务	姓　名	任职时间
分局长	刘瑞宾	1997年8月—
政　委	张　岷	1992年8月—2000年9月（调中国社会科学院工作）
副分局长	孙　钫	1995年8月—
副分局长	王铁安	1991年10月—
副分局长	张　京	1998年8月—
副分局长	仇启春	1992年6月—
副分局长	林　萍	1996年4月—2000年2月（到最高任职年限，任正处级调研员）
副分局长	余嵩谦	1995年8月—2000年2月（到最高任职年限，任正处级调研员）
副分局长	周志学	1998年1月—
副分局长	叶国清	1998年8月—
副分局长	杨　轶	2000年4月—
副分局长	杨五一	2000年11月—
副分局长	韩金相	2000年11月—

西　城　分　局

【概　况】 西城区是首都中心城区之一，是国家党政军首脑机关所在地。总面积31.66平方公里，常住人口79万，流动人口11.6万。辖区内有伊斯兰、基督教、天主教、佛教、道教五大教种的宗教堂口12家；有汇集了“十大银行”总部的金融一条街；西单商业街是首都重要的商业街区；有旅游文物景点8处；中、小学校137所和文化场馆243所。西城区被定为国家级可持续发展实验区。2000年，西城分局以建设维护社会稳定的“安宁工程”、维护良好社会治安秩序的“防控工程”和保障改革开放和经济建设的“服务工程”为主线，以建立和完善快速反应机制、侦查破案机制、公安科技机制、执法监督机制、队伍管理机制、警务保障机制为突破口，努力实现“发案少、秩序好、社会稳定、群众满意”的工作目标。辖区警卫对象占全市的一半，年内，执行警卫任务3248起，出动警力175625人次。发现并妥善处置到中南海周边上访的各类人员4789人，其中集体访84批1281人，个人访3508人。保证了中南海周边地区良好的社会治安秩序。在深入开展与“法轮功”邪教组织的斗争中，坚持“教育、感化、控制”并重的原则，对区域内的“法轮功”人员加强教育训诫、分层次提前控制、办班学习集中控制、实行单位包干责任制、实行“家属承诺制”等有效措施。对可能引发群体性事件的“热点”问题，抓早、抓小、抓源头，及时疏导化解居民因对拆迁不满等可能闹事、影响稳定的问题26件；妥善地处置了“新国大”期货商上访及“城市之光”经济纠纷等引发的闹事事端。

坚持“严打”方针，改革刑侦体制，成立责任区刑警队。探索并建立“打防控”工作机制，取得了明显成效。8月份，连续破获了3起在全市乃至全国都有重大影响的大案。全年共破获各类刑事案件5454起，比上年上升了45.6%，其中重大案件2964起，比上年上升了18.8%，破立案1944起，比上年上升了29.3%；抓获作拘留以上处理的违法犯罪人员5328人，比上年上升了8个百分点；依法处理犯罪分子1666人，比上年上升了7.8%，结案率为98%，打击处理率为97%。年内，全区刑事发案呈下降趋势，特别是入室盗窃案比上年同期下降了18.5%。加强基层基础工作，制定派出所正规化工作规范标准，开展达标活动，推行警长制。建立和完善治安巡逻网络，建成了以巡警为龙头，以治安警、户籍警为骨干，以社区治保积极分子为依托的“三级”治安巡逻网络。通过落实社会治安综合治理措施，巩固和发展治保积极分子队伍，安全责任区达到70%。有50%的楼房安装了技防设施，并建立了30个技防示范小区。为深入宣传“打防结合，以防为主”的工作方针，专门编写了“系列自我防范丛书”三册。清除了缸瓦市“自行车黑市”，整顿了官园花鸟市场秩序，有效地控制了前门地区拉黑车现象，规范了西直门手机市场的管理。对外来人口实行了“流程化”管理办法，在全市推广。消防工作加强日常检查，火灾经济损失比上年下降46.2%，在市消防局年度验收中名列第一。加大科技投入，9月快速反应指挥中心大楼正式投入使用。

（王宏杰　张成格）

【检查落实内部单位“治安保卫责任制”】 年内，西城分局在内部单位安全防范工作中，以金融单位和各大商场、市场为重点，深入落实“谁主管、谁负责”的内部保卫责任制，编印了6000份《内部单位安全防范工作规范》分发各单位。并根据《北京市企业治安保卫责任制》定期开展季度大检查和抽查，全年共检查4087次，发现各类问题隐患735起，处罚单位32家，直接责任人18名，罚款6.2万余元。使全区147个银行营业网点通过了金融系统的“达标评优”验收，54个要害部位保证了绝对安全，6100处重点防范部位的刑事案件发案率得到了有效的控制。

（王宏杰）

【全力维护校园及周边秩序】 年内，西城分局认真落实对中小学校园及周边秩序“挂牌承诺”责任制，坚持“三级联系”制度，24小时随时受理师生和群众的报警求助。全年共组织出动警力11581人次，社区保安12410人次，机动车800余辆次，处理校园周边的滋扰案件22起，处理违法犯罪人员46人，有力地打击了滋扰违法犯罪活动。

（王宏杰）

【深入开展“让火灾远离家庭”宣传活动】 年内，西城分局开展了“让火灾远离家庭”的宣传活动。配合全市消防宣传日，在街道办事处、派出所、居（家）委员会利用多种形式组织宣传，开展宣传活动12次，举办培训班16场，居民讲座16场，消防演习6次，发放宣传材料近10万份，全区有10万人受到教育。并对6000余户居民住户进行了防火安全检查，发现整改4000余件火灾隐患，确保了住户安全。

（王宏杰）

【实行外来人口管理“流程化”】 西城分局在外来人口管理中坚持宏观管理、微观控制，提出了“治安责任人担保制度”，会同工商、房管等部门对外来人口租住地和暂住地进行了清理，外来人口犯罪率从上年的61.4%下降到54.5%。“流程化”管理在新街口地区东校场居委会进行试点，受到了市委副书记张福森，市委常委、市政法委书记、市公安局局长强卫等领导同志的好评，后被全市推广。西城分局外管工作连续四年被评为“北京市外来人口管理先进区”。

（王宏杰　张成格）

【编写三本防范知识手册】 年内，西城分局积极开展对在校学生进行法制教育，充分发挥法制副校长和法制宣传员的作用，共讲法制课72场，听课人数达37000人，帮教双差生160人次。组织专门人员编写了《你知道吗——小学生自我保护趣味读物》，《中学生自我防范知识读物》和《城镇居民治安防范必读》，印刷了5000册免费赠送辖区的居民和中小学生，有力地促进了群众防范意识和防范能力的提高。

（王宏杰）

【率先推行“首问责任制”】 年内，西城分局在全市政法系统中率先制定和试行了“首问责任制”。该制度是为方便群众办事、杜绝推诿拖拉行为的制度。9月26日下午，西城分局在厂桥派出所举行了“首问责任制”实行仪式。“首问责任制”即人民群众到公安机关窗口单位办事所接触、询问的第一人为首问责任人。对群众的询问不准以“不知道”、“不清楚”、“不归我管”等为由推托或敷衍，如本人解决不了的，必须将群众带到或指明办事的具体地点。否则，将追究有关人员责任的制度。

（王宏杰）

【社区保安服务队不断发展壮大】 西城分局在全市率先试点组建“社区保安服务队”，分布于全区的每个派出所，人数已达千人。社区保安队伍在协助公安机关维护社会治安积极为群众求助服务，为社区群众扶危解困方面发挥了积极作用。社区保安服务队自组建以来，共协助民警抓获违法犯罪嫌疑人1608人，协助破案304起，协查外来人口155468人，成为确保一方平安的生力军。

（王宏杰）

【完成政协礼堂新年茶话会保卫任务】 1月1日上午，政协礼堂召开新年茶话会，江泽民等58位党和国家领导人出席了活动。西城分局共出动民警312人参加保卫工作，其中现场86人，路线226人。确保了党和国家领导人的绝对安全和新年茶话会的顺利进行。

（王宏杰）

【开展爱民月宣传日活动】 1月10日，西城分局在10个户籍派出所辖区内统一开展了“爱民月宣传日”咨询活动。此次活动共设咨询服务点10个，有民警85人参加，向过往群众发放《致人民群众一封信》、“办理户口须知”等宣传材料19720份，板报30余块，张挂横幅10余条，群众咨询人数有520余人次。

（王宏杰）

【罗干等中央领导视察府右街派出所】 1月27日，中央政法委书记罗干在中央政法委秘书长王长胜，公安部部长贾春旺，市委副书记张福森，市委常委、市政法委书记、市公安局局长强卫，市政法委常务副书记杨显玉，市公安局副局长张家旺等同志的陪同下，到西城分局府右街派出所视察工作，并慰问了民警和社区保安。

（王宏杰）

【圆满完成“两会”安全保卫任务】　在3月3日至3月15日召开的九届全国人大、政协三次会议安全保卫期间，共出动警力16900人次，社区保安3700人次和治保积极分子8300人次，圆满地完成了“两会”的安全保卫任务。

(王宏杰)

【实施“打防控工作末位追究制”】　西城分局从4月开始实施“打防控工作末位追究制”，即：每月公布各单位打防控工作排行榜，对先进单位颁发“流动红旗”，排名末位的单位“一把手”则在分局开例会时坐在“后进单位席”上，并写出书面检查。这一机制实施后，分局各单位加大了打击破案力度。

(王宏杰　张成格)

【清理整顿文化娱乐服务场所】　西城分局自4月起，开展了为期三个月的对文化娱乐场所的清理整顿工作，对歌舞厅、游艺厅、桑那按摩室和发廊、洗浴中心和中小旅馆，连续进行20余次的拉网式清查，关停了267家文化娱乐场所，占总数的40%。年内，共查缴淫秽、盗版光盘89744张，查获卖淫嫖娼人员482人、卖淫嫖娼团伙10个。

(王宏杰　张成格)

【狠抓民警培训适应实战要求】　4月11日至10月20日，按照市局教育训练的总体要求和实施方案，在南戴河培训基地和分局内先后举办了10期民警培训班，对800多名来自各户籍派出所、刑警大队和预审处的民警进行了全封闭、军事化的强化集中训练。制定了《西城分局民警巡逻、盘查、堵卡、抓捕、押解任务的警务规范》，组织实战单位民警开展了“五项技能”训练，强化民警的自我防护意识和警务实战技能。

(王宏杰)

【月坛社区警务工作站举行揭牌仪式】　4月18日，分局在月坛三里河二区举行“社区警务工作站”揭牌仪式。月坛派出所为提高快速反应能力，在辖区建立了6个警区，在警区内设立社区警务工作站，将派出所打击防范的阵地前移，以达到维护一方平安的目的。月坛地区的社区防范工作随着警务工作站的建立呈现出明显的效果，2000年刑事案件发案率比上年下降了30%。

(王宏杰)

【建立治安巡逻“三级网络”】　5月，在全区建立了以巡察支队、派出所民警、社区保安和街道治保组织构成的治安巡逻三级网络。分别以机动车巡、自行车巡和步巡的方式在重点部位、重点时间段，强化巡逻密度。巡察支队全年出动警力17844人，机动车出动5948辆次，抓获违法犯罪分子1040人，破获各类案件749起。

(王宏杰　张成格)

【成功解救四名被拐卖妇女】　6月8日，西城分局刑警队、月坛派出所与市局打拐办配合，经过10余小时的奋战，成功地将陈洁等4名被犯罪分子以招收宾馆服务员为名从贵州拐骗到北京，并被强迫卖淫还债的女青年解救。

(王宏杰)

【分局老干部活动中心建成启用】　8月25日，西城分局老干部活动中心正式启用。该中心共投资50万元，建有会议室、阅览室、健身房、电教室、棋牌室、台球室、理疗室等共300多平方米，为离退休老干部学习锻炼和娱乐创造了良好的环境。

(王宏杰)

【快速反应指挥中心正式启用】　9月15日，西城分局举行了快速反应指挥中心启用仪式。市委常委、市政法委书记、市局局长强卫，西城区委书记王长连，区委副书记、区长吕锡文，市局党委副书记、副局长刘德等领导及300多名民警参加了启用仪式。快速反应指挥中心大楼面积达16000平方米，包括以指挥中心、信息中心、新闻制作中心构成的业务保障系统；以史志室、民警体能培训中心和地下靶场构成的队伍建设系统；以各类多功能会议室和地下车库构成的行政保障系统；以消防控制中心、重要部位监控设备构成的智能化管理系统。基本实现了指挥高度规范化、信息传递网络化、计算机数据管理和办公自动化，集GPS卫星定位系统、社区报警系统等高科技手段于一体，完善了公安警务快速反应指挥体系。

（王宏杰 张成格）

【开展查获“法轮功”非法宣传品专项行动】 自10月份开始，针对“法轮功”邪教组织以散发非法宣传品形式制造影响这一新的动向，西城分局加大巡逻和蹲守力度，严密控制了繁华场所，查获下载、制作、运输、散发大量“法轮功”非法宣传品的秘密窝点7个（西城区4个、外区3个）作案人员69人，破获散发非法宣传品案件39起，破案率达80%。收缴各类“法轮功”非法宣传品22000余件，查获制作和下载非法宣传品的计算机7台、打印机4台、复印机1台、扫描仪2台、手机5部、寻呼机8部。

（王宏杰）

【举行领导干部案件审批资格考试】 西城分局认真贯彻公安部、市局关于“要逐步实行行政执法人员培训考核制度，将法制观念的强弱、掌握法律知识的程度、依法办事的水平作为考核的一项重要内容，并与任职和晋升结合起来”的指示精神，于11月2日对19个单位的123名现职领导进行了案件审批资格考试。并将考试纳入经常性的目标管理，推动领导干部学习法律知识的积极性。

（王宏杰）

案 例 举 要

【查获一专门在过街天桥扒窃的犯罪团伙】 1月20日，刑警大队接到群众反映：有一伙犯罪分子专门在长安商场东侧过街天桥上扒窃过往行人。21日，刑警队与月坛派出所联合运用技术手段在当地进行调查取证，将犯罪嫌疑人作案过程全部拍摄下来，当场抓获3名犯罪嫌疑人，随后在复兴商业城地下通道内抓获另外3名同伙。经审查犯罪嫌疑人方某（男，30岁，住车公庄北里）等供认：自2000年1月初起，先后在长安商场过街天桥、公主坟过街天桥、北太平庄过街天桥等地扒窃作案10余起，窃得现金、手机等物总价值5000余元。

（王宏杰）

【“7·26”枪击西城分局民警案】 7月26日4时许，西城分局月坛派出所民警王东明、佟明辉在巡逻盘查可疑人时，王东明被枪击受伤。案发后，刑侦处会同西城分局迅速开展侦破工作。经工作，认定犯罪嫌疑人为河南省新乡市居民王新刚（男，31岁，汉族，无业，1989年曾因盗窃罪被判刑4年6个月）。10月11日，该犯在江西省德安县偷自行车时，被江西省德安县公安局抓获。经查，王新刚于1994年8月20日在河南省新乡市交警支队办公室入室盗窃“七七”式手枪1支、子弹10发。2000年4月，在新乡石榴小区入室盗窃时，用手枪打死事主纪志芳（女，60岁），抢走人民币200元；5月底在河南省安阳为逃脱夜查，向民警连开4枪致使2民警受伤；6月在河北省涞水县、高碑店盗窃自行车1辆、砸汽车玻璃盗窃作案2起；7月下旬逃至北京，露宿街头，26日下午4时许，当民警王东明、佟明辉在木樨地桥北对其进行盘查时乘民警不备掏出包内手枪，向王东明开了1枪后骑车逃走。后逃至保定、郑州，为逃避盘查游过黄河时，将枪掉在黄河内。目前，案犯已押往河南省新乡市公安局继续审查。

（陈 庄）

【查获一盗窃机动车团伙】 8月2日凌晨4时，西城分局侦查员在三里河机械工业总公司大楼附近发现一辆白色长安微型面包车（京C19196）十分可疑，经盘查将车上7名河南固始人全部抓获，当场起获微型手电、钢锯等工具。后经工作，又相继抓获15名犯罪嫌疑人，打掉了以柴起龙为首的特大盗窃机动车团伙，从中破获刑事案件229起，其中盗窃机动车案件211起。

（王宏杰）

【破获重大入室盗窃案】 8月13日，西城分局经过缜密侦查，将多次到高层住宅楼入室盗窃的“飞贼”马民生抓获。马自1998年以来先后在本市西城、朝阳、海淀等地盗窃作案55起，已核实54起。起获赃款赃物共计50余万元。

（王宏杰）

【破获地下通道系列“打闷棍”抢劫案】 8月29日中午11时许，西城分局民警在旧鼓楼大街北口地下通道内，将伺机作案的犯罪嫌疑人焦文军（男，30岁，辽宁省桓仁县人，暂住丰台区吴家村京宇招待所310号，1997年因抢劫被判刑10年，1999年7月越狱潜逃，为公安部“网上”逃犯）、马俊（男，23岁，内蒙古乌海市人，暂住丰台区吴家村京宇招待所311号）2人抓获，起获作案用的罗纹钢筋棍1根、折叠刀1把。2人供认伙同张福磊（在逃），自1999年7月以来在东城、西城、朝阳、海淀、丰台、宣武等地区以打“闷棍”的手段在地下通道、过街天桥、马路边等地抢劫作案125起，抢得人民币15万余元，手机70余部及BP机、手表、首饰等财物，致死10余人，致伤58人的犯罪事实。2001年7月25日，北京市第一中级人民法院对焦文军、马俊分别以抢劫罪、故意杀人罪、非法持有枪支弹药罪、脱逃罪；抢劫罪、故意伤害罪判处死刑，剥夺政治权利终身。

（陈　庄）

西城分局2000年领导名录

职　务	姓　名	任职时间
分局长	于泓源	1997年8月—
政　委	王　忠	1995年8月—2000年4月（调朝阳分局任职）
政　委	陈福印	2000年9月—
副分局长	耿广军	1998年1月—
副分局长	刘锡元	1996年4月—
副分局长	孙凤武	1990年12月—2000年11月（退休）
副分局长	苗　林	1996年3月—
副分局长	李振涛	1996年3月—
副分局长	郭柏顺	1996年3月—
副分局长	贾克青	1997年3月—
副分局长	张　岩	1999年2月—
副分局长	张晓东	1999年2月—

崇文分局

【概　况】 崇文分局管辖区域面积16.46平方公里。全区有150个居民治保会，常住人口15万户、42万余人，外来暂住人口常年保持在5万人左右。区境面积狭小，人口稠密，经济基础薄弱，经济发展相对滞后，是一个正在以开发建设改造老城区工程为龙头，加快经济发展步伐的城区之一。2000年，崇文分局把维护稳定，为崇文区经济发展创造良好的社会治安环境当做头等大事来抓。在深入开展同“法轮功”邪教组织斗争中，对500余名“法轮功”练习者落实了宣传、教育、转化和看护措施，使“法轮功”人员的反弹率保持在全市最低。同时收缴“法轮功”非法宣传品2518件。期间，组织警力6000余人次，值勤88天，完成了天安门广场勤务。及时收集掌握信息1万余件，上报近千件，若干件重要信息受到奖励。“两广大街”拆迁期间，分局投入大量警力，保证了拆迁工程的顺利实施。并积极依靠各级党政组织，化解因人民内部矛盾引起的敏感事件47起，减少了不安定因素。

年内，崇文分局组织了夏季60天“严打”专项斗争和“打黑除恶”行动，通过上账挂牌、攻坚深挖、网上抓逃，全年破获各类刑事案件1241起（重大案件691起），打掉犯罪团伙72个。会同有关部门从严整治、专项治理。年内，查获各类违法人员2万余人次，其中作拘留以上处理885人，治安罚款2875人，收缴非法出版物、盗版淫秽光盘7250张（册），非法犬524条。查获卖淫嫖娼人员432名，“三陪”女244人，打掉黑窝点9个，收缴赌博机56台。对外来人口聚集的场所加强清查工作，从中抓获犯罪嫌疑人1229人。对企事业单位、文化娱乐场所等开展多次安全检查，发现解决各类隐患425件，对57家存在问题的单位或场所作了罚款、限期整改和停业整顿处理。在加强防火宣传力度的同时，先后对2万户危旧房屋进行防火安全普查，消除2600件火险隐患，拆除违章建筑1200平方米，全年未发生火灾死亡事故。

为严密社会面控制，崇文分局进一步完善“110”快速反应机制，全年接处警12315件，抓获各类犯罪嫌疑人375人，从中破案112起。开展了创建安全区活动，安全责任区达到120个，占总数的80%。同时对改选后的150名治保主任和245名社区保安员进行集中业务培训，强化了重点人和监外执行罪犯的管理。加强科技强警建设，在指挥中心、预审处等处、室、所相继建成计算机联网、车辆卫星定位、视频监控和在押犯信息查询系统工程，仅网上抓逃、打拐专项斗争中就抓获在逃犯罪嫌疑人113人。

年内，崇文分局作为公安部“三项教育”试点单位，深入开展了动员学习、查摆剖析、整改总结工作，针对存在和发现的问题，制定了窗口服务、队伍和内务管理规定细则，民警的精神面貌有了很大改变。加强对派出所副职领导之间的交流，公开选拔了14名刑侦探长和59名派出所警长。调整领导班子22个，现职领导128人（其中免职41人）。并在派出所推行双向选择任用制，374名民警竞聘上岗。按照培训计划，对实战单位领导、各警种民警进行了业务培训，民警的综合素质得到提高。在首都巡警防暴警业务技能大比武中获得19枚奖牌。

（杨永党）

【全面试行《派出所所长警长手册》制度】 崇文分局在各户籍派出所所长和警长中全面试行《派出所所长警长手册》制度。由户籍处专门订制了专用手册，发至所长、警长人手一册。手册全面记述了辖区基本情况、岗位分工和职责、相关法规、有关业务文件、阶段性工作计划、分管工作成效、层层考核情况等10个方面的内容，对派出所所长和警长了解掌握辖区状况、处置紧急情况、及时作出决定起到重要作用。

（李明仪　杨永党）

【体育馆路地区悬挂消防安全警示牌】 体育馆路派出所会同地区街道办事处、防火安全委员会针对本地区居民户火灾多的特点，以法华寺小区为试点，把防火工作作为重点纳入本地区“创建文明安全小区”活动，年内，在辖区全面启动。他们组织“创安”小组在辖区重点楼（院）户、小区、大街、小巷、胡同悬挂消防安全警示牌200余块。组织治保会积极分子利用居民三轮车走街串巷进行防火宣传。通过开展此项活动，年底，使地区火灾事故比上年下降了75%。

（崔金松）

【宾馆旅店治安工作实行电脑管理】 崇文分局治安处特行科在全区宾馆、饭店、旅店对旅客资料建立电脑管理系统，保证了查控的及时、准确，提高了旅店业阵地控制能力。年内，利用宾馆、旅店电脑管理系统共抓获公安部网上通缉在逃人员66名。

（陈　思）

【加强天坛公园治安管理】 天坛公园是被联合国列入世界文化遗产的著名游览场所之一，数万群众每天在数十个活动点及园内从事各种体育健身活动。天坛公园派出所在区民政局、公园管理处等部门配合下，组织民警、护园队员每天在公园重点地段、晨练场点值勤，进行巡逻控制，并依靠公园职工、保安员加强文物古迹的看护和对游人的管理。

（苏树茂　杨永党）

【加强红桥市场治安警卫工作】 崇文区红桥市场是重要外宾和国际友人经常涉足的场所。为做好安全警卫工作，崇文分局有关业务处和辖区派出所，注意信息收集，加强宣传和检查力度，组建消防、治安打扒、警卫小组和小分队数十个，各负其责，搞好重点时间、易发案部位的防范和控制。年内，圆满完成40次外国元首和重要外宾参观购物的安全警卫任务。市场涉外案件发案率下降33%，治安案件下降40%。

（郭　靖　陈　思）

【张宏伟被授予北京市先进工作者称号】 崇文区看守所所长张宏伟在监所管理工作中大胆管理，不断探索工作新方法，严格各项规章制度，大力宣传看守所要“文明执法、文明管理”的工作要求，增强看守所工作的透明度。经过张宏伟及全所民警的努力，崇文区看守所2000年度被公安部颁为一级看守所。张宏伟被北京市政府授予2000年度北京市先进工作者称号。

（张国忠　侯晓林）

【看守所被公安部颁布为一级看守所】 年内，崇文区看守所认真贯彻《中华人民共和国看守所条例》，落实《看守所等级评定办法》和《北京市公安局看守所等级评定办法实施细则》的各项要求，陆续制定了《在押人员文明个人、文明个人标兵、文明监室、文明分监区考核评选办法》、《服刑人员计分考核办法》、《服刑人员奖励及减刑（假释）的规定》，鼓励在押人员遵守监规，认罪服法，积极改造。在全年进行的三次评选活动中，采取在押人员民主评议，管教员日常考核，领导审核等方法，根据日常积分情况，先后评选出文明分监区8个（次），文明监室34个（次），文明标兵48人次，文明个人455人次。对平时表现比较突出、积分高的23人，经市人民法院批准，给予减刑。看守所改善监所设施，连续五年无事故，民警队伍无严重违纪问题。经市公安局等级评定领导小组实地进行考查，上报公安部审核，被公安部颁布为一级看守所。

（张国忠　侯晓林）

【看守所聘请警风监督员】 年初，崇文区看守所公开办事制度，聘请10名区人大代表、政协委员为看守所警风监督员，先后六次邀请区人大代表、政协委员和区妇联代表到看守所视察。采取随机调查方法，找在押人员谈话，了解看守所在执法方面的情况，并进行评议。邀请部分在押人员家属到看守所参观和座谈，征求意见和建议，并向在押人员家属发放调查问卷，征求各种意见和建议10余件。

（张国忠　侯晓林）

【完成第十八届龙潭庙会安全保卫任务】 春节期间，崇文区举办第十八届龙潭庙会。崇文分局成立了庙会活动安全保卫办公室，在园内设立了安保指挥部和九个分指挥点，每天组织警力540名，对活动场所、摊棚、娱乐设施进行安全检查，消除隐患，维持游园秩序。庙会期间，完成了对市长刘淇等领导同志来园的警卫任务，确保了70万游客的安全。

（陈　思）

【为三个派出所的警区配备微机】 2月至10月，崇文分局分别在东花市、前门、龙潭三个户籍派出所试点，为每个警区配备了一台微机，建立人口信息网络站点12个。微机输入了本地区基本情况、人口信息资料、接报“110”的情况、每日治安情况等内容，为警区民警打击犯罪、处理治安问题时查询相关资料提供了方便。

（李明仪）

【出境审查中查获一涉嫌盗车犯罪嫌疑人】 3月27日，居住在体育馆路派出所辖区的乔彬申请因私出境。派出所领导严格把关，深入调查核实，认定乔系市公安局布控的涉嫌盗窃汽车犯罪嫌疑人。乔于1989年12月以来，伙同他人在西城、海淀、丰台等地区盗窃高级机动车8辆，销赃后企图以旅游为名出境，逃避打击。派出所及时通报办案单位，将其抓获。现乔彬已被逮捕。

（焦丽萍）

【建立出租房屋管理站】 4月，针对外来人口犯罪增多的情况，崇文分局制定了《出租房屋管理站工作细则》。组织各派出所会同地区外来人口管理办公室，在全区150个居民委员会全部建立了出租房屋管理站，统一装订了标志牌，正式挂牌办公。年内，在全区出租房屋查获的外来人口违法犯罪嫌疑人比上年下降了28.6%。

（李景丽）

【获取信息及时阻止“法轮功”聚集活动】 4月12日下午，一名群众反映部分“法轮功”练习者13日要到天安门“弘法”的重要信息。崇文分局领导深入派出所核实、甄别无误后，及时上报市局。市局采取措施，成功地阻止了这起邪教组织预谋到天安门“弘法”事件的发生。

（杜卫红　焦丽萍）

【实行科技创安“三防”措施】 4月，崇文分局警卫处、信通处和东花市派出所首先在公安部确定的警卫重点控制区的主要部位、复杂地段，安装了19组闭路电视监视探头，各值班岗亭安装报警电铃、有线电话及无线电台，形成图像、有线和无线报警联网系统。在物业部门的配合下，集资100万元，将小区整体封闭，并聘用了70名保安员，实行技防、物防、人防相结合，提高了小区技术防范能力。

（王　坚　王　婷）

【编辑出版《北京崇文公安民警风采录》】 4月，崇文分局编辑出版了《北京崇文公安民警风采录》一书。书中记述了1978年至1996年，为保护人民群众利益光荣牺牲的潘玉泽、陈志强、沈金柱三位烈士的事迹；分局民警在各项公安保卫工作中，展现出的英雄风采和1949年至1996年被公安部、市公安局、分局授予的全国优秀人民警察、不同等级的模范、立功、嘉奖的先进个人以及授予各类光荣称号的先进单位名录。

（杨真水）

【在预审室安装电视监控系统】 5月初，崇文分局为加强预审工作，自筹资金20万元，由信息通讯处自行设计、自行施工，在16个预审室安装了16部电视摄像机、录音头及监控主机一套，副控一套，数字录像和刻录VCD设备一套，对重大、疑难、易翻供案件进行视听资料的收集，提高了案件审结率。同时，对办案人员文明办案有很大的促进作用。

（宛国春　高　越）

【女民警在全国青年歌手大奖赛获铜奖】 崇文分局政治部女民警樊琳，代表市公安局与兄弟省市5名同行组成公安部代表队，于5月参加了第九届"步步高杯"全国青年歌手大奖赛，夺得团体总分第一名。在个人比赛中，樊琳获得业余组美声唱法第三名，并代表获奖歌手参加了中央电视台"心连心艺术团"赴内蒙古慰问演出。

（胡建强　杨永党）

【完成"两广路"拆迁安全保卫工作】 "两广路"大街拆迁工程中，因部分群众对拆迁补偿办法不满，自5月27日至6月初，每晚有数百名群众在一些地段聚集，造成交通堵塞，秩序混乱。崇文分局成立了"两广路"大街拆迁工程安全保卫指挥部和四个安保分指挥部，制定了工作预案。拆迁过程中，共出动警力5650人次，现场劝解各种矛盾和纠纷500余件；对170余户重点户宣传疏导，对拆迁地区进行8次清查工作，收容盲流和无照收废品人员300余人，保障了拆迁工作的顺利完成。

（陈　思）

【34名民警被中小学聘为法制副校长】 6月20日，分局有34名民警被本区中小学聘为法制副校长，向广大中小学生进行了法制教育和自我保护教育。至年底，共讲授法制课54场次，受教育学生4万余人次。

（刘一洁）

【完成刑侦体制改革】 按照市公安局刑侦体制改革的整体部署，崇文分局对原刑事侦查大队体制进行了改革，成立了刑事侦查支队。7月初，成立了区境东、西两个地区刑警队，下设6个探组，实行破案责任制；通过公开招聘、双向选择，任命19名探长。7—12月，破案340起，其中破重大案件271起、本区案件273起、外区案件67起，分别比1—6月份的60起、44起、45起、15起，提高了60%、72%、71.6%和63.4%。

（王惠玲）

【全区中小学校实行民警承诺上墙】 9月初，崇文分局各户籍派出所对全区各中小学校实行民警承诺挂牌上墙。内部单位保卫处会同区教委制作了76块民警承诺牌，于9月中旬前全部挂在各中小学校门前。承诺保护中小学生合法权益，维护校园周边治安秩序，并署名派出所名称及报警电话。各派出所深入辖区中小学校进行走访、征求意见；查证侵害师生人身安全的违法犯罪线索，及时予以打击处理；对发生的现案做到有警必接，快查快办。在全年处理的49起滋扰校园、侵害案件中，承诺前的1至8月占47起，承诺后的9至12月仅为2起。

（刘一洁）

【在警务技能比武中名列第四】 9月至12月，在"首都巡警防暴警业务技能比武"中，崇文分局以19枚奖牌，获市公安局第四名。其中，警种个人全能奖牌10枚，个人单项奖6枚，战斗组奖2枚，团体奖牌1枚。巡察执法支队以总成绩600.31分，夺得巡察系统团体比赛A组第一名。在个人全能比赛中，天桥大街派出所副所长刘华杰获治安民警个人全能第一名。在个人单项奖牌中，刑警支队民警叶挺玉获60公斤级散打第一名。

（杨真水）

【开展“让学校孩子远离火灾”宣传月活动】

10月19日至11月19日，崇文分局消防监督处会同区教委、教工委举办中小学生“119”消防安全月活动，全区共有61所中小学校的5万名师生参加。44所中小学校参加了崇文区少年宫组织的消防安全知识竞赛活动；组织61所中小学校选出300名品学兼优的学生作为“消防小卫士”，集体到北京市消防局培训中心进行教育培训。期间，还组织中小学生到消防中队参观学习，开展争获“消防章”军训活动。

（崔金松）

【完成机构改革精减内设机构】　11月12日至12月5日，按照市公安局机构改革方案，崇文分局进行了机构改革。领导职数减少了3.1%，内设机构精简了34%。警力配置精简了0.4%，业务部门精简了41.9%。理顺了与市公安局职能部门的隶属关系，减少了层次，核定了编制，为提高公安工作效率打下了基础。

（杨真水）

【新世界派出所对外办公】　经市公安局批准，崇文分局新世界派出所组建完成，于12月28日正式挂牌对外办公。新世界派出所负责新世界商城、公寓等商业区域的治安管理。派出所所址在崇文区东打磨厂2号。

（宋厚林）

案例举要

【破获一起企图爆炸案】　7月11日11时，崇文分局指挥中心接报：一名男子携带炸药在北京福田车辆股份有限公司办公室，手拿打火机，马上要引爆。分局领导立即组织刑警大队和内部单位保卫处民警赶到现场，将犯罪嫌疑人当场抓获，缴获一装满炸药的旅行包和准备点火用的打火机。经鉴定：炸药是一种含铅黑色炸药，重17公斤，火药中有一枚爆炸引信已经打开，一旦引爆，杀伤力可将30米范围内的建筑物摧毁。

（任宝明）

【抓获一专门诈骗体育界名人的犯罪嫌疑人】

7月16日，崇文门派出所根据群众举报，在王府井大酒店抓获一名专门诈骗体育界名人的犯罪嫌疑人冯燕宾。经审查，该人供认自1997年至被抓获，先后在京以中央电视台体育部主任的名义，以搞活动邀请事主参加为名，诈骗作案48起，骗得体育界名人钱财7万余元。已移交东城分局处理。

（杨真水）

崇文分局2000年领导名录

职　务	姓　名	任职时间
分局长	王树彬	1993年8月—2000年4月
分局长	王仲伸	2000年4月—
政　委	晋　化	1997年8月—2000年12月（调北京法制报社任职）
副分局长	李振平	1996年12月—2000年2月（到最高任职年限，任正处级调研员）

副分局长	刘振祥	1993年8月—
副分局长	朱连富	1994年8月—
副分局长	王乐军	1994年8月—
副分局长	郑燕生	1995年3月—
副分局长	王令振	1998年1月—
副分局长	王保旗	1996年8月—
副分局长	梁志国	1998年8月—
副分局长	张　健	1999年1月—

宣武分局

【概　况】　宣武区地处城区的西南部，东西长6公里，南北宽3.2公里，总面积约16.53平方公里。设8个街道办事处，349个居（家）委员会，全区常住居民20万户，53.63万人。全区有37个少数民族，约3.9万人，其中回族占少数民族总数的80%左右。2000年，宣武分局狠抓检查落实，先期介入、加大警力部署，完成“两会”保卫任务，确保国庆活动的安全，重点抓好牛街地区旅店内部安全保卫以及社会面控制工作，保证了朝觐，穆斯林“开斋节”、“古尔邦节”等重大宗教活动的顺利进行。对“法轮功”重点人分层次落实看管控制措施，对顽固坚持错误立场，搞非法聚集的少数“法轮功”人员，坚决予以打击。开展了“压发案，破大案”专项斗争和打击街头犯罪、打击盗窃机动车犯罪的集中统一行动，共破获各类刑事件3351起，其中大案1466起，比上年分别提高了55%和53%。抓获作拘留以上处理的违法犯罪嫌疑人2620名，打掉犯罪团伙84个；抓获网上逃犯99名。破获了一批大案要案。全年共清查收容“三无”人员21005名，行政处罚罚款778万元。结合社会治安整治，对全区672家娱乐场所进行了重新审核登记总量压缩。为刑警、巡察、派出所等一线单位购买机动车73辆，购买楼房76套，解决住房困难的民警130户。全年，宣武分局民警共为群众办实事好事1319件，人民群众满意和基本满意率达到91.6%。

（张　浩　杨亦兵）

【举办各类培训班20期】　全年，宣武分局举办1期30名竞聘上岗新任干部试点培训班及19期包括户籍、刑警、预审民警在内的培训班，共培训民警730名，提前完成了市局下达的年内培训三分之二人员的培训任务。

（张　浩　杨亦兵）

【发挥刑侦技术力量作用】　宣武分局刑事侦查支队在全年现场勘查中共提取指纹痕迹50件，破案97起，通过提取指纹破获了

“7·21”广外车站西街入室抢劫案及广外百万庄园发生的特大入室盗窃案等一系列重特大案件。

（张　浩　杨亦兵）

【信访工作成绩显著】 为贯彻执行公安部召开的全国重点信访问题专项治理电话会议精神，宣武分局成立了“分局重点信访问题专项治理工作领导小组”及办公机构。深入调研，专项治理，切实解决了一批群众反映强烈的信访问题，对排查出的17件重点信访问题，按时保质保量的予以结案。

（张　浩　杨亦兵）

【改革巡察警务体制】 宣武分局巡察执法支队从宣武区实际情况出发，进行巡察警务制度改革，成立“110”紧急警务直属队，充实防暴队，调整改编四个执法队。重新划分了警区，明确了职责任务，使辖区白天单位时间内街面警力增加到原有警力的三倍。

（张　浩　杨亦兵）

【完成普查户口整顿工作】 在第五次人口普查户口整顿工作中，宣武分局确定了以牛街、广外两个派出所的两个居委会为区级试点单位，其他六个街道为第二批试点单位，通过深入辖区居民院入户调查，使户籍整顿试点工作收到了好的效果。

（马京宝　马　莉）

【警务技能比武获第二名】 宣武分局按照市局关于开展警务技能大比武的部署，年初开始就组织参赛人员进行封闭训练，确保了参赛队员质量和训练水平。在市局大比武中，分局获得总分第二名的好成绩。其中户籍系统比武总分第一名，现场处置突发事件名列城区第一名，巡察、刑侦两个战斗队组获设卡盘查和室内抓捕的第二名和第六名，刑警队现场勘察战斗组获第五名。

（张　浩　杨亦兵）

【创建安全责任区】 年内，宣武分局在全区198个责任区中开展了创建安全责任区活动。经考核，达到安全责任区标准的174个，达标率为88%，无发案责任区87个，占责任区总数的44%。

（张　浩　杨亦兵）

【强化重点地区的治安整治工作】 宣武分局会同区工商局、城管大队、大栅栏街道办事处等部门，对群众反映强烈的前门月亮湾、珠宝市治安乱点进行了彻底清理整治。并先后在上述两处设立综合治理办公室，由派出所、工商、城管及保安组成综合执法队，重点取缔和打击街头游商，处罚各类违法人员898名，基本杜绝了群众反映强烈的“五假”（假发票、假相机、假项链、假洗发水、假随身听）商品坑害游客事件。

（张　浩　杨亦兵）

【整顿娱乐服务场所】 年内，宣武分局治安部门及有关单位，先后出动警力1.2万人次，检查歌厅、桑那洗浴、发廊、电子游艺厅共计9500家次。对全区672家公共娱乐场所重新审核，对存在问题的280家娱乐服务场所不予批准。拘留卖淫嫖娼人员172名，收容从事陪侍、异性按摩活动的人员1024名，分别使区内歌厅压缩了41.5%，游艺厅压缩了77.4%，录像厅压缩了41.8%，舞厅压缩了60%，发廊压缩了39.5%。

（张　浩　杨亦兵）

【强化防火安全检查工作】 宣武分局消防处针对宣武区老旧房屋多、人员稠密的特点，结合“两会”、“国庆”安全保卫工作，与区委、区政府、单位、街道办事处等部门组成消防安全联合检查组。检查单位1327家，发现各类不安全问题3795件，解决3533件，采取措施262件，确定了80个重点单位，专门进行了初查和复查。根据大栅栏地区的现状，消防处还编印了5万册《居民防火知识手册》下发给地区居民。并对该地区义务消防站进行了调整，共设立中心站8个，分站30个，义务消防队员1000人，加强了该地区的消防力量，确保防火安全。

（张　浩　杨亦兵）

【开展学习刘吉铎活动】　年内，宣武分局为全面推动“争创人民满意的公安民警（单位）”活动的深入开展，开展了学习陶然亭派出所外勤民警刘吉铎的活动。刘吉铎同志多年勤勤恳恳，把精力全扑在居委会的工作上，5年前他创意设制了警民联系卡，发到责任区每户居民手中，便于居民有事随时与他联系。为解决居委会防范时间断档防范力量不足的问题，他挨家挨户动员出退休人员，负责早晨和午间的巡逻，严密了社会面控制，使责任区从1997年至今连续三年无发案。刘吉铎同志被评为1999年度全国优秀人民警察，北京市先进工作者。2000年被评为“北京市劳动模范”。

（张　浩　杨亦兵）

【加大科技创安力度】　年内，白纸坊派出所在13个封闭居民小区使用了楼宇对讲系统和防盗联网管理系统，安装了门磁、窗磁防盗装置。内部单位保卫处除在金融部门网点全部安装电视监控设备外，还在菜市口百货商场、庄胜崇光百货等大型商场推广安装了先进的电视监控、远红外报警等安全防范设备，取得良好的防范效果。2月27日晚，椿树派出所通过庄胜崇光百货保卫处提供的探头监控录像带，破获一起盗窃顾客财物的案件。

（张　浩　杨亦兵）

【协助政府做好广安门大街拆迁工作】　年内，北京市重点工程广安门大街破土动工，广安门大街宣武段工程需拆迁单位308家，涉及三个户籍派出所的15个居(家)委会，3073户，8493人。宣武分局各职能部门及派出所加强信息收集工作，共收集各类信息110件。投入力量1.6万人次，协助政府部门深入群众进行疏导和化解矛盾工作，防止矛盾激化。

（张　浩　杨亦兵）

【严密部署内部单位安全保卫工作】　年内，宣武分局内部单位保卫处对全区153家经保单位普遍进行了调查了解，从中确定了生产经营困难，有可能出现不安定因素的重点企业26家，成立由企业领导保卫干部和劳资、人事部门人员组成的接待小组，及时采取各种有效措施，使因终止劳动合同、拖欠职工工资、拖欠医药费、拆迁占地等引发的各种不安定因素和不稳定苗头得到了有效的缓解，及时消除各种隐患。

（张　浩　杨亦兵）

【区委区政府拨专款增添防护装备】　年内，区财政局按照区委区政府的指示拨出专项经费35万元，为民警购置了防弹背心，全防护防弹服。

（张　浩　杨亦兵）

【全力做好开斋节保卫工作】　1月8日，是伊斯兰教“开斋节”，聚礼活动分别在牛街礼拜寺、后河沿、笤帚胡同清真寺举行，副市长刘敬民、中国伊协副会长马贤、区委书记赵久合、区长唐大生及1600名穆斯林，1.2万名各族群众参加了活动。为做好“开斋节”的安全保卫工作，宣武分局制定了工作方案，并组织有关业务处、派出所维护现场秩序，确保了“开斋节”各项活动安全有序的进行。

（杜黎彬　王宏瑞）

【圆满完成“朝觐”活动保卫工作】　牛街地区是北京市穆斯林宗教活动的重要场所和朝觐人员主要集散地。2月20日开始，全国各地有组织的992名朝觐人员陆续到牛街地区集中。为维护中国伊协门前的秩序和朝觐人员礼拜安全，宣武分局出动警力3200人次。并协助中国伊斯兰协会将70万美元的朝觐专用款安全运到指定地点。朝觐人员于2月23日至29日分四批乘包机离京赴沙特麦加，3月29日安全返回。

（张　浩　杨亦兵）

【完成“古尔邦节”安全保卫任务】　3月16日是伊斯兰“古尔邦节”，宣武分局组织50名民警到牛街礼拜寺、广内后河沿清真寺、大栅栏笤帚胡同清真寺维护秩序，保证了群众聚礼活动顺利进行。前来参加聚礼的有孟加拉、苏丹、美国等9个国家的外宾31名，伊斯兰群众1500名。

（张　浩　杨亦兵）

【成立警官艺术团】　4月，宣武分局警官艺术团成立，并在市公安局甲组合唱比赛中取得第二名，在第五届中国国际合唱节的比赛中获得铜奖，同时还参加了中央电视台综艺大观节目，庆祝“七一”的合唱演出。

（张　浩　杨亦兵）

【白纸坊派出所建立快速反应系统】　6月，白纸坊派出所在街道工委、办事处的支援下，建立了快速反应指挥系统，并由政府出资为所里治安民警和责任区民警配备了33个手台，在辖区形成网络。6月8日下午，犯罪嫌疑人李洪君（男、23岁，黑龙江聋哑人）在菜市口南大街西侧用往自行车轮里扔布条的手段，将一事主的后车轮缠住，趁事主下车查看之机，将车筐内的包拎走。当李逃至白纸坊东街时，被正在巡逻的治安民警发现，立即用手台向所指挥室通报情况，指挥室通过电台布警，派就近警力围追堵截，及时将李抓获。

（张　浩　杨亦兵）

【成立社区保安队】　9月，广安门内地区成立了一支全部由本市下岗特困人员组成的社区保安队，此举既解决了部分下岗特困人员的实际困难，又缓解了社区防范力量薄弱的状况，得到了市、区两级劳动和社会保障局的大力支持，并决定在广内地区进行再就业工程试点。

（丁宪忠　王　彤）

【征求意见走百家，诚心诚意办实事】　10月中旬，宣武分局推出为期一个月的“征求意见走百家，诚心诚意办实事”活动，共召开各种征求意见会、座谈会225个，走访群众或单位1188户，18508人，征求意见6295条，建议201条，为群众办实事好事1094件。

（张　浩　杨亦兵）

【建立户证办理中心】　11月1日，经市公安局批准，宣武分局户证办理中心正式对外办公，对全区户籍工作实行统一管理，将原来的“一所一窗”的户证办理模式改为“一区一窗”集中办理，使派出所有更多的警力投入辖区治安防范工作。户证办理中心运行前两个月，日均办理户口、各种证件、接受咨询793件，两月总计办理35713件。

（张　浩　杨亦兵）

【治理医院“号贩子”】　11月3日，广内派出所在广安门中医研究院新医疗大楼抓获7名专门高价倒卖肿瘤科专家门诊号的“号贩子”，收缴专家门诊号及电话预约卡7张。为避免这些“号贩子”卷土重来，派出所与医院布置了曝光栏，将“号贩子”的照片贴在上面，公布了举报电话，这一做法，取得了很好的社会效应。

（丁宪忠　王　彤）

案例举要

【破获特大入室抢劫团伙】　1月10日18时，宣武开发公司项目经理鲍俊庭（男、50岁）及其家人在家中被7名歹徒捆绑后，抢走现金5.5万元，墨绿色捷达轿车一辆及首饰等物。宣武分局刑侦大队侦察员在现场勘查中，提取了一枚犯罪嫌疑人的指纹，比对核实后，查明该人系东北来京无业人员武瑞刚（男、20岁，黑龙江人），经蹲守于17日晚在朝阳区大山子将其抓获。审查中，武瑞刚交待了全部犯罪事实。根据其交待的情况，将犯罪嫌疑人李国强、赵永泽、缪庆满、井利华、柳天才抓获。

（李广忠　孙长青）

【破获特大盗窃机动车团伙】　2月19日凌晨，侦察员发现一辆牌照为冀F/8641的昌河车，遂将车上可疑物品及车内两名男子带回审查。经工作查实：刘斌（男、43岁，无业，河北定兴人）和庞宝贵（男、43岁，无业，住右外翠林小区），曾多次参与盗窃机动车辆。根据二人交待的情况，侦察员迅速将团伙成员宋克友抓获。由宣武分局刑警大队与预审处组成专案组连续奋战60天，奔走于河北、山东、山西、黑龙江、内蒙古等6省(市)，打掉了一个特大盗窃机动车团伙，破获盗窃机动车案件206起，抓获犯罪嫌疑人28名，追缴被盗桑塔纳2000型轿车36辆，赃款14万元及大量盗车专用工具。为此公安部给“2·19”案件所有参战人员记集体一等功。

（李广忠 孙长青）

【抓获一盗窃单位电脑的犯罪嫌疑人】 4月5日，水利部综合楼的保安员在楼内巡视时，发现一名可疑男子并将其扭送到牛街派出所。经审查，犯罪嫌疑人白勇（男、35岁，无业，住朝阳区小亮马桥）交待：自1997年以来，先后在宣武、丰台、海淀、朝阳、东城、西城等地以钻窗、捅锁等手段盗窃机关单位电脑作案52起。起获电脑主机31台，显示器16台，扫描仪2台，打印机4台，录像机3台及存单等折合人民币共53万元。

（张 浩 杨亦兵）

【查获4·12街头诈骗团伙】 4月12日，广外派出所查获了一个由李桂梅、杜秀英等5名中年妇女组成的街头诈骗团伙。经审查，5人交待从1998年底开始在本市城近郊13个区县进行诈骗活动，作案72起，诈骗人民币50万元。起获现金、存折24万元，金银首饰106件。已将5人拘留。此案经新闻媒体披露后，到看守所指认的群众达700余人，认出犯罪嫌疑人的事主244名。

（张 浩 杨亦兵）

【破获一起特大盗窃案】 8月23日5时，北京市政协委员陈立群（男、45岁，百万集团董事长）住所被盗美金1500元、人民币1.2万元。经现场勘查，技术人员提取到指纹及两种足迹，进行指纹比对后，确认作案嫌疑人系唐远四（男，23岁，四川人），侦察员在中铁建总医院将唐远四抓获。经审，唐供认了与一个叫“光头”的四川人合谋，潜入现场进行盗窃的犯罪事实。

（李广忠 孙长青）

宣武分局2000年领导名录

职务	姓名	任职时间
分局长	姜良栋	1997年8月—
政委	安铁军	1999年12月—
副分局长	高宏达	1996年1月—
副分局长	米国顺	1991年4月—2000年10月（调朝阳分局任职）
副分局长	于大江	1992年7月—2000年6月（到最高任职年限，任正处级调研员）
副分局长	徐世斌	1998年1月—
副分局长	袁塞路	2000年10月—
副分局长	刘群立	1996年4月—

副分局长	程永平	1996年4月—
副分局长	申　林	1996年8月—
副分局长	吴大征	1998年12月—

朝阳分局

【概　况】 朝阳分局管辖区域南北长28公里，东西长17公里，面积为470.8平方公里。全区22个街道、24个乡。常住人口149.5万人，其中居民人口130.8万人，农业人口18.7万人；外来人口37.3万余人。另有外国使领馆137个，国际组织驻京机构13个，外国驻京新闻机构159个，外交公寓1890套，涉外饭店126个，常住外国人约3万人。全区共有各种企业65779家，中央、市属科研院所159家，高等学府53所（含成人高校），大型会展场馆6个，文化娱乐场所603家，体育场馆10个。

2000年，朝阳分局加大全区13个治安乱点、9条大街和7个大型市场的整治力度，始终保持严打态势，围绕市局党委确定的城乡结合部“打防控”课题开展以“三警合一”联合作战、挂牌督战为主的“打防控”工作。年内，共接“110”报警75319件，处理各类信息11176件。受理人民群众来信来访1742件，结办率为97.3%；重点信访151件，结办率为100%；办理人大代表、政协委员建议、提案83件。法制工作批捕率为94.%，批准劳教率81.8%，应诉案件16件，法院审结13件，其中判决维持6件，原告撤诉5件，败诉2件，全年未发生国家赔偿案件。

年内，建立完善三级计算机网络，实现文件上网，信息资源共享，安装卫星定位监控系统和GPS卫星定位巡逻车，提高快速反应能力，在麦子店等重点地区采用电子监控系统，使科技创安工作迈进了一大步。遏制“法轮功”邪教组织反弹，收缴“法轮功”宣传品10万余件。受理各种涉外案（事）件1716起，其中涉外刑事案件290起，涉外治安案件199起，违反出入境管理案件787起，其它涉外事件440件，为外国人提供各种服务132人次，发还遗失物品156件。开展学校周边环境治理工作，查破学校周边滋扰案件196起，抓获犯罪嫌疑人121人，普法教育150余场。

全年共破获各类刑事案件5655起，其中重大案件3038起；抓获各类犯罪嫌疑人7898名，其中外地嫌疑人4583名，打掉犯罪团伙469个，抓获团伙成员1438名；在追逃专项斗争中，抓获部级督捕逃犯2名，市局督捕逃犯124名，其中外埠108名；在打拐专项斗争中，抓获犯罪嫌疑人17名，解救被拐卖妇女12名、儿童11人；破获涉毒案件163起，抓获贩毒人员152名，缴获毒品5341克。破获经济案件603起，挽回经济损失1748.61万元。加强治安乱点，繁华大街和大型市场的清理整治，查处各类治安案件20599起，收缴各种枪支364支，子弹541发，管制刀具1423把；重新审核娱乐场所，依法查封取缔违法经营场所1962家，查获卖淫嫖娼人员679名，收容从事色情服务的三陪小姐2496名；查获非法出版物7.6万册，盗版光盘86.5万张，其中淫秽光盘14244张；抓获赌博人员146名，没收电子游艺赌博机3241台、赌资41万元。对外来人口加大清理整治力度，共开展集中清查58次，出动警力52891人次；拆除违法建筑971973平方米，处罚违法出租房屋人员3374名，使近五年来外来人口犯罪上升的趋势出现回落。

认真落实市局"打防控"工作部署，结合实际划分10个中心警务区，实行局长负责制，"侦审合一"和"三警合一"等工作机制。调整和加强外来人口管理体制，建立"两站一厅"管理模式和外来人口协管员队伍；实施社区警务战略，变单一的户籍民警为一警多能的社区民警。巡察执法支队配合刑警和派出所，破获刑事案件1194起（大案501起）；查处治安案件4760起；配合有关单位进行各种清理整治3884次；执行各类警卫、勤务2311次，出动警力238483人次。加强内部单位规范化、制度化管理，开展内部单位安全检查，发现排除各种不安全隐患1300件。全年发生火灾1117起，死亡3人，直接经济损失209.2万元。消防安全检查8676家，发现隐患13057个，执法628起，罚款131万元。

（丁义川）

【保安工作成绩突出】 朝阳保安分公司拥有保安员2600人，为全区227家客户提供保安服务。全年共协助公安机关抓获违法犯罪嫌疑人1339名，协助公安机关破获各类刑事案件111起，其中特大案件2起，重大案件15起；发现解决各种不安全隐患987件，发现扑灭火险事故98起；制止物资非法外流、查处违章7963次，为客户挽回经济损失69.6万元；为群众办好事13521件，捡拾现金34.8万余元、各种贵重物品4519件，为维护社会秩序和社会安定做出贡献。

（丁义川）

【麦子店派出所科技强警效果显著】 麦子店派出所为解决辖区治安形势复杂、刑事案件发案居高不下的问题，投资100万元建设辖区"110"自动报警系统和闭路电视监控系统，铺设光缆7000余米，在碧湖居、京达花园等各大公寓、燕莎商城、亮马河大厦、长城饭店以及滚石迪厅等110家娱乐场所安装监控探头，采取"空中监视"与地面巡逻相结合，全天候、全方位的立体防范措施，严密社会面控制，及时发现和打击刑事犯罪。

（丁义川）

【加强旅店行业管理】 朝阳分局治安处在旅店业建立电脑网络管理系统，加快网上信息传输速度，辖区641家旅店全部上网，24小时网上比对和网络查询，年内共抓获各类犯罪嫌疑人188名，其中重大案件犯罪嫌疑人19名，在逃犯69名。

（丁义川）

【设立中心警务区】 年内，朝阳分局按照城区、城乡结合部、农村等三个不同的层次将全区划分成10个中心警务区。每个中心警务区有4—5个派出所。中心警务区实行分局长负责制。中心警务区建设有力地促进了全区"打防控"工作。

（顾　鹏）

【清理整治电脑网吧】 年内，朝阳分局信息通信处加强对全区电脑网吧的整治力度，出动警力300人次，对辖区142家国际互联网单位、48家网吧，开展清理整治；共依法关闭网吧10家、警告8家、处罚35家、暂扣电脑主机280台，并每天对辖区互联网站进行浏览检查，及时发现问题，掌握动态。

（丁义川）

【加强危险物品管理】 年内，朝阳分局治安处对列管使用储存危险物品的135个单位、爆炸物品7个单位、枪支8个单位定期开展安全检查，签订责任书，确保管辖单位危险物品的安全。

（丁义川）

【认真搞好限养工作】 朝阳分局认真执行《北京市严格限制养犬规定》，年内共印发各种宣传材料11万份，通过新闻媒体，广泛宣传限养法规。共出动执法警力7829人次，检查重点地区街道126次，检查居（家）委会363次，检查乡属村队4562次，入户检查2829家；查犬7432只，登记办证1790只，没收无证犬2277只，上缴市财政登记注册费924万元。

（丁义川）

【开展预防煤气中毒安全检查】 年内，朝阳分局治安处配合各派出所，对使用炉火取暖的居民住户、建筑工地及农村出租房屋进行广泛摸底和安全检查。共检查炉火取暖住户153051户，炉具152535只，发现并解决不安全隐患4300余件。全年因取暖造成煤气中毒死亡34人，比上年下降2.85%。

（丁义川）

【实行外来人口证件一站式办公】 年内，在各派出所建立外来人口办证中心，公安、房地、计生、卫生、税收等部门联合办公，外来人口办证手续一次完成，全年暂住人口办证534000人，办证率为87.37%。

（丁义川）

【加强大型活动安全管理】 年内，朝阳分局治安处大型活动组牵头组织各种大型社会活动44项，配合市局牵头组织的大型活动290项，其中展览、展销会268项，文艺演出、体育比赛66次，共1500余场，观众约600万人次。全年共制定各类安全保卫方案120个，组织出动警力46000人次，保证大型活动未发生重大刑事、治安案件和责任事故。

（丁义川）

【开展打击涉枪违法犯罪专项斗争】 年内，朝阳分局开展清查收缴爆炸物品、管制刀具，强化管理、防范措施，严厉打击涉爆、枪违法犯罪活动专项斗争。下发、张贴宣传材料15000份，召开各种会议63个，共收缴各类枪支364支（其中：猎枪88支、火枪39支、气枪175支、小口径步枪20支、钢珠枪6支、步枪1支、其他35支），子弹541发、各种残弹1672发、气枪子弹24箱（每箱20公斤）、炸药3.5公斤、雷管5个、导火索1.5米、手榴弹1枚、管制刀具1423把，有效消除不安全隐患，净化治安环境。

（丁义川）

【“三警合一”发挥威力】 朝阳分局按照“着眼实战，加强一线”的指导思想，建立起覆盖全区社会面的责任区刑警队和巡警队，与10个中心警务区相对应。10个责任区刑警队和巡警队分别下到各中心警务区，各探组、巡组分别下到各派出所，使派出所民警、刑警、巡警“三警合一”，优势互补，协同作战，发挥整体作战的优势，共同承担起保一方平安的责任。

（顾　鹏）

【取缔自行车非法交易黑市】 1月22日，潘家园派出所会同有关业务处连续对华威路口自行车非法交易黑市进行突击检查。收容外地“三无”人员8名，收缴无照自行车13辆，并持续加强该地区控制，有效防止自行车黑市反弹。

（丁义川）

【继续抓好禁放工作】 春节期间采取多种形式宣传禁放规定，在城乡结合部地区加强警力，设卡盘查，查获违反禁放规定私自贩运烟花爆竹案3起，收缴各种烟花爆竹价值12.6万元。查获违反禁放规定燃放爆竹59人，拘留39人，处罚20人。

（丁义川）

【强卫深入朝阳开展“打防控”调研】 从3月初开始，市局局长强卫带领课题组先后11次深入朝阳区和朝阳分局调查研究。听取了分局党组、十多个业务处、派出所的专题汇报，共同研究“打防控”问题。提出了多警种配合形成拳头，挂牌督战，加大警力投入等一批有针对性的工作措施，推动了城乡结合部“打防控”工作。

（顾　鹏）

【打击毒品犯罪专项斗争】　4月至6月，朝阳分局开展了打击整治毒品犯罪活动的专项斗争，共破获毒品案件116起，抓获犯罪嫌疑人116名，收缴毒品1760克。

（丁义川）

【清理整顿文化娱乐服务场所】　4月至6月，根据市局统一部署开展清理整顿文化娱乐服务场所，打击赌博卖淫专项斗争。共打掉团伙、窝点42个；查获卖淫嫖娼人员231名，拘留参与裸体淫秽表演人员5名，赌博人员38名，贩卖盗版光盘11人，传播淫秽物品1人；收容有偿陪侍及异性按摩人员2387人；收缴赌具7副；电子游戏赌博机3241台；赌资29万余元；盗版光盘72.1万张；淫秽光盘583张；非法出版物1.3万册；查处各类场所1962家，查封、取缔无照或证照不齐的场所912家。对全区2409家娱乐场所重新审核登记，压减1483家，其中歌厅113家、电子游艺厅71家、桑那洗浴99家、美容美发1200家，压减率为38.4%。

（丁义川）

【市政府重奖查获特大盗版案民警】　4月20日，副市长刘敬民等领导到朝阳分局慰问查获"4·05"、"4·12"特大非法盗版光盘案件民警，并颁发奖金30万元。此案从两窝点共收缴盗版光盘46.6万张，抓获嫌疑人8人。

（丁义川）

【新建三个派出所】　5月23日，花家地派出所在望京中园238号挂牌成立并对外办公。11月10日，新组建的东湖派出所和南皋派出所正式挂牌对外办公。

（丁义川）

【撤销双桥派出所建制】　8月4日，根据市局政警复字（2000）8号批复的精神，撤销双桥派出所建制，原双桥派出所下设的长营、黑庄户、杨闸、三间房、豆各庄五个分遣所改建为派出所，均为正科级，原管辖范围不变。

（丁义川）

【2000北京朝阳国际商务节安全保卫】　8月15日至8月18日，2000北京朝阳国际商务节在北京农展馆举办。商务节由文化、商务二大板块的十五项活动组成，参观人数达5万余名，市委书记贾庆林及驻华使馆的144位外宾出席开幕式，商务节期间分局共出动警力3779人次，确保参加活动的中央、地方领导和外国来宾及各界群众的安全。

（丁义川）

【清理外国人非法居住聚集区】　8月至9月，朝阳分局出入境管理处会同当地派出所，对望京花家地小区境外人员非法租住和中国公民非法出租房屋问题进行了8次集中清理整治，出动警力162人，召开居（家）委会座谈动员会40次，张贴宣传品1200份，宣传群众2万余人，走访住户436户，摸底调查非法租住民房的境外人员1196名，查处各类境外违法人员102名，查获境外非法居留人员5名，外籍卖淫妇女4名，使该地区涉外治安状况迅速好转。

（丁义川）

【确保第五次全国人口普查登记质量】　10月31日晚，1500名民警参加朝阳区全国第五次人口普查工作，保证了清点登记工作顺利进行和普查人员的人身安全。共清点登记562553户，1508577人，有户无人208258人，有人无户428974人，外来人口611162人，依据户口管理政策，办理登记项目变更20903件，纠正项目差错2829件，解决人户分离986户、2082人。

（丁义川）

【组织百万人答卷】　为配合"119"消防宣传日活动，朝阳分局消防监督管理处，组织开展"朝阳百万人消防知识答卷"活动。全区共有101.5万人参加答卷，答卷合格率达85%，取得了良好的宣传效果。

（丁义川）

【清理整顿涉外娱乐场所】　11月至12月，朝阳分局出入境管理处对辖区20家重点涉外娱乐场所进行了32次集中清查，共出动警力300人次；对62名违反《中华人民共和国外国人入境出境管理法实施细则》的外国人给予行政处罚；对122名醉酒滋事的外国人进行批评教育；对5名情节较严重的分别给予行政警告和罚款；有效遏制了涉外娱乐场所外国人酗酒滋事现象。

（丁义川）

案例举要

【破获特大入室抢劫案】 2月17日零时许，金盏乡蟹岛度假村B院发生特大抢劫案。台湾剧作家陈文贵（男，52岁，住台湾台北市）与其妻胡闽江（40岁，无业）及妻姐胡抗美（47岁，福建福州市建材工业学校教师）在客房内被一伙持枪蒙面人捆绑，抢走手机4部、手提电脑和摄像机各一台及人民币5万元、港币3万元、台币2万元、美金2600元。经朝阳分局刑警大队工作，于21日晚在石佛营东花园洗浴中心将嫌疑人李玉国（男，27岁，平谷县人）、陈加平（男，25岁，住麦子店窑口村，无业）二人抓获。22日下午将李伟（男，26岁，无业，住东坝乡娘娘庙街）等另外3名嫌疑人抓获，并缴获双筒猎枪一支、子弹10发、匕首2把及被抢物品。已将5人依法逮捕。

（丁义川）

【铲除制假贩假窝点】 5月9日，朝阳分局治安处和麦子店派出所在麦子店枣营北里4号楼地下室二层24号房间内查获一由江苏东海县来京人员组成的伪造公文印章犯罪团伙。当场抓获王春勇（男，28岁）、陶西光（男，32岁）等5人，收缴各种假印章137枚，其中高等院校章49枚，公安户籍专用章、车管所专用章31枚，其它专用章57枚；身份证、驾驶证等各类证件51种4947件，以及电脑、打印机、塑封机、照相机等制假工具。7月26日王春勇等五人被劳动教养。

（丁义川）

【铲除特大赌博窝点】 5月20日晚，朝阳分局刑警大队、巡察执法支队、治安处联合行动，在十八里店一培训中心内查获一重大赌博团伙。当场抓获80余人，收缴赌资78232元、美金627元、港币1050元，百家乐赌具2副，并在现场起获五连发猎枪2支、子弹13发。经审查，该赌窝是由无业人员吕志强（男，37岁，住东城崔福夹道）、何东宁（男，34岁，住朝阳八里庄西里）等人组织，以每天2000元价格租用该培训中心，自5月以来，先后4次在此聚赌。已刑事拘留7人，治安拘留5人，收容“三陪”小姐17名。

（丁义川）

【查获盗版光盘窝点】 6月21日，治安处在大郊亭北京化工集团建筑工程公司仓库出租房内查获盗版光盘25.5万张，抓获犯罪嫌疑人7名，收缴作案用的切诺基吉普车一辆。该窝点由赵斌（男，25岁，天津人）、安智光（男，37岁，天津人）等人以办汽车修理厂为名租用仓库，作为盗版光盘分装集散地进行违法活动，现已将赵斌等7人依法拘留。

（丁义川）

【查获体内携带毒品案】 8月26日17时许，朝阳分局刑警大队根据线索，在建外枫园宾馆将三名刚从云南携带毒品来京的贩毒嫌疑人李艳（女，30岁，无业，住新疆乌鲁木齐市天山路）、赵虎林（男，21岁，安徽人，无业）、孙勇强（男，23岁，甘肃人，无业）抓获，当场收缴球状海洛因217粒。经审查，赵、孙二人交代：在李的指挥下，二人从云南瑞丽偷渡到缅甸，孙勇强内服海洛因117粒，赵虎林内服海洛因100粒来京。经法医鉴定，二人体内携带海洛因净重840克。已将3人刑事拘留。

（丁义川）

【破获韩国商人被绑架案】 10月16日，接市局外事处通报，韩国商人尹汉俊（男，45岁，韩国釜山人）在新源里地区被人绑架，犯罪嫌疑人给尹的亲属打电话要求拿50万元赎人。朝阳分局刑警支队接报后迅速开展工作，于17日晚在将台东坝河村一出租房内将李光龙（男，27岁）、金海哲（男，27岁）为首的6名吉林舒兰县专门从事绑架、敲诈等违法犯罪活动的嫌疑人全部抓获，同时将尹汉俊解救。已将李光龙等6人刑事拘留。

（丁义川）

【破获北辰购物中心营业款被抢案】 12月17日21时30分，北辰购物中心一层收款员将营业款在保安员的押送下乘内部职工专用电梯送往金库时，一头带面罩的男子持刀闯入电梯抢走钱袋（内有现金28万余元、各种银行现金支票4万余元，共计324297.10元）后逃跑，在保安员和送款员的奋力追赶下，迫使其将钱袋扔在购物中心南门外逃跑。朝阳分局刑警大队和亚运村派出所经工作，于18日11时将犯罪嫌疑人赵洪朝（男，28岁，河北馆陶县农民，原北辰购物中心保安员）抓获。已将其依法逮捕。

（丁义川）

朝阳分局2000年领导名录

职务	姓名	任职时间
分局长	潘永祯	1997年8月—2000年4月（到最高任职年限，保留副局级）
分局长	肖兴国	2000年4月—
政委	刘福永	1995年6月—2000年4月（到最高任职年限，保留副局级）
政委	王忠	2000年4月—
副分局长	孙连起	1994年3月—2000年2月（到最高任职年限，任正处级调研员）
副分局长	米国顺	2000年10月—
副分局长	李国营	1994年3月—
副分局长	杨术华	1994年3月—2000年7月（到最高任职年限，任正处级调研员）
副分局长	王成	1994年3月—
副分局长	田万发	1996年4月—
副分局长	战玉贵	1996年10月—2000年10月（调昌平分局任职）
副分局长	赵文忠	1996年10月—
副分局长	马英	1997年7月—
副分局长	谢冬生	1997年7月—

副分局长	许克嘉	1998 年 2 月—2000 年 4 月(调怀柔县公安局任职)
副分局长	徐长春	2000 年 10 月—
副分局长	赵建章	2000 年 10 月—

海淀分局

【概　况】 海淀区位于北京西北部，面积426平方公里，常住人口1616483人，每平方公里人口密度为3795人。辖区内居民由55个民族构成，少数民族人口约占总数的5%，是北京市民族最多的地区。全区有27个街道办事处，11个乡。海淀区是首都综合改革试验区，国家科技创新示范地，科技成果孵化和辐射基地，高素质创新人才的培训基地。有北大、清华等高等院校68所，在校学生30万人。有中国科学院、中国工程院等科研院所138家。各类专业技术人员37万人。工作居住在海淀的中国科学院院士400余人，中国工程院院士100余人，约占两院院士总数的40%。中关村科技园区海淀园有高新技术企业5000家。2000年底有暂住人口34.2万人，年内高峰时达41.5万人，约占全市外来人口总数十分之一。大多数集中在中关村科技园区的中心区及周边的城乡结合部地区。

2000年，海淀分局紧紧围绕全区经济建设和中关村科技园区建设，全力维护首都的政治稳定和社会安定，初步构建起城乡结合部“打防控”一体化的防控体系。深入开展严打整治，狠抓安全防范，为海淀区的经济建设和中关村科技园区建设提供一个良好的治安环境。全年“110”指挥中心接处警66091件，出动警力257755人次，警车85918台次。办理来信来访2220件（次），其中重点信访82件，结办率100%，人民代表、政协委员建议，提案71件，结办率98.6%。加强科技强警，投入2167.6万元重点加强刑侦，信息传输，办公自动化建设，建立计算机局域网。报警服务网已发展工商企业用户1187户，居民用户7612户。有效地遏制了“法轮功”邪教组织危害社会的各种非法活动，收缴了大量非法宣传品，深入细致地做好“法轮功”人员的思想转化和挽救工作。全年共侦破各类刑事案件9956起，比上年提高28.2%。其中重大案件4529起，现案6330起，破案率比上年提高5.2%。抓获各类犯罪嫌疑人9473名，打掉犯罪团伙354个，抓获在逃犯135名。其中本市在逃犯64名，外省市在逃犯71名。加大中关村地区经济犯罪的打击力度，侦破了一批破坏计算机系统、侵犯商业秘密、信用卡诈骗等智能型犯罪案件。全年侦破经济案件423起，其中特大案件408起，挽回经济损失6795.8万元。将影响海淀区治安形势的街头案件、入室盗窃、拦路抢劫、盗窃机动车四类群众反映强烈的多发性案件作为重点来解决。对刑侦体制进行改革，在全区高发案地区实行分局领导牵头，刑警、巡察、派出所、街乡综合治理办公室参加的“四位一体”的“打防控”工作机制。在11个重点高发案地区派出所成立驻所刑警地区队，形成刑警、巡警、派出所民警“三警合一”的工作体制。改革后破案数提高了49.6%。加强了看守所建设，区政府专门投资400万元改造看守所西监区，采用先进技术，增加科技含量。看守所的女子管教队被团市委授予“青年文明号”荣誉称号，被全国妇联和市妇联评为“巾帼文明示范岗”。

年内，对中关村和大学周边等重点地区加大清理整治力度，打击贩卖盗版、淫秽光盘、制贩假证件等活动，取缔违法违规网吧，严厉打击街头违法犯罪活动。共查处取缔有违法行为或非法经营的文化娱乐场所751家、网吧57家。强化巡警快速反应，完善“110”接处警机制，巡察执法支队共接处“110”警务1884件。加大对外来人口聚集区的清理整治工作，年内进行大规模集中清理整治行动90余次，检查各类出租房屋98万户次，审查外来人口100余万人次。全区设外来人口协管员1117人，加大对违反外来人口管理规定的用人单位和房主的处罚力度，全年共行政处罚38万余件，罚款360余万元。加强对校园周边环境的治理及在校学生的法制教育，在校学生违法犯罪率比上年下降20%。严格落实警卫工作“四包”责任制。全年完成警卫任务1949次，出动警力84152人次，累计值勤228808小时。

（王学仁）

【扫除社会丑恶现象成绩显著】 全年共查获卖淫嫖娼案件292起，拘留657人，查处卖淫嫖娼窝点72处，团伙7个。查处传播贩卖淫秽音像制品案件217起，收缴淫秽光盘34458张，铲除贩黄窝点49处，打掉犯罪团伙1个。查处赌博案件53起，团伙4个，窝点13个，收缴赌资599921元；对从事违法经营活动的场所处罚54家，罚款97.6万元，收缴具有赌博功能的游艺机794台。

（张　晋）

【圆满完成限养注册工作】 上半年，海淀分局圆满完成限养注册工作。共依法办理养犬许可证13691个，上缴限养注册登记费6518000元。同时，结合日常限养治安管理，依法没收违章犬1155条，限养重点区和一般区的注册率均达100%。

（张　晋）

【打击破案实现“两个不低于”】 海淀分局确定打击破案“两个不低于”的工作指标，即破案数、破案率不低于上一年。年内，始终保持严打势头，破案数和破案率均超过去年。全年破刑事案件比上年上升29.3%，破现案比上年上升32.7%。全年破案率为33.9%，比上年上升5.2个百分点，破案总数位居市局第一。

（张　晋）

【中关村大街楼门牌变更】 经北京市政府批准，贯穿中关村科技园区的中轴线全线更名为中关村大街，原路段的门牌号重新排序。年内，海淀分局户籍处与所涉及的9个派出所，同有关部门协调配合，共完成中关村大街62块门牌，72座楼144块楼牌的变更任务。

（张　晋）

【推广社区报警服务网】 年内，分局针对全区企事业单位和居民社区防范工作实际情况，因地制宜推进社区联网报警示范工程。目前，海淀区报警服务网已发展工商企业用户1187户（已开通1132户），居民户2168户。报警系统联网后接警25起，制止犯罪12起，抓获犯罪嫌疑人3名，破获重特大案件5起。

（张　晋）

【居民身份证号码升位】 完成全区居民户口簿身份证号码升位。到年底，全区总人口升位率达97%。全年组织警力688911人次进行居民身份证查验工作，共查验326881人，发放临时身份证7054人，正式居民身份证87400人。

（张　晋）

【加强危险物品管理】 年内，海淀分局治安处先后10次对危险物品使用单位进行大规模安全检查，督促使用单位对合并后的27座爆炸物品库房全部安装了警报器。加大对非法运输、储存、贩卖烟花爆竹的查禁工作；查处2起数额较大的运输私售鞭炮点，共收缴管制器具423把，各种枪支842支，子弹148发，废旧炮弹12枚。

（张 晋）

【大型活动保卫工作】 年内，海淀区共举办群众性大型活动217个、827场次，接待游客813万人次。按照“提前介入、加强检查、严格把关、精心组织、措施到位”的工作原则，共组织执勤民警15134人次，检查游乐设施175项，船只1500余条，清除各类隐患1511件，其中重大隐患2件，确保了各种大型活动安全。

（张 晋）

【万寿路地区“创安”显成效】 万寿路派出所结合辖区特点，以群防群治工作为基础，从小区封闭式管理入手，强化社会面控制，形成较为完善的治安防范体系。年内，全地区23个小区全部实行封闭式管理，各类案件不同程度得到控制，5个居民小区被评为全国安全优秀文明小区。

（张 晋）

【看守所实行“三合一”管理模式】 年内，看守所加大科技投入，区政府专门投资400万元对西监区进行技术改造，采用了监控、录像等较先进的技术手段，推行看守、管教、技术“三合一”的管理工作模式，经一年运行，效果明显。

（张 晋）

【外来人口管理】 年内，加强对外来人口的管理，共组织清查90余次，出动各种力量7.8万余人次，审查外来人口100余万人次，检查各类出租房屋9.8万余户次，查获外来人口违法犯罪团伙126个。同时，配合有关部门，加强出租房屋管理站建设，至8月底，全区已建立出租房屋管理站1268个，建站率达到100%。

（张 晋）

【开展“红叶杯”公安理论研究征文评奖】 2月25日，海淀分局召开第四届“红叶杯”公安理论研究征文表彰奖励大会。此次征文共完成调研报告144篇，经评审，获特别奖1篇，一等奖8篇，二等奖14篇，三等奖14篇，鼓励奖37篇，先进调研单位6个。

（张 晋）

【派出所开展“百日创安竞赛”】 第二季度，海淀分局在42个户籍派出所开展“百日创安竞赛”，建立以派出所为主体、由群防群治力量组成的社区安全防范体系。年内，全区共有专职治安联防队108支，984人，社区保安274支，2266人，治保会巡逻队1259支，10135人，外来人口协管员1117人，单位内部巡逻队774支，4112人，全区治保积极分子力量已达3万余人，控制覆盖率达85%。同时，各派出所在抓好人防、物防的基础上，认真推行技防措施。到年底，已有92栋楼5571户安装了双路报警系统，77栋楼4507户安装了可视楼宇对讲系统，257栋楼14154户安装了不可视楼宇对讲系统，46栋楼2041户安装了远红外探测报警系统，并收到良好效果。

（张 晋）

【“桃花节”秩序井然】 4月7日至5月7日，海淀区在北京植物园举办第12届“桃花节”，前来参观的游客达到146万余人次。卧佛寺派出所组织警力维护园内秩序。共出动警力1500余人次，未发生重大刑事、治安问题。

（张 晋）

【规范“110”接处警工作】 5月，海淀分局开展“110”警务工作研讨会，总结经验，修订预案，建章建制，规范程序。保证“110”有重点、分层次的科学布警，提高了“110”出警的现场抓捕率。全年，分局接处“110”报警66091件，比上年上升了137%，均得到妥善处理。

（张 晋）

【网上查获一公安部通缉在逃犯罪嫌疑人】 6月7日，海淀分局治安处经上网比对，查获公安部通缉特大贪污犯罪嫌疑人左其平(男，45岁，重庆市江北区人)。该人1994年8月在任重庆易深经贸有限公司经理期间，挪用贪污公款44万元，后在逃至今。已将其移交原籍检察机关处理。

（张　晋）

【完成全区户口整顿工作】 6月23日至10月底，海淀分局抽调1126名民警，协同有关部门及9952名普查员共同工作，完成全区520512户，1561540人的户口整顿，从根本上摸清了海淀区人口构成基本状况，为第五次人口普查工作的顺利开展奠定了坚实的基础。

（张　晋）

【民警袁时光因公殉职】 7月23日8时许，海淀分局东宫门派出所民警袁时光（男，34岁，三级警督）在颐和园广场执勤时，接群众张林、何棋报案：东宫门售票处有两名扒窃嫌疑人。袁迅速赶至现场对一高一矮两名嫌疑人进行盘查。二人暴力抗拒审查，高个子嫌疑人王国清（男，21岁，辽宁抚顺市人，1995年因打架被抚顺市公安机关拘留15天，1998年因打架被劳教2年）持匕首将袁时光左腹部扎伤，并扎伤张、何二人逃跑。袁时光身负重伤，仍奋力追捕，终因伤势过重，失血过多，英勇牺牲。在群众的协助下将另1名犯罪嫌疑人李中保（绰号“小飞”，男，26岁，河南省固始县分水亭吴集村人，暂住海淀区厢红旗红星小学，1996年7月27日因盗窃被劳教2年）抓获。经审讯，李供认其伙同王国清。当日在朝阳分局的配合下将主犯王国清抓获，同时起获血衣一包，案犯供认了上述犯罪事实。8月7日，在八宝山烈士公墓举行袁时光同志遗体告别仪式。市局和海淀区委联合召开大会，宣布市委、市政府、公安部关于批准其为革命烈士，追认中国共产党党员，授予北京市“五四”奖章及全国公安战线二级英雄模范的决定。9月4日，北京市第一中级人民法院依法判处杀害民警袁时光的凶手王国清死刑，剥夺政治权利终身。

（张　晋　陈　庄）

【中关村地区治安秩序好转】 针对中关村地区街头犯罪多等突出治安问题，分局制定《深入开展治安整治维护我区社会治安秩序的工作方案》，成立清理整治工作领导小组，确定中关村大街、海淀图书城为整治工作重点，7月26日至31日，开展了大规模集中清理统一行动。经6天的打击整治，该地区各类案件和110报警比整治的前6天分别下降39.7%和21%。中关村地区社会秩序明显好转。

（张　晋）

【设立民警热线】 为密切干群关系，倾听民警呼声，海淀分局设立了民警热线电话：82883321。自8月1日开通以来，共接民警反映的各类问题14件，均经协调得到妥善解决和处理。

（张　晋）

【公安武警检察院携手共建文明看守所】 8月1日，海淀分局与武警北京总队八支队、海淀区人民检察院在警官俱乐部举行共建、共管、共保安全“三共”签字仪式。

（张　晋）

【成立中关村大街派出所】 8月22日，经市局批准，海淀分局成立中关村大街派出所，正科级建制。

（张　晋）

【签订挂牌督战责任书】 9月7日，海淀分局在机关大礼堂举行高发案地区派出所挂牌督战责任书签字仪式。分局长高煜代表分局党组与大钟寺、海淀、东升等11个重点高发案地区派出所所长逐个签订责任书。

（张　晋）

【11个派出所建立驻所刑警队】 11月3日，海淀分局决定：在11个挂牌重点地区派出所建立驻所刑警地区队，实行刑警支队和所在

派出所双重领导，以派出所领导为主的工作体制，提高全局的“打防控”能力和水平。

（张　晋）

案　例　举　要

【迅速侦破全国人大代表衣物被盗案】　3月12日晨，海淀区东升乡药门洗衣厂为全国人大代表待洗的82件衣物被盗。刑警大队、花园路派出所联合办案，于13日在朝阳、丰台等地将犯罪嫌疑人罗德士（男，30岁），罗克士（男，34岁）、丁鹏祥（男，35岁，均是四川仪陇人）三人抓获，起获被盗衣物50余件。

（张　晋）

【破获当代商城乐百氏专柜投毒敲诈案】　7月23日，海淀分局会同市局刑侦处破获当代商城乐百氏专柜投毒案，抓获犯罪嫌疑人李新华（男，33岁，江苏东海县农民）。李自今年5月至7月间，化名“周根富”在北京、广东、上海等地多次以写恐吓信、打恐吓电话等方式，向乐百氏集团敲诈人民币80万元，并于7月6日下午，窜至海淀区当代商城超市向乐百氏专柜投置包有剧毒氰化物的恐吓信以达到敲诈目的。此案经海淀区人民法院审理以敲诈勒索罪判处李新华有期徒刑5年。

（张　晋）

【破获一起特大杀人案】　9月30日，海淀分局刑警支队与羊坊店派出所破获一起公安部民警一家三口被杀的特大杀人案，抓获犯罪嫌疑人孙勇（男，36岁，无业，住西城区富国里小区）。孙与被害人王界宁（男，44岁，公安部一所技术员，住羊坊店有色院东区）之妻张凤玲（36岁，工商西四支行职员）长期通奸被王察觉，9月28日晚，孙携带匕首来到王家解决问题时与王发生冲突，逐将王、张2人及其9岁女儿王宇萍一家三口杀死。

（张　晋）

【破获“打闷棍”抢劫案团伙】　10月19日，恩济庄派出所会同海淀分局刑警支队、预审处打掉一个以“打闷棍”进行抢劫的犯罪团伙，抓获团伙成员徐海龙（男，24岁）、牟贵军（男，22岁，均为辽宁盘锦市人），破获系列“打闷棍”抢劫案件100起，其中包括10月12日国家石化总局规划发展司陈世海副司长被抢的市局挂牌案件。11月17日，徐海龙、牟贵军被依法逮捕。

（张　晋）

【破获特大贩毒案】　12月7日11时许，海淀分局缉毒队根据线索，在西城区百万庄邮局附近将正在进行毒品交易的贩毒嫌疑人马兰（女26岁）、艾尼娃尔·库尔班（男，32岁，均新疆人）、唐白凤（女，17岁，贵阳市人）抓获，当场收缴毒品海洛因140克，毒资24750元。

（张　晋）

【破获系列信用卡诈骗案】　12月12日，海淀分局内部单位保卫处破获伪造交通银行宜昌支行借记卡（即信用卡），诈骗交通银行宜昌支行和本市当代商城、西单赛特商城及百货大楼等多家大型商场的系列信用卡诈骗案。共破案24起，其中特大案件2起，重大案件18起，抓获犯罪嫌疑人孙小刚（男，24岁，江西新余交通银行私人金融业务管理部职员），起获诈骗的赃款及康柏、东芝笔记本电脑等大量赃物，价值人民币22万余元。2001年1月19日，孙小刚被依法逮捕。

（张　晋）

海淀分局2000年领导名录

职 务	姓 名	任职时间
分局长	张克绵	1996年4月—2000年4月（到最高任职年限，保留副局级）
分局长	高 煜	2000年4月—
政 委	高 煜	1997年8月—2000年4月
政 委	单志刚	2000年4月—
副政委	单志刚	1996年10月—2000年4月
副分局长	刘孚中	1992年7月—
副分局长	张福润	1992年7月—
副分局长	刘 欣	1995年4月—
副分局长	金志海	1997年8月—
副分局长	王慧强	1995年5月—
副分局长	林兆波	1995年5月—
副分局长	康荣顺	1995年8月—
副分局长	陈德宝	1998年8月—

丰台分局

【概　况】 丰台区位于北京西南郊城乡结合部，东邻朝阳区，南连大兴县，西与房山、门头沟接壤，北与崇文、宣武、石景山相邻，全区地形东西狭长，总面积308平方公里，常住人口824670人。丰台地区是京城西南陆路交通的咽喉要道，是北方重要的仓储和客货集散中心，以其四通八达的便利交通条件，吸引了大批的外埠经商人员和打工者涌入丰台，仅2000年就有277457名外地来京人员暂住在本区。年内，丰台分局针对本区外来人口多的特点，提出了以外来人口管理站为载体，强化基层管理组织和管理方法的新思路。在全区建立了354个外来人口管理站。通过实行“检查报告单”制度，把基层外管站与职能部门有机的衔接起来，把住了出租房屋和外来人口暂住的两道关。全区现有出租房屋36951户，128998间，已全部登记在册。通过对出租房屋和外来人口的清查，共收容

“三无”人员30613人，查获违法犯罪嫌疑人作拘留以上处理的1818人，比上年增加208人。在“扫黄打非”中共检查各类娱乐场所9000多次，查封歌舞厅168家，洗浴业94家，取缔发廊183家，电子游艺厅63家；查获卖淫嫖娼人员480人，赌博214人，赌资19万元，贩卖淫秽光盘107人，收缴淫秽光盘16781张，盗版光盘13万张，扫除了丑恶现象，净化了社会环境，使外来人口管理工作迈上了一个新台阶。

年内，丰台分局注重充实一线刑警力量，从各单位挑选了50名素质高，能力强的同志到刑侦第一线工作；投入200万元加强刑侦支队、责任区刑警队装备。通过刑警、巡警和派出所民警三警联勤，“110”快速出警和集中开展破案战役，破获刑事案件6139起，其中年内现案4332起，重大案件2005起；抓获各类违法犯罪嫌疑人5413名，比上年增加341人，外来人员占57.9%；打掉犯罪团伙183个。年内，国保处、内保处、治安处和各派出所先后收集了892件信息，牢牢把握了同“法轮功”邪教组织斗争的主动权；除了组织力量分片包人，对本区的重点“法轮功”练习者逐人落实监控外，还主动出击，加大了对“法轮功”顽固分子的打击处理力度，并对出租房、旅店、车站等重点地区进行清查。

年内，丰台分局在党风廉政教育中树立蒲黄榆派出所为廉洁勤政的典型。对65名新任领导干部和1095名刑侦、预审、巡察、派出所的一线民警，分13期，每期20天，进行了脱产培训，圆满完成了市局要求三分之二民警的培训任务。

（李志友）

【刑侦破案成绩突出】　年内，丰台分局结合本地区治安、地理情况，加大破案力度，挑选了50名民警充实刑侦队伍，在全区建立了10个刑警责任区队，覆盖面提高了160%，将区政府拨的200万元人民币全部用于刑警责任区队车辆配备，提高了接处警速度。全年共破获刑事案件6139起，其中本区年内现案4332起，重大案件2005起，现案破案率为39.4%，上升了12个百分点。在全市刑侦系统总评中名列第一。

（李志友）

【开展同“法轮功”邪教组织的斗争】　丰台分局积极开展同“法轮功”邪教组织的斗争。通过开展网上斗争和查缴“法轮功”非法宣传品的专项行动，破获了22起“法轮功”宣传品案件，打掉了14个印制“法轮功”宣传品窝点，收缴非法宣传品38232件，缴获制作宣传品的设备10台。

（李志友）

【看守所狠抓管理见成效】　丰台区看守所全年在押人员比上年增加78.6%，监所领导深入监区办公，科领导包筒道、包监号，管教员坚持每天找在押人员谈话，并详细记录材料，做到底数清、情况明。为保证监所管理秩序，积极开展政治攻势，打击牢头狱霸等活动，管教人员发挥主观能动性，教育感化“法轮功”人员，确保全年监所未发生任何责任事故，取得了显著效果。

（郭凤华　李志友）

【顺利实施机构改革】　经报请市局批准，丰台分局先后撤并了大红门地区警察署、八一厂派出所等6个建制单位，增设了石榴园派出所、马家堡派出所、大红门派出所、玉泉营派出所等4个户籍派出所和大红门商城治安派出所。新增设的5个派出所，均已挂牌运转。

（李志友）

【“三警联勤”发挥威力】　年内，丰台分局推广“三警联勤”经验，巡察执法支队下属的各队、刑侦支队各责任区队与各派出所实行捆绑联勤。三警之间分工明确，互通信息，协同作战，形成了区域性“打防控”一体化格局。仅8月15日至9月20日，在打击街头犯罪和盗窃机动车犯罪专项斗争中，就破获了机动车被盗、抢劫、抢夺等案件286起。

(李志友)

【营造校园良好环境】 年内，丰台分局对全区163所中小学校的周边进行了清理整治，取缔无照摊贩548个，拆除违章建筑71间，查封小发廊70家。全年共破获学生被抢案件76起，作拘留以上处理的79人。为配合学校搞好法制教育，还选拔了290名民警担任了144所中小学校的法制副校长和辅导员。

(李志友)

【圆满完成了各项警卫任务】 年内，丰台分局承担各种警卫勤务495起，出动警力22596人次，完成了党和国家领导人在卢沟桥雕塑园、中国戏曲学院、北京戏校、中国评剧院参加活动、观看演出的警卫任务。年内，公路、铁路一级路线警卫68起，先后组织警力7000人次。特别是全国“两会”期间，16个有关单位，24小时昼夜执勤，圆满完成了任务。

(李志友)

【加强消防监督检查】 年内，以商场、市场、公共娱乐场所、易燃易爆场所为重点，对400个消防重点单位，发出《责令限期改正通知书》703份，《重大火灾隐患责令限期整改通知书》63份，督促整改火灾隐患2900余件。全年火灾数比上年减少30起，下降了4个百分点，经济损失减少了1600万元，比上年下降20倍。

(李志友)

【信访工作迈入先进行列】 年内，丰台分局领导坚持接待群众日制度，全年共接待群众44人，批阅群众来信427件。对疑难信访案件，分局长王志江亲自过问，对公安部交办的1件、市局交办的7件、分局排查自办的9件重点信访，逐件研究，限期结案。全年，共受理人民群众来信来访1732件次，市局批转的75件重点信和150件一般反馈信，以及762件“110”投诉，全部结办。

(李志友)

【杨秀奇荣获全国劳动模范称号】 2000年，西罗园派出所民警杨秀奇获全国劳动模范和北京市争创人民满意政法干警标兵的光荣称号。

(李志友)

【梁爱华荣获多项殊荣】 蒲黄榆派出所户籍内勤民警梁爱华在2000年度被公安部评为全国优秀人民警察、荣获首届北京市精神文明建设奖章和北京市人民满意政法干警标兵称号。十几年来梁爱华在派出所户籍内勤岗位上，用微笑善待百姓，用真情服务人民，深受辖区群众的爱戴。

(李志友)

【“110”接报警服务成绩显著】 年内，接“110”报警求助40818件，比上年增加了一倍，均及时布警，无一遗漏。全年出内部信息刊251期，获市局优秀信息单位。

(李志友)

【西罗园派出所荣获人民满意公安基层单位】 年内，西罗园派出所开展了争创“人民满意的派出所”活动。为了给辖区内的居民营造一个安定的生活环境，在严厉打击刑事犯罪的同时，狠抓安全防范，组织专职巡逻人员166名，义务巡逻人员491名，85%的小区实现了封闭管理，条件较好的楼房实行了公寓式管理，使发案率比上年下降了8%，被公安部授予“人民满意公安基层单位”称号。

(李志友)

【丰台镇派出所打击犯罪成绩突出】 丰台镇派出所在打击刑事犯罪中强化制度，明确规定“警区破案率连续3个月最低、发案率最高，警长下岗，民警调换”。年内，全所共破获各类刑事案件470起，其中大案161起，年内现案450起，破案率达51%，比上年高出33个百分点，破案数名列各派出所首位。年终在丰台分局目标管理考核中获红旗达标单位。

(李志友)

【六里桥派出所打防结合成效显著】 六里桥

派出所的辖区是典型的城乡结合部。年内，他们根据本地区发案多的现状，狠抓打防结合。所里将任务分解到各警区，破案成绩突出的给予重奖，调动了民警的积极性。全年破获各类刑事案件355起，其中大案200起。在丰台分局统一组织的三次阶段性“严打”战役中破案145起，其中大案94起，在各派出所中名列第一。根据管片特点分别采取计算机网络化防范和建立群防小组，轮流巡逻等形式确保一方平安。

（李志友）

【被评为区行政执法先进单位】 1月至9月共做出行政处罚决定106504起，涉及金额5426851元。经区行政执法责任制检查考评组考评，丰台分局27个行政执法单位行政执法规范，行政处罚文书合格率达到99.8%，归档率达到100%。分三批对执法人进行了培训，考试及格率100%；罚没款上缴国库率达100%，无挪用、私分罚没款的违纪现象。被区政府评为“行政执法先进单位。”

（李志友　郭凤华）

【指挥中心大楼交付使用】 丰台分局筹集资金4300万元，在院内建起一座高10层，10500平方米的现代化指挥中心大楼。6月8日，丰台分局领导和机关各业务处、室搬进指挥中心大楼办公。

（郭凤华）

【民警马福亮、周文利因公殉职】 9月1日，丰台分局巡察支队10队001车组在丰台区东管头31号院外盘查一赌博嫌疑人时，遭到持枪歹徒的突然袭击，巡警马福亮、周文利二人不幸牺牲，赵敬山头负重伤。案发后市局局长强卫等领导亲临现场，指示由刑事侦查总队总队长王军，丰台分局分局长王志江牵头，立即组成专案组开展侦破工作。侦查员们兵分数路，奔赴泊头、济南和石家庄市调查摸底。9月3日，发现了犯罪嫌疑人韩学功在石家庄活动的踪迹。分局长王志江主动向市局领导请战，并带领侦查员们赶赴石家庄市，将韩学功的姘妇徐旺珍（女，29岁，湖北省通山县南宁镇青塔村人）抓获。经过审讯，徐交待了韩的落脚点。侦查员们于当晚10时50分在地矿招待所410房间将韩学功抓捕归案。经审讯，韩学功对所犯罪行供认不讳。9月4日，起获了韩作案后藏匿的64式手枪1支、子弹3发。21日上午10时，马福亮、周文利烈士的遗体告别仪式在八宝山公墓隆重举行。2001年3月16日，韩学功被北京市第二中级人民法院以故意杀人罪判处死刑，剥夺政治权利终身。

（李志友　陈　庄）

【第一个女子探组成立】 为充分发挥女民警在工作中细致周到的特点，以及在打击女性犯罪斗争中的特殊作用。11月28日，丰台分局正式成立了由刘燕平、张岩、张萌、秦晓琳4名同志组成的第一个女子探组，编在重案队，随队作战。年内，女子探组先后侦破了3起伤害致死案，取得了可喜战果。

（郭凤华）

案　例　举　要

【侦破特大盗窃案】 1月24日晚，中乐物资公司被盗两个保险柜和一台彩电。2月5日至10日（正月初一至初六），宣武百货公司管头仓库等4个单位的库房又相继被抢、被盗，价值均在30万左右。2月14日凌晨5时，六里桥派出所在刑侦支队、巡察支队的配合下，在东梆子井村对安徽外来人员突击清查时，将冯立超等8人抓获。冯立超一伙交待了结伙作案11起，盗、抢保险柜、成箱服装，总价值120余万元的犯罪事实。

（李志友）

【破获郭守满、周宪森保险诈骗案】 3月30日，丰台分局破获郭守满、周宪森隐瞒事故真相，虚构理赔事宜，诈骗中国人民保险公司丰台公司9.68余万元保费案，追缴了全部赃款。经审查，1997年6月10日，客运公司郭守满（男，43岁，辽宁锦州人，客运公司京A83237号客车的承包人，现住北京市公路客运公司）伙同周宪森（男，57岁，客动公司负责保险的安全员）利用险种之间的差异，将因汽车追尾造成乘客受伤的交通事故虚构成以第三者险的名义诈骗保险公司保费9.68万余元(乘客受伤最高获赔1万元)。郭守满因保险诈骗罪被判处有期徒刑一年半；周宪森被判处有期徒刑一年，缓刑一年。

（许　勇）

【侦破冒充警察驾车抢劫案】　4月14日，《北京晨报》刊登了“犯罪嫌疑人驾驶京E－A3058被盗机动车在朝阳、海淀、丰台等地抢劫作案”一文后，市局强卫局长作了重要批示，丰台分局领导立即召开紧急会议部署侦破。4月15日晨，朱家坟派出所民警在巡逻中发现一辆未锁车门的白色面包车，车内有砍刀、匕首等凶器和2根橡胶警棍，在后车座的下部发现了涉案车牌京E－A3058，丰台分局马上会同刑侦处开展工作。上午9时左右，嫌疑人王雁勇钻进车内被蹲守的民警抓获。后根据王的交待，在房山、丰台等地将河北来京的陈静义等7名涉案人员抓获。经审查，陈静义一伙交待，驾驶盗来的面包车，冒充民警，在朝阳、海淀、丰台等地，抢劫、伤害作案40余起。

（李志友）

丰台分局2000年领导名录

职　　务	姓　　名	任职时间
分局长	王志江	1997年8月—
政　　委	夏其忠	1996年4月—
副分局长	蔡国柱	1994年6月—2000年4月(调公共交通分局任职)
副分局长	甄成民	1996年1月—2000年10月(到最高任职年限)
副分局长	赵　禄	1996年1月—
副分局长	杨　轶	1996年8月—2000年4月(调东城分局任职)
副分局长	贺安钢	1996年11月—
副分局长	李雪明	1998年1月—
副分局长	李学炎	1998年1月—
副分局长	贾福清	1998年1月—
副分局长	吴树春	2000年4月—
副分局长	宋宏声	2000年10月—

石景山分局

【概　况】　石景山区地处北京市西部，东与海淀区接壤，南与丰台区比邻，西连门头沟，北枕小西山；全区面积约86平方公里，居住着28个民族，33万常住人口，其中非农业人口32万余人、农业人口1万余人；暂住人口10余万人。区境内分布着以首都钢铁总公司、石景山发电总厂、八大处高科技园区为龙头的数十家大型冶金、电力、机械、建材企业，高科技产业和200多家中小型企业。2000年，石景山分局紧密围绕维护全区政治稳定和社会安定开展了各项公安保卫工作。法制工作立足严把案件质量关，全年批捕率和起诉率均达到95%以上，没有发生冤、假、错案。加快科技强警步伐，完成了指挥中心改建及八角北路11号院电子安全防范系统小区工程建设。在开展同“法轮功”邪教组织的斗争中，加强情报信息工作，掌握斗争主动权；采用各种有效措施，加强对重点人的控制。推进刑侦工作改革，建立了责任区刑警队和刑警、巡警、派出所“三警捆绑”机制。全年开展了三次较大规模的专项斗争。破获各类刑事案件649起，其中现案528起，破案率34.3%，比上年提高了2.1个百分点。抓获各类犯罪嫌疑人527名，打掉犯罪团伙91个，收缴机动车46辆，毒品海洛因380克。为企事业单位挽回直接经济损失600余万元。年内，组织警力万余人次，完成各类警卫任务199次，大型活动保卫215场次。对使用枪支爆炸剧毒物品的重点要害部门、群众性娱乐场所等进行300余次安全检查和清理整顿，有效地维护了良好的治安秩序。8月，新建联合办理特行、身份证、出入境手续的综合服务大厅，以方便群众。巡察执法支队全年共接处“110”警务2286起，查获违法犯罪嫌疑人531名。加大外来人口管理力度，实行建卡、印单、制牌等正规化建设，强化日常管理，使外来人口犯罪率由上年的48.8%下降到43%，其中刑事犯罪由上年的45.8%下降到39.8%，实现了市、区政府要求下降五个百分点的目标。内保工作坚持为大中型企业提供服务，加强金融网点系统及企事业单位内部的技术防范，妥善处置内部不安定因素。保安公司加强了队伍管理，积极搞好治安防范，为客户挽回35万余元的经济损失。消防工作坚持“预防为主，防消结合”方针，加大了执法检查和处罚力度，全年没有发生重大火灾。以改革和教育训练为主，开展多种形式的在职培训工作，全面推进机构改革。经公开选拔竞聘领导干部，19人担任了科、队、所领导职务，17人担任责任区刑警队及专业队队长、探长职务，37人担任户籍派出所警长。聘任30名警风监督员。后勤工作立足保障，解决了133户民警的住房。

（任继兵　游书成）

【指挥中心改建完成】　年内，为改变值班室设备简陋、功能单一的状态，多方筹措资金，将原75平方米的会议室改建为指挥中心，配置了电子显示屏、大屏幕投影、GPS卫星定位指挥系统，达到二级指挥中心规模。指挥中心“110”全年接处警11245件，比上年的4625件增加6620件，增加1.03倍，从中抓获各类违法犯罪嫌疑人175名，破案66起，救助群众1631人次。

（严志红）

【调研报告获区年度优秀调研成果奖】 年内，石景山分局办公室调研组完成调研报告46篇，转化运用25篇，被评为石景山区调研工作先进集体。其中《关于对首钢周边外来人口违法犯罪情况的调查报告》、《关于我区外来人口非法办学情况调查》分获石景山区2000年优秀调研二、三等奖。

(严志红)

【外宣刊播稿件319篇】 年内，石景山分局办公室外宣组超额完成市局指标，在各媒体刊播稿件319篇，其中《民警相救蓝孔雀安全回家》获石景山区2000年实兴杯好新闻三等奖。

(严志红)

【制定规范文件，完善执法程序】 年内，石景山分局制定了《办理刑事案件简易程序规定》、《行政执法责任制》、《关于值班分局领导审批案件的规定》、《关于严格案件办理中法律手续审批程序的紧急通知》、《派出所对治安案件公开调解程序》、《内部执法质量考评暂行规定》、《办理案件内部时限规定》等9种规范性文件，规范执法办案行为。

(路庆华)

【开展同"法轮功"邪教组织的斗争】 年内，石景山分局先后组织局属十几个业务单位和派出所，圆满完成了对各地来京搞非法聚集活动"法轮功"人员分流审查任务。

(郑　荣)

【加大科技含量强化特种行业管理】 在市局治安处和集成电脑公司等单位的协助下，在全区旅店业普及计算机户口查控系统，并对户籍管理人员和行业从业人员进行专业培训，全区旅店业计算机普及率在全市率先达到100%。通过网上对比，抓获公安部通缉在逃的犯罪嫌疑人15名。

(路庆华)

【开展整顿文化娱乐服务场所专项治理】 年内，石景山分局开展整顿文化娱乐场所专项治理，打击卖淫嫖娼、聚众赌博等违法犯罪活动。共查获各类违法犯罪嫌疑人275名，收缴盗版光盘近20000余张，其中淫秽光盘4080张，收缴盗版图书3540册；取缔非法营业点380家，发廊83家、歌厅25家、桑那洗浴18家、游艺厅13家、电脑网吧5家。

(路庆华)

【清理整顿大中音响城周边治安秩序】 年内，在市局治安处、外来人口管理处、丰台分局等有关单位的密切配合下，石景山分局对治安问题严重的大中音响城周边地区进行大规模清理整顿。收缴淫秽光盘286张、盗版光盘2880张、非法书刊2800余册。周边治安秩序明显好转。

(路庆华)

【加强外来人口管理】 年内，建立了7个外来人口管理站，使外来人口发函率、上网率达100%，办证率98%。1至9月共组织警力1万余人次，集中清查65次，查获混杂在外来人口中的违法犯罪嫌疑人290人；对有轻微违法行为的人员罚款21.5万元；处罚用工单位23家，罚款3.4万元；建立自管小组2044个。

(胡朝军)

【摸清外来人口办学情况】 石景山分局内保处历时两个月摸清石景山区共有外地人非法办学21所，其中小学2所，中学1所，在校学生3000余人，占石景山学校在校生的30%。为教育行政部门清理、整顿、规范这类学校打下了坚实基础。

(郑　荣)

【年雪飞被评为全国优秀保安员】 石景山保安分公司保安员年雪飞被公安部、全国总工会和团中央联合评为首届全国优秀保安员，被首都文明办、综治办等八个单位授予"第三届北京市优秀外来青年"荣誉称号。

(郑　荣)

【安装电子保安联网报警系统】 年内，在市保安总公司和石景山分局的支持下，为星座商厦等金融网点20余个单位首批安装了报警平台，并投入运行。报警平台运用了电子地理信息技术（GIS）、全球卫星定位技术（GPS）、现代电子技术和计算机网络技术，具有接报警、布警、处警联动功能，覆盖面大、报警响应及时。不仅解决了用户单位人力不足的问题，还实现了接警、报警、处警“一条龙”服务。

（郑　荣）

【严格消防监督检查】 年内，石景山分局重点对大商场、市场、地下人防设施、易燃易爆品经营场所进行专项治理工作，对法人进行培训。为遏制群死群伤恶性火灾事故的发生，开展了公众聚集场所安全疏散设施的专项调查治理，取缔学校周边和不符合安全要求的歌舞厅、发廊、洗浴等娱乐场所370余个。对全区各单位联合检查1940余单位次，夜查1700余单位次，发现各类不安全隐患2000余件，发限期整改通知书73份，发检查意见书450余份，确保了全区消防安全。

（郑　荣）

【发挥网络优势，强化信息交流】 石景山分局信通处从1月13日起，先后在分局主页上开辟了“每日通报”、“政治工作”、“分局建设”、“信通工作”、“三项教育”、“比武情况”、“专项斗争”等栏目，加强了各单位间的信息交流，提高了信息应用的共享程度。

（路庆华）

【开展爱民月活动】 1月，石景山分局开展了以“倾听群众意见，实行警务公开，改进执法工作”为主题的爱民月活动。走访市、区人大代表、政协委员77名，各界群众648名；召开群众和警风监督员座谈会76个；发放警务公开等宣传材料2万余份；征求各类意见和建议173条；为群众做好事、实事600余件。收到锦旗3面、表扬信26封。

（龚会滨）

【完成清明节各公墓地区安全保卫任务】 3月25日至4月7日，八宝山革命公墓、人民公墓、福田公墓、老山骨灰堂四个墓区共接纳扫墓群众40余万人、机动车近3万辆、自行车6000余辆。共组织警力1300余人次，出动机动车250余辆次，与市局有关单位密切配合，完成各公墓地区安全保卫工作。

（路庆华）

【加强业务培训工作】 4月至11月，石景山分局对9个户籍派出所184名民警组织了专门培训和专项工作培训。10月至11月，组织250名民警参加法律法规、法律文书制作等内容的比武考试，从中选出10名各项业务尖子，参加市局大比武，取得一个单项第二名，6个单项前10名的成绩。

（胡朝军）

【八角派出所争创一流业绩】 八角派出所以“让人民群众满意”为目标，积极探索派出所改革和加强基础工作的新思路。6月，建成综合服务大厅，实施为外来人口办理暂住证、务工证、计生证提供了方便、快捷、高效率的“一条龙”服务。在完善“触摸式服务指南系统”的同时，大力加强所管居民小区的安全防范能力。2000年被市局荣记集体二等功，被公安部授予“人民满意公安基层单位”荣誉称号。

（胡朝军）

【开展严打专项斗争】 全年开展三次大规模严打战役。6月10日至7月10日开展“抓清理、整秩序、挖线索、破大案”统一行动，破获各类刑事案件140起，抓获犯罪嫌疑人81名。8月15日至9月20日开展“抓双打、促破案”统一行动，破获各类刑事案件133起，抓获犯罪嫌疑人79名，打掉犯罪团伙7个。10月8日至11月30日开展“打现行、压发案、破大案、保稳定”专项斗争。“110”刑事案件接报案下降52.4%。破获各类刑事案件146起，抓获犯罪嫌疑人82名。

（杨春斌）

【户政管理工作成绩突出】 石景山分局计算机人口信息管理纠错14800项，照片采集率由93%上升到97%。完成居民身份证件编码数据由15位升入18位的系统升位工作。完成了常住人口计算机信息管理新旧程序系统转换及329762人居民身份证编号系统升位任务。8月1日到9月20日，11个户籍派出所及首钢户办、迁安矿派出所对全区11344户329026人的常住户口进行清理整顿。更改户口变更项目9309件。对有人无户的61499人、有户无人的39179人、手持户口迁移证的1048人及94811名外来人口登记造册，并为应销未销的1151人办理了户口注销手续。

（胡朝军）

【八大处重阳节游山会保卫工作】　9月28日至10月29日，第十三届重阳游山会暨休闲登山节在八大处公园举行。期间石景山分局出动警力1600人次，保证了游人的安全。

（路庆华）

案　例　举　要

【破获一起特大拐卖强迫妇女卖淫案】　3月7日，石景山分局刑警大队、治安处及苹果园派出所经过缜密侦查，在苹果园地区金宝酒家一举查获一个有组织、有分工，性质恶劣，手段残忍的拐卖强迫妇女卖淫犯罪团伙。抓获以苗常顺为首的犯罪嫌疑人8名，安全解救被拐妇女胡某某等5人，其中少数民族妇女2人，未成年少女7名。

（杨春斌）

【破获一起系列诈骗案】　3月17日，石景山分局连续接到两起以利用空头支票消费的经济诈骗案。刑警支队经过认真分析，认为两起案件作案手段十分相似，决定并案侦查。经过11天的艰苦工作，于3月28日抓获孙宪彪（男，36岁，无业，住石景山区金顶街四区）、刘建强（男，37岁，住石景山区旺街四区）、王忠利（男，42岁，住石景山区金顶街二区）、张新政（男，35岁，住石景山区）、李春丽（女，23岁，住沈阳市铁区新华街电工机械厂宿舍）、沈建勋（男，40岁，住石景山区金顶街四区）、董希温（男，57岁，河北省张家口市农民）、张兴华（男，32岁，河北省滦县农民）、郭建光（男，31岁，河北省迁安县农民）9名犯罪嫌疑人。经过突审，一举破获涉及全市各区县的经济诈骗案件53起，涉及金额121万余元。2000年4月6日，上述9名犯罪嫌疑人被石景山分局依法逮捕。

（杨春斌）

【破获一起杀人碎尸案件】　3月19日，在五里坨地区黑石头垃圾场发现一个人头及两条下肢膝盖以下的尸块。参战民警围绕死者霍万明（男，75岁，首钢退休工人，住衙门口村周转房）开展侦破工作。经工作，确认衙门口村一大队周转房为第一现场，四川达县地区宣汉县峰城乡七村农民向守琼（女，39岁，四川农民）为犯罪嫌疑人。经过三天连续蹲守，3月21日，将向守琼抓获，向交待了自3月11日给被害人当保姆以来，对霍虐待自己怀恨在心，遂于3月18日，将敌敌畏放进霍的早饭里，趁其中毒昏迷将其杀害碎尸，后把尸块抛至衙门口垃圾站及丰台一废弃房内。4月20日，向被依法逮捕。

（杨春斌）

【破获一起持枪抢劫案】　12月31日19时10分，巡察支队“401”警务车组4名民警驱车行至八角西路“聚兴饭庄”门前时，突然一名左臂流着鲜血的中年男子跑到警车前，报称：饭庄内有人持枪抢劫。民警迅速对现场周边进行布控，同时上报支队，破获一起特大持枪抢劫案。当场收缴自制左轮手枪两支，砍刀三把、菜刀三把，抓获李丙富（男，29岁，河北隆化县农民）、王冠雷（男，19岁，安徽阜南县农民）、郭金宇（男，19岁，河北易县农民）、贾得军（男，25岁，大兴县农民）4名犯罪嫌疑人，收缴被抢现金20879元，手机7部、BP机一台及白金项链一条，并查获在饭庄内参与巨资赌博的违法人员10余名。2001年1月23日，李丙富、王冠雷、郭金宇、贾得军四人被石景山分局依法逮捕。

（杨春斌）

石景山分局2000年领导名录

职　　务	姓　　名	任职时间
分局长	王仲伸	1995年8月—2000年4月（调崇文分局任职）
分局长	赵福奎	2000年4月—
政　委	张卫华	1999年12月—
副分局长	鹿进宝	1999年10月—
副分局长	李振明	1973年10月—2000年2月（到最高任职年限，任正处级调研员）
副分局长	李文祥	1988年11月—
副分局长	梁恩贵	1988年11月—
副分局长	谢克宁	1995年4月—
副分局长	于　兵	1996年4月—
副分局长	孙鸿博	2000年4月—
副分局长	于明泉	2000年10月—

门头沟分局

【概　况】 门头沟区位于北京市西南，辖区东西长约62公里，南北宽约34公里。东、南、北三面与北京市海淀区、石景山区、丰台区、房山区、昌平区及河北省怀来县为邻，西面与河北省涞水县、涿鹿县相接，全区呈扇面形，总面积1455平方公里，其中山区面积1433.18平方公里。全区辖8个建制镇，4个街道办事处，1个地区办事处，1个乡；常住人口93691户，234000余人，分为汉、回、满、蒙、朝鲜等14个民族。年内，门头沟分局坚持保卫首都“大外围”的工作思路，狠抓民警队伍的规范化管理，强化队伍建设。开展了以纪念昌宛联合县公安局成立60周年革命传统教育以及“思源、思进、想责任”等思想教育，开展了多种形式的业务培训，全局民警政治、业务素质有了较大提高，为胜利完成各项公安保卫任务提供了有力保证。

在同“法轮功”邪教组织斗争中，查获处理多批“法轮功”违法犯罪人员，收缴“法轮功”非法宣传品8000余份，录音带1000余盘，圆满完成了市局分流“法轮功”人员的审查工作；在集中开展打击刑事犯罪的专项斗争中，查获打击处理一批违法犯罪人员，为企业和人民群众挽回经济损失2000余万元；加强对爆炸物品管理工作，保证了民用爆炸物品生产、运输、使用和保存环节上的安全；开展治安专项整治，查获一批“黄赌毒”案件，打击处理了百余名涉嫌“黄赌毒”的违法犯罪人员，收缴淫秽光盘14579张，收缴海洛因22.64克；加强内保、交通和消防管理工作，解决了内部单位不安全隐患和问题295件；火灾起数与死亡人数同比分别下降9.8%和50%；重大交通事故和死亡人数同比分别下降20%和3.1%。加快科技强警步伐，投资50万元，建成分局局域网点30个，派出所网点14个。年内，共请区内各机关单位居民群众12586人对门头沟区治安状况、公安机关公正执法状况、服务质量、纪律作风状况四个方面进行了测评。测评结果表示满意和基本满意的共计12221人，占测评总人数的97%。

（刘天军）

【开展斋堂地区专项整治】 年内，门头沟分局多次抽调民警，会同煤炭公司、斋堂镇政府等单位，对斋堂地区非法开采风化煤、非法使用爆炸物品等活动进行综合整治。共炸毁封堵非法煤窯口174个，拆除私搭乱建窝棚22个，违章建房15处，收缴炸药48公斤、雷管140支等，处罚外来“三无”人员20人，治安拘留2人。8月22日至9月20日，先后6次组织警力500人，对斋堂镇东北山、新兴、火村、高铺等6个村外来人员进行集中清理，收容遣送“三无”人员204人，收缴爆炸物品24.75公斤，雷管53支，治安拘留违反爆炸物品管理规定的3人，办理暂住证209个，使斋堂地区治安秩序明显好转。

（黄高师）

【坚持派出所现场办公制度】 年内，门头沟分局坚持每年5月至10月山区派出所每周一天深入行政村现场办公，城镇派出所开展“流动便民服务站”活动。全年共现场办公364次，深入居（村）委会办公422个（次），办理户口1301件，2520人，送居民身份证2406件，办理暂住证5161个，现场照相1199人，接待群众咨询10436人次，处理治安案件155起，调解民事纠纷265件，为群众做好事611件，宣传群众56467次，当场为8541人解答问题，受群众表扬266件（次），收到建议74件，意见8件，其它120件。

（杨 丽）

【建立分局执法质量考评制度】 年内，门头沟分局根据《公安机关内部执法监督工作规定》、《北京市公安局内部执法监督工作规定》、《北京市公安局内部执法质量考评实施办法》等规定，制定了《门头沟分局内部执法质量考评办法》，规定了执法质量要求和考评的范围、执法质量考评的计分办法，成立了执法质量考评领导小组，以保证分局执法质量考评制度的落实。

（曹伟民）

【开展“打拐”专项斗争】 在全国公安机关统一开展的打击拐卖妇女儿童的专项斗争中，组织警力，奔赴河北、河南、湖北、浙江等地开展工作，共破获拐卖妇女、儿童案件2起，解救被拐卖儿童2名、妇女4名，抓获违法犯罪嫌疑人4名。

（徐志刚）

【开展爆炸物品整顿和收缴工作】 年内，门头沟分局以爆炸物品在门头沟区“出不去，进不来，不发生丢失被盗”为目标，在全区开展了爆炸物品整顿和收缴工作。查获违反爆炸物品管理案件15起，依法处理人员38人（其中逮捕判刑11人，劳动教养4人，取保候审2人，治安拘留18人，罚款1人）。收缴炸药1556.25公斤，雷管3568支，导火索38.29米。

（黄高师）

【推广“民爆站”管理模式】 门头沟区有爆炸物品储存、使用单位500个，有接触爆炸物品人员3700余名，年使用炸药量2300余吨，雷管380万支，导火索30万米。爆炸物品使用量占全市的三分之一。年内，门头沟分局根据公安部《在三小企业组建民用爆炸物品管理服务站的通知》精神，通过试点在全区13个乡镇办事处陆续成立了“民爆站”，减少储存单位24个，药库48座，接触爆炸物品人员减少289人，在北京市率先实行了爆炸物品集中化、规范化、正规化、制度化管理。

（焦 利）

【创“平安大道”畅通工程评为市级先进】 年内，门头沟分局交巡执法支队对城镇地区和108、109两条国道的交通、治安秩序进行了专项整顿治理，使这些地区的交通、治安秩序明显好转。与上年相比，事故起数减少10起，伤人数减少12人，死亡人数减少2人，被评为市级创“平安大道”先进单位。

（韩 杰）

【消防工作被评为市级先进单位】 年内，门头沟分局消防处加强了消防宣传和消防监督管理工作。全年共发放宣传材料5000余份，刊播稿件20余篇。处罚违章49起，罚款金额17万余元。被评为“北京市消防安全先进单位”。

（胡宝合）

【参加市局大比武活动取得好成绩】 年内，门头沟分局选拔出50名民警参加市局警务技能大比武，取得了团体比赛远郊区县第五名、全局第十名的好成绩。单项比赛获缉捕术第七名、现场勘查第九名、实弹射击第十名，警种全能单项比赛第一、二、三和第五、第九名。

（王连忠）

【月季园派出所被命名为优秀“青少年维权岗”】 门头沟分局月季园派出所加强维护、整治学校周边秩序，坚持开展警学共建，对有轻微违法行为青少年进行帮扶工作，并积极开展捐资助学活动，被团市委、市局命名为2000年北京市公安系统优秀“青少年维权岗”。

（陈永忠）

【做好禁放宣传和查处工作】 1月至2月，门头沟分局组织治安、内保、消防和各派出所动员社会力量对全区3个燃放点、18个禁放点周边易燃物及118家烟花爆竹销售网点进行安全检查。查获一批非法生产、销售、储存烟花爆竹案件，收缴SS型鞭炮机12台、9种化学原料20公斤、烟花爆竹230万头，保证了除夕夜和正月十五禁放点和燃放区的安全。

（黄高师）

【建立加油站紧急报警网络】 门头沟分局内保处针对本区以山区为主，加油站分布地域广且偏僻，从业人员少，防范措施差的特点，从1月中旬起会同有关部门在全区14个加油站安装报警设备并与分局“110”报警服务台联网，提高了加油站的防范能力。10月30日夜11时许，金穗加油站三名女工当班时，一蒙面男子持械欲闯入营业厅进行抢劫，女工按下紧急报警按钮，该男子仓皇逃跑，避免了一起重大案件的发生。

（张景成）

【公安部领导慰问山区民警】 1月29日，公安部部长贾春旺到门头沟分局斋堂派出所，慰问全体民警，并赠送了5000元慰问金。贾部长详细询问了民警的工作、生活情况，对斋堂派出所严格管理爆炸物品，加强对重点人控制等工作给予了充分肯定。

（王连忠）

【完成新春龙灯会安全保卫工作】 1月29日至2月28日，滨河路公园举办了为期一个月的“北京门头沟新春龙灯会”灯展活动。共展出各种彩灯478盏，参观群众达30余万人次。共出动警力2800人次，内部保卫力量1900人次，维护治安秩序，确保了“龙灯会”期间的安全。

（黄高师）

【率先完成“交巡合一”机构改革】 3月初

至4月中旬，按照市局部署，门头沟分局在全市率先对交通支队和巡察执法支队实施了“交巡合一”机构改革，组建了交巡支队。交巡支队副职以下领导竞聘上岗。通过严格的审查把关、测试考核，30名年富力强的同志走上了领导岗位。组建交巡支队后，形成了“打、防、管、控”一体化格局，工作取得明显成效。5月至12月，抓获作拘留以上处理各类违法犯罪人员同比增长20%，全年重大交通事故和死亡人数同比分别下降20%和3.1%。

（王连忠 韩 杰）

【创建教育培训基地】 4月，门头沟分局在雁翅建立了占地3044.3平方米，建筑面积970平方米的分局教育培训基地，对刑侦、户籍、看守所、派出所221名民警进行了集中脱产、封闭式培训，取得了较好的效果。

（王连忠）

【扶贫帮困解除民警后顾之忧】 4月，为解决少数家住山区民警的生活困难，改善家庭贫困民警的生活环境，门头沟分局党组号召全局民警积极捐助献爱心，为31户困难民警捐款60300元，分局领导还通过多方努力为他们争取了90000元的扶贫贷款，用以山区贫困民警的家庭经济发展，帮助他们尽快脱贫致富。

（王连忠）

【在全区建立外来人口自管组织】 4月，按照市局提出的“出租房屋要全部纳入管理，并按一定户数逐级建立出租房屋管理站和自管小组”的要求，门头沟分局在全区实施了建立出租房屋自管组织工作。截止到10月底，全区共建出租房屋管理站107个，管理小组306个。通过建站建组工作，理顺了外来人口的管理体制，加强了执法力度，落实了日常管理措施。

（郝建忠）

【昌宛联合县公安局建局60周年】 4月3日，门头沟分局隆重召开纪念昌宛联合县公安局建局60周年大会。区委领导，分局原任老领导、部分老同志、民警及武警官兵500余人参加了会议。分局长席善宝同志作了题为《发扬光荣传统，争取更大光荣》的讲话。原区委书记、分局老局长张书明代表离退休老干部回顾了分局几十年来走过的艰辛历程。全国优秀人民警察、东辛房派出所民警兰天翔代表全体民警表了决心。

（王连忠）

【完成第三届京西大庙会安全保卫工作】 4月22日至5月30日，门头沟第三届京西大庙会在潭柘寺、戒台寺、妙峰山等景区举行。参加群众约4万多人。门头沟分局组织警力960人次参加安保工作。庙会期间，组织警力2000余人次在潭柘寺、戒台寺、妙峰山三个庙会执行勤务，确保了庙会的顺利进行。

（黄高师）

【分局荣获越野赛冠军】 6月17日，门头沟分局团委书记陈永忠、三家店派出所副所长刘玉福、刑警支队张世红、行政处李红菊组成代表队参加了北京市首届定向越野比赛，获地方组冠军。

（陈永忠）

【开展打击防范专项斗争】 8月至11月，门头沟分局根据本区的社会治安状况，开展了为期100天的“打击、防范专项斗争”，破获各类刑事案件175起，其中重大案件115起。抓获犯罪嫌疑人309人，查获犯罪团伙15个。

（安铂然）

【开展评选好警嫂活动】 12月，门头沟分局为感谢民警家属在精神上、生活上、工作上给民警的关心和支持，使民警全力以赴做好各项公安保卫工作，特授予50名民警家属2000年“好警嫂”称号，并给予了表彰。

（王连忠）

案 例 举 要

【破获南辛房重大爆炸案】 2月12日0时

30分，潭柘寺南辛房村经联社社长贺良辛家发生爆炸案，四间房屋被炸毁。经门头沟分局刑侦支队和当地派出所历时三个月的缜密侦查，将嫌疑人宋满华（男，43岁，南辛房村人）抓获。经查：7年前，宋满华的哥哥与受害人贺良辛发生矛盾被砍伤，造成视力下降。宋蓄意报复，故用自制的爆炸装置在贺良辛家房前引爆。宋满华因犯爆炸罪被判处有期徒刑14年。

（徐志刚）

【破获一起盗窃机动车团伙案】 5月15日凌晨1时许，分局交巡执法支队民警在城子村巡逻时，发现一名男青年推着一辆白色微型旅行车在公路上行走，经盘查，该车无任何证件，该青年也说不清车的来源。经刑侦部门进一步审查，挖出一个盗窃机动车的盗窃团伙。该团伙自1999年10月以来，多次在石景山区苹果园、模式口等地居民楼群内，盗窃昌河、夏利等机动车数十辆。经工作追回被盗机动车23辆，全部发还给了失主。

（徐志刚）

【破获刘铭等人职务侵占3000万元案】 6月，门头沟分局破获北京一路行汽车用品有限公司刘铭（男，31岁，汉族，北京一路行汽车用品有限公司总经理助理，住大兴县郁花园东区）、林世高（男，31岁，汉族，北京一路行汽车用品有限公司生产储运部经理，住大兴县郁花园）、周波（男，32岁，回族，北京一路行汽车用品有限公司华东区业务主管，住北京市朝阳区东三环中路）等利用职务之便侵占本单位1100万元资金（已冻结），价值1500万元商品（已发还）和奥迪、桑塔纳、捷达牌轿车21辆（已发还18辆）的特大职务侵占案件。三名犯罪嫌疑人被提起公诉。

（许　勇）

门头沟分局2000年领导名录

职　务	姓　名	任职时间
分局长	席善宝	1997年8月—
政　委	周福海	1998年8月—
副分局长	赵　利	1992年6月—
副分局长	何　平	1992年6月—
副分局长	张成龙	1996年8月—
副分局长	宋　捷	1996年10月—
副分局长	来忠耀	1997年10月—2000年3月（退休）
副分局长	周建军	2000年10月—
副分局长	刘　凤	2000年10月—
副政委	周建军	1995年4月—2000年10月

房 山 分 局

【概　况】 房山区位于北京西南，华北平原与太行山脉交界地段。北邻门头沟区，南与河北省涿州市接壤，东部和东北部同大兴县、丰台区相连、西邻河北省涞水县。辖区面积2019平方公里，有36个乡镇办事处、798个自然村，463个行政村、132个居委会。总户数为24.46万户，总人口为74.66万人。区内有中央、市属企事业及科研、驻军单位百余家。房山区交通发达，京广、京原两条铁路干线，分南北、东西贯穿房山全境，加上支线和专用线区内铁路总长100公里，大小火车站24处。区内有公路250条，总长1305公里。房山分局下设各处室15个，派出所29个，治安检查站3个。年内，围绕确保全区政治稳定，社会安定工作的大局，创造性地开展工作。在同“法轮功”邪教组织的斗争中讲求策略，积极妥善地处置了大量群体性事件和集体访。以开展各项专项斗争为重点，严厉打击刑事犯罪活动。共破获各类刑事案件1020起，抓获犯罪嫌疑人933人；破获经济案件115起，抓获犯罪嫌疑人112名，挽回经济损失663万元。查破各类毒品违法犯罪案件75起，抓获吸贩毒人员56名，收缴海洛因70克，强制和限制戒毒24人。破获了一批有影响的大案要案。持续开展了集中清理整顿文化娱乐服务场所，打击卖淫嫖娼“扫黄打非”专项清理整顿工作，取缔无照经营、有证照违法经营娱乐场所138家；查获卖淫嫖娼人员112人。查获贩卖传播非法出版物案件11起23人，收缴盗版光盘8583张，淫秽光盘826张。查处治安行政案件27096起，处理违法违规人员33701人，发现解决不安全隐患456件。查处各类违反危险物品管理规定案件87起165人，收缴炸药1755公斤，硝铵1320公斤，雷管5051支，导火索132米；鞭炮152万头，烟花爆竹8万余个；收缴各类枪支118支，子弹126发。进一步健全以派出所为主体的社区防控体系，推动了创安活动的深入开展；火灾事故稳中有降；狠抓了民警培训和岗位练兵活动，初步建立了警令畅通，关系协调，结构合理，职责清晰，警力配置科学的管理体系。

（王凤奎　于凤琴）

【开展同“法轮功”邪教组织的斗争】 年内，针对“法轮功”人员闹事的特点，全方位地开展了同“法轮功”邪教组织的斗争，及时侦破了各类“法轮功”案件63起。积极采取措施，强化“法轮功”重点人的控制，与各级党委政府共同负责教育管理，基本控制了局面。充分发挥公开管理的优势，强化信息工作，全年收集“法轮功”各类信息89件，获取预警性、深层次信息23件，夺取了同“法轮功”开展斗争的主动权。

（王凤奎　于凤琴）

【加强外来人口管理】 截止11月底，房山分局共登记外来人口37003人，办证36958个，办证率99.9%，与上年同期登记的38502人，办证38303个，办证率99.5%相比，办证率上升了0.4个百分点。加大打击外来人员违法犯罪力度，抓获受刑事拘留以上处理的人员246人，依法处罚外来人口6015人，罚款27万余元。

（王凤奎　于凤琴）

【发挥计算机网络作用】 年内，房山分局积极做好刑事案件整理和治安案件输机统计工作。全年刑事案件输机720起，经济案件78起，治安案件8834起（治安案件3936起、行政案件4898起），查处8098起，并协助刑侦支队及一线单位进行大量的网上查询工作，充分利用计算机画像技术为刑侦支队及一线单位进行案犯画像，通过网上查询、比对，为业务单位侦破案件、抓捕在逃犯、嫌疑犯提供了强有力的信息通信保障。

（王凤奎　于凤琴）

【加强通信基础建设】　全年，房山分局投资92万元，用于信息通信基础建设，建成三级网点45个，完成了局属47个单位的网页制作；完成了看守所、法制、预审网络的调试和联网工作；完成了分局指挥中心的"110"报警信息网络的建设。为保障各单位上网查询和"110"报警服务的正常工作，增加了两台大型的UPS电源，购置计算机设备31台；新增有线电话和ISDN线路3条，为看守所安装了电视教育设备和改造了电视监控设备；对无线转信站的电源设备进行了更新。

（王凤奎　于凤琴）

【开展消防安全检查，消除火灾隐患】　3月9日，房山分局下发了《关于加强易燃易爆场所消防安全工作的通知》，对区内135座加油站、28座油库、27个液化气站、35个液化气换瓶站及1个烟花爆竹加工厂进行检查。发《责令限期改正通知书》12份，发现各类问题135件，解决123件，处罚26起，罚款67500元，保证了危险物品未发生火灾。4月7日至19日，对全区宾馆、饭店、歌舞厅和学校、医院、幼儿园等人员聚集场所进行了检查。共出动警力230人次，检查单位131个，发现问题157件，发《责令限期改正通知书》18份，发现各类问题157件，解决125件，处罚29起，罚款49200元，警告21起。

（王凤奎　于凤琴）

【加强教育培训提高民警素质】　4月4日至11月1日，房山分局根据市局部署，分八期对501名民警进行了培训。在学习期间，聘请北京警察学院教师、分局领导及有关业务处室领导为学员讲授政治理论、业务知识、应用写作、警务技能、户籍管理、现场勘察、治安保卫等基础知识，请武警战士负责早操和队列训练。培训班结业时，对学员进行了闭卷考试、实弹射击及体能达标测试。通过培训，民警的政治思想，业务能力，整体素质都有了显著提高。

（王凤奎　于凤琴）

【加强出租房屋管理】　4月下旬至9月底，房山分局分三个阶段在全区范围内对各类出租房屋进行了专项调查清理，落实了各项管理措施。截止11月底，区内实有出租房屋3732户、17725间，全部办理了安全合格证和标牌。出租房屋中租住外来人口8000余人，建立出租房屋管理站120个。全年共依法处罚违反管理规定的出租房主292人，罚款22万余元，没收非法所得2万余元。

（王凤奎　于凤琴）

【公开选拔竞争上岗】　7月1日，房山分局根据市局政工会议有关精神实行侦审合一，正式成立了刑侦支队，进行了公开竞聘探长及处、科、队、所级领导的工作。通过考试、面试，最后通过严格的考察、考核，经分局党组研究决定：任命26名探长和18名处、科、队、所长。

（王凤奎　于凤琴）

【打击带有黑社会性质的犯罪集团】　8月，房山分局刑侦支队结合公安部布置的"打黑除恶"专项斗争，精心组织、巧妙安排，利用平时工作的线索积累和特情情报工作，先后在8月2日和8月28日开展了统一行动，一举打掉了长期活动于房山、良乡一带的以"闫天雷"、"郑丹"、"常伟"、"李新宇"为首的四个带有黑社会性质的犯罪集团。从中侦破绑架、杀人、敲诈、抢劫等各类案件20余起，抓获犯罪嫌疑人17名。

（王凤奎　于凤琴）

案 例 举 要

【破获一特大职务侵占案】 2月16日，房山区农业银行河北支行南窖信用社发生一起特大职务侵占案。信用社职工罗金兰伙同姘夫杨艳军利用职务之便，侵占集体和储户财产204万元后逃走。此案发生后，房山分局立即组织侦查人员开展查控工作，于5月19日在河北省涿州市将罗金兰抓获。由于杨艳军已出逃蒙古国，经多方努力，在公安部和市局的协调下，于8月22日将杨艳军抓获并顺利引渡回京。这是1997年我国与蒙古国签署《引渡条约》以来的首例引渡案件。

(王凤奎 于凤琴)

【侦破"3·10"盗窃机动车案】 3月10日，房山城关地区一辆桑塔纳2000型轿车被盗，两辆桑塔纳2000型轿车门玻璃被砸，车内手机及价值18000余元的物品丢失。接报后，刑警一队抓住线索迅速开展工作。经刑警大队、预审处和城关、琉璃河派出所密切协作，七下涿州，奋战一个月，成功破获了房山城关地区系列盗窃机动车案。抓获寇建民等5名犯罪嫌疑人，查破盗窃机动车案32起，收缴桑塔纳、捷达等车辆22辆，为集体和群众挽回经济损失300余万元。

(王凤奎 于凤琴)

房山分局2000年领导名录

职 务	姓 名	任职时间
分局长	王春和	1997年8月—2000年4月
分局长	杨晓毅	2000年4月—
政 委	杨晓毅	1999年12月—2000年4月
政 委	王春和	2000年4月—2000年9月(调巡察执法总队任职)
政 委	陈 曦	2000年9月—
副分局长	王 森	1987年6月—2000年10月(调安康医院任职)
副分局长	康 礼	1989年2月—2000年2月(到最高任职年限，任正处级调研员)
副分局长	赵 林	1989年2月—
副分局长	张国民	1996年8月—
副分局长	曹荣利	1996年8月—
副分局长	刘 凤	1996年12月—2000年10月(调门头沟分局任职)
副分局长	张丁南	1997年6月—
副分局长	王海清	2000年10月—
副分局长	杨进则	1999年1月—

通州分局

【概　况】 通州区位于京东，毗邻河北、天津，是举世闻名的京杭大运河的北方源头。京津、京哈两条国道和京津塘高速公路、京秦、京承电气化铁路穿境而过。全区面积907平方公里，辖区4个办事处、19个乡镇、481个行政村。常住人口230934户，597848人（其中农业人口407085人，非农业人口190763人），外来人口5万余人。区内有中央、市属、区属单位240余个，乡镇村级企业1700余家，“三资”企业500余家。2000年，通州分局全力维护政治稳定和社会安定，圆满完成全国“两会”等重大安全保卫任务，成功地遏制了“法轮功”邪教组织活动的反弹，持续不断地开展“严打”整治及各种专项斗争。全年共破获各类刑事案件1466起，其中重、特大案件922起，分别比上年增加305起、128起，抓获各类犯罪嫌疑人1009名，比上年增加166名，打掉犯罪团伙183个，涉及成员505名，从中破案454起。强化出租房屋管理，加大清理整顿力度。年内，建立出租房屋和外来人口管理站217个，共组织统一清查行动30余次，出动警力3500余人次，清理出租房屋4342户12619间，审查外来人口6万余人次，全年抓获外来人口犯罪人数同比下降7.6个百分点。查处各类行政、治安案件964起，查处违法人员924名。查处违反枪支管理规定案件15起15人，收缴非法枪支20支，子弹182发。查获私运私售烟花爆竹案件4起7人，比去年减少7起12人。收缴烟花爆竹价值1.3万余元。查获卖淫嫖娼及容留卖淫人员60余人，查获赌博100余起500余人，没收赌资26万余元。全年共发生火灾事故313起，无死亡，直接经济损失23万余元。年内，强化了民警素质培训，推进刑侦体制改革，加快了科技强警步伐，顺利完成机构改革工作。全年为群众办好事、办实事5000余件，收到锦旗、镜匾91面（块），表扬信300余封。在市局警务技能大比武中，夺取8枚奖牌，并获组织奖。

（付彩霞）

【成功遏制“法轮功”邪教组织活动反弹】 年内，针对“法轮功”邪教组织活动反弹趋势，通州分局强化措施，以属地为主对重点“法轮功”人员实施监控，配合各乡镇街道党委、政府教育转化大部分“法轮功”练习人员，依法处置了少数顽固分子，成功地遏制了本区“法轮功”活动反弹。同时在重点时间加强两个进京检查站的堵卡力量，有效防止了部分外地“法轮功”人员进京聚集滋事，共阻止外地“法轮功”人员进京50余人。

（付彩霞）

【“扫黄打非”成效显著】 年内，通州分局开展了“扫黄打非”专项统一行动，共抓获卖淫嫖娼及介绍卖淫嫖娼人员64人，查处赌博案件120起574人，比上年增加79起370人，没收赌资26.37万元。在清理整顿娱乐服务场所专项行动中，共取缔无照娱乐服务场所133家，有照娱乐服务场所126家，停业整顿24家，处罚违反《娱乐服务场所管理规定》场所18家，罚款8万余元。

（付彩霞　白银霞）

【加大“限养”工作力度】 年内，新办犬证515个，收登记费19万余元；注册犬、补证犬2715条，收注册费16万余元；查处违章养犬92例，没收犬92条。

(白银霞)

【强化特行管理】 年内，通州分局加强对全区690家特种行业的安全检查，召开法人负责人会议4次，签订安全责任书620余份；89家旅店中有60家完成了旅客资料计算机联网和专业人员培训工作；全年取缔无照回收点87家，查封容留卖淫嫖娼旅店2家，停业整顿留住“法轮功”人员的旅店3家。

(白银霞)

【加强对卫星城环境清理整顿工作】 年内，通州分局配合工商、交通等部门加强对通州镇卫星城地区环境的清理整顿工作，重点加强对中小学校周边治安秩序的整顿。纠正各种违章14000起，查处无照经营3000余起，收缴经营工具及物品10900件，暂扣各种车辆1700余辆，拆除各种违章建筑2700平方米，罚款总额20万元。在中小学校周围，取缔9家影响教学秩序的娱乐服务场所，查处无照商贩36人，抓获违法犯罪人员7人，拆除违章建筑11处。

(白银霞)

【“110”快速反应机制发挥威力】 年内，通州分局接“110”处警6562起，公民求助542件，全部做到及时处置。全年，巡警自破及协破案件共计254起，其中刑事案件201起；抓获违法犯罪人员506人，其中刑事犯罪嫌疑人350人；收缴被盗被抢机动车49辆。

(付彩霞)

【守住门户确保防线安全】 年内，通州分局巡察执法支队白庙、觅子店两个治安检查站发挥职能作用，严守首都东大门，对进出京的人、车、物加大安检、堵截和防范工作力度。共破获各类案件20起，抓获违法犯罪嫌疑人41名，收缴被盗被抢机动车3辆，枪械10支，子弹304发，非法出版物1100余册。

(付彩霞)

【加强消防监督执法工作】 年内，通州分局在全区范围内开展消防安全大检查4602次和4次较大的专项治理工作。其中对重点单位重要部位检查1880次，发现隐患问题10304件，解决问题10191件，责令限期整改436件。共处罚129起，罚款金额35万余元，停产停业9家。对大型商业市场、易燃易爆场所、公众聚集的文化娱乐场所加强检查，对存在重大隐患的单位集中进行专项治理，对管界内的地下人防工程、车库、地下室进行消防安全检查，大批隐患得到了整改。专项治理中共检查单位4090家，发现各类火灾隐患8408件，填发检查文书3872份，解决隐患8386件。

(付彩霞　肖亚东)

【强化外来人口管理】 年内，通州分局对出租房屋共组织统一清查行动30余次，出动警力3500余人次，清理出租房屋4342户12619间，审查外来人口6万余人次。

(任绪荣)

【高额处罚违法出租房主】 年内，依法对一批违法出租房主执行了高限额的严厉处罚，全年共依法处罚违法出租房主31人，罚款36950元，没收非法所得46740元。

(付彩霞　任绪荣)

【户籍管理实现计算机联网】 年内，实现了23个户籍派出所计算机联网，人口信息资料进行网上传输。为了保证内勤民警准确运用，提高工作效率，职能部门举办了3次专门培训班，共有80人次参加培训。完成了全区60万常住户口数据及图像的3次合库工作。

(付彩霞　张学刚)

【加快科技强警步伐】 年内，通州分局根据计算机建网工作计划，完成了户籍派出所、治安派出所、13个处、队、室和8位局领导的计算机上网，建成三级网络终端53个，共72台计算机进入了公安网络。

(付彩霞)

【进一步推进社区安全防范工作】 年内，次渠派出所继续完善次渠镇的科技创安工程，共安装远红外监控报警器70个部位、遥控报警器40部、无线电视监控3个部位，总投资30余万元。通过技防设施预防了6起重大案件的发生。通州分局将该试点工程在全区范围内进行了宣传推广，使实行封闭、安装楼宇防盗系统的小区达到4个（装机总户数达1400余户），已验收2个。

（付彩霞）

【保安队伍充分发挥辅助力量作用】 年内，保安分公司协助公安机关抓获违法犯罪人员29名，协助破获各类案件14起（刑事案件4起、治安案件10起），挽回经济损失12万余元。

（付彩霞）

【中仓派出所被命名为市级优秀“青少年维权岗”】 中仓派出所在通州分局开展的创建优秀“青少年维权岗”活动中，积极围绕辖区内未成年人合法权益、整治学校周边秩序、开展警学共建、对有轻微违法行为青少年进行帮教等方面，开展了大量深入细致的工作，被团市委和市局命名为优秀“青少年维权岗”。

（牛金平）

【看守所管教组被评为市级“青年文明号”】 看守所管教组连续第三年被团市委和市局命名为市级“青年文明号”。

（牛金平）

【分局被授予“首都文明单位”称号】 年内，通州分局紧密结合本地区和本单位的实际，以“讲文明、树新风、争做文明通州人”活动为主线，采取多种形式，广泛深入地开展群众性精神文明创建活动，有利地推动和促进了公安工作和队伍建设。4月份，分局被市精神文明建设委员会授予“首都文明单位”称号，并连续五年夺得区精神文明建设百分评比流动奖杯。

（牛金平）

【教育训练成绩显著】 4月10日至10月25日，通州分局先后组织刑侦、户籍派出所、治安、内保、巡察脱产培训班6期18个班，总培训人数达到605人。组织各类短期培训班11个，培训达1080人次。组织民警进行实弹射击考核四次，达1700人次。

（牛金平）

【专项斗争取得显著战果】 7月至10月，通州分局开展了为期3个月的专项斗争，共破获各类刑事案件525起，抓获违法犯罪嫌疑人248名，抓获分局上网逃犯26名；查获卖淫嫖娼4起8人，查获容留卖淫嫖娼人员4人；查获赌博92起370人，收缴赌资6万余元，罚款4万余元，治安拘留15人，批评教育30人；抓获贩毒犯罪嫌疑人9名，吸毒人员7名，收缴毒品20余克。

（付彩霞）

【完成组建刑侦支队工作】 根据市局部署，通州分局于8月6日组建了刑侦支队。下设4个专业队，5个责任区刑警中队。专业队和责任区刑警中队下设探组28个。首批23名干部的任命，采用调整的方法由分局党委直接任命到位。对空缺的21个现职领导职位，采取在分局范围内公开选拔竞争上岗的方法进行选拔任用。

（牛金平）

【审核登记娱乐服务场所641家】 9月至11月，按照上级统一部署，区五局一委（公安、工商、文化、卫生、劳动局和商委）对通州区641家娱乐服务场所进行了重新审核登记工作，未通过审核被压缩的场所有170家，占娱乐场所总数的27%。

（付彩霞　白银霞）

【“三警合一”强化打防控工作】 11月，通州分局在高发案的通州卫星城地区，实行派出所、刑侦支队、巡察执法支队“三警合一”，形成打防控一体化格局。当月，巡察执法支队破获各类案件23起，抓获违法犯罪嫌疑人40名，与未实施“三警合一”之前的10月份相比，分别上升60%和33.3%，且城区高发案明显得到控制。

（付彩霞）

【摧毁一“法轮功”宣传品制作散发窝点】

12月28日，通州分局一举摧毁了租住在通州区宋庄镇疃里新村出租房内，以江苏扬州人周某某为首的下载、印刷、散发“法轮功”非法宣传品窝点。抓获“法轮功”人员42名，收缴电脑、复印机、打字机等设备11台，“法轮功”非法宣传品39656份，“法轮功”非法书籍、杂志8316本（册），照片233张，BP机、手机共27台，现金6万余元及身份证、录音带、光盘等其它物品4800余件。

（付彩霞　马　丹）

案例举要

【破获飞车抢夺案】 自6月份开始，通州区内一些街道连续发生骑摩托车抢夺案。针对此系列案件的发案特点，通州分局采取有效措施，加大巡逻控制力度，于8月27日将两名飞车抢夺财物的犯罪嫌疑人刘某（男，16岁）、阎某（男，17岁，均为通州镇人）抓获。经审查，两名犯罪嫌疑人供认，自6月至8月间，二人骑一辆红色“本田”125型摩托车，在通州镇街道快速行进中连续抢夺作案26起（已查证核实7起），抢得现金、手机、BP机等物品价值13000余元。

（郭　俐）

【打掉一专门偷盗摩托车的犯罪团伙】 9月1日，通州分局刑侦支队获取销赃摩托车的犯罪线索，迅速出击，将盗窃摩托车犯罪团伙成员刘某某（18岁）、祖某某（18岁）、王某（22岁）、卢某某（28岁），均男，通州区人，及朴某某（男，18岁，河北省抚宁市人）等5人抓获。经审查，3月至5月间，犯罪嫌疑人先后在海淀、朝阳及通州区连续作案，盗窃40余起，窃得嘉陵、钱江、鹿城等牌摩托车40余辆，总价值约10万余元。

（郭　俐）

【破获一起特大诈骗案】 9月15日，通州分局刑侦支队经侦队破获一起特大经济诈骗案，抓获犯罪嫌疑人沈某。经审查，犯罪嫌疑人沈某（男，34岁，山东东营市人，住北京石景山区）于1999年8月利用其担任北京北方汽车交易市场连锁店网管业务员的身份，谎称能为北京三宝物资销售中心购买便宜车，从该中心骗取659200元现金转账支票一张，并允诺为该公司购买30辆汽车。同年9月14日，沈某将转账支票兑换成现金，并将其中60万元分别以其母、其妹和其子的名义，存入三家银行，后潜逃。一年后，侦查员在其子就读的北京前门小学附近，将其抓捕归案。诈骗犯沈某被判处有期徒刑10年。

（付彩霞）

通州分局2000年领导名录

职　务	姓　名	任职时间
分局长	解　崑	1996年4月—
政　委	杜太原	1996年4月—
副分局长	李玉楹	1983年4月—2000年8月（离岗休息）
副分局长	武延年	1992年5月—2000年4月（调平谷县公安局任职）
副分局长	赵　光	1994年4月—

副分局长	崔永祥	1994 年 4 月—
副分局长	张志军	1998 年 8 月—
副分局长	孙哲义	1998 年 8 月—
副分局长	王　健	1998 年 2 月—2000 年 10 月（调市局监所管理处任职）
副分局长	郭士德	2000 年 4 月—
副分局长	王保润	2000 年 10 月—

顺义分局

【概　况】 顺义区位于北京市东北部，总面积 1021 平方公里。辖 2 个街道办事处、7 个地区办事处、12 个镇，常住人口约 54.5 万。年内，顺义分局始终把确保全区政治稳定作为首要任务，加强情报信息工作。积极开展同“法轮功”邪教组织的斗争。协助有关部门和单位共处置群体访 400 多批 5600 人次。圆满完成首都机场和其他一级以上警卫任务 289 次。全国“两会”期间，8 次进京执行巡逻保卫任务，确保了“两会”代表的绝对安全。以刑侦改革为契机，坚持“严打”方针，相继开展了“打击盗窃机动车”、“打击爬楼入室盗窃”等统一行动。全年共破获各类刑事案件 1488 起，其中现案 866 起，破案率达 40.5%，比上年同期提高了 6.6 个百分点，抓获犯罪嫌疑人 1045 名。打掉各类犯罪团伙 77 个，收缴赃证物折款 530 余万元。在办理案件中，坚持严格依法办案，不断提高打击处理能力，全年刑事案件审结率为 100%，未发生冤假错案。强化治安整治，确保社会安定。年内加大对治安案件的查处力度，适时组织了禁娼、禁赌等 14 次专项行动。把金融系统防抢和重点单位防治安灾害事故作为内部单位安全保卫工作的重中之重，避免了此类案件、事故的发生。会同教育等部门，对学校周边环境坚持经常性的整治，较好地维护了校园秩序。把创建“平安大道”和“畅通工程”贯穿整个交通管理工作的全过程，相继开展了“双千工程”、“整治摩托车专项战役”和“年底城区交通秩序整治”等专项行动，使交通秩序得到了较大改善，未发生恶性和有影响的事故。加大消防工作监督、检查和处罚力度，遏制了重特大火灾事故的发生。圆满完成了顺义啤酒节、牛栏山一中校庆等大型活动安全保卫任务 37 次。对重点人口严格落实了派出所、治保会、帮教小组的网络控制措施。举办基层治保、内保干部和外来人口协管员培训班，500 多名治保干部、150 名内保干部受到培训。加强外来人口和出租房屋管理工作，将工作落到实处，外来人口办证率始终保持在 95%以上。外来人口犯罪率比上年同期下降 11.1 个百分点。科技创安力度不断加大，730 个单位运用了安全技术防范措施。投资 2500 万元、面积 15000

平方米的现代化看守所一期工程已竣工，全部在押人员搬入新监所。推进科技强警战略，投资3600万元，建成12000多平方米的现代化办公大楼；建立了分局与市局和基层各单位间的无线联络系统、有线电话系统、无线传真系统和电视电话会议系统；完成了分局46个单位计算机三级网建设和4个派出所的局域网建设。建立培训中心，全年举办各警种岗位培训班13期，培训民警776人，占应培训总数的88.2%。民警大专以上学历共计622人，占分局总人数的68%。年内，实行了“交巡合一”、“侦审一体化”和民警双向选择的改革工作。先后出台了竞争上岗、轮岗交流、双向选择、离岗培训和末位调整等一系列人事改革措施。

(王培军)

【“110”报警服务工作进一步规范化】 顺义分局“110”指挥中心狠抓规范化管理，先后制定了《“110”报警服务工作查勤办法》、《“110”报警服务管理规定》、《情况信息编写报送规定》，并将“110”工作纳入目标管理考核。全年共接报警电话18370次，出警4380次，比上年分别上升15.8%和24.1%，其中，刑事案件450起，治安案件495起，交通事故167起，火灾12起，民事纠纷1397起，公民求助1061起，其它情况798起。通过“110”破刑事案件44起，抓获犯罪嫌疑人91名，抓获治安违法人员114名，救助群众326名。

(孙友利)

【办公室文秘工作成绩显著】 年内，共拟写各类文件、简报、专报等总计952件。在拟写的各类文件中，被市局转发和领导给予重要批示的17件；撰写各类论文58篇，有15篇论文相继被市局《北京警院学报》、《工作参考》、《北京警学》和《中国经济》杂志等刊物登载。其中，1篇论文获公安部论文评选三等奖、3篇论文获北京市警察学会论文评选优秀奖，并收入《公安理论研讨论文集》；共编发各类信息311条，被市局和区委、区政府和区委政法委采纳158条，采纳率达50.8%。

(李怀忠)

【开展丰富多彩的文体活动】 年内，坚持在民警中开展丰富多彩的文体活动，有650余人次参加了象棋、篮球、乒乓球等各类体育比赛，投资17万元修建了分局篮球场、羽毛球场。分局连续第5年被评为区体育工作先进单位。参加体育达标测试民警全部达标。

(王振铁)

【案件检查工作受到区纪委表彰】 顺义分局纪委查办纪检监察信访46件，信访结办率和案件结案率均为100%。查处违纪案件和问题共11件11人，对其中的两件2人分别给予党纪政纪处分；对9件9人按照有关规定分别给予通报批评、黄牌警告、上曝光台、扣发奖金等处理。分局纪委被区纪委评为先进集体和案件检查先进单位。

(周长茂)

【积极开展同“法轮功”邪教组织的斗争】 年内，顺义分局将做好对“法轮功”人员的教育转化及控制工作作为同“法轮功”邪教组织斗争的重要内容。全区7个片站，119个练功点均未出现死灰复燃现象。收缴与“法轮功”相关物品3万多件；1300多名练功者经教育转化，已有90%人员脱离了邪教组织；对100多名重点人员强化管理工作，对其中屡教不改的顽固分子依法处理。

(王培军)

【开展“扫黄打非”整治工作】 年内，顺义分局坚持把清理整治文化娱乐场所，严厉打击社会丑恶现象作为经常性的工作，常抓不懈，适时组织了禁娼禁赌等14次专项行动。查处卖淫嫖娼案件60起，打掉卖淫嫖娼窝点29处，查处卖淫嫖娼人员103人，净化了社会环境。

(李怀忠)

【坚持开展青少年遵纪守法教育】 顺义分局

内保处、法制处及各派出所从法制教育入手，坚持深入中小学校，开展对青少年遵纪守法的教育。全年共上法制课62次，受教育青少年达10万人次。

（王培军）

【“交巡合一”发挥威力】 顺义分局实行交巡合一后，坚持把创建“平安大道”和“畅通工程”贯穿整个交通管理的全过程。年内相继开展了“双千工程”、“整治摩托车专项战役”等统一行动，使交通秩序明显好转。全年查处交通事故2823起，交通死亡人数未超过市政府下达的指标。加大对交通肇事逃逸案件的侦破力度，全年发生交通肇事逃逸案件24起，破23起。

（孙友利）

【外来人口管理站和执法队相继成立】 为加强外来人口和出租房屋的管理，区外来人口管理工作领导小组办公室会同顺义分局在全区建立了284个外来人口管理站，成立了一支由17人组成的外来人口执法队，使外来人口和出租房屋管理更加规范化、制度化。

（李怀忠）

【实行“交巡合一”改革】 3月10日至4月11日，顺义分局进行了“交巡合一”改革。将原交通支队、巡察支队合并成立交巡支队，负责原来两个机构的公安管理工作。下设机构9个。

（王振铁）

【“侦审一体化”改革】 根据市局《关于改革和加强刑侦工作的意见》，顺义分局于7月21日至8月31日进行了“侦审一体化”改革。成立刑侦支队，建立覆盖社会面的责任区刑警队，落实破案责任制，形成各警种密切配合，紧密协作的打击犯罪新格局。分局党委在8月17日任命了40名副支队长以下领导干部，对任命的领导干部实行一年的试用期。

（王振铁）

【实行人事制度改革】 在实行“交巡合一”、“侦审一体化”改革后，10月23日至30日，顺义分局在所属43个单位实行了民警双向选择任用制。418名民警参加双向选择。

（王振铁）

案例举要

【一特大杀人在逃犯落网】 8月4日凌晨，仁和派出所民警汤迅带领5名联防队员巡逻至铁十六局环岛北30米一草坪处时，发现2名男青年形迹可疑。正欲盘查时，2名嫌疑人逃窜，其中一人公然掏枪射击，致使一名联防队员腿部受伤。后经巡逻人员的共同努力，将2名嫌疑人擒获。当场缴获自制手枪2支、子弹3发、现金700元。经审查，犯罪嫌疑人王福仁（男，37岁，辽宁省锦州市人，曾因盗窃被判刑2次，系特大杀人抢劫在逃犯）、财雄杰（男，18岁，湖南省湘乡市毛田乡农民）。据王福仁交代，自1998年以来，伙同修宝昌、杨光、高晨、戴翔跃、史振义（均已另案处理）等人持枪、弹簧刀等凶器，流窜辽宁兴城、盘锦，内蒙古赤峰，天津蓟县等3省2市15个地区抢劫作案100余起，其中杀人抢劫15起，致死16人，伤14人。该犯罪嫌疑人已移交当地公安机关处理。

（于立宪）

顺义分局2000年领导名录

职　务	姓　名	任职时间
分局长	张建军	1999年9月—

政　　委	孙玉文	1999 年 9 月—
副分局长	张新军	1999 年 8 月—
副分局长	李晓奇	1999 年 8 月—2000 年 5 月（调密云县公安局任职）
副分局长	田金生	1999 年 8 月—
副分局长	闫志刚	1999 年 8 月—
副分局长	张　明	1999 年 8 月—
副分局长	王敏祥	2000 年 10 月—
副分局长	何惠友	2000 年 10 月—

昌平分局

【概　况】　昌平区面积 1352 平方公里。常住人口 42.7 万人。辖区文物古迹众多，自然景观丰富，明十三陵闻名中外。昌平分局内设机构 35 个，设派出所 29 个。全局民警 830 余人。年内，充分发挥职能作用，强化服务意识，在为昌平经济建设发展创造良好社会环境和治安环境的工作中作出了积极贡献。全力维护政治稳定，加强对邪教“法轮功”重点人和顽固分子的控制工作，对原站点和练功点以及对外地“法轮功”人员可能藏身落脚的中小旅店和出租房屋等处所进行查控和清理，有效地防止了“法轮功”顽固分子非法聚集、练功和到市内滋事。对查获的进行违法活动的 1600 多名“法轮功”人员，依法分别进行了处理。针对因占地、职工退休金发放、垃圾污染等问题引发的群体性上访闹事事件，及时研究对策并积极进行工作。

年内，开展了以打击街头犯罪和盗窃机动车犯罪为重点的专项斗争，共破获刑事案件 697 起（其中年内现案 596 起，年前案件和外辖区案件 101 起），现案破案率为 29%，抓获犯罪嫌疑人 784 名。打掉犯罪团伙 60 个，抓获团伙涉案成员 221 名。加大对治安案件查处力度，共受理治安案件 2752 起，查处 2086 起。分别对 3198 名违法人员进行了治安处罚。

年内，完成了各项重大活动和节日安全保卫工作，共执行警卫任务 67 次，出动警力 4522 人次。全年巡察执法支队出动警力 18376 人次，纠正各类违章 4629 人次。加强对消防工作的领导，全年消防监督处共检查单位 2613 个，发现问题 4292 件，解决 3832 件，责令限期整改 138 件，发检查意见书 1548 份。全区发生火灾 240 起，直接经济损失 170 余万元。年内，多次开展禁娼禁赌专项整治、特种行业突击检查、文化娱乐服务场所清理整顿等专项斗争，进一步净化了社会环境。加大对重点地区清理整顿和严厉打击外来人口中违法犯罪活动，充实完善外来人口管理队伍，落实对外来人口宣传教育和依法保护措施。在开展清查执法活动中，共对59469户18777间出租房、1911个工地、7630个内部单位、7689个服务娱乐和复杂场所进行了清查。内保处及派出所组织各种保卫力量，对2572个单位7693个要害部位进行安全检查，对发现的问题，及时进行了解决和采取临时措施，限期整改，有效地避免了各类事故的发生。保安服务公司，全年为134家客户提供了保安服务，积极预防和确保了客户的财产与人身安全。完成了常住人口、暂住人口管理计算机网络建设，开通了计算机三级网和分局机关单位31个局域网点，实现了人口、车辆等信息的网上查询。完成了局内24个单位56个局域网点的安装和调试工作。投资40余万元完成了看守所监控系统建设，并投入使用。

(赵常友)

【打击刑事犯罪活动】 年内，昌平分局坚持以打击街头犯罪与盗窃机动车犯罪为重点的专项斗争，取得了较好效果。在各类刑事案件立案比上年增加239起，上升13.2%的情况下，破案率提高了1.2%。

(赵常友)

【开展打击“黄、赌、毒”专项斗争】 年内，昌平分局开展打击“黄、赌、毒”专项斗争。全年共检查各类场所10595处次，查获卖淫嫖娼案件44起，抓获卖淫嫖娼人员146人。收缴淫秽音像制品857件，淫秽书刊127册。收缴非法出版物845件，盗版音像制品2693件。收缴赌博机155台，线路板、机面板291块。查获赌博案件7起，抓获参赌人员33人。破获涉毒刑事案件11起，抓获涉毒犯罪嫌疑人13人；查获吸食毒品案件10起，查处涉毒违法人员11人。对无单独执照和不合格的48家美容美发屋取消经营资格。

(赵常友)

【开展清理整顿外来人口专项行动】 1月至4月，昌平县公安局在区有关部门通力配合下，审查外来人口6.2万人次，动员清走1万余人，处罚外来人口和违法出租房主582人，处罚用工单位137个，取缔废品收购点17个，拆除违法搭建摊棚34间。5月至8月，在工商、劳动等部门配合下，对街头无照商贩、非法用工单位、非法中介机构进行联合执法检查清理。查获卖淫嫖娼、贩卖淫秽光盘和赌博窝点7个，处罚违法和收容“三无”人员159人。9月至11月，对全区752家娱乐服务场所进行全面清理整顿，并进行重新登记。制定下发《清理整顿出租房屋秋季行动工作方案》，在宣传发动和调查摸底的基础上，对全区6286户19478间出租房再次进行了清理登记。查处违法出租房主183人、外来人口1011人。

(赵常友)

【“110”报警服务工作】 年内，昌平分局结合实际，制定了《电话回访报警人制度》和《“110”报警现场回访制度》等，进一步完善了“110”报警服务台建设，使“110”报警服务工作向更加规范化发展。制定了《涉爆案件现场处置工作方案》、《处置突发事件工作预案》、《处置银行运钞车被抢案件的工作预案》。全年“110”共接有效报警5626件，出动警力13489人次，直接破获刑事案件28起，查处治安案件1048起，查处各类违法犯罪嫌疑人358人，救助群众708人次。

(赵常友)

【严格警务督察促进队伍管理】 年内，昌平分局督察队进行现场督察253人次。发现车辆违规违章、警容不整、内务卫生差等问题25件，已全部处理解决；对重点岗位民警值班在岗、内部巡视、各项登记制度落实情况等进行多次现场督察；检查公安牌车辆136辆次，发现和纠正灯光故障和司机证件不全等问题36件；对各项规章制度落实情况抽查53人次。与单位、司机、家属签订各种保证书、责任书1467份，有效地遏制了交通事故的发生势头，刹住了酒后开车和开特权车的歪风；在全局警务技能大比武现场，对实弹射击训练进行重点督察16次，检查落实了各项安保措施，使大比武和实弹射击训练未发生任何问题；对重大警务活动进行现场督察5次，发现和纠正警容风纪和文明用语不规范等问题23件。

（赵常友）

【基层基础工作抓出成效】 年内，昌平分局大力加强基层基础工作。全区建立健全治保会617个，治保小组889个，治保积极分子发展到8532人；巡逻队740个3984人。全年，为公安机关提供线索338件，协助破案和查处案件136起，抓获犯罪嫌疑人46人。

（赵常友）

【全区旅馆业全部实现计算机联网】 年内，在市局治安管理总队的指导下，昌平分局治安处与信通处等部门及基层派出所密切配合，使全区104家旅馆全部实现了计算机联网和计算机管理。

（赵常友）

【分局民警培训基地建成】 昌平分局民警培训基地（原回龙观分驻所院内），于1月建成并正式投入使用。基地建筑面积1216平方米，建有可容纳80人的教室。培训基地主要担负分局民警政治、业务、技能等方面培训工作任务。该基地由分局政治处负责管理。日常工作由政治处2名干部负责。年内，投入使用后收到良好效果。

（赵常友）

【完成年度民警培训任务】 1月3日开始，分局分5期举办了基层现职领导和部分业务骨干参加的《行政复议法》、《公安机关人民警察执法过错责任追究规定》和《公安机关内部执法监督工作规定》培训班，参加人数187人。4月17日至12月8日在分局培训基地又连续举办了9期341名民警参加的岗位资格培训班。

（赵常友）

【加强内部交通安全管理工作】 4月19日和21日，昌平分局连续发生两起民警因交通违章造成的恶性交通事故，分局党委非常重视，结合实际，制定了《分局内部交通安全奖罚规定》、《分局内部交通安全十项整改措施》和《分局交通安全流动奖杯及黄色警告标志牌使用暂行办法》等规章制度12项。全年，分局与局属单位、驾驶员、家属共签订交通安全责任书、保证书2196份。

（赵常友）

【昌平分局成立】 为加强昌平地区的治安保卫工作，经市机构编制委员会办公室批准，市局党委研究决定，昌平县公安局改建为北京市公安局昌平分局（副局级建制）。5月11日，昌平分局正式成立。市委常委、市政法委书记、市局局长强卫为分局揭牌，并在成立大会上讲话。

（赵常友）

案　例　举　要

【破获陈殿清被杀案】 3月1日9时许，昌平县公安局大东流派出所接一群众报案：在昌平区小汤山镇小东流村西的秦屯河南岸沙坑内发现一具女尸。后经工作查明：死者陈殿清（女，42岁，小汤山镇小东流村农民）与暂住其家的小叔子张国俊（男，40岁，黑龙江省密山县人，住黑龙江省萝北县延军农场水泥厂；1988年因犯爆炸罪、放火罪、盗窃罪、敲诈勒索罪被判处有期徒刑7年，1993年2月刑满释放）有不正当男女关系，张有杀人嫌疑。调查进一步证实：3月1日7时许，张在其嫂陈殿清家中，因故与陈发生口角，遂用棉被蒙住陈的头部，用秋裤猛勒陈的颈部，用绳子捆住陈的双手，踹其头部、颈部，致陈机械性窒息死亡。后张驾驶农用机动车将陈的尸体运至小东流村村北一沙坑内抛弃。3月1日张被抓获，经审讯，张对其犯罪事实供认不讳。8月28日，北京市第一中级人民法院以故意杀人罪判处被告人张国俊死刑，剥夺政治权利终身。

（赵常友）

【**破获姜鸿春被杀案**】 4月20日18时15分，昌平县公安局接到报警，居住在昌平区小汤山温泉花园A区21号楼1单元202号门的姜鸿春（男，61岁，委内瑞拉共和国籍华人）被人杀死后匿尸于自家保险壁柜内，死亡时间已近10天。经工作，于21日18时在昌平区小汤山温泉花园处将重大抢劫杀人犯罪嫌疑人卜晓东（男，25岁，江苏省淮阴市人，无业，暂住温泉花园A区）抓获。经工作查明：4月11日13时许，卜借故闯入姜的家中，以抢劫财物为目的，持尖刀猛刺姜的胸部、背部等处10余刀，姜因被刺伤及心脏、肺脏，致失血性休克死亡。后卜将姜的尸体藏匿于姜家壁柜内，抢得人民币22800元、美元5400元、移动电话1部、各类首饰30余件，所抢款、物共计价值人民币22.4万余元。卜对其上述犯罪事实供认不讳。10月17日，北京市第一中级人民法院以抢劫杀人罪判处被告人卜晓东死刑，剥夺政治权利终身，并处没收个人全部财产。

（赵常友）

【**破获周永志被绑架案**】 5月23日13时30分，昌平分局刑警队接来京打工人员李某来队报称：当日凌晨2时许，4名男子持枪闯入其暂住的昌平区昌平镇西关大宅村家中，将其丈夫周永志（男，26岁，河北省沧州市人）绑走，索要人民币8万元。后歹徒用电话联系，多次催要赎金。接报后即开展工作。当日17时，办案人员在北京市朝阳区将绑架犯罪嫌疑人邵某（男，31岁，黑龙江省宾县人，农民）查获。后扩大线索，相继在本市将其同伙王某（男，24岁，山东省阳谷县人，农民）、韩某（男，23岁，山西省朔州市人，农民）、张某（男，21岁，山东省新泰市人，无业）抓获。将人质周永志解救。4名犯罪嫌疑人作案时使用的两支玩具手枪、1副白色金属手铐、1只手电筒同时被起获。6月14日邵、王、韩、张被逮捕。经审讯，四人对上述犯罪事实供认不讳。昌平区人民法院分别判处王某、邵某、张某、韩某有期徒刑13年、11年、10年、7年。

（赵常友）

昌平县公安局2000年领导名录

职务	姓名	任职时间
县局长	胡跃庭	1996年4月—2000年4月
副县局长	施兰田	1987年3月—2000年5月
副县局长	齐正田	1987年3月—2000年5月（提前退休）
副县局长	胡墨杰	1996年10月—2000年5月
副县局长	周燕滨	1999年1月—2000年5月
副政委	王玲（女）	1998年1月—2000年5月

昌平分局2000年领导名录

职务	姓名	任职时间
分局长	胡跃庭	2000年4月—2000年9月（保留副局级，调市局经济犯罪案件侦察处任职）
分局长	李清林	2000年9月—
政委	李清林	2000年4月—2000年9月
政委	尹燕京	2000年9月—
副分局长	施兰田	2000年5月—
副分局长	王金忠	2000年10月—
副分局长	战玉贵	2000年10月—
副分局长	胡墨杰	2000年5月—
副政委	王玲（女）	2000年5月—2000年10月
副分局长	王玲（女）	2000年10月—
副分局长	周燕滨	2000年5月—
副分局长	郅文生	2000年8月—

天安门地区分局

【概　况】 天安门地区分局负责天安门地区治安、消防、刑侦、内保、外事管理、警卫等工作。辖区北起神武门前广场，南至正阳门；东起故宫东墙，经劳动人民文化宫东墙，南池子南口（不含），向南沿革命博物馆、历史博物馆东侧、天安门百货商场至正阳门一线；西起故宫西墙，经中山公园西墙，南长街南口（不含），向南沿人民大会堂西侧路西便道沿，南侧路南便道沿，经广场西侧路西便道沿至正阳门一线。面积2.1平方公里。2000年，天安门地区分局加大人员素质的培养和装备的科技投入，狠抓队伍业务建设，先后制定了《关于执法办案的暂行规定》等三个规定。针对天安门广场升、降旗仪式、“两会”保卫等重要勤务，制定了《天安门广场升降旗仪式三级方案》、《“两会”安全保卫工作方案》等方案；组织三个警种分10期对171名在职民警进行了岗位培训，占应训民警总数的75%。6名同志参加了市局巡察防暴警业务技能大比武，获得B组集体第二名。完成了现代化程度较高的指挥中心建设，办公自动化建设和警务车辆、电台、警用防暴器材配备。年内，圆满完成了“元旦”、“春节”、“两会”、“五一”、“十一”等重大安全保卫任务，制止“法轮功”邪教组织多次大规模反弹，维护了天安门地区政治稳定和治安秩序。全年共完成警卫勤务2894次，投入警力36962人次。全年接警298起，立刑事案件163起，破案107起，打掉犯罪团伙1个，抓获犯罪嫌疑人90名，为群众挽回经济损失价值30余万元；处理治安案件35起，查处各类妨害社会治安人员8360人。妥善处置了集体访8起247人，完成了对辖区855名外来人口、120个驻区单位1335名工作人员的调查摸底工作。

（柴钟鸣）

【完成天安门广场“世纪曙光”庆典活动保卫任务】 1月1日，首都各界群众和外国友人10余万人汇集在天安门广场庆贺新世纪的到来。并参加了升旗仪式。11时许，江泽民主席在劳动人民文化宫敲响了“中华和钟”。上午，由全国妇联组织的“千对新人世纪婚礼”、宋庆龄基金会组织的“青少年保护野生动物宣誓仪式”也在天安门广场举行。全天，到天安门地区游览观光的中外游客达50余万人次。投入警力600余人次，共查获各类妨害治安人员255人。全力维护了地区的稳定，圆满完成了天安门广场各项庆典活动的安全保卫任务。

（柴钟鸣）

【完成“两会”安全保卫任务】 3月3日至3月15日，“两会”期间，天安门地区分局加强大会堂、天安门城楼、金水桥国旗杆、纪念碑等重点部位警力控制。共完成11次大会，140次首长和人大代表、政协委员路线、大会堂活动现场，及各种现场警卫勤务172次，出动警力5528人次，查获各类有碍社会治安人员1568人，圆满完成了“两会”安全保卫任务。

（柴钟鸣）

【持续开展同“法轮功”邪教组织的斗争】 年内，“法轮功”邪教组织人员不断在天安门广场及其周边地区非法聚集闹事，天安门地区分局加强信息收集工作，掌握同“法轮功”斗争的主动权。10月6日10时40分接报：“法轮功”人员准备上午11时在纪念碑北侧大规模聚集。分局立即调整警力，果断地处置了近千名“法轮功”分子滋事行为。12月29日、31日“法轮功”分子在广场打出特大横幅，制造了两次规模更大的骚乱，因准备充分、警力调整及时，很快压制了“法轮功”的嚣张气焰。全年共投入警力54750人次，维护了天安门地区的稳定，受到中央、地方等各级领导的充分肯定。

（柴钟鸣）

案 例 举 要

【侦破一起经济诈骗案】 3月31日下午3时35分，天安门地区分局侦查科接“北京大视野广告公司”王永刚报案称，3月6日，北京电视台工作人员孙然，以为该公司代理播放“少腹逐瘀”广告为由，骗走现金支票1张，非法划拨现金20.4万元人民币。接报后，经工作，于4月12日凌晨，当犯罪嫌疑人孙然乘出租汽车来到其住地家门口时，将其当场擒获。经查，3月6日，孙然（男，30岁，研究生，住东城区东华门，无固定职业）谎称为大视野广告公司在北京电视台一套、二套节目中播发30秒“少腹逐瘀”广告，用私刻的“北京电视台社教部”和“北京电视台财务专用”假公章，并假冒北京电视台社教部主任张松华本人签名，与该公司签订一份假广告合同，诈骗合同款20.4万元，并用赃款购买白色富康牌轿车一部及偿还他人债务，挥霍殆尽。

（柴钟鸣）

天安门地区分局 2000 年领导名录

职　务	姓　名	任职时间
分局长	陈福印	1999 年 5 月—2000 年 9 月(调西城分局任职)
分局长	王聚成	2000 年 10 月—
政　委	王聚成	1999 年 5 月—2000 年 10 月
政　委	陈　友	2000 年 10 月—
副分局长	武顺发	1999 年 5 月—
副分局长	甄树印	1999 年 5 月—
副分局长	张锡凤	1999 年 5 月—
副分局长	杨福德	1999 年 5 月—

北京西站分局

【概　况】　1995 年 11 月 3 日经市局批准成立北京市公安局北京西客站分局，下设 6 个单位。1996 年 4 月 25 日经市局批准更名为北京市公安局北京西站分局，又增设了 9 个单位，共计 15 个单位。西站分局位于北京市莲花池东路 110 号，受北京市公安局和北京西站地区管理委员会双重领导。2000 年，以“地区创安和系统争优”活动为载体，实现了创建“窗口旗帜工程”第一阶段的工作目标。在维护站区政治稳定的工作中，积极开展了同“法轮功”邪教组织的斗争。全年共查堵“法轮功”练习者 426 人，比上年多查获 141 名，收缴“法轮功”宣传品 300 余份，及时消化处理市局分流的“法轮功”练习者，高效率地完成了任务。制定了 15 人至 100 人不等的六级警力部署方案，科学安排警力，加大查堵、清查、盘查力度。积极协助市局和铁路部门做好外地进京集体上访闹事人员的堵截工作，全年共查堵 4 批 200 余人。圆满完成了“两会”、全国劳模大会等重要会议及警卫对象的警卫任务，共执行警卫任务 134 次，出动警力 3600 人次。年内，按照市局的部署，结合西站地区治安特点，适时开展了“打流窜、打抢劫、打盗窃、打拐和追逃”专项斗争，共破获各类刑事案件 49 起，其中破本地区刑事案件 26 起，特大案件 13 起，破案率提高了 24%，抓获逃犯 47 名。积极与站区其他执法部门协调配合，对站区的治安乱点进行清理整治。特别是对过往旅客和群众反映强烈的黑车和黑托运等问题，连续开展了多次集中清理整治和专项斗争，加大收容力度，净化了站区环境。在消防工作方面，采取有效措施，落实防火工作。与站区所有内部单位签订了防火安全责任书，同时加强防火宣传，提高站区全员防火意识。全年检查内部单位189个次，执法11次，处罚9人次，罚款累计5.37万元，全年站区未发生火灾和爆炸等重大灾害性事故。年内，以指挥中心、信息中心建设为先导，推动科技工作的开展。指挥中心系统工程经专家评审获得市局科技进步二等奖。建立了分局的计算机三级网和指纹自动识别系统。坚持法制工作制度化，实行执法办案责任制、办案质量通报制和责令改正制度。以“争创”为契机，以机构改革为突破口，强化了思想教育、队伍管理和实战培训。通过各级各层次的培训，超额完成了市局下达的三分之二在职民警的培训任务。全年没有发生民警违法违纪案件。充分发挥后勤保障部门的作用，本着为民警多做实事的原则，想方设法筹集资金，建成了分局培训中心和健身中心。通过成本核算、奖优罚劣，使机关食堂的各项服务上了一个新台阶。

（杜 渝 范 琳）

【严厉打击各类刑事犯罪活动】 年内，结合站区特点，开展了“四打一追”即：打流窜、打抢劫、打盗窃、打拐和追逃专项斗争，共破获各类刑事案件49起（其中本地区26起，外区23起），刑事拘留35人。

（王吉国 芦 菲）

【净化站区环境】 年内，西站分局为净化站区环境，不使违法活动在站区形成气候，组织了168次各种规模的清理整治工作，查处各类违法及影响站区治安秩序的人员2384名，行政拘留158人，治安罚款990人，取缔非法托运站7家，查处黑车242辆，查处越线运营小公共13辆。比上年处理违法人员增加了163人，查扣黑车数增加了126辆。

（王学发 张雪庆）

【建立健全“防爆防火”防范体系】 西站分局将防爆防火作为各项工作的重中之重来抓。年内，制定了“防爆防火”工作措施，将辖区划分为9个重点部位，确定以三个区域、两个部位、三个部门为重点工作对象，建立健全辖区保安员定点值守，民警机动检查，保洁员分片包干及治保积极分子参与的防范制度，实行定人、定岗、定责、定任务，将“防爆防火”目标责任确实落实到责任人。

（赵熙强 李白平 崔晓全）

【科技强警发挥威力】 年内，西站分局不断加大对指挥中心电视监控系统的开发力度，充分利用科技优势打击犯罪，维护稳定。全年，指挥中心利用电视监控系统及时发现各类影响站区秩序的问题400余起，直接布警300余次，配合一线单位抓获各类违法人员40余人，配合分局有关单位清理治安乱点30余个，救助群众110余次，挽回群众经济损失20余万元。

（王秀敏 闫志强）

【提出“假日治安”安保对策】 2000年全国第一次实行“五一”、“十一”长假制。在“五一”期间西客站共发送旅客86万人次，日均客流量约为13万人次，与当年“春运”客流量持平。西站分局领导抓住因客流量剧增有可能引发治安问题的热点课题，带头深入站区进行调查研究，将安全保卫工作理论与具体情况紧密结合，认真分析“假日治安”的发展趋势，并提出相应对策：超前准备，争取主动；抓住重点，有的放矢；协同作战，综合治理；抓好调研，精心总结。

（康 艳）

【全面提高执法水平】 年内，西站分局组织了两次法律知识讲座，在一线执法办案单位建立了13名基层法制员，全年共发《办案质量通报》三期，《责令改正通知书》一份，全年开展执法专项检查2次，发现问题3件。全年批准逮捕19人，取保候审5人，批准劳动教养9人；提请批捕率为100%，移送起诉合格率100%，呈报劳动教养批准率为80%。

（刘玉龙　唐树贤）

【做好春运暑运保卫工作】　1月21日至2月29日春运期间，西客站共计发送旅客412.7万人，高峰期旅客日流量高达11.5万人。西站分局投入警力，全力保卫春运安全，共查破各类案件28起；查处各类违法犯罪及影响站区秩序人员2156人，依法分别做了处理。7月1日至8月31日，暑运期间，西客站共计发送旅客788.9万人，日均接送旅客13.15万人。共查破各类案件238起，其中刑事案件13起，治安案件225起，查获各类违法犯罪嫌疑人391名，分别依法进行了处理。收缴毒品243.8克，管制刀具15把，盗版光盘51张。

（秦卫平　杨文清）

案例举要

【抓获贩卖假币犯罪嫌疑人】　1月18日21时30分，根据线索，民警在西站南广场唐乐酒家将正在进行假币交易的付泽利（男，24岁）、阮成斌（男，19岁，均是河南省信阳地区潢川县人）、王宝民（男，37岁，河北省卢龙县人）3名犯罪嫌疑人当场抓获，共查缴面值为100元（90版）的假人民币96800元。付、阮、王3人均被刑事拘留。

（李兴波　张　欣）

【抓获一特大入室抢劫犯罪嫌疑人】　8月15日15时50分，西站分局接北京市建设银行铁道支行报案，有一男子冒领存款。接报后，民警迅速到达现场将嫌疑人李运林（男，19岁，湖北省大冶市人）带回审查。经工作，李交待于14日9时许伙同殷帅（男，19岁）、彭征途（男，22岁，均为湖北省大冶市人）在海淀区万泉庄小区2号楼入室抢劫事主张念（女，29岁）现金人民币21000元和存折一张，存折内有人民币30万元。因张念已向银行挂失存折，李到银行冒领存款时，被民警当场抓获，此案已移交海淀分局。

（杨文清　康　艳）

【查获一名贩毒嫌疑人】　8月16日10时许，民警在西站北广场建设银行东侧巡逻时，发现一男青年李静保（男，25岁，云南省昆明市官渡区阿啦彝族乡阿啦村人）形迹可疑，遂对其进行盘查，从其身上搜出24粒长约5厘米、直径1厘米，用透明塑料薄膜包裹的白色块状物品。经市局鉴定此物品系海洛因，重243.8克。经讯问，李承认自己携带毒品准备到天安门广场附近交货。

（韩　伟　张连峰）

【抓获一名公安部网上在逃杀人犯】　11月21日15时，西站分局接群众举报称，一名叫李虎德的杀人在逃犯暂住北京市朝阳区西坝河东里。接报后，民警即上网查询，同时与当地公安机关核实案情，并对抓捕工作进行部署。于22日10时30分，在李暂住地将其抓获。经审查，李虎德（男，37岁，吉林省进龙市人）交待曾于2000年9月19日22时许，在吉林省进龙市一饭店与金胜男（男）因琐事发生口角，用水果刀将金扎死的犯罪事实。李已被刑事拘留并移送原籍公安机关处理。

（来　飞　侯佳莉）

【抓获两名倒卖近千万元增值税发票嫌疑人】

12月26日，西站分局刑警队接群众反映，在大兴有人倒卖增值税发票。经工作，30日11时许，民警在大兴环岛抓获两名倒卖增值税发票人员。王建云（男，26岁，河南省人）、骆旅遂（男，广东省人），共查获空白增值税发票20张及增值税专用发票销售清单42张（最高涉案金额可达1000万）。此案已移交大兴县经侦队。

（康　艳　刘　杰）

北京西站分局2000年领导名录

职　　务	姓　　名	任职时间
分局长	肖　毅	1996年8月—
政　委	李宝刚	1998年2月—2000年4月（调公共交通分局任职）
政　委	赵晓明	2000年4月—
副分局长	杨荣民	1995年11月—2000年2月（到最高任职年限，任正处级调研员）
副分局长	孔昭国	1996年2月—
副分局长	曾洪年	1996年8月—2000年2月（到最高任职年限，任正处级调研员）
副分局长	李京生	1996年12月—
副分局长	赵　军	2000年10月—
副分局长	巩宝华	2000年11月—

公共交通分局

【概　况】 公共交通分局是北京市公安局负责公共交通治安管理的职能部门，主要承担公共交通治安管理和打击公共电汽车、长途汽车上刑事犯罪活动的工作任务。管辖范围内共有公交运营线路700余条、运营车辆15000余部，出租汽车公司1000余家、运营车辆6万余部。年内，以“贴近百姓、贴近民警、贴近实战”的要求，加强队伍、业务建设，强化各项培训工作。圆满完成了各项重大保卫以及防控“法轮功”的任务，确保了首都公共交通治安秩序的稳定。解决了一批群众反映突出的热点、难点问题，提高了群众满意率。全年共抓获各类犯罪嫌疑人5586名，打掉各类犯罪团伙497个，破获各类刑事案件2016起，其中重大案件411起。查破治安案件1934起，查处违反治安管理人员2532名。共出动警力3525人次，参加各种安全警卫任务82次。

（孙　悝）

【开展对“法轮功”邪教组织人员的查控】 年内，公共交通分局组织警力9200人次加强了长途汽车盘查控制，出动警力2470人次，对途经天安门广场、中南海等重点地区公共电汽车、站点进行了严密控制。同时开展查缴“法轮功”非法宣传品的专项斗争，收缴“法轮功”非法宣传品2900余件。

（孙　惺）

【打扒工作创历史新高】 公共交通分局以刑侦改革为契机，调整了反扒工作机制和出警模式，使刑警队和派出所实现优势互补。年内，集中力量、集中时间开展了6次大规模的打扒专项统一行动，有力地打击了扒窃犯罪活动。全年共抓获扒窃嫌疑人4981名，比上年上升了13.5%。其中送审1960名，送审率达到39.4%，比上年上升了6个百分点。

（孙　惺）

【反扒民警受伤比例大幅下降】 年内，公共交通分局根据反扒工作的实战需要，为反扒侦查员更换和配发了新式警械具，并强化反扒民警体能和警务技能培训，研究、制定反扒小组技战术组合，不断提高队伍的单位作战能力和整体业务素质。在全年抓获任务比上年大幅度提高的同时，民警受伤比例比上年下降了50%。

（孙　惺）

【开展打击地区犯罪专项斗争】 公共交通分局立足公交，积极搜集地区违法犯罪活动线索，开展专项打击。全年共打掉地区犯罪团伙88个，抓获团伙成员361人；破获地区刑事案件214起，其中重大案件149起，抓获犯罪嫌疑人1750名，其中负案在逃犯21名；收缴假币138万余元，查获盗版、淫秽光盘17000张，收缴各类枪4支，子弹25发，毒品101克，起获轿车15辆及一批物品。

（孙　惺）

【强化公共交通治安管理】 年内，公共交通分局组织警力10240人次，联防员2400人次，对途经重点地区、旅游景点、繁华购物场所的车路开展了4次大规模集中整治，共整顿车路126条、站点91个，查处违反治安管理人员2532名，查破治安案件1934起。主动出击，加强了长途汽车盘查检查。查获各类犯罪嫌疑人198名，违反治安管理人员1050名，破获各类刑事案件119起。配合市政府有关执法部门对全市26个出租汽车站点进行了集中整治，先后组织109次路查、夜查，查扣违章运营的车辆13663辆、“黑车”3874辆，打击、处理妨碍执法人员执行公务的违法人员2人。

（孙　惺）

【确保内部安全】 年内，公共交通分局依靠公交总公司各级党政领导和保卫组织，以加强安全防范为重点，组织警力2844人次，对公交系统内部重点部门、要害部位及容易受到不法侵害的城郊结合部地区停车场（站）开展了经常性的安全大检查，消除各类不安全隐患65件。对问题严重的13个单位下发了《治安隐患通知书》，责令限期改正。加强人防、物防、技防措施，及时查处了重大责任事故和重大治安伤亡案件10起，确保了企业正常的生产经营秩序。

（孙　惺）

【深入开展安全防范宣传】 公共交通分局以强化和完善反扒热线电话工作为主线，积极开拓宣传渠道，全年发表对外宣传稿件1161篇，其中在中央级新闻媒体上刊登稿件148篇，通过中央电视台《焦点访谈》、《今日说法》等栏目制作了一批有影响的安全防范宣传片。6月，集中开展了安全防范宣传月活动，努力提高司售人员和乘客的安全防范意识。全年，司售人员和乘客协助抓获各类违法犯罪人员283名，提供各类违法犯罪线索1016件，通过线索抓获犯罪嫌疑人748名。

（孙　惺）

【打击车匪路霸】 4月2日至25日，公共交通分局组织刑警队、巡察执法队和各长途治安派出所警力开展了打击车匪路霸犯罪活动的专项斗争。先后在本市朝阳区、通州区、丰台区打掉了带有流氓恶势力性质、聚众向过往客运车辆强行索取“保护费”的车匪路霸犯罪团伙7个，抓获以毛科学、刘朝晖等人为首的团伙成员43名，起获自制左轮手枪1支和子弹6发。并通过审查从中挖出2名负案在逃人员，其中1名是部级督捕的负案在逃犯。

（孙 惺）

【设立反扒破案奖励基金】 6月21日，公共交通分局和北京市公交总公司在新时代大酒店举行了“反扒破案奖励基金签字仪式”，市局局长强卫及市公共交通总公司、公共交通分局等单位的领导出席了签字仪式。根据协议，北京市公交总公司从2000年起将每年拨专款60万元设立“反扒破案基金”，其中50万元作为“反扒破案奖励基金”，用于奖励公共交通分局在反扒工作中做出突出贡献的集体、个人和因公致伤人员，10万元作为打扒侦查员的服装经费。

（孙 惺）

【完成机构体制改革】 11月5日，市局正式批准《北京市公安局公共交通分局职能配置内设机构和人员编制规定》。机构改革后，下设机构31个，精减幅度达到16.2%，成立了警务督察队，使机构设置和人员配备更加合理，增强了队伍的战斗力。

（孙 惺）

【三级信息网全面开通】 年底，公共交通分局完成了以ISDN线加路由器的组网方案对分局远程站点进行了改造，实现远程ISDN方式，计算机三级网全面开通。

（孙 惺）

公共交通分局2000年领导名录

职务	姓名	任职时间
分局长	翁国韬	1995年4月—2000年4月（到最高任职年限，任正处级调研员）
分局长	蔡国柱	2000年4月—
政委	闫兆华	1995年4月—2000年4月（到最高任职年限，任正处级调研员）
政委	李宝刚	2000年4月—
副分局长	张跃	1984年7月—2000年11月（因病改任正处级调研员）
副分局长	薛福作	1992年6月—2000年2月（到最高任职年限，任正处级调研员）
副分局长	王连生	1996年4月—
副分局长	张振宾	1996年4月—
副分局长	苏少林	1996年10月—
副分局长	范东华	1996年10月—

地下铁道分局

【概　况】 地下铁道分局是负责保卫北京市地铁运营安全，维护北京地铁沿线治安秩序的专业治安分局。下设九个科、处、室，两个大队，九个派出所。管辖着54公里的地下铁道线，40个运营车站。全年地铁客运量4.35亿人次，日均近120万人次，约占北京市客运总量的15％。年内，分局根据辖区特点，以打击扒窃等易发案件及抢劫、抢夺等严重危害群众安全的恶性案件和群众反映强烈的治安问题为重点，共破获各类刑事案件54起，破案率为36.99％；抓获各类违法犯罪人员813人，查处各类治安案件12055起，治安处罚9979人；整治站口"摩的"黑车75次，无照摊贩132次，收容遣送1182人；保证了地铁正常运营和乘客的人身财产安全。大力开展同"法轮功"邪教组织的斗争，发挥盘查堵卡优势，共查获"法轮功"人员530人，收缴6600余份"法轮功"非法宣传品；同时，做好地铁总公司内部"法轮功"练习者的排查调处工作，达到北京市委规定的"零指标"要求。消防工作连续11年被评为北京市防火安全先进单位。在科技建设方面，进一步完善了地铁现有全部线路的电视安全监控系统，开通了市局电视电话会议系统，建立了与市局的二级计算机联网。

（冯　岩）

【全力做好地铁消防工作】 地下铁道分局结合地铁的特点，加强消防基础设施建设，开展消防安全专项治理，有效地预防和防止了地铁火灾的发生。全年共开展防火安全检查350次，夜查10次，发现问题254件，填写检查记录单87份，更换消防器材1182件，建审工程15项。组织消防讲课55次，消防知识竞赛10次，消防灭火演练65次，播放消防宣传录音、录像45场，全年查缴汽油、稀料等易燃易爆危险品1212.8公斤。

（侯　明　刘　辉）

【圆满完成警卫任务】 年内，地下铁道分局共完成警卫任务51次，其中一级警卫31次，大型警卫3次。全年承担地铁战备警卫点、要害部位和专包列车的值守警卫工作，圆满完成了任务。

（侯　明）

【保证地铁月票底板换售工作顺利进行】 1月1日至5日，地铁总公司实施更换新式地铁月票底板工作。为做好地铁月票底板换售期间的安全保卫和地铁站车秩序维护工作，地下铁道分局共出动警力900余人次，协助地铁客运部门维护月票换售点的秩序。调解因换售工作引起的纠纷16起，受理地铁客运部门移送的持有假月票人员21人。截止1月5日，共发售新月票186481张，治安秩序良好。

（侯　明）

【查获一制贩假乘车证团伙】 5月23日，地下铁道分局刑警队经过侦查，破获了以王鸿鸣为首的制贩假乘车证团伙。王鸿鸣自1999年以来，先后在北京朝阳区、河北衡水等地印刷厂，伪造北京市公交总公司乘车证（此证可以乘坐地铁和公共汽车）2800张，并从中非法获利2000余元。主犯王鸿鸣被劳动教养。

（侯　明）

【做好一线地铁全线通车安全保卫工作】 6

月28日，北京一线地铁全线贯通（苹果园——复兴门——四惠东站），全程19个车站。其中，有复兴门站、建国门站两个换乘车站。地下铁道分局针对建国门换乘站的特点，重新调整了有关派出所的管辖分工。新设立的三个辖区派出所还会同分局治安科，对沿线地面公交车站、大型商厦的客流情况开展调研。划分了客流的基本类型，为做好全线贯通后的安全保卫工作打下基础。

（侯　明）

【地铁复八线电视监控系统投入使用】　6月，复八线正式和一线地铁贯通后，在地铁总公司的支持下，地下铁道分局投资41万元，着手进行复八线电视监控系统的建设工作。12月10日正式建成并投入使用，极大地方便了地下铁道分局对地铁复八线的治安环境实施动态管理。

（侯　明　高福同）

【开展暑期严打整治工作】　8月15日至31日，地下铁道分局开展了以"打现行、压发案、抓整治、扫黄丑、保暑运"的严打整治集中统一行动。重点打击以抢劫、盗窃、扒窃为主的刑事犯罪活动。对地铁车站、车厢内的无照商贩、报贩、盲流乞讨人员及堵塞站口的非法"摩的"进行了清理和整治。共抓获违法犯罪人员639人。其中刑事拘留6人，治安拘留18人，罚款99人；收容盲流乞讨等"三无"人员84人；查扣非法载客的残疾人摩托车99辆。查获五起盗窃自行车的犯罪团伙，抓获盗窃自行车的犯罪嫌疑人11人，收缴赃车12辆。8月份刑事案件发案比7月下降58%。

（侯　明）

【开展治安警岗位大练兵活动】　9月20日至11月底，地下铁道分局所属派出所开展了治安警岗位大练兵和警务技能大比武活动。结合地铁的特点，运用"看、问、查"基本方法，以做好对危险品的查缴和犯罪嫌疑人的查堵工作、熟知各种预案、熟知管辖车站的基本情况为内容，对民警在制作法律文书、盘查搜身技能、计算机操作、实战应用射击、警体素质测试及队列礼仪等方面进行测试和考评。在参加市局治安警大比武活动中，天安门东站派出所民警李浚获市局治安警个人全能第五名；预审员杨子江获预审警种个人全能第九名；建国门站派出所副所长崔占和在市局个人全能治安盘查项目中进入前十名。分局获得团体第六名。

（侯　明）

地下铁道分局2000年领导名录

职　务	姓　名	任职时间
分局长	安金池	1998年2月—
政　委	杨文清	1990年8月—
副分局长	鲁思敬	1991年11月—
副分局长	张　福	1998年2月—
副分局长	程　勇	1995年5月—
副分局长	刘连海	2000年10月—

经济技术开发区分局

【概 况】 经济技术开发区分局地处北京市东南郊，位于大兴、通州、朝阳等区县交界处，辖区为已开发23.5平方公里的北京经济技术开发区。开发区现有注册企业754家，其中内资企业545家，外资企业209家，职工总人数12700人。分局内设办公室、政治处、刑警大队、交通大队、天华路派出所5个副处级单位和治安科、内保科、消防科、人口管理科、法制科、看守所6个科级单位。

2000年，经济技术开发区分局以开发区服务年活动为契机，努力营造良好的治安环境，圆满地完成了各项安全保卫任务。年内共受理各类刑事案件76起，立案62起，破案19起，破案率为30.6%；治安案件38起，审结率为100%。加大对社会面和区内工地的治安整治力度，共审查身份证件不全的外来人口8500人，收容“三无”人员99人；对区内单位进行消防安全检查，共发现和消除火灾隐患596起，组织消防演练45次，依法处罚火险隐患单位17家。进行交通整治，有效减少交通事故的发生，全年共发生交通事故172起，比上年同期下降12%，其中重大交通事故2起，比上年同期下降150%；对入区外资单位进行安全检查326次，消除不安全隐患492起；本着“确保绝对安全”的目标执行三级以上警卫勤务23次。计算机三级网建立并投入使用，办公自动化建设取得初步进展。年内，向社会推出警务公开制度，完善分局八项承诺措施；同时注重全面提高人员素质，民警队伍中大专以上学历由去年的87.5%提高到89.6%。组织民警进行岗位练兵，不断加强业务培训工作，全年共组织全局性业务考试2次，通过率达98.6%。顺利实施机构改革，减员增效。队伍的整体素质和战斗力明显增强。

(白 洁)

【全年交通事故呈下降趋势】 全年，区内共发生交通事故172起，比去年同期下降12%；共伤62人，比去年同期下降40%；经济损失799800元，比去年同期下降3%。其中重大事故2起，比去年同期下降150%，亡3人，比去年同期下降50%。

(白 洁)

【强化外来人口管理】 针对开发区地区工地多，外来人口多的特点，经济技术开发区分局全年对施工单位进行检查、清查297次，查出未按规定办证人员1300人，发现各类隐患5起，办理暂住证总数为17600人次，比上年增加了710人次；续证8664人次，迁入4055人次，分别比上年增加4055人次和2106人次。对81个单位，19名个人，给予了行政处罚。

(白 洁)

【教育转化“法轮功”练习者】 年内，内保科针对开发区的“法轮功”练习人员都是具有一定文化基础的年轻人的这一特点，从关心练功人员的身体健康入手，用典型案例和身边的事例，向他们讲解“法轮功”邪教组织的邪恶本质及对练功者的危害。区内的9名“法轮功”练习者经教育已全部转化，并主动上交“法轮功”书籍33本、录音带38盒、图片3张、“法轮功”徽章1枚，宣传材料28份。

(白 洁)

【严格进行消防安全检查】 年内，经济技术开发区分局共检查企事业单位、施工现场542人次，发现和消除各种火险隐患596起，下发防火检查记录单237份，接待各种消防技术咨询约1160人次，依法对17个单位及个人进行了处罚，处罚额3.35万，审核大小工程项目43个，验收竣工工程30个，编发各种消防宣传材料6200份，下单位讲消防课、指导灭火演练、应急疏散45次，受教育人数8000人次。

（白　洁）

【加强外事管理执法和服务力度】 年内，经济技术开发区分局外事民警结合开发区外资企业多、外国人多的特点，加大执法和服务力度，向区内各外资单位发放各类出入境宣传材料289份，对境外人员实现了规范化管理。境外人员入区住宿的发现率、登记率、准确率均达到100%。全年共为境外人员办理临时住宿登记77人次，政审出境人员135人，办理涉外案件6起，处理违法境外人员6人，共处罚款1800元。

（白　洁）

【强化企业安全大检查】 年内，内保科出动警力对区内企业进行安全检查326次，填写安全检查记录136份，发现不安全隐患492件，当场解决483件，限期整改9件，下发治安隐患通知书8份。对违反《北京市企业治安保卫责任制》的11家单位进行了处罚，共计罚款20000元，其中适用一般程序案件2起，适用简单程序案件9起，罚款9000元。

（白　洁）

【推出处置交通事故新举措】 年内，交通队结合自身情况，推出处置交通事故新举措即“快速处警责任制度，快速处理事故责任制度和及时请示汇报制度”。要求做到轻微事故15分钟处理完毕，一般事故30分钟处理完毕，重大事故50分钟处理完毕。并为此建立考核档案打分，大大提高了工作效率，缓解了交通拥堵现象。

（白　洁）

【重新调整机构设置】 11月5日，北京市公安局印发京公政字（2000）847号文件《关于印发直属分局职能配置内设机构和人员编制规定的通知》，重新调整各直属分局职能设置、内设机构和人员编制。其中经济技术开发区分局负责交通管理等10项业务，设副处级机构4个，副处级派出所1个，正科级机构7个。行政编制76人，其中民警75人，职工1人。

（白　洁）

【天华路派出所挂牌成立】 12月8日，经济技术开发区分局第一个派出所天华路派出所正式挂牌对外办公。全所设所长1名，政委1名，民警4名，负责管理开发区内的住宅小区及处置社会面的治安案件。

（白　洁）

案　例　举　要

【破获一起网络账号盗窃案】 5月11日14时，北京瑞得合通药业有限公司报案称：5月8日公司财务部在工作中发现自1995年9月至2000年4月间，公司的网络账号长期被他人盗用，给公司造成网费损失共计30余万元。接报后，刑警队立即开展工作。经调查发现俞竟、杨伟等43人有重大嫌疑，遂将其一一传唤到分局刑警队。经审讯，以上43人均利用家中的电脑和电话用盗来的网号“hero”上网。鉴于他们能够主动赔偿盗窃网费的数额，并对其犯罪行为供认不讳，对涉案人员作出具结悔过的处理，此案共追回65987.3元的损失。

（白　洁）

【破获一起职务侵占案】 6月19日，北京燕宝汽车服务有限公司会计部报案称：其所在公司6月9日对账时发现公司销售员步春娜伪造中国铁路小件货物快运运单到公司出纳处冒领现金人民币36573.9元。刑警队接到报案后，经工作，步春娜交代了自1999年11

月至2000年5月31日间，前后100次用伪造单据到公司出纳处冒领现金的全部犯罪事实。步春娜被刑事拘留。

（白　洁）

经济技术开发区分局2000年领导名录

职　务	姓　名	任职时间
分局长	宋金田	1995年10月—
政　委	郭本立	1998年8月—
副分局长	陈　征	1996年5月—
副分局长	张树坛	1996年11月—2000年7月（到最高任职年限，任正处级调研员）
副分局长	张金龙	2000年10月—

燕山分局

【概　况】　燕山地区位于北京西南郊，距市中心50公里，面积40余平方公里，常住人口32816户、92887人，辖区内有全国特大型石油化工企业——燕化集团公司和燕山办事处。燕山分局成立于1974年8月1日，时称北京市公安局石油化工区分局，1981年4月1日改称北京市公安局燕山分局。2000年，燕山分局严密社会面控制，强化治安秩序的清理整治工作，严厉打击刑事犯罪活动，确保了燕化集团公司安全生产与燕山地区的政治稳定和社会安定。加强内保工作，年内举办内保干部培训班2次，培训130人。重点开展了掌握职工思想动态，化解改革中不安定因素，稳定职工队伍；加强安全防范，整顿周边秩序；侦破企业内部刑事案件等项工作。同时对生产要害部位开展了8次安全防范和安全生产大检查，消除隐患159处，推动人防、物防、技防措施的进一步落实。全年无重大生产安全责任事故和人员重大伤亡事故。在对“法轮功”邪教组织的控制工作中，坚持教育挽救与打击处理并重原则，公安机关与居（家）委会相结合，实现了对“法轮功”邪教组织和重点人员的管理控制。刑侦工作重点开展了打盗窃、打抢劫、打拐等专项斗争，全年破案323起，比上年提高74%，破案率为43.9%；抓获犯罪嫌疑人241名；挽回经济损失180余万元。全年查处治安案件324起，处罚349人。会同工商等部门，出动警力270余人次，对文化娱乐场所集中开展清理整治活动，严厉打击黄、赌、毒社会丑恶现象。加强了外来人口和出租房屋管理，坚持签订出租房屋治安责任保证书、发函调查和办理暂住证，发函率、办证率达95%。严格剧毒和爆炸物品的管理，加强购买、运输、审批及储藏场所、使用现场的检查。加大限养工作力度，新登各类犬32条，注册101条，处罚违章养犬5起，没收无主犬117条。年内，出动警力570人次，对党和国家领导人指导工作及人大代表、政协委员进离京铁路沿线实施警卫，确保了绝对安全。继续强化消防工作，加强对监管范围内的燕化公司及燕山地区其他单位的消防宣传和监督检查。全年举办消防培训班20期，培训各类人员1028名；检查企业和行政单位等1056家次，解决消防违章和火灾隐患1615件。对燕山地区32个易燃易爆场所和63家文化娱乐场所进行了消防专项治理。全年发生火灾7起，损失价值30余万元，与上年同比减少5起，下降41%。进一步完善警务公开、"110"报警服务体系和领导干部接待日制度；派出所设立触摸屏，推行"首问负责制"，16个基层单位建立了警务回执制度；大力规范执法活动，年内组织执法检查13次，没有发生冤、假、错案及行政复议败诉问题。加快科技强警步伐，完成了公安信息三级网络建设；在星城小区和高家坡小区完善报警系统，提高科技防范含量。年内，三分之二以上民警受到政治、业务培训。实现了侦审合一，组建了刑事侦查大队；落实了破案责任制，错案责任倒查和责任追究制度等。基层单位数量由21个减少到19个。精简机关，13名民警充实到基层；公开竞聘8名刑侦探长；任免、交流28名领导干部，民警岗位调整51人次。

（田广辉）

【两个居民小区实行科技防范】 燕山分局在燕化公司、区政法委、燕山办事处支持下，先后投资106万元，在燕化星城小区主干路、各出入口及周边安装了7个云台式探头，在高家坡生活小区安装7个探头，实行24小时电视监控。并为星城小区1000户居民安装楼宇对讲系统，实行科技防范，将全地区"科技创安"工程又向前推进一步。

（田广辉）

【地区居民身份证升位工作圆满完成】 1999年12月至2000年1月，燕山分局组织各派出所开展了燕山地区居民身份证号码由15位升至18位的工作。共变更居民户口簿3万余本，户口底票9万余张。

（田广辉）

【东风街派出所禁毒工作成绩显著】 东风地区是市禁毒委员会确定的开展对吸毒人员进行社会帮教工作的14个首批试点地区之一。东风街派出所建立派出所、工作单位、居委会和吸毒人员家庭"四位一体"社会帮教体系；加大对吸、贩毒打击力度，铲除毒源。截至5月，全地区33名吸毒人员，除3人长期外漂外，6人判处刑罚，2人强制戒毒，5人劳动教养，另17人尿检均呈阴性。

（田广辉）

【清理整顿文化娱乐服务场所】 4月至9月，根据公安部及市局部署，燕山分局出动警力282人次，对全地区211家歌舞厅、电子游艺厅、录像厅、洗浴场所和美容美发场所进行了清理整顿。共收缴按摩床15张，淫秽及盗版VCD光盘2982张，软件、录音带976盘；没收电脑设备27套；拆除洗浴单间22个、隔断30个；处理违法犯罪人员7名。取缔了12家无照经营的美容美发厅、桑那室、电脑屋、书屋，核减了47家文化娱乐服务场所，使全地区文化娱乐场所缩减到152家。

（田广辉）

【解救一名被拐妇女】 5月，在打击拐卖妇女、儿童专项斗争中，燕山分局刑侦大队在调查了解中获悉：1992年离家出走、后被拐卖的女青年张某（23岁，房山区人）现居住在河南省平舆县，并生有一女。即派工作组前往解救。在当地警方的配合下，于6月7日凌晨在河南省平舆县将张某成功解救回京，和家人团聚。

（田广辉）

【开展夏季专项斗争】 8月15日至9月20

日，燕山分局在全地区开展了为期35天的夏季专项斗争，重点打击街头犯罪、盗窃机动车及入室盗窃犯罪。共破获街头案件、盗窃案件61起，打掉犯罪团伙3个，地区社会治安状况明显好转。

(田广辉)

【刑侦改革初见成效】 燕山分局从9月份起实行刑侦改革，组建刑事侦查大队，设立迎风、东风两个责任区刑警队和经济案件侦查中队等，以刑侦探组作为侦查破案基本单位，建立破案责任制和错案责任追究、案件倒查制度。刑侦改革后的四个月时间里，共侦破各类刑事案件199件，占全年破案数61.6%，比上年全年破案数增加14起。其中，侦破当年刑事案件168起，占破获当年刑事案件数的70%。

(田广辉)

【整顿中巴车运营秩序】 10月25日至11月10日，由巡察队、治安科、派出所等单位负责，对中巴车停车站点、客运公司停车场所及进出站口秩序、行车线路等进行了集中整顿。专项治理后，运营秩序明显好转，人民群众比较满意。

(田广辉)

【建成公安信息三级网络】 根据市局“科技强警”和“远郊分（县）局年内完成三级网络建设”的要求，11月底，燕山分局19个单位全部实现计算机联网，共连接计算机34台，网络覆盖面达100%。

(田广辉)

【刘守军获百名“全国优秀保安员”称号】 12月15日，燕山分局保安分公司保安员刘守军荣获全国总工会、团中央及公安部联合授予的百名“全国优秀保安员”称号，并受到尉健行、罗干、曾庆红、王忠禹等中央领导及全国总工会、团中央、公安部领导的亲切接见。

(田广辉)

【修订完成《燕山分局办案程序规定》】 为严格依法办案，保证办案质量，落实执法责任制，12月29日，完成《燕山分局办案程序规定》修订任务，《规定》分刑事案件、治安案件两部分，共17条。经分局长办公会研究通过，开始正式实施。

(田广辉)

案例举要

【破获特大团伙盗窃案】 1月至7月，燕化集团公司化工一厂油品车间苯乙烯原料亏损900余吨，价值760多万元。刑侦大队经工作，于7月26日，在化工一厂保卫处协助下，将犯罪嫌疑人蔡宝亮（男，29岁，天津人）、崔连贵（男，29岁，天津人）等四人抓获，经审查，蔡宝亮等交代了犯罪事实。这是一个内外勾结、有组织、有预谋、有分工的盗窃犯罪团伙，每次购买苯乙烯原料时，地磅内预先藏入犯罪嫌疑人，利用在地磅上作手脚，每车次盗窃苯乙烯原料2至3吨，出厂后再重新过磅，将赃款瓜分。9月至11月，另四名嫌疑人宋少明（男，37岁，北京人）、贾俊杰（男，45岁，辽宁人）、王佩武（男，42岁，辽宁人）、赵风阁（男，42岁，辽宁人）先后在抚顺等地被抓捕归案。至此，连续作案59起的特大盗窃企业生产物资的犯罪团伙被摧毁。

(田广辉)

【破获系列盗窃案】 3月26日晚，燕山顺达招待所被盗，丢失现金800元。向阳路派出所根据线索，对犯罪嫌疑人罗某（女，24岁，房山区人）进行传唤。经讯问，罗某对盗窃犯罪事实供认不讳，并交代曾于1999年10月、11月，伙同其男友孟某（男，22岁，房山区人）在燕山东风、栗园地区盗窃一辆面包车及一台VCD机的犯罪事实。派出所随后将孟某抓获，孟某交代了其于1999年8月至2000年3月间，伙同王某（男，30岁）、刘某（男，30岁，房山区人）及其女友罗某在燕山、房山等地作案20起，盗窃面包车3辆、摩托车3辆、手机7部及VCD机、照相机等物品，总价值15万余元的犯罪事实。所卖赃款均被其换取毒品吸食。

（田广辉）

燕山分局2000年领导名录

职　务	姓　名	任职时间
分局长	赵洪瑞	1995年5月—2000年10月（到最高任职年限，任正处级调研员）
分局长	田爱军	2000年10月—
政　委	王敏祥	1998年1月—2000年10月（调顺义分局任职）
政　委	梁建勋	2000年10月—
副分局长	贾奎生	1995年5月—
副分局长	田爱军	1996年5月—2000年10月
副分局长	刘志刚	1999年1月—

清河分局

【概　况】 清河分局位于天津市宁河县“北京清河农场”境内，辖区面积115平方公里，主要负责清河农场地区的治安、户籍、交通等各项公安工作。年内，清河分局开展严打整治斗争，共破获各类案件59起，查处各类违法犯罪分子87名。打掉了以薄克超等6名犯罪分子组成的敲诈勒索团伙。对200名“法轮功”练习者进行了有效的控制，实现了年初制定的不发生农场“法轮功”人员进京滋事的目标。与信达公司密切配合，成功地处置了一起预谋在党的十五届五中全会期间进京上访的群体性事件。监所管理取得了连续14年未发生在押犯脱逃、自杀等事故，并被公安部评为二级看守所。努力加强队伍建设，通过开展“三讲”教育、“三项教育”及比武练兵活动，提高了民警队伍的整体素质，积极推进领导干部交流制度和“双向选择”制度，严格各项培训工作，大力开展反腐败斗争，队伍素质和战斗力明显增强。

（王海涛）

【看守所获公安部二级看守所】 年内，清河分局看守所在监管工作中，深入开展监管竞赛活动，实现了劳动与教育相结合的人犯改造工作，取得14年未发生在押犯脱逃、自杀等事故。在公安部开展的全国监所等级评定中，被评为二级看守所。

（王海涛）

【改善办公环境】 年内，清河分局对办公大楼和民警宿舍进行了室内、室外粉刷，安装空调70台，增容、更新线路5000米，配置计算机10台，改善了办公环境，提高了工作效率。

（王海涛）

【刑侦工作改革初见成效】 4月中旬，清河分局经过认真研究，在刑侦部门实行了“侦审合一”、竞争探长和全片包干的刑侦工作机制改革。刑侦大队分为河东、河西两个探组，两名28岁的青年民警走上了探长岗位。民警从思想上彻底解决了以前“吃大锅饭”和“干好干坏一个样”的问题。破案率上升为54.5%，比改革前提高了29.5%。

（王海涛）

【六名敲诈勒索者落入法网】 9月3日，薄克超等6名天津男青年驾驶一辆红色大发车，窜至清河农场，以缺斤短两为由将两名售蟹人劫持并索要人民币3000元。刑侦大队接报后，快速出击，在交钱地点将6名犯罪嫌疑人全部抓获。

（王海涛）

【顺利实施机构改革】 10月下旬，清河分局机构改革工作进入了实施阶段，成立了刑侦大队；办公室、侦查队、交通队提高了建制等级。12月份，在分局民警范围内，开展了全员双向选择工作，这一系列人事制度的改革，激活了民警队伍，将竞争机制引入了队伍管理。

（王海涛）

清河分局2000年领导名录

职　务	姓　名	任职时间
分局长	朱长友	1996年8月—
政　委	倪春生	1996年8月—
副分局长	唐东风	1996年8月—

大兴县公安局

【概　况】 大兴县地处北京南郊，素有“京南门户”之称。总面积1030平方公里，人口56万，554个自然村，县政府所在地黄村镇是1983年经国务院批准建设的首都第一座卫星城。卫星城规划面积94.6平方公里，现有常住人口18万。京津塘高速公路、104、106国道及京九线、京津沪线、京山线铁路贯穿全境，交通四通八达。

大兴县公安局位于黄村卫星城，全局建制单位47个，其中科室16个，派出所31个。

2000年，大兴县公安局狠抓队伍建设，努力开展各项公安保卫工作。共破获各类刑事案件1672起。打掉带有黑社会性质的恶势力犯罪团伙9个，61人。共破获盗抢机动车案件148起，抓获盗车贼104人，收缴机动车98辆。查处、调解治安案件和治安纠纷8600余件，其中行政拘留违法人员1625人。对文化娱乐场所进行了重新审核登记，取缔不符合要求的文化娱乐场所332家。共抓获卖淫嫖娼人员94人，收缴盗版、淫秽光盘2600张，非法书刊1.2万册。查获赌博团伙7个54人，抓获吸贩毒人员14人，收缴毒品20克。取缔无照收购、复印点、旅店、无照印刷厂、汽修点等175家。取缔非法犬市6个，收缴无证犬138条。大力加强了“法轮功”的控制工作。年内，完成各类警卫任务45次，大型社会活动保卫43次。审查外来人口7.2万人次，清理出租房屋8800户。全年发生交通事故1629起，伤326人，亡65人，同比分别下降19.6%、31.4%、20.7%。完成了“交巡合一”和“侦审一体化”。通过公开选拔有109人走上领导岗位。全年，全局民警共加班加点18000余天，圆满完成了公安保卫任务。

（范以强）

【强化外来人口管理】 全年共审查外来人口7.2万人次，清理出租房屋8800户，从中收容“三无”人员7260人，共处罚非法出租房主46户，刑拘2人，罚款2.7万元。共打击处理外来人口中的违法犯罪人员1038人，占打击处理总数的48.3%。其中暂住在本县514人，占打击外来人口总数的49.5%。

（范以强）

【坚持依法办案】 全年共审理刑事案件649起，案件的审结率、合格率、及时率、准确率均达100%。查处治安案件3567起，没有出现行政诉讼案件。看守所全年共羁押各类违法犯罪人员4443人次，高峰时在押人员达780人，没有发生重大责任事故。

（范以强）

【业务技能大比武取得好成绩】 大兴县公安局在市局警务技能大比武中，取得了处置突发事件集体项目第一名，并获得了组织奖。

（范以强）

【加强对“法轮功”的防控工作】 大兴县原有“法轮功”练习者1551人，站点112个，有1364名思想得到转化。年内，针对“法轮功”反弹闹事活动比较突出的情况，加强了对“法轮功”人员的查控工作，完成了消化分流任务。

（范以强）

【获“创建平安大道模范单位”称号】 年内，公安部在全国开展“创建平安大道”活动，大兴县公安局交巡大队红星执法队被公安部授予“创建平安大道模范单位”称号，荣记集体一等功。

（范以强）

【加大科技强警的投入】 年内，大兴县公安局先后投入170余万元，购置计算机130台，为64个单位配备了计算机，实现了办公自动化；完成了二、三级公安网的建设，三级网中28个户籍派出所已联网，机关科室都已联入公安专线网；利用专线微波通信，县局指挥中心接报警系统与市局指挥中心连接，提高了快速反应能力；组织120名民警参加了计算机网络查询培训班，目前全局有210人取得了一级B证书；完成了看守所微机化关押管理系统。

（范以强）

【社会技术防范形成网络】 大兴县131个金融网点全部安装了通顶防护铁栏、回撞锁，103个与县局指挥中心报警系统联网，125个金融网点安装了电视监控装置，92个金融网点安装了防弹玻璃，39辆运钞车全部安装了中控联动报警装置和车载台，并全部配备有3名押运员。全县128个内部单位中有113个单位安装了自动报警器，安装率91.7%；1551个乡镇企业中，1264个重点企业全部安装了自动报警器，大力推进了社区科技防范措施。

（范以强）

【严格文化娱乐场所管理】 年内，严格对文化娱乐场所、特种行业的管理。对全县649家歌厅、电子游艺厅及美容、美发、桑那按摩等文化娱乐和服务场所，进行了经常性的清理整治。共取缔无照经营的162家、停业整顿49家。对文化娱乐场所进行了重新审核登记，取缔不符合要求的332家。

（范以强）

【破获刑事案件1672起】 年内，大兴县公安局共破获各类刑事案件1672起（现案750起，积案558起，外埠364起），其中破重大案件765起（现案355起，外埠案件197起，积案213起），打掉犯罪团伙92个396人，收缴赃证物总价值850余万元。破现案比上年多破355起，全年破案率45.8%，比上年提高了9个百分点；重大案件破案率31.4%，比上年提高了2.4个百分点。

（范以强）

【打掉一个专“吃”小公共的黑恶势力团伙】 5月24日，交巡大队经过深入调查，掌握线索后，出动30名警力，打掉了以周国力为首的专门在901线小公共收取保护费的带有黑社会性质的团伙，将5名团伙成员全部抓获。

（范以强）

【圆满完成西瓜节保卫工作】 大兴县第十三届西瓜节于7月2日圆满结束，市委、市政府领导、各界来宾及广大群众约40余万人参加了西瓜节的各项活动。大兴县公安局严密组织，狠抓了各项安全保卫措施的落实，圆满完成了本届西瓜节的安全保卫工作。

（范以强）

案例举要

【破获抢劫、寻衅滋事团伙案】 3月25日，大兴县公安局根据线索破获抢劫、寻衅滋事团伙案，将孔某某（男，30岁，住朝阳区孙河乡）、田某某（男，29岁，住延庆县旧县乡）、张某某（男，27岁，住大兴县米庄乡）抓获（三人均有犯罪前科）。经审查，田等人交待：1998年10月至2000年1月间，三人先后在朝阳区红庙、南磨房等地抢劫、寻衅滋事各2起，打死1人，打伤6人，抢劫鹦鹉等物，价值人民币10万余元，销赃得款7万余元。

（范以强）

【破获河南籍特大抢劫团伙案】 6月4日，大兴县公安局破获一特大抢劫犯罪团伙，抓获张新辉（男，26岁，河北省固安县人）及17名河南籍犯罪嫌疑人。经审查，张等人交待：自2000年1月以来，伙同他人先后在本市大兴、通州、丰台、朝阳、顺义、昌平，河北省廊坊、霸州、固安等地交叉结伙抢劫作案65起，抢劫现金物品总计价值人民币110余万元。

（范以强）

【打掉一个盗窃机动车犯罪团伙】 10月25日，大兴县公安局通过工作，将盗窃机动车的犯罪嫌疑人张福新（男，20岁，山东省商河县人）、刘丹（女，19岁，大兴县人）、冯树合（男，38岁，丰台区人）等三人抓获，从中破获在大兴、丰台、燕山、河北任丘等地盗窃机动车案件27起，价值80余万元。

（范以强）

大兴县公安局2000年领导名录

职务	姓名	任职时间
县局长	马武英	1994年8月—
副政委	王文俊	1984年9月—2000年10月（到最高任职年限，任正处级调研员）
副县局长	梁建勋	1986年9月—2000年10月（调燕山分局任职）
副县局长	王海清	1988年12月—2000年10月（调房山分局任职）
副县局长	王克华	1995年8月—
副县局长	何立民	1995年8月—
副县局长	李福明	1996年5月—
副县局长	韩浩	2000年10月—

怀柔县公安局

【概　况】　怀柔县位于首都东北部，总面积2128平方公里。京通（辽）、京承、大秦铁路穿境而过，是保卫首都北大门的重要门户。全县共设15个乡、镇，287个行政村，592个自然村，县城设居民办事处一个，辖居民委员会10个。长城以南人口相对集中，经济发展较快，发案率较高；长城以北深山区地少人稀，经济相对滞后，发案率较低。全县现有常住人口26.32万人，10.17万户，其中：农业人口18.1万人，非农业人口8.2万人。怀柔县公安局现设33个职能机构，17个派出所。其中，副处级机构16个；正科级机构34个。根据不同地区治安状况，17个派出所中长城以南设12个派出所，长城以北深山区设5个派出所。

2000年，怀柔县公安局以保稳定、保平安为主线，实行标本兼治、“打防控”一体化。在交巡合一、三警联动的基础上，强化了刑侦改革，实现了侦审一体化，刑侦队伍专业化，提高了办案水平和工作效率。年内共破获各类刑事案件304起，其中重大案件220起，破案率分别为40.2%和34.9%，与上年相比立案下降0.4%；破案提高0.7%。全年共抓获犯罪嫌疑人501名，打掉各类犯罪团伙43个，抓获犯罪团伙成员139名。为维护辖区治安秩序，加强社会面控制，对县城周边三大贸易市场及重点旅游景区、文化娱乐场所、出租房等加大检查整治力度，共查处治安案件694起。全年共完成大型警卫任务52次，出动警力5200余人次，确保了警卫目标的安全。全县金融系统、各大商场全部实现了自动化联网报警，全年未发生抢劫、盗窃案件，确保了重点要害部位的绝对安全。

年内，怀柔县公安局抓住政治思想教育、队伍建设这个中心，推行“一岗两责”、干部竞聘、双向选择、末位淘汰、离岗培训等一系列人事制度改革。全面落实目标管理岗位责任制。纪检监察部门结合党风廉政建设，开展行风评议、警务公开、干部离任审计、现场督察、发过错通知单等，全年共受理群众来信来访举报信、电话58件次，审计金额2662.9万元，现场督察1370人次，查处民警违法违纪案件4起4人，纠正各种违规行为120人次，下发监察通知单10份。全年共举办民警培训班9期，参加培训民警399人次。在群众民主测评中，人民群众对民警（单位）满意率为95.6%。

（葛浩生　孟繁海）

【加强基层基础工作提高防控能力】　创建安全责任区是加强基层基础建设和安全防范的有效措施。怀柔县公安局对全县治保组织进行整顿，建立健全组织机构、落实职责、提高治保人员待遇。同时对治保干部普遍进行培训。全县128个户籍民警安全责任区通过“创安”考核验收94个达标，占责任区总数的73.4%，其中有51个责任区未发生案件。

（葛浩生　孟繁海）

【打击“法轮功”邪教活动】　年内，怀柔县公安局共查破“法轮功”案件50起，收缴“法轮功”传单4.8万份，“法轮功”音像制品、书籍、条幅352件，完成了市局分流“法轮功”人员的审查处理工作，有效遏制了“法轮功”反弹势头。

（葛浩生　孟繁海）

【加强旅游景点治安保卫】　怀柔县现有旅游景点20余处，年接待游客约600万人次，仅“五一”、“十一”两大节日就接待游客115万人次。随着假日旅游的兴起，游客日趋增多，加之旅游景点分散，地处山区，“惊、险、奇”项目多，给治安保卫工作增加了一定难度。针对这一特点，怀柔县公安局根据各景点的不同情况，分别制订应急工作预案，加强景区景点的安全检查，及时发现和消除不安全隐患，防止治安灾害事故的发生；主动与工商、文化、卫生等部门协同配合，开展经常性的清理整顿，以保持良好的治安秩序。全年，共出动警力6186人次，未发生刑事案件和重大治安灾害事故，确保了旅游区的安全。

（葛浩生　孟繁海）

【减少火灾发生】　全年，怀柔县共发生火灾111起，经济损失28.24万元。与上年同期相比，火灾次数减少14起，损失减少23.12万元，分别减少11.2%、45%。火灾查清率达98.7%，未发生伤亡事故。

（葛浩生　孟繁海）

【完善“110”报警规章制度】　根据市局指挥中心要求，怀柔县公安局将“110”纳入规范化管理，建立和完善一系列规章制度。全年共有效接警2690件，其中刑事案件310起，治安案件738起，火灾22起，交通事故421起，治安纠纷207起，求助141起，走失寻人33起，其他827起。出动警车2690次，出警8080人次，破获刑事案件60起，抓获犯罪嫌疑人94人，抓获逃犯3名。

（葛浩生　孟繁海）

【充分发挥信访工作的桥梁纽带作用】　年内，怀柔县公安局成立了信访工作领导小组，落实每周三局长接待日制度；开展信访专项治理，解决重点突出问题。全年共受理群众来信来访来电758件，其中来信170件，来访552人次，来电36件，结办率达100%。通过信访工作，破获各类刑事案件16起，治安案件28起，共处理违法犯罪人员25名。为群众挽回经济损失14.88万元，解决重点疑难信访16件，排除闹事苗头5件。

（葛浩生　孟繁海）

【强化科技信息通信】　年内，在市局有关部门帮助下，怀柔县公安局为15个户籍派出所开通ISDN一线通线路；指挥中心、政治处、刑侦大队、看守所、人口管理科等28个三级网点也相继开通；投入40万元为看守所安装监控设备，实行24小时全方位监控；对现有通讯设备充分利用和严格管理，使有线通信（如专电、市电、传真、电视电话会议机）、无线通信（如电台、网络、电视监控系统）和计算机管理系统有机结合，保障全局通信畅通。

（葛浩生　孟繁海）

【进行侦审改革成立刑事侦查大队】　3月中旬，怀柔县公安局将刑警队和预审科合并，实行侦审一体化。机构调整后，刑侦大队下设10个正科级单位。截止年底，破获各类刑事案件276起，其中重特大刑事案件192起，抓获犯罪分子302人，追缴机动车80辆，现金110万元，高档商品500件，总价值600万元。

（葛浩生　孟繁海）

【“交巡合一”实行动态控制】　为发挥交通、巡察维护社会治安、交通秩序的重要作用，不断提高社会面控制及打击犯罪的能力。6月3日，市局在怀柔召开现场会，正式推行在远郊部分区县实行“交巡合一”改革举措。怀柔县公安局在完善“交巡合一”体制的同时，不断改进勤务模式，巩固和提高“交巡合一”的改革成果。交巡大队形成了覆盖县城区域及重要公路路段的一支动态控制力量。年内，交巡大队破获各类刑事案件119起，处置“110”警情1258起，抓获各类犯罪嫌疑人156名。为群众排忧解难428件。

（葛浩生　孟繁海）

【深化人事制度改革实行干部竞聘上岗】　8月，为不断深化人事制度改革，怀柔县公安局将72个科级领导职务，面向县局民警公开竞聘。142人报名参加，经笔试、面试、民主测评、综合考察、党委研究决定等程序，有63名德才兼备、年轻有为的同志通过竞聘走上领导岗位，给公安工作注入了新的活力。

（葛浩生　孟繁海）

【抓好人口管理工作不断提高管理水平】　10月底，怀柔县公安局完成第五次人口普查户口整顿工作。全县现有常住人口26.3万余人，其中农业人口6.9万户，18.1万人，非农业人口3.3万户，8.2万人。共登记外来人口2.9万人，办理暂住证2.8万余人，办证率为99%。全县共有出租房屋3981户，14908间。全年共列管重点人口905人，帮助对象601人，建立帮教小组523个，帮教力量1992人。查获外来暂住人口犯罪嫌疑人138名，破获外来人口犯罪案件140起，外来人口犯罪比上年下降11%。

（葛浩生　孟繁海）

【怀柔镇地区实行三警联动机制】　怀柔镇地区12月1日正式实行三警联动（交巡警、刑警、怀柔镇派出所民警），建立“打防控”一体化工作机制，简称“54321”工程（五门闭锁、四路巡逻、三警联动、两个结合、一个中心）。通过三警联动，建立起以“110”指挥为枢纽，以交巡警为龙头，以派出所为依托，以刑警为骨干，动静结合，打防并举的动态治安控制体系。实行仅一个月，破案率与上年同期相比提高9.1%，收到良好效果。

（葛浩生　孟繁海）

案　例　举　要

【破获一起雇佣杀害亲夫案】　1999年12月11日晚，家住怀柔镇下元村一条90号的居民姜再兴（男，41岁，福田汽车厂工人）被杀死在家中。经调查：报案人张义娥（女，39岁，死者之妻，某公司业务员）经济上很富裕，与姜平时夫妻关系紧张。案发当日，张用手机给石立福（男，28岁，昌平县人，曾因抢劫被判刑）通过两次电话。案发后，石去向不明。张、石二人均有重大嫌疑，2000

年1月18日，侦查员将张刑事拘留。经审讯，张交待了花5万元雇佣石立福杀死姜再兴的犯罪事实。2月13日，侦查员在河北承德县将犯罪嫌疑人石立福缉捕归案。石对杀人事实供认不讳。

（葛浩生　孟繁海）

【侦破“12·7”抢劫凶杀案】　12月7日19时许，刑侦大队接到报警：在怀昌公路大秦铁路桥北100米处发现一红色桑塔纳轿车撞在公路西侧树桩上，车内后座有一具男尸。经查，死者为杜秉辉（男，46岁，怀柔县庙城镇大杜两河村人）。7日19时，杜驾驶自家红色桑塔纳轿车由百货大楼拉两名男青年去茶坞火车站，行至案发地附近，两名乘车歹徒用铁锤猛击杜的头部，杀人后二人企图驾车逃离现场，慌乱中将车撞到公路边的树桩上。12月20日，侦查员将犯罪嫌疑人郭兴洋（男，19岁）、袁园（男，16岁，均为河北省秦皇岛人）抓捕归案。经审查：郭、袁事先在商店买了一把铁锤，预谋抢劫出租车并对上述犯罪事实供认不讳。

（葛浩生　孟繁海）

怀柔县公安局2000年领导名录

职　务	姓　名	任职时间
县局长	肖兴国	1995年6月—2000年4月（调朝阳分局任职）
县局长	许克嘉	2000年4月—
政委	丁增进	1999年12月—
副县局长	崔尚兴	1999年12月—2000年10月（调第二人民警察学校任职）
副县局长	王金忠	1988年12月—2000年10月（调昌平分局任职）
副县局长	李兰祥	1998年8月—
副县局长	孙长杰	2000年10月—
副县局长	齐志林	1992年7月—
副县局长	崔建祥	2000年8月—
副县局长	刘子民	1997年10月—
副县局长	张卫兵	1999年1月—

密云县公安局

【概　况】　密云县位于北京东北部，全县面积2226.5平方公里，山地面积占83.7%，平原占8.3%，其余为密云水库等水面，耕地面积35万余亩。人口42.55万人。县辖13个镇、6个乡。密云县公安局共有建制单位41个，其中机关科室20个，派出所、检查站21个。

年内，密云县公安局在“两会”、“十一”等重大安全保卫活动中，完成了以面保点的任务，严厉打击了各种刑事犯罪活动，积极推进公安体制和公安工作改革，在科技强警方面迈出了新的步伐，队伍建设有了新的发展。办公室加强指挥中心建设，制定完善各项方案、预案14个，初步建立起了指挥处警、多警联动、快速反应的综合指挥系统。全年共受理人民来信来访386件，结办率100%，受到市局的表彰。进一步做好文秘、调研、统计、保密、档案等工作，为领导决策提供良好的服务。采取主动进攻战略，依法处理、审查分流“法轮功”人员，均遣返原籍。查缴“法轮功”宣传品6400份，遏制了“法轮功”邪教组织活动的反弹。保持严打高压态势，开展了针对盗窃、抢劫、街头犯罪等突出问题的专项战役，全年共破获刑事案件320起，抓获犯罪嫌疑人533名，收缴赃款赃物总价值103.58万元。集中开展清理整顿文化娱乐场所、打击卖淫嫖娼、赌博活动的专项斗争；清理整治水库周边治安秩序；开展了全县环境综合整治工作，强化了旅游景区的治安管理等。全年查处各类治安案件711起，查获各类违法人员1521人。实行了“交巡合一”体制改革，经过磨合运行，结合创建“平安大道”工程和“畅通工程”的实施，取得明显成效。全年纠正违章36.3万起，查获非司机184人，拘留87人；抓获违法犯罪嫌疑人224人。加大消防监管工作力度，开展了“拉网式”消防安全检查。基层基础工作从抓派出所责任制建设入手，落实“打防控”工作措施和安全居（家）委会、安全单位创建活动，落实责任制和责任追究制度。加强外来人口管理，开展专项整治行动，建立出租房屋管理站47个，逐步实现外来人口管理规范化。坚持把思想政治建设放在首位，继续开展做“三好”民警、创“五好”单位及“争创人民满意公安民警”活动。开展岗位练兵和大比武，加强教育培训，提高队伍业务素质。顺利实施机构改革和干部人事制度改革，调动了广大民警的积极性和工作热情，增强了队伍的活力。

（高景泉）

【创建“平安大道”实施“畅通工程”】　密云县公安局交巡大队，不断探索交通管理和治安管理经验，创建“平安大道”，实施“畅通工程”，取得成效。全年，共组织交通整治86次，纠正违章36.3万起，查获非司机184人，拘留87人。治安整治33次，抓获违法犯罪嫌疑人224人，交通状况明显好转。全年共发生交通事故464起，伤365人，死亡84人，车物损失197.3万元，与上年相比，起数减少68起，下降12.8%，伤人数增加86人，上升10.9%，死亡人数增加4人，上升5%，车物损失增加17.3万元，上升9.6%。

（毛书平）

【教育训练结硕果】　全年举办各类培训班

12 期，393 名民警参加培训，均考试考核合格。建立了中央党校公安局系统密云公安局函授站，92 名民警入学参加大专和本科学习。参加市局组织的交巡、治安、户籍、法制、预审等岗位技能比武，16 人获得个人单项前 10 名的好成绩。交巡大队在北京市巡警、防暴警业务技能大比武中，荣获团体第三名。参加市局组织的警种任职资格考试，及格率为 98%。

（高建生）

【信访工作成绩显著】 全年，密云县公安局接待群众来信来访 386 件，配合县委、县政府处置集体访 22 件，出动警力 587 人次。开展重点信访专项治理，排出 10 件重点信访，局长与局属各单位一把手签订《信访责任书》，建立领导包案责任制。密云县公安局被县委、县政府授予 2000 年信访工作优秀单位称号。

（高景泉）

【加强消防监管力度】 年内，密云县公安局加大消防监管力度，开展拉网式消防安全检查，消除了一批火灾隐患，确保了春节、“两会”、麦收及重大节日等重点时期消防安全，共发现解决火险隐患 395 件，责令 4 家公共娱乐场所停业整顿，取缔 10 个易燃易爆经营点。印发各种宣传材料 2 万余份，与电视台、广播电台联合制作专题节目 10 余次，张贴宣传标语 1 万余张。全年，共发生火灾 134 起，损失折款 25.21 万元，与上年相比，减少 30 起，下降 18.3%，损失减少 14.72 万元，下降 36.9%。

（张国柱）

【实行“一区一警”制】 年内，为做好基层基础工作，加强派出所责任区建设，落实打防控工作措施，将全县划分为 115 个责任区，实行“一区一警”，14 名派出所政委（指导员）和副职领导都落实了责任区，为全县“创安”工作打下了良好的基础。

（任清福）

【实施“五个一批”工程】 年内，密云县公安局实施“五个一批”工程，开展同“法轮功”邪教组织的斗争，即：对“法轮功”顽固分子打击处理一批；对进京上访的设卡堵截查获一批；对中毒较深、活动频繁的办班教育控制一批；对一般练功人员采用村规民治约束一批；对有可能继续活动的由县、乡镇、村各级组织、责任区民警承包教育转化一批。查缴“法轮功”宣传品 6400 余份，教育转化工作收到了一定效果。

（任光辉）

【开展清理整顿文化娱乐场所专项斗争】 年内，密云县公安局集中开展了三次清理整顿文化娱乐场所，打击卖淫嫖娼、赌博活动的专项斗争。共查处各类治安案件 711 起，查获各类违法人员 1521 人；取缔 5 个非法电子游艺厅，收缴游戏机 45 台（其中，赌博机 35 台）。组织娱乐场所法人及负责人法规培训 2 次，并签订了治安责任书；发放宣传材料 2000 余份，进行了法规考试，收到良好效果。

（陈广利）

【开展旅游景区的安全检查】 为确保“五一”、“十一”假日旅游秩序，保证游客安全，全年会同旅游等部门对全县旅游景区进行了 4 次安全检查，填写检查记录 78 份，对存在安全隐患的部位及时限期改正。在旅游高峰期间，出动警力到重点景区维护秩序，确保了游客安全，全年未发生游客伤亡事故。

（高景泉）

【严格爆炸物品管理】 年内，查处违反使用爆炸物品使用规定的案件 5 起，行政拘留 7 人。违反烟花爆竹管理规定的案件 5 起，行政拘留 5 人，罚款 10 人。

（陈广利）

【加大科技投入和科技强警】 年内，密云县公安局建成了与市局计算机二级网站，县局机关 6 个科室、17 个户籍派出所计算机三级联网，并实现网站查询 2300 余次，抓获 22 名网上注册逃犯。城关派出所建立了自己的自动化办公信息网，已开通4台微机；城关派出所、交巡大队设立了警务公开计算机和触摸屏查询系统；看守所建成了内部监控系统；开发出车辆管理、纪委、财物、人事等管理应用软件，实现了对具体业务和日常管理进行数据化管理。

（高景泉）

【加强情报信息工作】 密云县公安局注意搜集预警性、深层次信息，全年共搜集各类信息672件，其中：上报市局125件，上报县委、县政府53件，市局采用后报市委、公安部18件，转有关单位328件，为领导决策提供依据。

（田立文）

【实施各项改革】 年内，密云县公安局根据市局部署，实施了机构改革和干部人事制度改革。交通大队与巡逻队合并，组建密云县公安局交巡大队。原刑警大队与预审科合并，组建密云县公安局刑事侦查大队。密云县国家安全局划归密云县公安局。同时精简了机关科室，进行了人员分流；组建了密云县公安局科技园派出所。落实领导干部最高任职年龄、领导干部岗位交流、民警热点岗位交流等规定。12名符合岗位交流的基层领导交流了岗位，171名民警轮岗交流；63名同志办理提前离岗和退休手续。

（张天利）

【网上打拐、禁毒专项斗争】 4月至6月，开展网上打拐、禁毒专项斗争取得成效，解救被拐妇女儿童6名，抓获涉案人员5名，打掉吸贩毒窝点1个，抓获涉毒人员9人。

（赫建英）

【首次实行科级干部公开选拔竞争上岗】 4月26日，密云县公安局首次实行了科级领导干部公开选拔竞争上岗。通过公开报名、资格审查、笔试、面试、综合考察、党委集体研究等程序，30名同志走上正科级领导岗位，67名民警被提拔到副科级领导岗位。

（郭生云）

【开展争创“无毒社区”活动】 4月27日，密云县公安局召开全县禁毒工作大会，部署并实施《密云县争创“无毒社区”活动的工作方案》和《关于争创“无毒社区”活动的工作责任制的考评办法》，并组织验收，组织有关人员参观了市禁毒基地。县禁毒委与各乡镇、委办局、公司签订了《争创“无毒社区”活动责任书》，禁毒工作在全县展开。

（陈广利）

【建立综合指挥系统】 5月至7月，密云县公安局对指挥中心进行综合改进，增加了设备，制定和完善了各项方案、预案14个。初步建立起了指挥处警、多警联动，快速反应的综合指挥系统。全年接报警4368件，从中破获刑事案件118起，查破治安案件205起，援助群众24名。

（田立文）

【清理整治密云水库周边治安秩序】 7月至9月，密云县公安局在对密云水库饮用水源周边治安环境调研的基础上，确定水库周边治安环境整治方案。与县环保局、水产局组织联合执法20余次，出动警力200余人次，对水库地区的黑船（非法游船）、黑马（非法营业性马匹）进行清理整顿，暂扣没收水库“黑船”79条，行政拘留7人，罚款4人；处罚“黑马拉客”6起7人。水库周边秩序明显好转。

（陈广利）

【召开京承七县联防会议】 8月28日至30日，京承七县第四十一届联防会议在密云县云蒙山庄召开。北京市密云县、怀柔县、平谷县，河北省承德县、兴隆县、滦平县、丰宁县的县领导及公安部门负责人出席了会议，承德市公安局、北京市公安局有关部门主管领导和密云县公安局党委成员参加了会议。会上各县通报了本地区的治安状况，并就加强协作，互相配合，互联互防等方面进行了研讨。

（田立文）

案例举要

【打掉一个盗窃、抢劫、强奸犯罪团伙】 6月25日，密云县公安局刑侦大队经蹲守布控，一举打掉一个以河北籍犯罪嫌疑人为主的抢劫、强奸、盗窃重大犯罪团伙，8名犯罪团伙成员落网，从中破案32起。其中抢劫16起，强奸、轮奸6起，盗窃10起。经查，以仇金龙（男，25岁）、杨广军（男，22岁）、王德玉（男，35岁，均为河北省丰宁县平安堡镇东滩村人）为首的犯罪团伙自1998年以来，流窜于内蒙古、河北、北京等地抢劫、轮奸作案22起，主要以加油站、小商店、饭店、出租司机为目标，以蒙面捆绑、殴打为手段实施抢劫、强奸。涉案总价值11万元。王德玉、杨基厚（男，55岁，杨广军之父）还交待1998年曾与人合伙在内蒙古盗窃作案10余起，盗窃马70余匹的犯罪事实。

（赫建英）

【破获"8·06"强奸杀人案】 8月24日，密云县公安局刑侦大队会同市局刑侦处在河北省围场县将"8·06"强奸、杀人案犯罪嫌疑人金友库（男，34岁，河北省固安县农民）抓获。金于2000年6月经人介绍到密云一打井队干临时工，化名张金明。8月5日下午，金酒后沿滨阳新村返回打井队，途中与云湖酒家职工许某某（男，30岁）、王某某（女，30岁）发生口角，金取来铁棍将许打死，将王强奸、杀害，后逃往河北省藏匿。密云县公安局接到报案后，立即组成专案组，并在县局局长李晓奇、副局长田长丰的带领下，从一个通信录中的几个电话号码入手深追细查，连续工作17天，往返京、津、冀地区数千公里，将金抓捕归案。

（王振军）

密云县公安局2000年领导名录

职　务	姓　名	任职时间
县局长	李清林	1996年4月—2000年4月（调昌平分局任职）
县局长	李晓奇	2000年4月—
副县局长	马德朝	1985年8月—
副县局长	孙长杰	1989年2月—2000年10月（调怀柔县公安局任职）
副县局长	吴长城	1998年8月—
副县局长	王印生	1998年11月—
副县局长	田长丰	1998年11月—
副县局长	何跃先	1999年2月—
副县局长	周宗明	2000年8月—

平谷县公安局

【概　况】 平谷县辖区面积1075平方公里。有17个乡镇，275个行政村，农户89954户，289652人；非农户38045户，97456人。辖区东南北三面环山，南与河北省三河市为邻，北与密云县接壤，西与顺义县连界，东南和东北分别与天津市蓟县、河北省兴隆县毗连。年内，平谷县公安局在打击刑事犯罪工作中，抓获团伙成员31名，从中破获重、特大刑事案件120余起，盗抢财物总价值510余万元。针对周边市、县人员流窜作案较多的情况，采取坚持周边地区联防会议制度，加强在平兴（兴隆）、平蓟（蓟县）、平三（三河市）主要公路进行巡逻、设卡控制，充分发挥金海湖、大旺务、南山村、马坊四个治安检查站的职能作用和加强与周边兄弟单位密切配合协同作战等措施，从中破案29起，查获犯罪嫌疑人23名。进一步落实了各项治安管理措施。针对本县年用炸药300余吨、雷管25万支、导火索35万米，矿山开采队107个，分布在9个乡镇，从业人员2000余人，矿山采金点多，用剧毒爆炸物品量大这一特点，大力整顿矿山秩序和加强对剧毒爆炸物品以及使用人员的管理。年内召开有关人员会议13次，分别对使用、运输、销售剧毒物品的单位负责人、接触人员和爆破工进行业务培训；组织三次整顿矿山秩序和对剧毒爆炸物品进行全面安全大检查及收缴非法剧毒爆炸物品。与有关单位和人员签订爆炸物品安全责任书、爆破工安全责任书及外来人口管理责任书500余份，先后检查涉毒涉爆的处所182个，查出各种安全隐患347件，其中重大隐患38件，均进行了整改。全年共收缴炸药550公斤、雷管171支、导火索708米。年内涉毒涉爆的事故与案件同上年相比明显减少。以城关及其结合部地区为重点开展了清理整顿外来人口专项活动。对“法轮功”邪教组织人员及其他上访闹事人员进行调查摸底，加强控制，严防“法轮功”人员及上访人员进京。根据市局机构改革的总体部署，本着精简、统一、效能的原则，对部分职能科室和派出所进行了精简合并和重组，实施定岗、定编，重新调整了警力配置，较好地体现了“一警多能”、“一警多用”，从而形成了覆盖全县的全天候控制格局。年内，认真贯彻市局《关于改革和加强教育训练的工作意见》，从贴近实战的角度出发，组织户籍、刑警、治安、交巡等警种进行了专门培训，受训民警达360余名。2000年，平谷县公安局被公安部评为“全国优秀县公安局”。

（王彩虹　王　华）

【狠抓“两监督、一查处”】 年内，平谷县公安局认真开展行风评议活动，接受社会监督。定期向人大代表、政协委员和警风监督员汇报工作。全年共向县、乡（镇）两级人大代表、政协委员、警风监督员汇报工作25次，行风评议满意率达98%，办理人大、政协建议、提案8件，满意率为100%。强化内部监督，进一步细化警务公开内容，规范了工作程序，完善“110”接报警、提供服务、受理投诉功能。全年共填写各类警务回执单8273份，经过回访，满意率为95.5%，取得了良好的社会效果。严肃查处民警违法违纪案件，全年共查处民警违法违纪案件3起3人，占民警总数的0.4%。

(王彩虹　王　华)

【积极稳妥地实施各项改革】 根据市局统一部署，实现了侦审一体化。建立了5个覆盖社会面的责任区，刑侦警力增加近一倍，占县局警力的14.6%。实行了交巡合一，逐步建立了"集中指挥、统一执法、全面控制、快速高效"的动态勤务模式。对部分职能科室和派出所进行精简、合并和重组，使户籍派出所由原来的21个合并为现在的19个，职能科室由原来的21个变为现在的17个，同时实行定岗定编，重新调整了警力配置。实行了科队所副职公开选拔竞争上岗制度，全年共有67名同志通过公开竞争走上科队所级领导岗位。

(王彩虹　王　华)

【严厉打击各种刑事犯罪活动】 全年共破获各类刑事案件513起，破案率为49.8%。对有影响的重、特大案件，组织民警联合巡逻、设卡、盘查，破获重、特大案件318起，破案率为41.7%。抓获网上逃犯25名。

(王彩虹　王　华)

【开展清理整治娱乐服务场所专项斗争】 年内，在全县范围内持续开展了清理整治文化娱乐服务场所"扫黄打非"等专项斗争，共取缔不合法娱乐服务场所52家，占娱乐服务场所总数的36%。查处卖淫嫖娼案件40起，处理卖淫嫖娼人员63名，收缴淫秽、非法书刊、音像制品23630件。

(王彩虹　王　华)

【外来人口管理进一步规范化】 年内，平谷县公安局以城关及其结合部为中心，以出租房屋、文化娱乐服务场所和个体门店为重点，持续开展了清理整顿外来人口专项活动，使外来人口管理进一步规范化、科学化。处罚出租房主、用工单位法人代表、外来人口243名。通过清理整顿，外来人口办证率达到了97.3%，出租房屋办证率达到了99.4%。

(王彩虹　王　华)

【打击邪教非法活动，维护首都稳定】 针对"法轮功"反弹活动突出的情况，加大侦察控制力度，有效防止了"法轮功"顽固分子在重要敏感期的批量进京。破获散发"法轮功"宣传品案件15起，收缴"法轮功"宣传品3900余份，发现并取缔"法轮功"非法聚集窝点37个。

(王彩虹　王　华)

【加强交通管理】 全年交通管理工作以压事故为中心，结合县城改造和市容整治工作，狠抓了农用机动车、摩托车、小公共汽车的专项治理，加大了对酒后开车、非司机开车的查处力度。全年共纠正违章15.1万起，处罚8.2万余人次。全年交通事故死亡41人，比市里下达的交通事故死亡49人的控制指标少8人。

(王彩虹　王　华)

【预防为主减少火灾】 消防监督工作坚持"预防为主，防消结合"的工作方针，先后开展了公共场所、易燃易爆场所专项治理和安全生产大检查，发现并解决不安全问题2264件，及时消除了火险隐患，实现了全年无重大火灾的预定目标。全年共发生一般火灾188起，直接财产损失43万元，与上年相比，火灾起数、经济损失分别下降11%和14%。

(王彩虹　王　华)

【强化人口管理夯实基层基础工作】 在人口管理工作中，完成了暂住人口信息录入工作，全年共录入外来人口信息14127条，出租房屋信息675条，重点人口信息93条。完成了《工作对象信息计算机管理登录表》的录入和照片扫描工作，对全县1510名重点人口，81名调查掌握对象的档案实行了规范化管理。圆满完成居民身份证纠错、升位工作和楼门牌制作安装任务，并通过了市局验收。结合乡镇工作改革，充实调整治保会成员471名，全县258个村（小区）达到了安全文明标准，占全县总数的94%。全年有137个村没发生刑事案件，占全县村镇总数的49.8%。

(王彩虹　王　华)

【推进“金盾”和科技创安工程】 在“110”报警台网、金融报警专网的基础上，督促全县98个金融网点全部安装了闭路电视监控系统；全县32个加油站和属地派出所、28个重点单位与县局指挥中心实现了报警联网；年内，全县技防投资达1200余万元，完成了刑侦信息系统、看守关押信息系统和“110”指挥中心信息系统建设，开通了县局领导和各业务部门局域网站23个、户籍派出所广域网站21个。

（王彩虹　王　华）

【狠抓监所规范化管理】 平谷县看守所属于中型看守所，月关押人数在300人左右。看守所认真贯彻《看守所条例》，按照看守所“等级评定”要求，抓工作法制化、科学化、规范化建设，连续14年实现安全无事故。1999年、2000年连续被公安部授予一级看守所光荣称号。

（王彩虹　王　华）

案　例　举　要

【破获一起杀人案】 8月19日深夜，平谷县马昌营乡圪塔头村付少廷（男，44岁）在家中遇害。经现场勘查，死者被管状物的铁器重击数下和喉咙上有一呈管状物的戳痕当场致死。平谷县公安局组织力量开展工作，经了解本村村民陈宗山（男，38岁）和付家是邻居，与付的妻子姚素华有不正当关系。经过对姚素华多次讯问，姚讲付少廷曾对外地在他家帮工的二个女孩有过不轨行为，姚遂产生了杀死丈夫的念头并与陈宗山密谋杀付计划。8月19日深夜12点，陈事先藏在付少廷家东边的田地里，姚素华在屋里看着付少廷睡熟后，以拉三下厕所灯示意，陈宗山进屋实施了杀人计划后，将姚素华反捆并伪造现场逃离。姚素华、陈宗山合谋蓄意制造了这起杀人案。姚、陈已被依法刑事拘留，受到了法律的制裁。

（王彩虹　王　华）

【破获陈锡周特大虚开增值税发票案】 9月，平谷县公安局根据县国税局提供的线索，破获陈锡周、屈小平、张军非法出售、虚开增值税专用发票案（价税合计2.5亿元，涉税金额4000余万元）。经审查，自1999年12月以来，北京林顺商贸有限公司法人陈锡周（男，26岁，广东潮阳市陈店溪口村农民）伙同屈小平（男，37岁，重庆梁平县袁驿粮店下岗职工）、张军（男，31岁，重庆梁平县礼让镇小学停薪留职教师）利用其在平谷县工商局已申领工商营业执照和县国税局已办理税务登记，为合法注册公司的身份，先后从平谷国税局领购增值税专用发票165本，用于非法出售和虚开增值税专用发票。陈锡周、屈小平、张军因涉嫌非法出售增值税专用发票和虚开增值税专用发票罪被提起公诉。

（许　勇）

【查获一“搬家式”盗窃团伙】 11月16日凌晨，位于北京市平谷县与河北省三河市交界处，大旺务治安检查站值勤民警对由三河市向北驶来的一辆1040型卡车进行检查。检查中发现这辆北京牌照汽车上的四个人全部操外地口音，接受盘查时吞吞吐吐、形迹非常可疑，便立即将4人扣留。经工作，查明四人来自贵州暂住北京丰台，是一个专门从事盗窃活动的犯罪团伙。为了盗窃，他们专门配备了130和1040汽车各一辆，白天踩道，夜间盗窃。自1999年以来流窜于北京市12个区县，实施“搬家式”盗窃50余起，盗窃物品总价值100余万元。

（王彩虹　王　华）

平谷县公安局2000年领导名录

职　务	姓　名	任职时间
县局长	赵福奎	1996年4月—2000年4月（调石景山分局任职）
县局长	武延年	2000年4月—
政　委	李术兰（女）	1999年12月—
副县局长	何惠友	1988年6月—2000年10月（调顺义分局任职）
副县局长	李茂林	1989年1月—
副县局长	徐殿豹	1992年6月—
副县局长	晏志林	1996年12月—
副县局长	艾长庚	1996年12月—
副县局长	王连合	1999年1月—

延庆县公安局

【概　况】 延庆县公安局辖区位于北京市西北部山区，是较远的区县之一，距离市中心约80公里。辖区面积2000平方公里。境内设有11个镇4个乡，379个行政村、17个街道办事处，有102277户，常住人口27万人。外地来京暂住人口在1万人左右。延庆地处京冀交接处，东临北京市的怀柔县，南倚昌平县，西、北与河北省的怀来县、赤城县接壤。延庆境内多山地，南面有八达岭、燕羽山，北面有海坨山、富贵山，东有黑坨山、大尖山。境内旅游景点多。延庆县公安局有16个户籍、治安派出所。2000年，延庆县公安局以交巡改革、刑侦改革为契机，以“攻坚克难工程、形象工程、科技强警工程”为主线，以保安定为重点，深入开展了同“法轮功”邪教组织的斗争，组织开展“百日破案会战”专项行动，大力推动公安体制和公安工作改革，加快科技强警步伐，同时针对延庆治安的实际情况，不断加大治安管理力度，铲除社会丑恶现象，加大对旅游区的综合整治力度，以确保延庆的政治稳定和社会安定。以公安体制改革为突破口，全方位开展工作，认真加强领导班子建设，公开竞聘选拔了47名科级、副科级领导干部，并在全局推行了双向选择，努力实现队伍建设和业务工作两手抓，两手硬，民警的整体素质不断提高，为延庆县的政治稳定和经济建设创造了良好的治安环境。

（张和平）

【全力遏制“法轮功”反弹】 年内，延庆县公安局抽调警力，认真查控。加大对境内的“法轮功”人员教育转化和监控力度，在乡镇党委配合下，以教育为主，实行乡镇干部、村干部及民警联手包村、包人，实行责任制，控制进京。做好分流“法轮功”人员的工作，依法进行处理。

（张和平）

【净化八达岭旅游区治安秩序】 为确保中外游客的绝对安全，做好旅游区安全警卫工作，八达岭治安分驻所制定了严密的工作方案，强化防暴、安全检查、打扒、交通管理、治安秩序疏导等工作。全年圆满完成三级以上警卫任务 278 次，参加大型活动保卫 49 次，确保了 371 万中外游人的绝对安全，疏导车辆 40 余万辆。并在“五一”节期间，创下日安全接待中外游客 8 万人的记录。

（张和平）

【开展科技“创平安工程”活动】 年内，延庆县公安局加大对内部单位管理力度，组织各种形式的培训班 36 次，对内保干部进行培训，实行持证上岗。对列管的基层单位广泛推行技术防范、实行科技创安。在重点单位、复杂场所安装了防火喷淋烟感报警系统、电视监控系统和防盗系统装置。加强安全检查和处罚力度，不断健全人防、物防、技防“三结合”的防范体系，推出了开展“创平安工程”活动。全年发生在内部单位中的各类刑事案件共 18 起，发案比上年下降 45.5%。

（张和平）

【大型群众文化活动安全有序】 年内，延庆县政府在八达岭长城、龙庆峡、妫川广场及县城举办元宵节花会、消夏避暑节及夏都之夜新时尚演唱会等大型群众文化活动 217 次。延庆县公安局对活动场所进行安全检查，消除隐患，制定严密的工作方案，抽调民警维持秩序，确保了大型群众文化活动未发生任何治安问题。

（张和平）

【看守所连续两年达到全国二级标准】 年内，延庆县公安局看守所认真贯彻《中华人民共和国看守所条例》，严格落实《看守所等级评定办法》和《北京市公安局看守所等级评定办法实施细则》，改善监所设施，民警无违法违纪问题。连续两年被公安部评定为二级看守所。

（张和平）

【组建出租房屋、暂住人口管理站】 针对外来人口不断增多给社会治安带来的问题，延庆县公安局在全县各乡镇组建外来人口管理站，设站长、副站长，统一制定了标志牌。到 9 月，共组建外来人口管理站 22 个，主要分布在暂住人口相对集中的延庆镇。

（张和平）

【完成冰雪节、冰灯艺术节保卫工作】 1999 年 12 月至 2000 年 2 月延庆县举办第五届冰雪节、第十届冰灯艺术节，延庆县公安局成立安全保卫指挥部和三个分指挥部，每天投入警力 320 人，对活动场所进行安全检查、疏导交通和现场秩序维护，确保了 20 万中外游客的安全。

（张和平）

【实行交巡合一、一警多能】 2 月 24 日，延庆县公安局对交通管理和治安巡察体制进行改革，将交通大队和巡察执法大队合并为延庆县交巡大队，为副处级建制，共 180 人。年内，共接处警 1819 次，查处刑事案件、治安案件 183 起，抓获违法犯罪人员 244 人，纠正违章 186.3 万起，处罚 35 万人次，查处交通事故 904 起。

（张和平）

【延庆保安分公司成立】 经市局批准，北京市保安总公司延庆分公司组建完成，于 3 月举行揭牌仪式，开始对外办公。延庆保安分公司保安员 655 人，下设 10 个中队，负责全县内部单位的安全保卫工作。公司于4月成立纠察队,负责对保安队伍实行监督检查。公司办公地址设在县城高塔路62号。

(张和平)

【加大对违法违纪案件查处力度】 3月7日,延庆县公安局重新组建了警务督察队,设督察8人。年内,共查处违法违纪案件9起,涉及19人,其中追究刑事责任5人,追究行政责任14人。

(张和平)

【完成计算机三级网络建设】 4月至5月,延庆县公安局在资金紧张的情况下,投资50余万元,在市局有关部门的配合下,组建了局域计算机三级网络。

(张和平)

【派出所实行规范化管理】 5月,延庆县公安局下发了派出所目标考核项目规则,规则对"110"接处警、户籍管理、外来人口管理、信访、档案、调研等10个方面的规范作出了硬性规定,开始对派出所实行规范化管理。年内,分8批对284名民警进行集中的业务培训,通过严格的考核,使民警的综合素质有了较大的提高。

(张和平)

【完成刑侦体制改革】 5月24日,延庆县公安局对刑侦体制进行改革,将刑警队与预审科合一,成立刑侦大队,实行破案责任制;同时改革用人制度,通过公开竞聘,双向选择。7月1日,任命了2名副大队长、8名副队长、10名探长。7月至12月,破获刑事案件359起,破获重大案件149起。

(张和平)

【加强外宣工作】 5月26日,延庆县公安局与延庆电视台合办的电视专栏《金盾之光》首播,每期15分钟,年内共播出13期。全年,共在《人民公安报》、《北京法制报》、《金盾》等报刊发表新闻稿件300余篇。

(张和平)

【百日破案会战】 为迅速扭转刑事发案居高不下的社会治安形势,延庆县公安局于7月1日至10月10日开展了"百日破案会战"。期间,共破获刑事案件347起,其中现案249起,抓获犯罪嫌疑人104人,收缴机动车22辆及金银首饰等赃款赃物价值300余万元。

(张和平)

【警务大比武活动中获得较好的成绩】 按照市局《全局民警岗位大练兵及警务技能大比武活动实施方案》的要求,延庆县公安局从9月开始,在民警中开展岗位大练兵和警务技能大比武活动。有132名民警经过选拔参加了市局组织的民警岗位大练兵及警务技能比武活动。在参加的18个项目中,获集体奖牌2枚,个人单项奖8枚。李建臣获巡察系统大比武警种个人全能投掷单项第一名。

(张和平)

【对县局机构进行重大改革】 10月至12月上旬,延庆县公安局,对机构进行改革。办公室改为副处级建制;延庆派出所等10个户籍派出所定为副处级建制;原车管科与行政科合并,成立装备财务科;外来人口管理科与户籍科合并,成立人口管理科。

(张和平)

【井庄派出所成立】 12月11日,经市局批准,延庆县公安局成立井庄派出所,辖区面积125.7平方公里,31个行政村,有常住人口12640人。派出所为副处级建制,配民警8人。办公地址设在井庄镇。

(张和平)

案例举要

【破获系列抢劫女出租汽车司机案】 7月至8月,延庆县城连续发生10余起女出租汽车司机被抢劫、强奸的案件。其中7月27日在康庄镇四孔桥发生一名出租汽车女司机被杀害的案件。延庆县公安局刑侦大队组织精兵强将全力进行侦破,9月1日,将在康庄镇四孔桥抢劫、强奸杀害女出租汽车司机的犯罪嫌疑人沈富银(男,29岁,延庆县八达岭镇里炮村农民）和蒋双喜（男，19岁，延庆县康庄镇大王庄村农民）抓获。9月10日，另案将抢劫、强奸女出租汽车司机10余起的犯罪嫌疑人丁万龙（河北省赤城县农民）抓获。3名犯罪嫌疑人均转市局处理。

（张和平）

【破获一起盗窃国家二级文物案】 10月19日，张山营治安检查站在治安检查中破获一起国家二级文物被盗案，抓获犯罪嫌疑人李建军（男，38岁，河北省怀来县沙城镇人）、车玉林（男，33岁，河北省怀来县沙城镇人）。经预审深挖，二人交待了10月2日，李建军伙同隗功红（男，38岁，河北省怀来县沙城镇人）、李怀春（男，40岁，河北省怀来县沙城镇人）、纪玉山（河北省怀来县沙城镇人）、范玉珠（男，39岁，河北省怀来县东花园镇人）雇佣吊车到河北省赤城县杨家坟明代戍边将军杨洪的墓地盗窃两尊石狮、两尊石吼（均属国家二级文物），后卖给天津市明清家具城王学臣。延庆县公安局与河北省赤城县公安局刑侦大队组成专案组，进行侦破。经5个月的工作，侦破此案，将纪玉山、李怀春、王学臣等抓获，追回全部文物。2001年5月24日，延庆县人民法院以盗窃文物罪判处李建军有期徒刑13年，纪玉山、李怀春、王学臣等转河北省赤城县公安局处理。

（张和平）

【抓获6名网上通缉逃犯】 11月27日，延庆县公安局刑侦大队获得线索，网上通缉逃犯刘海根（男，22岁，康庄镇大丰营村农民，1999年因私藏枪支罪和故意伤害罪潜逃）当日12时将在延庆县建雄宾馆餐厅举行婚礼，卢二虎（男，25岁，康庄镇大丰营村农民，1999年因故意伤害罪潜逃）、王金泉（男，31岁，大榆树镇陈家营村农民，1997年因故意伤害罪潜逃）、郎会兴（男，25岁，延庆镇郎庄村农民，2000年因故意伤害罪潜逃）、王二力（男，22岁，康庄镇大营村农民，2000年因故意伤害罪潜逃）、陈艳芳（女，23岁，延庆镇三里河村农民，因涉嫌毒品罪潜逃）等5名网上通缉逃犯也将参加婚礼。接到报案后，延庆县公安局刑侦大队前往抓捕，将正在举办婚宴的刘海根等6名网上通缉逃犯抓获归案。

（张和平）

延庆县公安局2000年领导名录

职务	姓名	任职时间
县局长	李向军	1992年2月—2000年4月（调市局巡察执法总队任职）
县局长	王春来	2000年4月—
政委	王春来	1999年12月—2000年4月
副县局长	吴国勤	1985年8月—2000年4月（到最高任职年限，任正处级调研员）
副县局长	高合宽	1999年12月—
副县局长	赵宏勇	1997年4月—2000年12月（免职）
副县局长	朱宝贵	1999年1月—
副县局长	张勇军	1999年1月—

北京市森林公安处

【概　况】　北京市森林公安机关是1986年11月组建的，实行双重领导，以林业部门为主，公安业务工作由当地公安机关给予指导，编制在林业部门。森林公安机关主要负责组织指导和监督检查本辖区森林防火工作，预防、控制和查处破坏森林资源和陆生、野生动物资源的案件，组织指导森林公安队伍的管理。

2000年，针对北京市破坏森林和野生动物资源案件屡屡发生的实际情况，全市森林公安机关积极配合国家林业局组织开展集中行动，保持“严打”高压态势，坚持有报必查，一查到底。年内共受理各类森林和野生动物案件297起，其中刑事案件22起，治安案件17起，林业行政案件258起。已查清并处理295起。涉及毁林32024株，折合立木材积1356.08立方米，与上年相比，案件数减少2起，损失材积量减少18.7%。共处理违法单位118个，违法人员234人，其中追究刑事责任31人，行政罚款70.98万元，责令补种树木10.29万株。森林防火期内，加大巡逻检查力度，消除火灾隐患，对重点火险区进行重点管控，加强野外火源管理，制止违章用火行为。年内，全市发生森林火警28起、一般森林火灾5起，过火面积437.33公顷，受害林地面积59.92公顷，过火率为0.08‰，直接经济损失约106万元。

年内，进一步加强政治思想工作，促进队伍建设。在全体民警中开展了廉洁自律教育、警示教育、形象教育等各种学习教育活动，组织了警衔晋级、新警上岗、岗位技能和业务知识等方面的培训。95名民警参加了刑侦预审岗位培训，并通过了公安部组织的任职资格考试。学历教育又有新进展，现有大专以上学历的民警138人，占46.5%，比上年增加7.7个百分点。年内全市森林公安系统拒礼、拒贿77人次，拒收金额达3万多元。通过严格考试、考核选拔任用了一批优秀青年干部到领导岗位。严肃处理违纪人员，有1人被辞退，1人被撤销行政职务。自觉接受社会和群众监督，坚持对被处罚人进行回访，走访群众、组织座谈342次、1426人，征求意见148条，制定整改措施141条。年内顺利实施了机构改革，并通过轮岗交流，改善了人员结构，增加了业务部门的工作力量。全市森林公安系统通过各种宣传媒体刊发各类宣传稿件915篇（条），其中报刊155篇（条）、广播411篇（条）、电视349篇（条）。加强装备和基础设施建设，市、区县两级投资560多万元，完成了二级通讯网的改造，为各山区县配置了卫星移动电话，绝大部分基层单位配备了计算机。全市森林公安系统已拥有计算机50多台、警用车辆达到92辆。十三陵林业公安派出所等一批基层林业公安派出所的办公和生活条件有了新的改善。全市专业森林消防队从上年的19支增加到21支。市森林防火指挥部完善了森林防火工作考核评比办法，制定了专业森林消防队建设规程和区县防火办业务建设规范等，促进了森林防火规范化建设。

（刘雄鹰）

【开展“争先创优”、“献爱心”活动】　年内，在“争创人民满意的公安民警（单位）”活动中，全市森林公安机关有8个单位、17名个人获得优秀，其中有 2 人被推荐参加全国森林公安系统的评选。还有 15 个集体、92 人次受到区县级以上表彰和奖励。森林公安民警积极参加社会公益活动和“献爱心”活动，为群众做好事 290 件，照顾孤寡老人 127 人，为重病民警和灾区捐款 2 万多元、衣物 841 件。

（王秀瑛）

【云蒙山地区夏季发生森林火灾】 6 月 30 日 23 时，在怀柔县与密云县交界处云蒙山上发现山火。两县政府及时组织扑救，7 月 1 日 15 时将山上明火全部扑灭。7 月 2 日 7 时 40 分，山火死灰复燃。由于山势险峻，扑火难度大，火势难以遏制。森林公安机关制定了保护主林区的防火灭火方案，并请北京卫戍区增兵支援，市气象局在火区实施人工降雨，怀柔县、密云县分别成立了扑火指挥部，调集扑火物资和工具，分批组织人力上山扑救。7 月 3 日凌晨，副市长岳福洪、北京卫戍区副司令员孙本胜赶到火灾现场指挥灭火。经过扑火队员、部队官兵和当地群众的奋勇扑救，7 月 3 日 15 时将大火彻底扑灭。经查，这起森林火灾是在长期干旱情况下突遇雷击点火引起的，过火面积 34.33 公顷，烧死烧伤树木 33810 株，直接经济损失 146.1 万元。扑火过程中，出动驻军官兵 2370 名，扑火队员和当地群众 2970 名，没有发生人员伤亡事故。

（张林菁）

案例举要

【侦破房山区长阳特大盗伐林木案】 1 月 14 日经群众举报，房山区长阳镇境内的北京矿务局卢沟桥林场及长阳林场有人盗伐林木。房山区林业公安处接案后立即派人进行现场勘查，发现有 2489 株刺槐树被盗伐，合立木材积 477.6 立方米。市、区两级森林公安机关协同侦查、追捕案犯，先后 6 次到河北省唐山查证，运用技术手段排查追捕，半个多月后将犯罪嫌疑人抓获归案。经审理，系北京鸿翔盛农业科技开发有限责任公司副经理张某及其雇工扈某所为。在 1998 年 11 月至 2000 年 1 月间，两人将树木分批卖给唐山栾县两位农民砍伐后运往唐山销售给某煤矿，获赃款 6 万元。12 月 18 日，房山区人民法院一审判决，分别判处案犯张某、扈某有期徒刑 10 年、8 年，罚金 5 万元、3 万元。

（董志斌）

【侦破房山区十渡镇卧龙村特大盗伐林木案】

4 月中旬，《北京日报》披露了房山区十渡镇卧龙村盗伐林木案件，市委、市政府领导同志高度重视，森林公安机关迅速立案侦查，提取了有力证据。经查证，十渡镇平峪村村民隗永龙、隗合长未按采伐许可证的规定和砍伐协议要求，超树种、超范围滥伐柞木、椴树等树木近 3000 株，材积 60 多立方米，并将木材卖往河北省易县等地。4 月 27 日，房山区在十渡镇召开大会，公开逮捕两名涉案人员。经审理，两人分别被房山区人民法院依法判处有期徒刑 4 年和 3 年。

（董志斌）

北京市森林公安处 2000 年领导名录

职务	姓名	任职时间
处长	王增禄	1989 年 1 月—
副处长	孙泊晨	1991 年 5 月—
副处长	宁晋杰	1995 年 9 月—

北京首都国际机场公安分局

【概　况】 北京首都国际机场公安分局负责保卫首都国际机场设施、航空器和旅客的安全,为民航的正常运营创造良好的治安环境。分局下设16个处、室、科、队、所。年内,配合公安部、市局、国家安全局完成对境内外敌对分子组织成员查控、防闯关任务,协助遣返。加强空防工作,规范证件管理。年内制、换发证件3.7万个。组织举办了机场各单位党支部书记、保卫干部培训班。加强特种行业、暂住人口、危险物品的管理工作。及时整顿影响机场治安秩序的突出问题。全年审查处理使用伪造、涂改、假冒身份证和携带违禁物品的旅客760人次,收缴子弹210发,违禁物品112件。6月,分局进行了内部机构调整,在原有基础上组建了8个处级单位,并下设了13个科级机构。对各单位负责人采用个人自荐、群众推荐、组织考核相结合的方式,遵循公正、公平、公开的原则竞争上岗。年内,贯彻"防消结合,预防为主"的工作方针,加强对驻场各单位消防安全的监督、检查和指导工作,协助有关单位消除火险隐患。把防火重点放在候机楼、机库、油库等33个消防重点单位。组织了机场消防监控人员法制、防火安全教育培训班。保证了专机、要客的安全,圆满完成了党和国家领导人出访,外国元首、总统来访,"两会"等多次重大警卫任务,共完成勤务972架次,接送要客14454人次。年内,结合机场地区的治安状况,有计划、有目的的开展打击刑事犯罪的专项斗争。破获了侵占机票款案和倒卖民航里程卷案,为民航追回损失100多万元。新航站楼启用后,随着进出港旅客的大量增加,候机楼前有时出现交通拥堵现象。分局与机场有关部门多次研究,对交通影响较大的出租车及旅客班车运行路线、停放位置,制定了切合实际的管理措施,保证了楼前道路的畅通。

(李旭华)

【保证专机要客的安全】 自1999年11月以来,专机现场警卫勤务由市局移交北京首都国际机场公安分局负责。为了圆满完成专机警卫工作,专门制定了《专机警卫方案》,抽调精干警力充实警卫力量,配备必要警卫设施,增设警戒线,规范专机现场秩序。为了提高警卫人员的素质,专门进行了分期分批的培训。全年共完成一级勤务69次,二级勤务704次,三级勤务199次,接送要客14454人次,要客包机101架次,圆满完成了党和国家领导人出访、"两会"等多次重大警卫任务。

(钱礼钦)

【民警苏钰炜勇擒扒手光荣负伤】 3月31日,北京首都国际机场公安分局刑警队民警苏钰炜同志当晚乘坐302路小公共汽车回家,在汽车行至朝阳区安华桥附近时,发现一男青年将手伸进一名女乘客的磁性挎包窃取钱财后,苏钰炜立即上前将扒手的衣领揪住,并大喊:"我是警察,抓贼",在搏斗过程中,苏钰炜同志被扒手的同伙刺中后背一刀,扒手及其三四名同伙乘机逃跑。苏钰炜同志被一名出租车司机送往306医院抢救。为此,民航总局公安局为他记个人一等功,民航团委授予他"五四"青年奖章,首都机场党委召开表彰会,表彰了他的先进事迹。

（王成谦）

【确保机场消防安全】　北京首都国际机场公安分局贯彻“防消结合，预防为主”的工作方针，把防火重点放在候机楼、机库、机坪、货运仓库、油库等33个消防重点单位，把日常检查和重大活动、节日检查相结合。全年共组织消防检查9次，查出隐患86件，解决45件。全年，发生在施工队伍中的治安案件、火警明显减少。

（李旭华）

【加强空防安全工作】　北京首都国际机场公安分局针对4月、5月份发生的两起偷渡案件，成立专案组，进行侦破，查获以王宏为首的利用伪造隔离区证件组织偷渡团伙，缴获了全套制证设备，捣毁了制造假证的犯罪窝点。针对偷渡案暴露出的漏洞，会同护卫中心、安全检查站、运行管理部、武警三支队等部门完善防范措施，实行集装箱铅封和装机前的检查制度，对候机楼原来无人看守的通道或封闭或设岗、实施电视监控，对进入客机坪的车辆严格检查“三证”。

（李旭华）

【首都国际机场举行应急救援演练】　5月30日18：00，首都国际机场举行航空器应急救援演练。北京首都国际机场公安分局在演练中承担紧急救援、疏散旅客、现场警戒、排除爆炸物、搜集物证、维护交通秩序等重要任务。共出动警车14辆，民警55人，与武警三支队、特警722部队、安检站等参演单位协调顺畅，工作配合密切。

（李旭华）

【为一外国旅客找回遗失物品】　11月11日，挪威籍旅客BSERKEWES来到机场派出所报称：10月8日，他从亮马河饭店乘坐一辆出租车到首都机场，下车时不慎将一绿色背包遗忘在车上，包内有手提电脑、国际机票、衣物等，价值人民币3万余元。该人无法提供所乘出租车的情况，但在一张别人给他送行的照片上无意中留下了那名出租司机的相貌。民警接报后，根据线索赶往亮马河饭店。查明司机李某某（男，45岁）隐匿外国旅客遗失背包的事实，并将包内物品交还了挪威籍旅客。

（冉　岩）

案　例　举　要

【破获一起特大盗窃旅客行李案】　7月22日19时许，北京首都国际机场公安分局民警将正在候机楼国内行李厅行窃的犯罪嫌疑人韩来友（男，28岁，河北省武强县人，曾在候机楼行李服务部当过临时工）当场抓获。该人交代，自5月份以来，多次潜入行李厅盗窃旅客行李，窃得大量现金以及IBM笔记本电脑一部、摄像机两部、照相机、手表、重要文件等物品，赃款赃物折合人民币16万余元。

（姚嘉伟）

北京首都国际机场公安分局2000年领导名录

职　务	姓　名	任职时间
分局长	韩国良	1994年12月—
政　委	吕长城	1997年 3月—
副分局长	张广祥	1991年 2月—

副分局长	王世平	1994 年 8 月—
副分局长	张　志	1997 年 3 月—
副分局长	杨卫群	1999 年 3 月—

北京海关走私犯罪侦查分局

【概　况】　1998 年 7 月，国务院下达《关于缉私警察队伍设置方案的批复》。1999 年 1 月 5 日，北京海关走私犯罪侦查分局正式成立。分局揭牌及首次授予缉私警察警衔仪式在建国门海关大楼隆重举行，国务委员吴仪、罗干、公安部部长贾春旺及北京市公安局部分领导出席了仪式。北京海关走私犯罪侦查分局受海关总署和公安部双重领导，以海关领导为主。分局设在北京海关（办公地点在北京海关驻十八里店办事处院内），为副厅级机构，下设办公室、政治处、督察处、情报处、法制处、侦查处、直属队、刑事技术处、缉毒犬基地九个处级机构。分局的主要职责是组织指挥缉私警察在关境内依法查缉走私案件，对走私犯罪案件和走私犯罪嫌疑人依法进行侦查、拘留、执行逮捕和预审工作；接受其他部门查获的走私犯罪案件和走私犯罪嫌疑人，将不予追究刑事责任的走私案件以及查获的走私物移交海关调查部门；报请有关部门调动其他警力配合查缉走私犯罪行动；负责对管辖区走私犯罪案件的统计、综合分析；开展侦查走私犯罪案件的情报调研工作；受理与查办走私案件有关的申诉、应诉和国家赔偿；负责所辖缉私警队伍建设和有关人事、机构、编制、教育培训工作、管理后勤装备、科技装备和监所建设；承办走私犯罪侦查局和所在直属海关交办的重大走私案件和其他工作。北京海关走私犯罪侦查分局人员由北京海关、市公安局、市国家安全局、市检察院及应届大学毕业生和军队转业干部中选调和录入，全部具有大专以上学历，共产党员占 76%。这支政治素质高、业务精通的缉私警察队伍自组建以来按照海关对缉私工作的统一部署开展刑事侦查工作，坚决贯彻总署侦查局关于“抓大案，打团伙，求全歼”的侦办方针，对走私犯罪活动形成了高压态势，取得了显著成效。

（惠小平）

【加强侦办走私案件力度】　年内，海关走私犯罪侦查分局共受理走私案件 28 起，其中立案 19 起，案值 10.2 亿元，涉嫌偷逃税总额 2.05 亿元，移送起诉 5 起，案值 3421 万元，涉嫌偷逃税 979 万元。全年抓获走私犯罪嫌疑人 47 人，移送起诉 14 人。年内，除完成本局侦查工作外，共配合全国 33 个侦查分局协查 220 次，出动警力 616 人次，出警车辆 528 次，加班近 2000 小时，抓获走私犯罪嫌疑人 33 人。此外，还出色完成了中纪委、中央“4·20”专案组、国际刑警组织、总署侦查局及各地方公安机关交办的重点协查任务。

（惠小平）

【连续破获两起毒品走私案】　年内，海关走私犯罪侦查分局连续破获两起毒品走私案。8

月16日，破获一起外籍人利用邮政快件渠道向境外走私毒品案，抓获走私犯罪嫌疑人考菲·阿蔓福·塔韦亚（加纳籍人）。经查，塔韦亚先后两次利用EMS特快专递夹寄毒品至日本和中国武汉。9月6日，破获一起向台湾走私毒品的案件。抓获两名涉嫌毒品走私的台湾人。两案共查获毒品大麻460.25克。

（惠小平）

【妥善处理涉外案件】　年内，共审理5起外籍人涉嫌走私犯罪案，执行逮捕7人。接待加纳、意大利、蒙古、日本、韩国等使馆工作人员来访10余次，答复使馆照会9份。由于海关走私犯罪侦查分局领导重视，制度到位，运作规范，妥善处理了这些涉外案件。

（惠小平）

【制定办案程序规定】　年内，海关走私犯罪侦查分局领导带队多次走访了北京市第一中级人民法院、第二中级人民法院和市人民检察院一、二分院，听取这些部门反馈办案意见，了解检察院、法院对案件证据的审查要求，有针对性地改进工作。四季度，结合总署侦查局“百案大倒查”中提出的问题，开展侦查办案工作讲评，及时总结经验，努力提高办案水平。制订了《北京海关走私犯罪侦查分局办理走私案件程序若干规定》，使侦查办案工作有了切实可行的操作规程。

（惠小平）

【加大业务培训力度】　年内，海关走私犯罪侦查分局从实际出发，多层次、多角度、多方式地开展业务培训。对从市公安局、市检察院招录的22名民警、20名应届大学毕业生及分局民警，共计108人，进行了严格的政治、业务培训，还参加了海关总署和北京海关组织的缉毒、督察、审计、统计等专项业务培训。培训对提高民警业务素质起到了很好的促进作用。

（惠小平）

【以“三项教育”为契机加强队伍建设】　9月至12月，根据公安部和海关总署侦查局统一部署，海关走私犯罪侦查分局认真开展“三项教育”活动，自觉总结建局两年来的经验，全面查找不足，边学习、边改进，把“三项教育”与落实队伍建设的“十二项措施”紧密结合起来，建立队伍建设与管理的长效机制。通过召开部分警属座谈会，向民警家属发调查信等形式，把廉政教育延伸到民警工作8小时以外，共同构筑廉政防线，收到良好的效果。

（惠小平）

【完成新办公楼的选址和审批工作】　四季度在海关总署侦查局与北京海关的关怀下，海关走私犯罪侦查分局完成了新办公楼的选址和审批工作，购买了位于东三环南路的商业办公楼（面积约6500平方米），开始进行办公楼的增建和内部装修的设计规划。

（惠小平）

北京海关走私犯罪侦查分局2000年领导名录

职　务	姓　名	任职时间
分局长	茹水泉	1999年1月—
政　委	王　永	2000年9月—
副分局长	魏欣平	1999年1月—
副分局长	杨晓林	2000年6月—

北京铁路公安局

【概　况】 北京铁路公安局受北京铁路局领导，业务上受铁道部公安局和北京市公安局双重领导，行使同级地方公安机关的权力。承担北京铁路局管辖的内部单位和北京、天津两市，河北、山西两省铁路线的安全保卫工作，管辖铁路营运里程全长7432.2公里。2000年，北京铁路公安局以铁路运输生产安全为中心，圆满完成了“春运”、“两会”、“暑运”、“国庆”、“调图提速”等重大事项的保卫任务。工作中始终把维护稳定放在首位。在同“法轮功”邪教组织斗争中，严密站车查堵，及时发现劝阻了一大批企图进京滋事的“法轮功”分子，查获了参与组织围攻中南海的“4·28”案首要分子等一批“法轮功”顽固分子。严厉打击严重危及运输安全和影响路风、路誉的车匪路霸、站车抢劫、扒车货盗等犯罪活动，破获了一批刑事案件。取得了连续五年消灭客车上“明火执仗”抢劫的好成绩，扒车越货、货盗案件得到了有效遏制。成功破获了“4·6”特大制贩假币案。在北京、天津、石家庄等地破获了多起重大流窜犯罪集团和特大贩毒集团案。加大治安整治力度，始终把打击票贩子当作一项长期工作来抓，维护了路风路誉。加强对围、随车叫卖、偷盗扒扫煤炭、敲诈旅客等“老大难”治安问题的治理整顿，特别是对发生的危害行车安全事件，强调领导亲自办案，组织力量快侦快破，及时查处拆盗、摆障、石击等危害行车安全事件262起，抓获作案犯罪嫌疑人509名；危害行车安全事件同比下降14%。在全国组织开展的“打拐”专项斗争中，抓获拐卖妇女、儿童犯罪嫌疑人8882名，在全国铁路14个公安局中名列第一，被公安部授予全国“打拐”专项斗争先进单位称号。同时，全局把严密站车堵卡查缉作为长期的重点工作来抓。全年堵卡查缉各地公安机关通缉的犯罪嫌疑人、负案在逃犯2918人，其中，查获杀人犯罪嫌疑人109名，协助地方公安机关破获案件2090起。年内进一步加强队伍建设和基层基础建设，开展创建“四好班子”活动，全年共有3个公安处领导班子，57个基层所、队班子被评为“四好班子”，共提拔任用各级领导干部214名。深入开展立功创模和为人民办好事活动，全局民警为群众办好事233230余件，收到锦旗、镜匾5100余面（块）、感谢信1190余封。全年共有124个集体和1065名个人立功受奖。被公安部授予全国特级优秀人民警察1名、全国优秀人民警察5名；被铁道部公安局授予全路优秀人民警察11人次；被北京市评为劳动模范3名。

（詹玉琪）

【打击“车匪路霸”见成效】 年内，铁路公安局以旅客列车为重点，继续开展打击“车匪路霸”专项斗争，并取得明显成效。共抓获流窜犯罪嫌疑人1225人，打掉流窜犯罪集团45个，抓获成员259人。已连续5年消灭在旅客列车上明火执仗抢劫旅客财物的暴力案件。

（詹玉琪）

【杜绝扒车越货犯罪】 年内，组织警力开展了打击货盗犯罪专项斗争。并加大重点车站、货场以及重点线路、重点区段的巡逻和打击防范力度，特别是加大了对扒车越货案件一度突出的南同蒲线霍州至什林、京包线张家口的孔家庄、王玉庄两个重点区段的整治和巩固，全局货盗案件比上年下降23.9%。

（詹玉琪）

【“京城会战”打击票贩子】 年内，重点加强了对北京地区和管内各大客运站票贩子的打击。特别是针对“春运”、“暑运”和节假日期间，一些票贩子借客流集中，车票紧张之机，抢购囤积高价倒卖火车票的情况，先后调集局机关、北京铁路公安处和铁路公安学校学员在北京地区组织开展打击票贩子“京城会战”。全年共抓获票贩子7520人，收缴车票2191张，价值40万余元。

（詹玉琪）

【开展防火安全专项治理】 年内，坚持以客车防火为重点，在铁路局范围内开展防火专项治理，反复进行防火安全检查。公安消防部门充分发挥监督职能作用，督促整改各类火灾隐患1.3万余件。全年未发生客车火灾事故。被北京市防火安全委员会授予2000年度“北京市消防安全工作先进奖”。

（詹玉琪）

【落实内部安全保卫责任制】 年内，按照“谁主管、谁负责”的原则，督促铁路单位落实内部安全保卫责任制，在铁路局范围内开展要害部位处所安全检查，发现解决283件不安全隐患。实现392个内部单位“无政治、刑事案件，无内部职工犯罪，无治安灾害事故”，比上年增加3个。及时发现和化解内部职工中不安定因素和闹事苗头12起，比上年下降61%，确保铁路内部稳定。

（詹玉琪）

【监所管理连续5年实现安全无事故】 年内，铁路公安局所属6个看守所始终坚持“安全第一”的思想，继续强化监所管理工作，使看守工作连续5年实现安全无事故，创全路监所安全最高记录，受到铁道部公安局通报表彰。

（詹玉琪）

【打掉一个特大制贩假币犯罪集团】 4月6日，根据获得的线索，铁路公安局经过缜密侦查和布网架控，打掉一个特大制贩假币犯罪集团，抓获制贩假币犯罪嫌疑人31名，收缴假币613万元，切断广东向北京贩运假币通道2条、捣毁在北京的假币集散窝点3个。受到了中国人民银行表彰奖励，被公安部授予打击制贩假币专项斗争先进单位。

（詹玉琪）

北京铁路公安局2000年领导名录

职　务	姓　名	任职时间
局　长	姜战林	1995年12月—
副局长	马幼航	1992年7月—
副局长	王道明	1998年12月—
副局长	曹志科	1993年5月—
副局长	张庆和	1995年12月—

北京铁路公安处

【概　况】 北京铁路公安处管辖范围与北京铁路分局相同，管内铁路线路总延长4308公里，其中正线2551公里，营运里程1807公里，所辖线路有京哈、京广、京包、京承、丰沙、京原、京秦、京通、京九及锦承线，穿越北京市18个区（县）。2000年，铁路公安处认真贯彻落实“抓班子、带队伍、促工作、保平安”的工作思路，以保卫铁路运输生产安全为中心，以防火、防爆、防破坏为重点，紧密围绕春运、暑运、列车提速等各个时期的重点工作，全力维护管内政治稳定，严厉打击刑事犯罪活动，大力整顿铁路治安秩序，全面推进基层基础工作，圆满完成各项安全保卫任务，开创了铁路公安工作新局面。全年以确保铁路行车安全为重点，开展打击货盗犯罪专项斗争，为国家挽回经济损失近30万元。站车查缉堵卡共查获各类逃犯971人，协助外局和地方公安机关破获刑事案件692起。破获拐卖妇女、儿童案件和制贩假币案件35起，抓获犯罪嫌疑人48人，打掉犯罪集团4个，收缴假币665.5万元。查处治安案件1148起，查清拆盗铁路器材及危及行车安全的治安事件56起，清理各类闲杂人员8万余人，从中查获各类违法犯罪嫌疑人近3万人。查获旅客携带“易燃、易爆和有毒物品”9888起，收缴各种枪支91支，子弹1431发，爆竹550个，管制刀具5431把，化工类易燃品419公斤。加强思想政治工作，开展“三项教育”活动，推进队伍建设。全年为旅客办好事30280件，收到表扬信2934封，锦旗、镜匾1084面（块）。深入开展立功创模活动，有5个集体荣立二等功，4个集体荣立三等功，8个集体受嘉奖，85人荣立三等功，75人受嘉奖。

（李茂林）

【整顿铁路治安秩序】 年内，铁路公安处加大清理工作力度，及时打击、取缔扛包、招揽、无照经营、围车叫卖、扒乘火车等扰乱治安秩序人员，净化站车治安环境。针对部分列车随车叫卖、霸座卖座等治安问题突出的情况，抽调警力260人次，开展专项整治工作，共查获随车叫卖、霸座卖座等扰乱列车治安秩序人员2960人，均依法给予治安处罚，维护了列车治安秩序。集中力量整顿重点区段治安秩序，沿线派出所共出动警力1600人次，重点整顿京原线扒盗煤炭等问题，维护了沿线治安稳定。

（李茂林）

【开展打击票贩子专项斗争】 年内，铁路公安处为维护旅客的合法权益，先后抽调500名警力，在春运、暑运和节假日期间，以北京周围大站为重点，开展打击票贩子专项行动35次，抓获倒票人员5172人，收缴车票1179张。召开公开处理大会6次，公开打击处理票贩子430名，取得了良好的社会效果。

（李茂林）

【开展路外安全宣传活动】 年内，共组织警力5000人次，深入沿线乡村、学校、居委会、企事业单位等，开展护路防伤宣传活动，发放宣传材料2万份。与沿线机动车驾驶员、驭手重新核定、签订安全责任状3000份，有效地减少了路外伤亡事故。同时，认真做好道口安全监察工作，对北京市境内的14处公安协管道口，组织警力上岗维护秩序，纠正行人、车辆在道口违章问题，使道口交通肇事比上年下降37%。

（李茂林）

【圆满完成各项警卫任务】 为确保警卫任务的绝对安全，在严格落实警卫工作方案的基础上，狠抓警卫基础业务建设。全年共出动警力8.9万人次，保证了党和国家领导人、重要外宾乘坐火车的绝对安全，保证了国家重要物资运输安全。

（李茂林）

【开展经常性安全防范大检查】 年内，组织消防等有关部门30名专业干部，在客车和重点车站、单位驻守和检查，各基层单位也组织民警和保卫干部，在辖区内反复进行检查，及时查堵漏洞。对检查中发现的问题，建立安全隐患问题库，实行登记备案和销账制度，解决一批重大隐患。坚持机检与手检相结合，狠抓站车查危工作措施落实，把危险品堵在站外车下。同时以主要干线为重点，每天派民警进行巡线，杜绝了爆炸、破坏案件。切实加强消防监督工作，整改火险隐患，共检查单位807个次，检查客车581列8240辆次，填发火险隐患通知书120份，杜绝了重大火灾事故。

（李茂林）

【王志平被评为北京市劳动模范】 铁路公安处北京西站公安段刑侦队队长王志平，自1996年任职以来，刻苦钻研业务，不断发现和总结各类犯罪分子的活动规律和特点，练就了“看步伐，识犯罪”的过硬本领。5年中带领队员们破获各类刑事案件540起，其中：亲自破获340起（特大案件27起，重大案件115起，一般案件198起）。亲自抓获犯罪嫌疑人621名，其中：杀人外逃犯6名，抢劫犯103名，盗窃犯346名，诈骗犯128名，伤害案犯38名。为国家和旅客挽回经济损失77万元。2000年度被评为北京市劳动模范。

（李茂林）

【破获哄抢铁路运输物资案件】 7月30日23时10分，临T4次货物列车到达京原线孤山口站停车时，有40余人强行上车打跑押运人员，哄抢列车上的元宝铁。铁路公安处接到报案后，迅速组织50余名警力赶赴现场，开展侦破工作。经工作，抓获犯罪嫌疑人房山区农民张某等15人，收缴被盗元宝铁150吨及农用车等作案工具。

（李茂林）

【破获铁路信号设备被盗案】 11月15日至22日，西长线24公里100米至26公里700米间，连续发生4起铁路信号设备被盗案，被盗扼流器、变压器箱盖9个，严重影响铁路行车安全。铁路公安处24名民警组成专案组，深入沿线开展调查。11月22日，查获犯罪嫌疑人张某（男，30岁，北京市房山区人，以捡拾废品为生），经查，张某供认上述4起案件均是其所为，目的是盗窃后卖钱。公安处依法给予张某治安拘留处罚，为行车安全消除了隐患。

（李茂林）

北京铁路公安处2000年领导名录

职务	姓名	任职时间
处长	姜顶锋	1998年12月—
党委书记	段永吉	1996年10月—

副 处 长	陈炳镏	1991年12月—
副 处 长	姚克志	1993年 7 月—
副 处 长	孟耀武	1999年11月—
副 处 长	乔　信	1999年 1 月—
副 处 长	王连生	1998年 1 月—
副 处 长	刘宝成	1999年11月—

铁路工程公安局第八公安处

【概　况】 年内，铁路工程公安局第八公安处（北京电气化公安处），于1975年11月6日经公安部、铁道部批准成立。1985年10月公安处由党委改设党组，赵玉琨任党组书记、处长。2000年公安处以保卫国家重点工程铁路电气化建设运输安全为中心，履行公安机关打防控职能，保卫了管辖区域施工建设安全，配合有关部门处理影响施工治安纠纷2660起，为施工生产排忧解难2440件，完成急、难、险、重任务230次，协助处理交通事故13起，挽回各类经济损失146万元；开展了与“法轮功”邪教组织的斗争，加强了重点人监控和帮教，维护了企业内部政治稳定和治安稳定；打击了拆盗破坏铁路施工器材设备的犯罪活动，受理各类报警案件2058起，侦破刑事案件119起，抓获犯罪嫌疑人95人；强化了爆炸物品依法管理，保证了企业施工使用炸药8448.95公斤、雷管35703枚的绝对安全；消防监督工作力度加大，实现了管辖区内无重大火灾的工作目标；公安计算机安全监察、法制工作得到加强；队伍建设以“三讲”教育、“三项教育”为重点，开展创建人民群众满意单位（民警）活动，为职工做好事1850件。7名民警荣立个人三等功，2个集体荣立集体三等功，2个集体、9名个人受到嘉奖，群众满意率达80%以上。

（艾满春）

【打击京广线盗窃线材犯罪活动】 年内，京广线韶广段（韶关至广州）铁路电气化建设中，治安形势严峻，拆盗电气化施工线材的案件屡有发生，犯罪活动猖獗。铁路工程公安局第八公安处组织优势警力，开展重点整治、打击行动，民警坚守施工现场400多天，连续蹲守、巡线，在广州铁路公安机关和工务、机务等部门的配合下，相继破获60余起割盗电气化建设已架设好的回流线（铝质）的系列重大盗窃案件，打掉犯罪团伙5个，收缴了作案工具（断线钳7把）、交通工具（汽车2辆）及赃物，受到广州铁路集团总公司武广指挥部的嘉奖，铁路工程公安局给予侦破组记集体三等功。

（艾满春）

【开展治安综合治理检查验收活动】 年内，公安处作为中铁电气化工程局治安综合治理委员会办公室，发挥了参谋、职能、协同、后盾作用。调整了局综合治理委员会成员，与管辖单位层层签订了《领导责任书》、《治安保证书》8796份；检查指导京广、哈大铁路线电气化施工治安综合治理达标线和基层单位创建安全文明单位（小区）活动；开展了中铁电气化工程局两年一次的治安综合治理工作检查验收，评选出了先进集体、先进个人；在职工中举办了治安综合治理知识竞赛答卷活动；编印了《创建安全文明小区经验材料汇编》。

（艾满春）

【爆炸物品纳入动态管理】 根据铁路电气化施工点多、线路长、开石挖掘量大，使用爆炸物品数量较多，依法监督管理任务重的特点。年内，公安处对电气工程局施工线段、区域爆炸物品实施了动态管理。坚持涉爆施工单位每月对炸药、雷管的购买、运输、使用、储存、销毁、剩余数量及爆破作业人员统计、详细登记上报，以利公安机关及时掌握爆炸物品动态，采取有力措施对其检查、控制、监督管理，保证万无一失。

（艾满春）

【做好来访外宾的安全警卫工作】 4月6日至9日，土耳其国交通部部长、议员等一行11人，应铁道部邀请来华对铁道部中技、中车公司进行参观访问。中方参加会见及进行商贸洽谈的有铁道部部长傅志寰、副部长蔡庆华等领导及有关人员40余人。受中国铁路工程总公司委派，公安处负责了访问活动期间的全程随行警卫工作。民警警容严整，言行得体，圆满完成了任务，确保了代表团在京期间安全。

（艾满春）

【实现电气化公安系统计算机联网】 10月1日前完成了公安处与各公安分处计算机联网（湖北襄樊、河南郑州等地），据此电气化公安系统计算机联网目标实现。同时，在北京市公安局计通处的帮助下，公安处联入了公安部二级专业网并发挥了作用，提高了办公自动化水平和办公效率。

（艾满春）

【排除朔黄线重大施工干扰】 朔黄线（朔州至黄花岗）铁路电气化建设，因前期铁路工程局征地拆迁费用遗留问题，电气化施工无法进行。公安处组织警力自10月至12月，先后3次进驻现场作群众工作，排除干扰，实施现场保驾，施工单位在民警的配合下，抢工期，挖坑竖立了200多杆电气化接触网杆塔，保证了施工生产的顺利进行。

（艾满春）

【研制安装“线路断线报警器”】 为及时、快速抓获盗割铁路电气化施工线材的犯罪嫌疑人，减少民警劳动强度，公安处在有关部门的帮助下，研制了“线路断线报警器”，于四季度分别在京广、哈大、外福线铁路电气化施工已架设的线材上安装使用。每台报警器监控线材10公里长，每8秒钟便监测一遍，一旦断线便报警，监测器立即打出断线时间、地点，科技含量较高。

（艾满春）

【完成基层“三项教育”】 根据铁道部公安局、铁路工程公安局的统一部署，公安处于四季度组织开展了基层4个公安分处的“三项教育”工作，基层96名民警，有步骤地全员参加了“三项教育”。教育中，开门评警，召开各类座谈会28个，592人参加，征求意见183条，向群众发放测评表3115份，群众满意率达80%以上。通过“三项教育”，共末位淘汰、分离民警14人（其中内退10人，辞职2人），2名民警离岗培训。

（艾满春）

铁路工程公安局第八公安处2000年领导名录

职　务	姓　名	任职时间
处　长	赵玉珉	1987年11月—
党组书记	赵玉珉	1985年12月—
副处长	毛沪生	1993年10月—
副处长	孙玲（女）	1997年3月—

铁道建筑公安局第十六公安处

【概　况】 铁道建筑公安局第十六公安处于1984年组建。当时名称为：铁道部第十六工程局公安处。1995年1月4日，依照铁道部有关文件精神，改为现名称。在业务上受北京市公安局、铁道部公安局及铁道建筑公安局双重领导，行使国家公安刑事执法和行政执法的部分职能，并受北京市公安局委托执行签发管理边境通行证职能。

年内，公安处全力以赴做好企业内部的保稳定工作，加强了情报信息工作，密切关注企业改革改制中的重点、热点问题，及时掌握了企业内部重点人员的思想动态以及各种不稳定因素，及时化解了矛盾，防止了集体上访等事件的发生。全年共出动警力286人次执行巡逻、值勤、值班任务，进行重点安全检查199场次，发现整改隐患22处，确保了企业改革改制的顺利进行。积极做好重大节假日和敏感时期的安全保卫工作，保证了机关和后方基地良好的治安环境。严厉打击“法轮功”等邪教组织和其他违法犯罪活动，对曾参加过“法轮功”练功的人员加强教育，确保了内部稳定。严厉打击刑事犯罪，切实抓好铁路重点工程的治安保卫工作。年内，共破获刑事案件95起，抓获犯罪嫌疑人126名。查处治安案件378起，调解各类纠纷1109起，处理违法人员451名，追回赃款赃物总价值31.87万元。开展了为期4个月的“打拐”专项斗争。在古王公路工地开展了为期1个月的以“打击犯罪，整顿秩序，保障施工”为主要内容的治安专项治理活动，保证了施工生产的顺利进行。认真执行治安综合治理领导责任制，加大综合治理的量化考核力度。本着落实“谁主管谁负责”的原则，要求内部单位根据社会治安综合治理的任务、要求和工作范围，明确本部门、本系统的职责，切实承担起共同维护治安的社会责任。年内，3人荣立个人三等功，5人被评为铁道建筑公安局优秀民警，5个单位被评为公安处先进单位。

（陆　菲）

【开展同“法轮功”邪教组织的斗争】 年内，公安处采取各种措施，开展同“法轮功”邪教组织的斗争。对驻京各单位“法轮功”人员进行摸底，确定了重点人员，做到底数清；成立帮教小组，积极做好教育转化工作；在敏感期对重点人员实行24小时监控；落实党委领导责任制。由于领导重视，措施到位，工作取得了成效。全年，管辖单位没发生“法轮功”人员聚集滋事事件，确保了内部稳定。

（陆　菲）

【刑警、治安警参加任职资格考试】　年内，根据铁道建筑公安局的通知要求，公安处有计划、有步骤地组织刑警、治安警参加任职资格考试。第一批考试的21名刑警、42名治安警分别于10月21日、11月4日参加了考试，并全部取得了良好的成绩。

（陆　菲）

【开展爆炸物品清理整顿工作】　3月，根据铁道建筑公安局《关于整顿爆炸物品管理秩序，强化安全管理的工作方案》，共检查发现隐患45起，督促整改45起，发隐患整改通知书11份，收缴雷管74枚，炸药48公斤，导火索330米，销毁失效毫秒雷管41350枚，失效炸药六箱及火雷管1000枚，确保了爆炸物品的安全管理。

（陆　菲）

【开展“打拐”专项斗争】　按照北京市公安局、铁道部公安局、铁道建筑公安局统一部署，从4月份开始，公安处进行了为期四个月的“打拐”专项斗争，共出动警力317人次，清理出租房屋和临时住房1090间，清查宾馆、饭店、招待所28处，清查民工、临时工2310人，网上查询在逃犯罪嫌疑人230人，破获刑事案件32起，查处治安案件120起，抓获各类违法犯罪人员45人，抓获人贩子5人，解救被拐卖妇女3人，被拐卖儿童3名。

（陆　菲）

【开展爆炸物品管理知识竞赛】　5月，由公安处统一组织，在全局范围内开展了一次爆炸物品安全管理知识竞赛活动。该活动面向施工生产第一线，主要对象是涉及爆炸物品的单位和个人以及“四大员”（爆破员、保管员、看守员、押运员）等职能部门全体人员。活动采取竞猜、答题、知识竞赛等多种形式，共发出试卷3000余份。通过爆炸物品知识竞赛活动，职工（民工）对爆炸物品安全管理的意识得到了普遍提高。

（陆　菲）

【开展“三项教育”活动】　10月，公安处下属的7个分处109名民警，开展了为期四个月的“三项教育”。通过动员学习，查摆剖析和整改建制三个阶段的学习，7个公安分处共召开群众座谈会36次；发放征求意见卡553份，回收463份，征求群众意见258条；共查摆出问题363条。经过民主测评，有6名民警参加离岗培训。建立各项规章制度45项，为提高民警素质，加强警风廉政建设，起到了良好的作用。

（陆　菲）

铁道建筑公安局第十六公安处2000年领导名录

职　务	姓　名	任职时间
处　长	宋佑玉	1996年12月—
党组书记	李定观	1994年1月—
副处长	沈仲岳	1999年1月—

警务信息

【如何正确拨打、使用“110”】　拨通“110”电话后，首先会听到中、英文语音提示“您好，这里是‘110’报警服务台”，然后会有接警员受理您的报警求助。请按接警员的提示回答问题，比如自己的姓名、所在位置、联系方法等，以及报警求助的基本情况。无特殊情况，报警后应在报警地等候，注意观察民警到来，以便及时取得联系。对现场内的东西不要乱动，以便民警到场后获取证据。有时候会因拨错号或串线打到“110”，遇到这种情况，请您立即挂机。

【什么情况下应拨打“110”报警】　首都“110”报警服务台坚持“严格执法，热情服务，打击犯罪，保护人民”的方针，维护治安与服务群众并重，除受理刑事、治安案(事)件外，还接受群众突遇的、个人无力解决的紧急危难求助。因此：当正在发生杀人、抢劫、绑架、强奸、伤害、盗窃、抢夺、流氓、贩毒等刑事案件时；当正在发生扰乱商店、市场、车站、体育文化娱乐场所公共秩序，赌博、卖淫嫖娼、吸毒、结伙斗殴等治安案件时；当发生各种自然灾害事故时；当发生重大责任事故时；当您突遇危难无力解决时；当您要举报违法犯罪线索时 …… 您可以拨打“110”报警服务电话。

【“110”投诉台的职责和受理范围】　“110”投诉台负责受理我局民警办事拖拉、推诿扯皮、态度粗暴、处罚不当、违规收费、玩忽职守、徇私舞弊、刑讯逼供、非法拘禁、索贿受贿、生活作风、批评建议、重复催办、打骂群众、以权谋私、赌博、耍特权、三乱、经商、嫖娼等违法违纪行为的投诉。

【北京市公安局警务回执办法】

前　言

在贯彻依法治国方略、推进依法治市的进程中，首都公安机关始终坚持全心全意为人民服务宗旨和实事求是的工作作风，依法充分履行职责，严格公正文明执法，在提高执法工作效率、规范执法管理行为、全面接受社会群众监督等项公安工作领域，进行着不懈的积极努力。

继1999年8月全面实行警务公开制度后，为在更大程度上增加执法管理工作的透明程度，更方便群众，接受监督，根据公安部关于在全国公安机关开展“三项教育”、推行公安队伍建设“十二项”措施的统一部署，按照《北京市公安局警务公开细则》的规定要求，首都公安机关从2000年7月1日起实施警务回执制度。

首都公安机关施行警务回执制度，旨在依据《北京市公安局警务公开细则》规定应向公民、法人和其他组织可以公开的警务活动中，对涉及向公安机关报警、申办证照等事项，由受理部门向报告人或申办人填发警务回执单，并保证按时结办及反馈办理结果，《警务回执办法》正是这一工作制度的具体体现。

全面实行警务回执制度，是公安机关为切实贯彻“严格执法，热情服务”的警务工作原则，不断强化内部自我监督制约机制以及全方位接受社会群众监督采取的新举措和开辟的新途径，将有助于提高公安机关执法水平和服务工作效能，有助于便利便捷群众办事求助，有助于增进警民关系和密切警民协作。

随着警务公开及警务回执制度实施工作

逐步深入，首都公安机关还将致力于探索实行更多、更好的便民利民措施，并真诚欢迎社会各界群众的监督及其改进意见，让我们警民携手为使首都北京成为社会治安首善之区而共同努力。

第一章 总 则

第一节 回执原则

第一条 为全面推行警务公开制度，进一步促进公开公正执法，依照《中华人民共和国警察法》、《北京市公安局警务公开细则》等有关规定，制定本办法。

第二条 公安机关执法活动中，除法律法规已有专门规定以及不需办理警务回执的事项外，都应实行警务回执制度。

第三条 警务回执制度是指对公安机关刑事执法、行政执法及治安行政管理活动，采取有效措施，向当事人、管理相对人以及社会群众公示警务活动依据、处置结果及权利义务，邀请当事人、管理相对人和社会群众对警务活动进行监督。

第四条 警务回执工作坚持全心全意为人民服务宗旨，以人民满意作为最高标准。切实做到：公开执法，维护公民、法人及其他组织合法权益；便民利民，方便群众；促进提高民警素质，加强对公安机关执法活动的监督。

第五条 实行警务回执工作建设、推行责任制，坚持党委统一领导，党、政齐抓共管，监察部门组织协调，业务部门各负其责，并依靠全体民警支持参与。

第六条 警务回执工作作为警务公开和公安工作改革一项重要内容，纳入目标管理，与日常工作紧密结合，一起部署，一起落实，一起检查，一起考核。

第二节 回执范围

第七条 警务回执制度适用范围包括：报警情况和针对当事人、管理相对人以及社会群众的警务工作。

报警情况指刑事案件、治安案件及群众报告的交通事故、火灾、治安灾害事故等。

第八条 根据法律法规的规定，在已经实行公示或公开办理的警务工作中实行回执制度：

(一)依法实施的刑事侦查。包括刑事案件受理立案，刑事技术鉴定，出具《未受刑事制裁证明》等项；

(二)依法实施的计算机安全监察。包括：计算机国际互联网备案，计算机系统及产品安全审核以及计算机网络安全管理等项；

(三)依法实施的治安行政管理。包括：在华外国人、中国公民因私出入境管理，治安、交通、户政、消防监督管理；

(四)依法实施的治安行政审批。包括：审批、审核、制发各项治安行政许可证照以及其他公安行政管理措施；

(五)法律法规确定的其他公示或者公开办理的警务工作；

(六)公安机关确定的其他公示或者公开办理的警务工作。

第三节 回执办法

第九条 回执登记内容包括：申办人、申办事项、受理时间、承办人或联系人及联系办法、办理期限；回执单包括交付当事人执存的回执联、交付承办单位的移送联以及作为存档备查的存根联。

第十条 公安机关各接待部门受理有关涉警情况报告或警务事项申办后，除按规定登记基本情况，听取当事人诉求意见，接受相关材料外，还须视具体情况开具受理回执手续并就有关办理期限、主办部门、工作结果以及当事人权利义务、监督办法等作出回复告知。

第十一条 在受理涉警情况报告及承办警务事项的有关单位中，由先期受理、承接警务工作的部门即时开据回执，答复当事人。

第十二条　凡受理涉警情况报告及承办警务事项的科、队、所、站，在窗口接待处设置警务回执登记簿册，并有专门工作人员具体负责办理回执以及向当事人告知有关事项。

第十三条　凡受理符合办理警务回执的警务事项后，均应开具专项警务回执并按《警务公开细则》的规定，作出回复告知。

第十四条　各级接警单位受理不属于本单位（部门）管辖处理的案情及其警务事项后，应将回执中附卷联及相关材料一并移交、转递有管辖处理权的单位（部门）办理。

第四节　回执管理

第十五条　警务回执登记表式按照公安部或市局统一式样执行，编号使用，规范管理。

第十六条　警务回执工作由公安机关刑侦、户籍、治安、出入境管理、外来人口管理、交通、消防等部门按系统负责日常管理。市局督察处及各单位督察部门按系统负责监督执行及掌握情况动态、评议回执工作、纠正回执违规、核查处理投诉等事项。各级主管部门根据市局总体方案提出细化办法。

第十七条　在公安机关内部，回执登记表式应与现行有关工作制度配套管理，各单位在受理报警情况时，先行填登警务回执簿册，凡在回执登记中标记为某种情况的，须在相应的公安统计登记台账中另作详细登记，并成为该种情况统计汇总依据；回执登记存根应作为工作考核、监察依据之一，隔年撤档清销。

第十八条　需要使用警务回执单据的回执联领取相关申办材料（证明）的，按公安机关业务主管部门规定办理。

第二章　刑事侦查

第十九条　在刑事侦查工作中，对刑事案件受理以及当事人、管理相对人和社会群众申办的涉及侦查工作的事项实行警务回执制度。

第二十条　涉及受理刑事案件，申办亲子鉴定等刑事技术鉴定、机动车辆及其牌照被盗（抢、骗）证明以及“未受刑事制裁证明”事项，案件受理、刑事侦查以及申办受理等部门在问明相关情况，掌握基本材料，认为符合公安机关的有关规定，可以正式受理报告、申办事项时，应办理刑事侦查类警务回执手续。

第二十一条　办理刑事案件受理回执手续，使用公安部统一规定的《接受案件回执单》(附后表一)。该回执单为四联单，第一联作为存根联，由受案单位存档备查；第二联为承办联，由案件主办单位接受；第三联为回执联，交报案人收执；第四联为移送联，移交有关主管部门。

凡承担受理接报刑事案件任务的单位部门，对于报案、控告、举报、扭送等方式获悉的刑事案件信息，均应办理《接受案件回执单》手续。

第二十二条　办理非涉及刑事案件的其他刑事侦查类工作事项，由各级受理单位按管辖分工规定办理，开具北京市公安局统一制定的《申办事项受理回执》(附后表二)。非涉及刑事案件的其他刑事侦查类工作事项指申办亲子鉴定、出具“未受刑事制裁证明”等。

第二十三条　刑事案件侦办过程中所涉及的尸体检验、活体检验、损伤鉴定、物证检验、亲子鉴定以及毒品鉴定、毒物检验鉴定等项不单独办理受理及警务回执手续。

第二十四条　刑事侦查警务回执工作的主管部门是市公安局刑事侦查处，联系电话：85222856　监督电话：110

第三章　计算机信息系统安全监察

第二十五条　在计算机信息系统安全监察工作中，对危害计算机信息系统安全案件受理立案、计算机信息网络国际联网备案、计算机信息系统安全保护的监察管理等工作实行警务回执制度。

第二十六条 涉及危害计算机信息系统安全案件受理立案、计算机信息网络国际联网备案、计算机病毒安全产品送检、计算机病毒防治研究备案、计算机网络安全测试产品销售和使用备案、网吧安全审查等事项，各级受理部门在问明相关情况、掌握基本材料及办理相关手续同时，办理计算机信息系统安全监察类警务回执手续。

第二十七条 办理危害计算机信息系统安全案件受理立案回执，由受理部门开具公安部统一规定的《接受案件回执单》。

第二十八条 受理申办计算机病毒安全专用产品送检证明、计算机病毒防治研究备案等事项，由负责审核部门审验申请单位证明材料，开具北京市公安局统一制定的《申办事项受理回执单》。

第二十九条 受理计算机信息网络国际联网备案时，由备案管理部门指导备案单位办理各项备案手续并开具北京市公安局统一制定的《申办事项受理回执单》。

第三十条 受理网吧安全审核事项，由安全监察管理部门指导安全检查部门办理各项备案手续并负责开具北京市公安局统一制定的《申办事项受理回执单》。

第三十一条 其他涉及计算机信息系统安全监察工作事项的，由各级受理部门请示市局主管部门批准后，依照有关规定予以办理。

第三十二条计算机信息系统安全监察警务回执工作的主管部门是市公安局计算机安全监察处，联系电话：85222636 监督电话：110

第四章 出入境管理

第三十三条 在出入境管理工作中对在华外国人管理、公民因私出入境管理、“三资”企业、外企驻京机构管理以及涉外案件查处工作中实行警务回执制度。

第三十四条 涉及外国人申办在华居（停）留、中国公民申办因私出入境手续，外企驻京机构及“三资”企业中港、澳、台人员申办暂住手续，申请查处涉外刑事、治安案件等事项，各级受理案（事）件部门以及外国人管理、出入境管理部门在问明主要情况，掌握相关材料，认为基本符合公安机关的有关规定，可以正式受理时，应办理出入境管理警务回执手续。

第三十五条 办理涉外刑事、治安案件受理立案回执手续使用公安部统一规定的《接受案件回执单》。

第三十六条 中国公民申办下列出入境管理手续事项，由市公安局出入境管理处办理并开具北京市公安局统一制定的《申办出入境管理事项回执》（见附表三）：

（一）申领公民因私普通护照；

（二）申办公民因私普通护照延期、加页、变更及其补发等；

（三）申领《中华人民共和国前往港澳通行证》；

（四）申领《中华人民共和国往来港澳通行证》；

（五）申办《中华人民共和国往来港澳通行证》延期；

（六）申办《中华人民共和国往来港澳通行证》签注；

（七）申领《大陆居民往来台湾通行证》。

第三十七条 外国人申办下列在华居（停）留手续事项，由市公安局外国人管理处办理，并使用北京市公安局统一制定的《外国人申办签证事项回执单》（见附表四）：

（一）外国人在华签证；

（二）外国人在华签证延期；

（三）外国人在华签证变更；

（四）外国人在华团体签证分离；

（五）外国人在华签证停留加签；

(六) 外国人在华居留证；

(七) 外国人在华居留证延期；

(八) 外国人在华居留证变更；

(九) 外国人出入境证；

(十) 外国人旅行证。

第三十八条　港澳台人员申请办理在京暂住证及其签注和暂住加注，由市公安局出入境管理处办理，并使用北京市公安局统一制定的《申办出入境管理事项回执单》(见附表五)。

第三十九条　涉外案件侦办过程中涉及尸体检验、活体检验、物证检验、亲子鉴定、伤残评定及毒品鉴定、毒物检验鉴定等不单独办理受理及警务回执手续。

第四十条　出入境管理警务回执工作的主管部门是市公安局外国人管理出入境管理处，联系电话：84015316　监督电话：110

第五章　户政管理

第四十一条　在户籍管理和外来人口管理工作中对户口证件管理、门(楼)牌管理以及出租房屋管理工作实行警务回执制度。

第四十二条　涉及申办户口证件、门(楼)牌，申办《房屋租赁安全合格证》、出租房屋标牌事项的，各受理部门在问明相关情况，掌握基本材料，认为基本符合公安机关的有关规定，可以正式受理申办时，应当办理警务回执手续。

第四十三条　办理户籍管理和外来人口管理警务回执手续，使用北京市公安局统一制定的《申办事项受理回执单》，由各级受理单位按照既定要求办理。

第四十四条　下列户籍管理事项，由各派出所受理并负责办理警务回执手续：

(一)居民申请入户；居民申请入户事项包括妻子投靠丈夫，老人投靠子女，子女投靠父母以及外埠农业人口与本市农业人口初婚入户等；

(二) 居民申领换领补领居民身份证；

(三) 申办门(楼)牌；

(四)主管机关确定的其他公开办理的户籍管理事项。

居民申请加快制作居民身份证事项，由派出所办理“制作居民身份证专用信封”，交申请人送达市局快证接待室，由快证接待室受理并办理警务回执手续。

第四十五条　下列外来人口管理事项，由各派出所受理并负责办理警务回执手续：

(一) 申领《房屋租赁安全合格证》；

(二) 申领出租房屋标牌；

(三)主管机关确定的其他公开办理的外来人口管理事项。

第四十六条　群众申办下列即刻办理的事项不需办理警务回执手续：

(一) 户口登记、注销、变更；

(二) 边境通行证；

(三) 暂住证；

(四)主管机关确定的其他能够即刻公开办理的事项。

第四十七条　户政管理警务回执工作的主管部门是市公安局户籍处，联系电话：63980969　监督电话：110

第四十八条　外来人口管理警务回执工作的主管部门是市公安局外来人口管理处，联系电话：66053867　监督电话：110

第六章　治安管理

第四十九条　在治安管理工作中对治安案件受理查处以及特种行业、危险物品、娱乐场所、大型活动等项管理工作实行警务回执制度。

第五十条　涉及受理、查处治安案件，经办申办旅馆业、刻字业、废旧金属收购业、典当业、拍卖业、印刷业、小件寄存业、机动车辆维修业、射击场业、娱乐场所，申办持枪证件、生产及其购买管制刀具、生产及存贮、经营、购买、使用剧毒物品、放射性物品、爆炸物品、烟花爆竹，申办大型活动治安登记等事项时，有关受理部门及治安行政主管部门在问明相关情况，掌握基本材料，认为其符合公安机关有关规定，可以正式受理报告、申办事项时，应办理治安管理类警务回执手续。

第五十一条　办理治安案件受理、查处回执手续，使用公安部统一规定的《接受案件回执单》(见附表一)。该回执单为四联单，第一联为存根联，由受案单位存档备查；第二联为承办联，由案件主办单位接受；第三联为回执联，交报案人收执；第四联为移送联，移交上级主管部门。

公安机关凡具有受理治安案件报案任务单位及部门，对报案、控告、举报、扭送等方式获悉的治安案件信息，均应使用《接受案件回执单》办理回执手续。

第五十二条　涉及其他治安管理类工作事项的，由各级受理单位使用北京市公安局统一制定《申办事项受理回执单》(见附表二）办理回执。

第五十三条　当事人户口所在地公安分、县局统一受理下列治安管理类事项并负责填发警务回执手续：

（一）申办经营旅馆业、废（旧）金属收购业、典当业、拍卖业、小件物品寄存业、机动车维修业、印刷业，领取《特种行业许可证》；

（二）申办新建、改建、扩建营业性射击场；

（三）申办生产管制刀具，申领《特种刀具生产许可证》；

（四）申办销售管制刀具；

（五）申办购买管制刀具，申领《特种刀具购买证》；

（六）本市单位申办在本市购买剧毒物品；

（七）本市个人申办为治病购买剧毒物品；

（八）单位申请新建或改建、扩建生产爆炸物品场所许可，申领《爆炸物品安全生产许可证》；

（九）申请长期或者临时储存爆炸物品许可，申领《爆炸物品储存许可证》；

（十）申请长期或者临时使用爆炸物品许可，申领《爆炸物品使用许可证》；

（十一）申请储存、销售烟花爆竹许可，申领《爆炸物品销售许可证》；

（十二）申领接触爆炸物品的爆破员、押运员、保管员、安全员安全作业证；

（十三）申请在生产爆破器材工厂外设置试验场地许可；

（十四）申办经营营业性娱乐场所；

（十五）申办除国际性、全国性、全市性的和外埠进京及本市跨区县以外的大型活动。

第五十四条　市公安局治安处统一受理下列治安管理类事项并负责填发警务回执手续：

（一）爆破企业资质及爆破工程开工许可；

（二）用氯酸盐配制烟火剂及特制品许可；

（三）经营拆除、爆破作业许可；

（四）非禁放区建立烟花爆竹生产单位许可；

（五）三环路内建筑物构筑物爆破拆除工程；

（六）在禁放区内特定地点燃放烟花爆竹；

（七）申领《焰火晚会烟花爆竹燃放员作业证》；

（八）申领《焰火晚会烟花爆竹燃放许可证》；

（九）单位申办新建、改建、扩建放射性物品工作场所选址许可；

（十）单位申办新建、改建、扩建放射性物品工作场所的放射防护设施许可；

（十一）单位申办生产、销售、使用、储

存、运输放射性同位素或带放射源的射线装置许可；

（十二）单位申办订购、借用、调拨、转让放射性同位素或带放射源的射线装置许可；

（十三）单位申办处理和处置废旧（退役）放射源许可；

（十四）单位申办储存剧毒物品；

（十五）单位申办使用剧毒物品；

（十六）单位申办经营剧毒物品；

（十七）申办持枪证件；

（十八）申办国际性、全国性、全市性和外埠进京及本市跨区县举办的大型活动。

第五十五条 随治安案件办理过程中涉及的尸体检验、活体检验、损伤鉴定、物证检验、毒品鉴定、毒物检验鉴定、亲子鉴定、伤残评定等以及受理拣拾物品、刻章换信等即刻办理事项等不需办理回执手续。

第五十六条 治安管理警务回执工作的主管部门是市公安局治安处，联系电话是：62074125 监督电话是：110

第七章 交通管理

第五十七条 在交通管理工作中对交通肇事逃逸案件的受理、查处，机动车辆管理，驾驶员证件管理等项工作实行警务回执制度。

第五十八条 办理查缉交通肇事逃逸案件，根据属地管理原则，由案件发生地交通事故处理部门受理，使用公安部统一规定的《接受案件回执单》，开具警务回执手续。

第五十九条 涉及申领、补领机动车牌证，申办机动车转籍、过户、变更手续，办理机动车驾驶证等事项，交通管理部门在问明主要情况，掌握相关材料，认为基本符合公安机关现行有关规定，可以正式受理，且手续齐备的，即刻办理；手续不齐备或需要进一步审核的，应当办理交通管理类警务回执手续。

第六十条 下列交通管理事项由市公安交通管理局车辆管理所受理，并负责办理交通管理类警务回执手续：

（一）申领机动车牌证的；

（二）补领机动车牌证的；

（三）申请机动车变更、过户的；

（四）申办机动车转籍的；

（五）申办机动车停驶、复驶的；

（六）申领机动车驾驶证的；

（七）换领机动车驾驶证的；

（八）补领机动车驾驶证的；

（九）申请机动车驾驶证变更的；

（十）申办机动车驾驶员转籍的。

第六十一条 上述事项，除特别情况外，也可由市公安交通管理局车辆管理所分所、远郊区、县交通支（大）队车管站受理。

第六十二条 申办上述事项，手续齐备的，在规定时限内即刻办理，手续不齐备或需进一步审核的，应当办理交通管理类警务回执手续（见附表七甲、乙）。

第六十三条 对交通事故查处过程中涉及的尸体检验、损伤鉴定、物证检验、伤残评定等不单独受理及办理警务回执手续。

第六十四条 交通管理警务回执工作的主管部门是市公安交通管理局，联系电话：68398700 监督电话是：122

第八章 消防监督

第六十五条 在消防监督工作中对消防安全审核及消防产品管理、化学危险物品管理、大型活动消防安全检查等工作实行警务回执制度。

第六十六条 涉及消防安全审核，消防产品、化学危险物品管理，大型活动消防审批等项工作，公安消防监督机构的受理部门在问明主要情况，查验相关材料，认为基本符合消防管理有关规定，可以正式受理申办事项时，应办理消防监督警务回执手续。

对申办材料不齐全者，由受理单位先行

受理并在回执手续中告知。

第六十七条 涉及下列消防监督事项由市或区、县公安消防监督机构受理，并负责办理警务回执手续：

（一）消防安全审核。包括：建筑设计防火审核，建筑工程消防验收以及申领《建筑工程施工现场消防安全许可证》事项。

（二）化学危险物品管理。按施放地点隶属关系涉及的申办灌充、使用氢气球项目。

（三）大型活动消防审批。包括：申办大型群众性活动消防安全检查，公共聚集场所使用或开业前消防安全检查事项。

涉及上述事项，公安消防监督机构受理部门在受理申办的同时，负责办理消防审核警务回执手续（见附表八）。

第六十八条 涉及下列消防监督管理事项由北京市消防局消防审核受理室统一受理，并办理警务回执手续：

（一）申领《易燃易爆化学物品消防安全许可证》

（二）申办生产、经销、维修消防产品，外埠（及境外）消防产品在本市销售备案事项。

第六十九条 申办单位可以通过电话或直接到受理（或主管）部门查询该项目办理情况。并请持回执单据领取批复材料，回执单丢失者由原单位出具证明。

第七十条 对消防工程施工企业资质审批、《易燃易爆化学物品准运证》审批以及火灾事故查处及查处过程中涉及的尸体检验、活体检验、损伤鉴定、物证检验、伤残评定事项不单独办理受理及警务回执手续。

第七十一条 消防监督警务回执工作的主管部门是市消防局，联系电话：62241188 转 2512 监督电话：110

第九章 监督办法

第七十二条 依据《北京市公安局警务公开细则》有关规定，各级警务督察部门对警务回执工作部署执行情况进行监督检查，全面加强警务监督，保证民警依法履行职责，正确行使职权。

第七十三条 警务回执督察工作包括：监督回执执行、纠正回执违规、核查处理投诉等项。

第七十四条 市局各业务主管部门按照业务分工对本系统警务回执制度执行情况进行经常性管理、指导及其检查，随时掌握动态，及时表彰先进，纠正问题。

第七十五条 警务回执规定执行部门的直接主管单位，必须将此项工作纳入工作计划，统筹安排，指导实施，督促落实。同时作为年度工作总结的一项重要内容。

第七十六条 直接办理警务回执手续的窗口单位，采取设立联系信箱、领导接待日等多种方式，自觉接受群众监督并按 10—20%比例，对当事人进行回访，听取意见、建议，不断改进工作。

第七十七条 各级警务督察与业务主管部门将警务回执工作落实情况纳入目标管理，明确奖惩办法和目标责任，严格操作施行。

第七十八条 市公安局及其所属单位信访、督察部门以及 110 接警台（交通部门为 122 接警台）是受理警务回执规定执行情况控告申诉的专门机构，负责处理群众有关警务回执工作的控告、申诉。

第七十九条 对于公安机关、人民警察执行警务回执办法不作为及违规行为的控告、申诉，由信访部门初步接谈并做核查后，属于违法违纪的，交纪检、监察部门受理；属于需要责令履行职责、纠正违法行为的，由有关业务单位受理。

第八十条 对违反警务回执有关规定的，应视情节予以查处处理，情节轻微的，按目标管理规定予以处罚；构成违法违纪的，按党纪、政纪的有关规定处理，并选择典型案例予以曝光。

【驾驶员管理规定】

第一条　初领机动车驾驶证的手续

符合规定条件初领机动车驾驶证的，应按下列程序办理手续：

1. 填写《机动车驾驶证申请表》。

2. 到市卫生局体检站或街道、乡镇以上医院体检。

3. 持《机动车驾驶证申请表》和有效居民身份证件到市交通安全教育学校下设的培训部进行"交通法规与相关知识"培训和考试，领取《交通法规与相关知识培训考试合格证》(简称《合格证》)。

4. 到车管分所报名，领取学习驾驶证。

5. 持大型客车、大型货车、小型汽车、其他机动车学习驾驶证的，自发证之日起分别在60、40、30、20日后，到车管分所约考"场地驾驶"、"道路驾驶"，考试合格后领取驾驶证。

第二条　驾驶员办理增驾的手续

驾驶员增加准驾车型的，须按下列程序办理：

1. 填写《机动车驾驶证申请表》(免体检)。

2. 按规定参加培训和考试(汽车类准驾车型驾驶证增驾非汽车类准驾车型的免考"交通法规及相关知识")。

3. 到车管分所交验机动车驾驶证办理增驾手续。

第三条　初次申领汽车驾驶证及增加汽车准驾车型的人员参加法规培训考试的手续

初次申领汽车驾驶证及增加汽车准驾车型的人员参加法规培训考试的，按下列程序进行：

1. 持《机动车驾驶员申请表》、3张同底版1寸免冠近照，及有效身份证件，到市交通安全教育学校下设的培训部办理报名手续(增加汽车准驾车型的还应交验原驾驶证)，并交纳200元培训费。

2. 领取《学员证》参加培训，学满21课时后持证参加"交通法规与相关知识"考试(不合格者准许补考1次，补考仍不合格的终止学习)。

3. 考试合格的，领取有效期为1年的《合格证》及盖有交规考试合格印章的《机动车驾驶员申请表》。

4. 持《合格证》及《机动车驾驶员申请表》到机动车驾驶员培训单位参加驾驶技能培训。

第四条　本市驾驶员登记备案及领取牡丹交通卡的手续

持有本市机动车驾驶证的驾驶员应按下列规定办理驾驶员登记备案手续：

1. 有工作单位的，由单位集体到所在区县交通支(大)队统一办理；无工作单位的，持有效身份证件到居住地所在区县交通支(大)队办理。

2. 持有本市机动车驾驶证的港、澳、台人员及外国人，到北京市公安交通管理局车辆管理所外事科办理。

3. 新取得驾驶证的驾驶员在领取正式驾驶证时，由所在车管分所发给备案通知书后1个月内到单位或户口所在地交通支(大)队办理，登记备案的同时领取牡丹交通卡《领卡凭证》，到本市工商银行储蓄所领卡(空卡)。领卡后还须到备案地区交通支(大)队写入交通管理信息后使用。

第五条　驾驶员参加定期审验的手续

机动车驾驶员应按驾驶证正证有效期起始年月的对应月份参加定期审验。因故不能按期审验的，应事先申请办理缓审手续或委托外地车管所代审手续。审验时，按下列程序到所在地交通支(大)队宣传科(班)窗口办理：

1. 到所在地交通支(大)队宣传科(班)或地区安委会领取《机动车驾驶员年度审验登记表》。

2. 填写《机动车驾驶员年度审验登记表》并体检。

3. 交验《年审登记表》、有效身份证明、驾驶证和牡丹交通卡。

4. 由所在地交通支（大）队宣传科（班）进行微机查询，确认驾驶员的驾驶资格后加盖年审合格章。

5. 逾期参加年审的，应按规定接受处罚后办理审验手续。

第六条 驾驶证期满换证的手续

驾驶员在驾驶证有效期期满前3个月内，应填写《驾驶员审验、换证申请表》，经体检合格后到车管分所交验有效身份证件，办理驾驶证期满换证手续。

第七条 补领驾驶证的手续

机动车驾驶证丢失的，按下列程序办理手续：

1. 由本人填写《补领牌证申请表》。

2. 到《首都交通安全报》办理登报挂失手续。

3. 自登报挂失之日起30天后，持《申请表》、本人居民身份证和照片，到所在地车管分所补领驾驶证。

第八条 外地驾驶证换领本市驾驶证的手续

外地驾驶证换领本市驾驶证的（外地驾驶员在京期间自愿申请换领本市驾驶证的，可在驾驶证有效期满前3个月内向暂住地的车管分所提出申请），按下列程序办理：

1. 按规定填写《机动车驾驶证申请表》。

2. 经体检合格后，到所在地车管分所办理手续，办理时交存外省市转京的驾驶员档案材料。

3. 换领本市驾驶证。

第九条 境外驾驶证换领本市驾驶证的手续

在境外已连续居留6个月以上，持有外国驾驶证、国际驾驶证或港、澳、台地区驾驶证的，可到所在地车管分所按下列程序换领本市驾驶证：

1. 填写《机动车驾驶证申请表》。

2. 经体检合格后交验中国护照和身份证件。

3. 交存境外驾驶证的复印件和翻译件。

4. 参加“交通法规与相关知识”和“道路驾驶”两项复试，合格后办理换领手续（有3年以上驾驶经历的，免试“道路驾驶”）。

第十条 部队驾驶证换领本市驾驶证的手续

部队驾驶证换领本市驾驶证的，按下列程序到所在地车管分所办理手续：

1. 填写《机动车驾驶证申请表》，参加体检。

2. 交验军队、武装警察部队有效驾驶证。

3. 交验有效身份证件和有关证明材料。

4. 参加“道路驾驶”考试，合格后换领本市驾驶证（持准驾小型汽车、摩托车驾驶证，有3年以上驾驶经历的，免试“道路驾驶”）。

第十一条 驾驶证转出本市的手续

驾驶员转出本市的，应按下列程序到北京市公安交通管理局车辆管理所牌证科办理转籍手续：

1. 填写《驾驶证转籍申请表》。

2. 交验驾驶证。

3. 交验居民身份证等有效身份证件。

第十二条 计分累计达12分的驾驶员参加交通法规培训和考试的手续

持有本市核发的机动车驾驶证的驾驶员，因发生交通违法行为或交通事故，1年内（以初次领证日期为准），累计分值达到12分的，应按下列程序参加交通法规培训和考试：

1. 到登记备案所在地的交通支（大）队培训部报名，报名时应交纳200元培训费。

2. 按指定的时间、地点接受为期3天（18课时）的交通安全教育培训。

3. 学满课时的，按规定参加结业考试（准许补考1次）。考试合格的，发给《培训合格证》。

4. 持《合格证》及《培训通知书回执》办理销分手续。

第十三条　办理各种驾驶员手续的时限和收费规定

参加交通法规培训的学员办理报名手续后，受理的培训部应在10天内安排法规培训。如遇特殊情况延期安排的，应向学员讲明原因，但延长期最长不超过10天。办理其他有关驾驶员手续，材料齐全并符合规定的，一律当场办理，并按规定收取有关费用。

【机动车管理规定】

第一条　符合条件的机动车申领机动车牌证的

1. 交验机动车来源合法凭证，包括：

(1) 符合规定的销售发票第二联，交存第四联；

(2) 国产车的《车辆整车出厂合格证》，进口车的《货物进口证明书》，没收机动车的《没收走私汽车、摩托车证明书》；

(3) 中央、国家机关或部委调拨车的机动车调拨单；

(4) 外地转入车的原车档及交易凭证；

(5) 因经济赔偿、财产分割等所有权发生转移未进行新车注册登记的机动车，应有人民法院的判决书（或裁定书、调解书）或公证机关的公证证明。

2. 交验有关证明材料、交存复印件：

(1) 单位办理机动车牌证的，应交验车辆购置附加费凭证；法人代码证书；《机动车登记表》；《停车泊位证明》（城、近郊区）；第三者责任保险单据，已领有临时号牌的交回临时号牌。

(2) 个人办理机动车牌证的，应交验车辆购置附加费凭证；有效身份证明；《机动车登记表》；城、近郊区居民个人机动车的有效《停车泊位证明》第三者责任保险单据；已领有临时号牌的交回临时号牌。

3. 领取号牌和行驶证待办凭证。

4. 到所在地交通支（大）队登记备案。

5. 15日内持备案证明、车辆照片、养路费交纳凭证、行驶证待办凭证到原发号牌车管所领取行驶证。

第二条　单位办理《停车泊位证明》

单位办理《停车泊位证明》的，应到法人代码登记地的交通支（大）队办理；单位法人代码登记地、备案所在区、实际地址所在区及市行政区划有不一致的情形时，到备案所在区办理；购车单位为中央国家机关的（不含其下属单位），可在备案所在区或实际地址所在区办理。

有停车条件的，应出具法人代码书、建筑规划平面图、本单位拥有停车场泊位数及现有机动车数量的证明。

租用其他单位房屋的，应出具租赁合同和产权单位的建筑规划平面图、租用房屋附属的停车场泊位数、现有机动车数量及产权单位出具的停车场地证明。

无停车条件的，应出具距单位实际地址1公里以内的非占用道路社会停车场开具的场地证明及缴费凭据。

第三条　个人办理《停车泊位证明》

个人办理《停车泊位证明》的，应到户口所在地交通支（大）队办理；户口与住址不一致的，应出具购车人或同一户籍成员的“房产证”、“住宅租赁合同”或购房协议，到实际住址所在地的交通支（大）队办理。

本人住宅有停车条件的，应出具购车人或同一户籍成员的“房产证明”。

单位家属宿舍大院或住宅小区内有停车条件的，应出具“住宅租赁合同”和产权单位的停车场地证明。

无停车条件的，应出具距其实际住址1公里以内非占用道路社会停车场开具的停车场地证明及缴费凭据。

第四条　办理《停车泊位证明》的时限

单位或个人办理《停车泊位证明》的，在提交的证明材料齐全有效的情况下，公安交通管理机关应在5个工作日内给予审核结果，如确认停车位有效，即开具《停车泊位证明》。

第五条 机动车登记备案的手续

机动车登记备案的手续，按下列规定办理：

1. 单位车辆到所在区县交通支（大）队集体办理。

2. 个人车辆，车主有驾驶证的随驾驶证的登记备案一同办理，车主无驾驶证的到机动车行驶证登记地址所在区县交通支(大)队办理。

3. 黑色牌照车辆到北京市公安交通管理局车辆管理所外事科办理。

第六条 机动车辆申领临时号牌的手续

发往外埠的机动车辆申领临时号牌的，应到车管分所按下列程序办理：

1. 交验下列证明材料：

(1) 国产车的购车发票和产品合格证；

(2) 进口车的货物进口证明、商检单和购车发票；

(3) 个人车辆的车主身份证或户口簿。

2. 填写《临时号牌登记表》

经查验外观及合格证与该车发动机号、车架号相符并上线检验制动项目合格的，由总检签字、民警签字盖章后领取临时号牌。

第七条 机动车参加定期检验的手续

机动车每年应按号牌尾号对应的月份参加定期检验，机动车检测按照国家标准《机动车运行安全技术条件》及国家和本市机动车尾气排放标准执行，并按下列程序办理：

1. 按规定填写《机动车定期检验登记表》。

2. 交验第三者责任保险单据。

3. 到指定检测场检测，检验合格后办理年检手续：

汽车、全挂车可在北京市公安交通管理局委托承接检测任务的汽车检测场范围内自选检测场验车（超过国家规定使用年限需延长使用的到北苑检测中心和岳各庄检测场检验)，车辆检验合格后在检测场办公窗口办理年检手续；

专用机械、后三轮摩托车、轻便摩托车、电瓶车均在本区、县交通支（大）队进行人工检验，车辆检验合格后在本区、县交通支（大）队办理年检手续；

本区、县检测场有摩托车、农用运输车检测线的，二轮、侧三轮摩托车、农用运输车在检测场检验，没有检测线的，在本区、县交通支（大）队人工检验；

“京A”字头黑色号牌的各种摩托车，到北京市公安交通管理局车辆管理所指定的检测场检验，检验合格后在外事科办理年检手续。

第八条 补领机动车行驶证的手续

补领机动车行驶证的，到车管分所办理；出租汽车、小公共汽车、领有“京C/P”号牌的机动车行驶证丢失的，到北京市公安交通管理局车辆管理所牌证科办理；“京A”字头的摩托车和轻便摩托车行驶证丢失的先经北京市公安交通管理局车辆管理所检验科核对车辆再到牌证科办理。

1. 填写《补领牌证申请表》

2. 到《首都交通安全报》办理登报挂失。

3. 登报挂失之日起15日后补领行驶证。

第九条 补领机动车行驶证（丢失）的手续

机动车号牌丢失的，应按下列程序补领：

1. 填写《补领牌证申请表》。

2. 到《首都交通安全报》、车管所（含车管分所）办理登报挂失手续

3. 到北京市公安交通管理局车辆管理所指定检测场验车合格后按规定补领号牌。

第十条 补领机动车行驶证（损坏）的手续

机动车号牌损坏的，应持损坏的号牌到北京市公安交通管理局车辆管理所牌证科直接办理补领手续，按规定领取号牌。

第十一条　机动车过户的手续

申请过户的机动车,应按下列程序办理:

1. 按规定填写《机动车变更、过户、改装、停驶、复驶、报废审批申请表》并盖章签名。

2. 交存旧机动车交易市场交易凭证(二轮、轻便摩托车应有北京市公安交通管理局车辆管理所指定信托商店或旧机动车交易市场的交易凭证)。

3. 按下列规定提交有关材料及证明:

个人车辆的,应交验买卖双方有效身份证明并复印存档。

单位购买大、小型客车、摩托车的,应交存市控办,合资或私营企业应提交营业执照并交存复印件。

因经济赔偿、财产分割、继承等发生所有权转移的,提交原车档案、法院判决书(或裁定书、调解书)、公证机关的公证证明,可免交交易证明。

办理过户手续(领有“京A”号牌的二轮摩托车、轻便摩托车应先经北京市公安交通管理局车辆管理所检验科核对车辆)。

第十二条　机动车变更的手续

机动车登记内容变更的,应按规定填写《机动车变更、过户、改装、停驶、复驶、报废审批申请表》并盖章签名后,到车管分所办理变更手续。

单位名称变更的,应提交上级机关的批准证明或工商部门的变更证明。

地址变更的,应提交单位证明或个人有效身份证件。

改变车型、车架、车身、驾驶室及车辆原设计性能、用途、结构的,应提出书面申请,报北京市公安交通管理局车辆管理所检验科审批。自批准之日起1个月内到指定部门改装,改装后持批准证明和变更项目发票到北京市公安交通管理局车辆管理所指定部门检验车辆,合格后办理变更手续。

变更发动机、车身颜色的,应提出书面申请,报北京市公安交通管理局车辆管理所检验科或车管分所审批。自批准之日起1个月内到指定部门变更。变更后持批准证明、变更项目发票或厂家新车保修证明到车管分所检验车辆,合格后办理变更手续。

机动车行驶证登记项目有改变的,机动车所有者应自改变之日起1个月内到北京市公安交通管理局车辆管理所办理变更登记。

第十三条　出租汽车更新手续

1996年1月4日以后注销的出租车,可按下列程序办理出租汽车更新手续:

1. 交存出租汽车管理局有关证明。

2. 提交市公安局出租汽车治安管理处开具的《出租汽车治安审批合格凭证》。

3. 到指定的检测场验车。

4. 按新车注册登记的规定到北京市公安交通管理局车辆管理所牌证科办理手续(过户给非出租运营单位或个人的,应持出租汽车管理局批准的注销单注销原“京B”字头牌证核发新牌证)。

第十四条　办理各种机动车手续的时限和收费规定

办理各种机动车手续,材料齐全并符合规定的,一律当场办理,并按规定收取有关费用。

【什么是“网吧”】　通过计算机与公众信息网络联网,向消费者提供上机学习、信息查询和交流等服务的营业性场所。

【申请经营“网吧”应具备的条件】　(1)营业场地安全可靠,设施齐全;(2)具有相应的计算机设备和技术人员;(3)建立完善的安全保护管理制度;(4)配备专职或兼职的安全管理人员;(5)符合国家法律、法规的有关规定。

【申请经营“网吧”的有关规定】

1. 经通信行业管理部门批准,已领取经营许可证的计算机信息网络国际联网业务和多媒体通信业务的经营单位可以发展“网吧”。对“网吧”经营者的管理责任应由相关的经营单位承担。经营单位要与“网吧”签订业务代理协议和信息安全责任书，明确双方的权利和义务。

2. 经营单位发展“网吧”时，必须按规定要求对”网吧”进行认真审核，并将“网吧”的名称、地址、终端数量、从业人员名单及代理协议等材料报当地通信行业管理部门备案。

3. 曾因违反《中华人民共和国计算机信息网络国际联网管理暂行规定》和《计算机信息网络国际联网安全保护管理办法》，被取消联网资格或被暂停联网的单位和个人，处罚期限未满的，不予批准经营“网吧”业务。

4. 申请经营“网吧”的单位，应按《通知》的规定向所在地公安分局、县公安局办理申请手续，经审核合格后，凭公安机关颁发的安全检查合格证，到工商行政部门办理营业执照。本通告发布之前已营业的“网吧”，应在本通告发布之日起 30 日内，按《通知》规定补办手续，逾期不办的，按《通知》规定处理。

5. “网吧”的经营者和消费者应遵守国家法律、行政法规，不得从事危害国家安全，扰乱社会治安秩序，侵犯公众合法权益的违法犯罪活动；不得经营电脑游戏，不得将“网吧”出租或者转让。“网吧”经营者对国家法律、法规禁止传播的信息负有监督、举报并停止上网和查阅的责任。

6. “网吧”要对使用公共信息网络的消费者的有关情况进行必要的登记。

7. 各主管部门要加强对“网吧”经营和安全管理情况的监督检查，在检查中如发现有无照经营或超范围经营“网吧”等违法行为，由工商行政管理部门予以处罚；对违反网络安全管理规定的行为，由公安机关依照有关规定予以处罚。

【被盗（抢、骗）机动车报案程序】 机动车被盗（抢、骗）后，应及时到发案地所属分（县）局刑警支、大队报案（发案地在朝阳区的，到所属派出所报案）。报案时应具备下列条件：车主、事主本人带身份证（车主是单位的带单位介绍信）、保单正本、购车发票、车钥匙、产品合格证、行驶证。如果被盗抢车辆有盗抢保险，除在发案地公安部门报案外，还应到投保的保险公司报案。

【被盗（抢、骗）机动车报案地点及联系电话】 北京市公安局刑侦总队机动车案件侦查大队办公地址：东城区王佐胡同一号后门（国兴胡同内一白色二层楼）。乘车路线：107 路在宝钞站下车，44 路在六铺炕站下车，60 路在豁口站下车。联系电话：84014311 64040297 办公时间：周一至周四：上午 8：30～11：30 下午 1：30～5：00 周五：上午 8：30～11：30 下午不对外办公。

【被盗（抢、骗）机动车找回后办理哪些手续】 车辆找回后应先去发案所在地的分（县）局刑警支、大队销案。（销案是办理以下手续的先决条件）

1. 被盗（抢、骗）机动车找回后，如果需要向保险公司索赔修理险或办案费，请先去保险公司领取《机动车辆保险出险证明》，再去发案所在地的分（县）局刑警支、大队领取《机动车案件专用证明》后即可来此办理手续。

2. 被盗（抢、骗）机动车找回后，如果需要办理：①起征养路费，②补牌，③车辆手续随车丢失证明，④车辆变更证明，请先去发案所在地的分（县）局刑警支、大队领取《机动车案件专用证明》后即可来此办理手续。

（注：发动机号、车架号、车身颜色被变更者，需到北京市刑事科学技术研究所作鉴定后，持鉴定书来办理变更证明）。

3. 对于保险公司已作赔付车辆，产权已归保险公司。保险公司需出售（或自用）且需过户的车辆，需由保险公司人员携带此车理赔卷宗及《机动车案件专用证明》和市级保险公司有关部门出具的《机动车处理证明》来此办理。

【北京机动车在外埠丢失后怎么办】 北京手续的机动车在外埠被盗（抢、骗）后，应到当地公安部门报案，如车辆有盗抢保险，还应及时到保险公司报案。然后由立案地区、县级以上公安刑侦部门开具对北京市公安局刑事侦查总队十大队的证明，车主持此证明及该车行驶证到此办理登记手续。如车辆有盗抢保险，需于登记一个月后(且发案已满3个月)带保险理赔的有关手续来此办理手续。如车辆没有盗抢险，只需于登记一个月后来此办理注销养路费手续即可。

【如何办理被盗、抢机动车保险】

1. 机动车发案三个月后如侦查无结果，请到被盗、抢机动车所在地的分（县）局刑警支、大队领取《机动车案件专用证明》。(我们不认可派出所证明)。(注意：如果车辆手续有随车丢失的或在分（县）局存档的，请让分（县）局在证明上注清)。

2. 到保险公司领取以下两份证明：

①《机动车车辆保险权益转让书》。注意：在此书上要盖保险公司章和车主签章(若是公车盖单位章，若是私车被保险人签名)，并填写准确清楚。

②《机动车辆保险出险证明》(请填写准确清楚)

3. 带上保险公司的《机动车辆保险单(正本)》(注意：如果此单丢失，请让保险公司在保险单复印件上盖章，或让保险公司出具投保证明)。

4. 注意：凡价值在15万元以上的中高档机动车，需交验此车全部钥匙。如此车钥匙在公安部门存档，需让刑警支、大队在《机动车案件专用证明》上注明。

5. 注意：

①若您的车是公车，请让车主单位主管车辆的同志携带单位介绍信前来办理。

②若您的车是私车，请让车主本人携带本人身份证及其复印件前来办理。

6. 拿到以上四份手续并带齐车钥匙，在机动车报案三个月以后即可来此办理机动车案件保险证明及注销养路费证明。

7. 在我们这里开好证明后，请先去公路局养路费征稽处办理注销养路费手续（在哪里交养路费在哪里注销），拿到《停驶证明》后，再去保险公司办理其它索赔事宜。

【机动车被盗（抢、骗）后如何办理注销养路费手续】

1. 如果车辆没有投保盗抢险，请到被盗(抢、骗)机动车所在地的分（县）局刑警支、大队领取《机动车案件专用证明》。

2. 拿到以上证明，在机动车发案一个月以后即可来此办理注销养路费证明。

3. 在北京市公安局刑事侦查总队机动车案件侦查大队开好证明后，再去公路局养路费征稽处办理注销养路费手续（在哪里交养路费在哪里办理注销养路费手续）。

【如何办理被盗（抢、骗）机动车销案程序】 被盗（抢、骗）机动车找回并发还后，请到原发案地分（县）局刑警支、大队（朝阳先到派出所）办理销案手续后，才能办理验车、补牌照及启征养路费等手续。(销案后的工作，由市公安局刑事侦查总队十大队及市车管所档案科办理，不用事主亲自到市公安局刑事侦查总队十大队来办理)。如确认原发案地公安分（县）局刑警支、大队已销案，且已等待约十五天后，仍未启封，请到市车管所档案科查询解决。

【车牌照被盗（抢、骗）报案程序】

一、车主是公车：事主携带单位介绍信、本人身份证及车辆行驶证到发案地分(县)局刑警支、大队（朝阳区在派出所）报案。

二、车主是私车：车主、事主本人携带身份证及车辆行驶证到发案地分（县）局刑警支、大队（朝阳区在派出所）报案。

注：如牌照在行驶中丢失，车主可推断丢失地点。

【北京机动车牌照在外埠丢失后怎么办】 北

京牌照在外埠（在路上丢失，应推断是否在外埠丢失）丢失后，先到发案地公安部门报案，然后由发案地县以上公安刑侦部门出具对北京市公安局刑事侦查总队机动车案件侦查大队的证明，持此证明到此办理登记手续。一个月以后再来此办理《北京市公安局准予补办机动车车牌证明》。然后持此证明办理登报、验车及领牌照手续。

【如何补办机动车牌照证明】

1. 机动车车牌被盗（抢、骗）或自然丢失后，请先去丢失车牌所在地的分（县）局刑警支、大队报案。一个月后，如侦查无结果，从那里领取《机动车案件专用证明》（我们不认可派出所证明）。持此证明及行驶证来此办理《准予补办机动车车牌证明》。

2. 在北京市公安局刑事侦查总队机动车案件侦查大队开好证明后，请先去《首都交通安全报》或到所在地区车辆管理所办理挂失登报手续，然后再持挂失表、挂失收据、行驶证和《准予补办机动车车牌证明》到车管所指定检测场验车，合格后到所在地区车管所办理补牌。（进口小客车、京B字头出租车和京A字头摩托车到市车管所办理补牌）。

3. 车辆报废者、急需验车者、出租车牌照，也需按正常程序办理。

4. 凡号牌损坏的，到市车管所鉴定后按要求办理手续。

5. 挂失登报地点：（可择近办理）

①《首都交通安全报》

地址：西城区厂桥兴华胡同15号

②北京市车管所

地址：朝阳区来广营西路90号（检测场：北苑机动车检测中心）电话：64904399

③京朝车管所

地址：通州区城关镇小潞邑村（检测场：通州检测场）电话：89690204

④京海车管所

地址：海淀区北安河乡京北教练场内（检测场：学院路检测场）电话：62461027

⑤京丰车管所

地址：丰台区芦沟桥乡小屯路新丰教练场内（检测场：京安检测场）电话：68270331

⑥京顺车管所

地址：顺义区后沙峪乡泗上村（检测场：顺义检测场、7453检测场）电话：69454499

⑦京北车管所

地址：昌平区马池口（检测场：北方检测场、延庆检测场）电话：60772486

⑧京南车管所

地址：大兴县芦城乡狼里村（检测场：大兴检测场）电话：63723278

【治安管理包括哪些内容】 北京市公安局依据《中华人民共和国治安管理处罚条例》、《中华人民共和国枪支管理法》、《中华人民共和国民用爆炸物品管理条例》、国务院《旅店业治安管理办法》等法律、法规、规章、规范性文件，负责管理社会秩序、特种行业、危险物品、文化娱乐场所、大型社会活动、限制养犬等工作。

【拣拾、丢失物品怎么办】 拣拾物品是指人民群众拣拾的有使用价值的各种遗失物品 。包括遗失物、漂流物、埋藏无主物、小件寄存处无人领取物和死亡无人继承的遗留物。

当群众发现自己的财物丢失后，首先回忆自己丢失财物的时间地点，是乘车还是骑车等情况。若乘车则可到该路汽车终点站或汽车公司询问；若骑车则可去沿线的派出所、交通治安岗亭查找。丢失自行车者，请到丢失地派出所登记查找。市公安局拣拾物品招领处设有拣拾物品展厅，常年接待群众查找、登记认领。

失主认领丢失品，机关团体凭单位介绍信领取；个人认领一般物品凭身份证等有效证件，贵重物品除身份证外，还要单位介绍信或住地派出所、乡（镇）政府证明领取。

人民群众拣到遗失物品后，应交到附近派出所、交通岗亭、巡逻民警或直接交到北

京市公安局拣拾物品招领处。地址：西单北大街83号，电话：66176274

【如何办理新建金融网点安全合格证审批】

一、审批依据：依据北京市公安局、中国人民银行北京营业管理部联合签发的京公经字（1996）1036号《关于实行新建金融营业网点安全合格证制度的通知》第六条：新建金融单位安全防范设施、技术防范设备的选材、设置、施工方案设计、施工队伍的选用保卫部门参与审定后方可施工。竣工后须经分行、市公司级保卫部门和公安机关验收合格。

二、审批条件：新建金融网点（含运钞车、金库）安全防范设施必须符合中国人民银行北京营业管理部、北京市公安局共同制定的安全防范标准。

三、审批机关：银行保卫部门（分行级）、北京市公安局内部单位保卫局。

四、审批程序：营业网点筹建开工前，筹建单位在向人民银行北京营业管理部领取《北京市银行机构筹建申请审批表》的同时，到本分行保卫处领取《新建营业网点登记表》，逐项填写后交回分行保卫处备案。竣工后公安主管机关、分行保卫处按《安全验收审批表》所列内容逐项检查验收。公安主管机关验收签署意见后，由市公安局内部单位保卫局审查批准，发给《安全合格证》。

五、审批时限：市公安局内部单位保卫局接到《安全验收审批表》之日起一个月内审批完毕。

【如何办理新建企业保卫机构备案】 根据《北京市企业治安保卫责任制规定》第六条之规定，保卫工作指导关系不明确的企业和新成立的企业，将本企业的性质、名称、经营范围、法定代表人（或主要负责人）、职工人数以及治安保卫人员的基本情况等项目，填写《企业备案表》，报所在地公安分、县局内保处、科，或者报市公安局内部单位保卫局。公安机关接到单位备案表后，在15日内按照三级管理（市局，分、县局和派出所）的原则，与单位建立保卫工作关系。

【北京市公安局中国公民出入境管理工作公开细则】

北京市公安局依据《中华人民共和国公民出入境管理法》、《中华人民共和国公民出入境管理法实施细则》、《中国公民因私事往来香港地区或者澳门地区的暂行管理办法》、《中国公民往来台湾地区管理办法》和《中华人民共和国国籍法》等法律、法规、规章、规范性文件，对我国公民因私事出境、入境实施行政管理。

第一节 申请出国出境证件的总体要求

第一条 北京市居民因私事出国出境应由本人携带身份证或户口簿到户口所在地派出所、公安分（县）局出入境管理部门、北京市公安局出入境管理处领取《中国公民因私出国（境）申请审批表》；前往港澳地区的申请审批表只在北京市公安局出入境管理处领取，并向公安局出入境管理处提出申请，回答有关询问并履行有关手续。

第二条 在北京市公安局出入境管理处申请出国出境，应交验下列证明：

（一）本人身份证、户口簿（集体户口的应提交集体户口卡）。

遇有户口簿与身份证项目不一致或户口尚在迁移之中的，请先到户口所在地派出所办理变更或落户手续，外地迁京落户的，身份证签发地须做相应的变更。

（二）近期2寸直边正面免冠淡蓝色背景的单人半身证件照1张，贴在申请表相应位置。

第三条 公民因私事出国出境，应提交所在单位或派出所的审核意见，具体要求是：

（一）国家公职人员，由其组织人事部门按照干部管理权限出具意见。

（二）国有和国有控股企业和事业单位员

工，由所在企、事业法人代表或其授权的单位人事、保卫部门签署意见，法人代表本人申请出国，由相应的上级人事管理部门出具意见。

（三）14 周岁以上（含 14 周岁）的在校学生，由所在学校出具意见。未满 14 周岁的，由其父母或监护人出具同意出国的意见，免交单位或派出所的意见。监护人是祖父母、外祖父母或近亲属的，须提交能证明亲属关系的证明，如派出所或监护人单位出具的亲属关系证明，户口簿等。

（四）档案存放在全国人才交流中心、北京市人才交流中心或北京市职业介绍中心的，可由“中心”出具意见；档案存放在本市区县人才交流中心的，需分别由“中心”和所在区（县）人事局或劳动局出具意见。经国家主管部门批准的各部委人才交流中心、北京市教育系统人才交流中心等仅限为中心存档的本系统内部流动人员出具意见。

（五）在外地工作的北京市居民符合 A、B 两款规定的，由所在单位出具意见；档案存放在外省、直辖市、省会市（计划单列市）人才的，由人才交流中心出具意见。

（六）在北京三资企业和外国企业常驻代表机构中连续工作满一年并且在京暂住一年以上的外省（自治区、直辖市）暂住人员，因本企业业务需要出国的，由其暂住地的派出所、应聘单位和档案所在地出具出国意见，待出入境管理处与户口所在地公安机关核查无误后，依法审批。

第二节 按出国事由申请护照

第四条 出国探亲、访友应提交下列材料：

（一）邀请信（正式邀请信或具有邀请内容的信件）。

（二）邀请人在居住国的居住证明、被邀请人的前往地必须与邀请人居住国一致。居住证明具备下列之一即可：

1. 邀请人所在国政府或有关部门签发的身份或居住证明；

2. 在学、在职证明；

3. 探望公派出国人员，也可由派出单位出具证明。

（三）符合以下条件免交邀请信和居住证明：

1. 60 周岁以上的公民及随父母出国的未满 16 周岁的公民（父母已获得护照的，提交父或母护照的复印件）；

2. 探望配偶、父母、子女的；

3. 持有户口所在地的区、县侨办或市侨办出具的归侨侨眷证明或北京市政府侨办签发的《北京市归国华侨证》。

第五条 出国留学的人员，应提交下列材料：

（一）自费留学。

1. 国外学校出具的入学通知书。通过国内合法中介机构联系出国学习的，也可提交由该机构出具的有关证明。

2. 北京市教育委员会出国留学办公室出具的《具有大学和大学以上的学历人员自费留学资格审核证明》。

3. 军队系统的自费留学人员须提交全军出国留学办公室出具的证明。

（二）公派留学。

国家公派和单位公派留学人员须提交《公派留学人员申请护照登记表》。

第六条 出国旅游，有以下两种方法：

（一）个人出国旅游，每人须提交旅行所需的不低于 4000 美元或等值的国际流通货币外汇费用证明，即申请人名下的存单或银行证明或境外亲友以冻结账户形式指定申请人使用的境外银行存单证明。

（二）参加旅行社组织的出国旅行团，须提交有出国旅游经营权的旅行社出具的全额旅游费用发票。

第七条 出国定居，应提交拟前往国家的政府主管机关或其驻华使馆、领馆开具的定居许可证明，也可提交拟定居地亲友同意前往定居的邀请信和亲友在该国定居的证明(复印件)。

第八条　出国就业，应提交下列材料：

(一)个人应聘就业:提交前往国的聘请、聘用单位或雇主雇佣、聘用的证明。证明内容包括被聘雇人姓名、工作性质、工资、职务、工作期限。

(二)由劳务公司办理的出国劳务人员须提交填写完整的《外派劳务出国报批表》和外派单位与外派人员签订合同的副本。

(三)由具有境外就业经营权的服务机构协助办理出国就业的，须提交经该机构确认的申请人与境外雇主签订的就业合同。

第九条　出国从事商务等非公务活动，应提交下列材料：

(一)与商务等非公务活动相适应的国外邀请函。

(二)工作单位的派遣函或证明，单位法人本人出国免交派遣函，须交验营业执照副本。属文化交流的，须提交北京市文化局或文化部出具的同意证明。

第十条　申请出国，需在非户籍所在地办理护照，应符合下列情况：

(一)在三资企业、外国企业常驻代表机构中连续工作一年以上的外省(自治区、直辖市)暂住人员，因本企业业务需要出国的，可在暂住地申请办理护照，应提交下列材料：

1. 所在企业的《营业执照副本》的原件及其复印件；

2. 已经在京居住一年以上的《暂住证》原件及其复印件；

3. 所在企业的工作聘书或合同及其复印件，《营业执照副本》上注明姓名的企业高级管理人员免交工作聘书或合同；

4. 企业派遣函(企业法人可免交)；

5. 户籍证明、身份证的原件及其复印件；

6. 暂住地派出所出具的在暂住期间无违法犯罪行为的证明；

7. 由原存档单位出具的出国意见(在申请表上出具意见或另出公函均可)；

8. 境外邀请函及其中文翻译件；

9. 填写完整的《中国公民出入境申请审批表》。

因公安机关受理后，需与申请人常住户口所在地公安机关核查情况，所以取证日期需要等候通知，不办理加急证件。

第十一条　军队干部因私事出国的，除提供与出国相应的材料外，还应提交解放军总政治部统一印制的《军队干部因私出国人员审查批件》。

第十二条　申请护照在14个工作日后领取，如特有紧急情况，可在提交材料时申请加急，对符合下列条件之一的申请，可批准在5个工作日后取得护照。

1. 出国治病或探望危重病人；

2. 出国奔丧；

3. 公派出国留学；

4. 前往国入境许可或签证有效期即将届满；

5. 出国参加紧急商务活动，需15日内到达的；

6. 出国留学，开学时间不足一个月的。

第三节　申请护照变更

第十三条　遗失护照

须提交填写完整的《变更申请表》和一张近照并履行以下手续：

(一)在出境前遗失护照的：

1. 在遗失地的公安机关开具护照报失证明；

2. 持报失证明到出入境管理处登记备案；

3. 凭出入境管理处开具的备案证明到《首都公安报》登报声明原护照作废；

4. 持报失证明、报载挂失声明、户口簿、身份证原件和相应复印件于挂失3个月以后申请补发护照。

（二）在国外长期居住短期回国间遗失护照的：

1. 在就近的公安机关开具护照报失证明；

2. 持报失证明到出入境管理机关登记备案；

3. 凭出入境管理处开具的备案证明到《首都公安报》登报声明原护照作废；

4. 持该声明、原户口注销证明及在国外定居、学习、工作的有效证明，申请补办，5个工作日后即可领取护照。

（三）在境外丢失护照回国后要求补发的：

1. 须提交驻外使馆签发的《中华人民共和国旅行证》。

2. 提交户口簿、身份证原件和相应的复印件。

3. 待出入境管理处与丢失地的我驻外使领馆核实后补发。

第十四条　延期护照

须在护照有效期满前6个月之内提出申请，填写《变更申请表》，无须提供证明材料。

第十五条　换发护照

（一）符合下列情况的，可以申请换发护照：

1. 护照已经延期二次，即将期满不能再延期的；

2. 护照签证页用完；

3. 护照被损坏或出现质量不合格的问题；

4. 92版护照有效期满的一律换发97版护照；

5. 护照被涂改，已接受有关部门的处罚，处罚终结三个月后，可以申请换发的；

6. 护照过期的；

7. 公安机关认可的其他情况。

（二）应履行下列手续：

1. 提交旧护照、身份证（复印件），填写《变更申请表》（贴2寸证件照）。如护照已损坏或涂改过，需由本人写明情况，经出入境管理处有关部门审核批准后方可办理。

2. 92版护照到期需更换的，由本人提交原护照、身份证（复印件）、填写《变更申请表》（贴2寸证件照）。

3. 护照已过期的，需提交已过期的护照、身份证（复印件）、户口本，填写《变更申请表》（贴2寸证件照）。

第十六条　更换出境卡

（一）下列情况可直接出境，不需要更换出境卡：

1. 持“A”字头出境卡，取得的签证与出境卡上事由、国家（地区）完全一致的；

2. 持“A”字头“定居”事由出境卡，取得与出境卡上目的地国家（地区）一致的任何种类签证的；

3. 持“A”字头“出境卡取得签证因故未去，后又取得第三国签证的。

（二）持有“B”字头出境卡，取得的签证与出境卡完全一致的，无需提交任何材料可直接更换“A”字头出境卡。

（三）下列情形需要按规定填写《变更申请表》更换出境卡：

1. 持有“团队旅游”、“短期出境”出境卡，但所取得的签证（不含定居签证）与出境卡上前往国家（地区）不一致的；

2. “团队旅游”和“短期出境”事由相互变更的；

3. 获得“定居”签证，出境卡是“短期出境”或“团队旅游”或出境国家与出境卡不一致的；

4. 未获得签证，需要改变事由和国家的；

因获得的签证与提交申请的国家不一致，需更换出境卡时，还须提交工作单位人事部门、党委或派出所意见。获得定居签证的还需提交签证复印件和签证的中文译文。

第四节　申请赴香港澳门地区

第十七条　办理赴港澳地区探亲需交验填写完整并已签署单位或派出所意见的《内地居民往来港澳地区申请审批表》、身份证、户口簿，并应符合下列条件，并提交相关的证明材料。

(一) 受理对象：

1. 在香港、澳门有定居的直系亲属或近亲属的；

2. 在香港、澳门有因私应聘工作一年以上的直系亲属；

3. 在香港、澳门有就学一年以上的直系亲属；

4. 内地亲人去香港、澳门会亲的；

5. 归国华侨和侨眷的直系亲属不能回内地探亲，必须去香港、澳门会面的。

公安机关出入境管理部门优先保证内地居民赴港澳地区探望直系亲属，在名额允许的情况下，探望在香港、澳门定居或者工作的直系亲属，每年度可探亲2次；探望在香港、澳门学习的直系亲属，每年度可探亲1次；探望在香港、澳门定居的近亲属每年度可探亲1次。

对探望配偶、危重病人的申请人或年龄未满16周岁或60周岁以上(含60周岁)的，每次签发有效期为3个月以内的签注；对其他申请人，签发有效期为1个月以内的签注。

上述"直系亲属"是指：配偶；父母(公婆、岳父母)；祖父母(外祖父母)；子女、孙子女、外孙子女及其配偶。近亲属是指同胞兄弟姐妹、叔(伯)、舅、姑、姨、侄子(女)、外甥(女)及其配偶。直系亲属包括中国公民和外国人。

(二) 相关证明

1. 与港澳地区亲属关系证明。首次申请赴港澳地区探亲须提交申请人档案所在单位人事部门或户口所在地公安派出所出具的与港澳地区有亲属关系的证明或者结婚证，出生证等能够说明亲属关系的证明。

2. 港澳地区亲属的身份证明和旅行证件等复印件：

(1) 探望在港澳地区定居的直系亲属和近亲属需提交被探望人的香港或澳门居民身份证复印件；被探望人的港澳同胞回乡证或港澳同胞来往内地通行证或外国护照或其它有效国际旅行证件复印件。

(2) 探望因私应聘在香港、澳门工作的或探望在香港、澳门就学一年以上的直系亲属需提交被探望人的中国护照或往来港澳通行证或往来香港、澳门特别行政区通行证或外国护照或其它有效的国际旅行证件等复印件；港澳地区有关部门签发的工作、就学许可等证明的复印件。

(3) 赴港澳会亲的必须提供被探望人不能回内地省亲，必须在港澳会亲的有关证明。

第十八条　内地居民赴港澳从事商务活动

申请《往来港澳通行证》时应交验本人的户口簿、身份证以及按照规定填写完整的《内地居民往来港澳申请审批表》1份、《商务、培训、就业等签注申请表》1份和2寸正面免冠彩色照片3张。

(一) 受理范围：

在国际组织驻华机构、外国驻华使领馆、外国企业、新闻机构等驻华办事处的中方雇员，以及在京企业中工作的内地居民有下列情形之一的，可以申请。

1. 签订合同或者参加招标、投标的；

2. 检验、监装设备、货物的；

3. 参加展览会、交易会的；

4. 解决索赔问题或者参加民事诉讼活动的；

5. 应邀从事商务、科技考察活动的；

6. 接受培训的；

7. 应聘赴港澳就业的；

8. 从事其他经贸活动的。

(二) 相关手续：

1. 交验所在企业上年度的纳税证明或经年检的营业执照副本，并提交相应的复印件（同一年度内首次申请时提供）。

2. 三资企业、股份制企业的纳税额或出口创汇为10万元人民币以上或注册资金为500万元人民币以上。

3. 私营企业、个人企业的纳税额或出口创汇为5万元人民币以上或注册资金为250万元人民币以上。

4. 国有企业不受注册资金和纳税额的限制。

5. 外国企业驻华办事处、使领馆、外国新闻机构驻华办事处等中方雇员、高新技术企业、享受国家免税待遇企业的从业人员不必出具注册资金、纳税额、创汇额等证明材料，但需提交以下相应证明：

（1）国际组织驻华机构、外国驻华使领馆、外国新闻机构驻华办事处的中方雇员提交外交人员服务局的函件。

（2）外国企业驻华办事处的中方雇员出示经年检的外国（地区）企业常驻代表机构登记证和雇员证，并提交相应的复印件（同一年度内再次申请时免交登记证）；未带雇员证的也可提交经国务院或北京市人民政府指定的负责外国企业常驻代表机构服务的外事服务机构的相关证明。

（3）在享受国家免税政策企业工作的内地居民提交区、县级以上税务部门的企业减免税证明。

（4）在高新技术研发机构或高新技术企业工作的内地居民提交市科委签发的北京市驻京研发机构证书或北京市新技术企业证书。

6. 所在企业或机构的派遣函。

7. 其它材料：

（1）非本市居民的，需提供暂住证明。公安机关受理后，与常驻户口所在地公安机关核查后通知申请人。不办理加急。

（2）赴香港培训、就业的，需提供香港入境事务处签发的入境许可及复印件。

（3）上述企业或机构因企业或机构需要等其他原因申请往来港澳的，如确有需求，经领导批准也可降低纳税额和创汇额的标准或免交纳税额和创汇额的证明。

第十九条 内地居民赴港澳定居

应交验本人的户口簿、身份证以及按照规定填写完整的《内地居民往来港澳申请审批表》1份、《内地居民赴港澳定居打分标准表》1份和2寸正面免冠照片3张，其中1张贴在申请表上，并按定居类别提交以下材料：

（一）夫妻团聚：

1. 邀请信（核对原件，收复印件）；

2. 港澳身份证复印件；

3.《港澳同胞回乡证》或《港澳居民来往内地通行证》复印件；

4. 结婚证（核对原件，收复印件）。如夫妻一方或双方不是初婚，还需提供其离婚证明或死亡证明。

凡夫妻分居的可携带1名14周岁以下子女，子女除需在父母申请表携行儿童一栏填写外，还另需填写一张《内地居民往来港澳地区申请审批表》，免去学校或派出所盖章，并同时提交子女出生证明（核对原件，收复印件）

（二）照顾定居在港澳地区年老体弱无依靠父母（申请人必须年满18岁，不满60岁，父母均需年满60岁）：

1. 出具在港澳定居的父母身边无子女的公证证明（此公证是由中国司法部授权的港澳律师所作，公证左下方有中华人民共和国司法部字样的蓝章），如有子女在国外，还需提交在国外定居的证明；

2. 亲属关系证明（由内地公证处出具的父子或母子关系证明）；

3. 在港澳父母的身份证复印件；

4. 在港澳父母的《港澳同胞回乡证》或《港澳居民来往内地通行证》复印件；

5. 邀请信（核对原件，收复印件）。

（三）内地无依靠老人（年满60岁）投靠在港澳的直系亲属和近亲属(直系亲属指：子女、孙子女；近亲属：同胞兄弟、姐妹)：

1. 内地确无子女的证明(由申请人单位人事部门出具)，如有在国外定居子女，需提供居住国的定居证明，已故的需提供死亡证明；

2. 亲属关系证明(由内地公证处出具的公证证明)；

3. 在港澳亲属的身份证明复印件；

4. 在港澳亲属的《港澳同胞回乡证》或《港澳居民来往内地通行证》复印件；

5. 邀请信（核对原件，收复印件）。

(四)内地无依靠儿童(指14岁以下)投靠在香港、澳门定居的直系亲属和近亲属(直系亲属：父母、祖父母、外祖父母；近亲属：兄、姐)：

1. 申请人出生证明（核对原件，收复印件)；

2. 父母结婚证（核对原件，收复印件)；

3. 父母港澳身份证复印件；

4. 父母《港澳同胞回乡证》或《港澳居民来往内地通行证》复印件；

5. 邀请信（核对原件，收复印件）。

如父母离异，需出具离异时法院确定的父或母对其具有抚养权的离婚判决书。父母双亡的孤儿需出具父母死亡证明，或经公安局出入境管理部门认可的死亡证明；并同时提供其投靠人与其亲属关系证明（内地公证机关出具公证)。

(五)定居港澳亲属因产业无人继承，必须由内地亲属去定居才能继承的（所遗留财产总额应在500万港币以上)：

1. 产业所有人的死亡证明；

2. 产业在港澳地区无继承人的证明(由中华人民共和国司法部授权的港澳律师所作的公证)；

3. 申请人有继承权的证明(由中华人民共和国司法部授权的港澳律师所作的公证)；

4. 港澳地区遗产管理机关出具的法律文书和交纳遗产税凭单；

申请人得分以继承顺序为准，第一顺序为10分，第二顺序为9分，以此递减。

第一顺序继承人为配偶、子女、父母；第二顺序继承人为同胞兄弟、姐妹、(外）祖父母。内地继承人当中，只允许有一人前往定居。

上述（一）至（五）类中，如定居在港澳地区的亲属是外国籍的香港永久居民，需同时出具外国护照（复印件及其中文翻译件）和港澳地区永久居民身份证。

（六）出境口岸。

赴香港定居，须从指定的广东省深圳市罗湖口岸出境。

赴澳门定居，须从指定的广东省珠海市拱北口岸出境。

第五节　申请因公赴台湾地区

第二十条　应邀赴台

（一）申请前往台湾进行经贸活动和科技、文化、教育、体育、学术、卫生、新闻等各项交流，以及参观、访问、考察、采访、举办展览会等，需提交以下材料：

1. 交验户口簿、身份证（核对原件、收复印件)。户口簿和身份证上姓名、出生日期应与台湾地区旅行证上的姓名、出生日期一致。现役军人须先办理临时身份证；

2. 提交国务院台湾事务办公室批件，领队附原件，其他人收复印件，每人一份；

3. 提交申请人单位公函。公函须写明申请人何时何因赴台，是否同意。申请人系中央机关、企事业单位的一般工作人员，由司局级党委或人事部门或保卫部门出具意见；申请人系市级机关、企事业单位的一般工作人员，由县团级党委或人事部门或保卫部门出具意见；申请人系单位领导干部，由其组织人事部门按照管理权限报上级主管部门出具意见。每人一函。同一单位同一团内有2人以上的可开一份公函，但说明每个人的姓名。一人交公函原件，其他人交公函复印件。台湾地区旅行证复印件；

4. 台湾地区旅行社复印件；

5. 提交填写完整的因公赴台申请表，3张2寸照片；

6. 申请人已持有赴台证件的，申请时须将原证件交回。

第六节　台湾居民来往大陆

第二十一条　台湾居民持《台湾居民来往大陆通行证》，根据需要可在所在地公安部出入境管理部门申请暂住加注、多次出入境签注和停留延期。申请时需填写《港澳台华侨证件延期、补发申请审批表》。

（一）多次入出境签注、暂住加注

1. 受理范围：

在大陆投资贸易或者在"三资"企业、境外企业常驻机构中任职、被聘用人员（含随行的配偶、子女）；经批准在大陆就业的人员；经批准在大陆进修、学习人员；与大陆居民结婚的配偶及子女；寄养在大陆亲属处的未成年子女（16岁以下）；在大陆购置房产人员；外国驻京常驻机构中工作人员的配偶子女系台湾居民的以及外国驻华使、领馆和国际组织驻华机构中工作人员来华随任的配偶子女系台湾人士的。

2. 签发时限：

多次入出境签注的有效期限一般1至2年有效，有重大投资或有重大贡献的，可签发3至5年有效的签注。其中经批准在大陆就业人员的签注时间不能超过《就业许可证》的期限；来大陆随任的家属的签注期限不能超过工作人员的工作期限。暂住加注的有效期限一般为6个月至2年有效，属国家急需的科技人才或有重大贡献的人员，可签发3至5年有效的暂住加注。暂住加注可根据申请人的实际需要单独申请或与多次入出境签注同时申请。

3. 应提交的相关材料：

（1）在大陆投资贸易或者在"三资"企业、境外企业常驻机构中任职、被聘用人员及其随行的配偶子女应提供北京市台办的批件或所在企业的注册登记证明和聘用证明，随行家属还需要提供亲属关系证明。

（2）经批准在大陆就业的人员应提供北京市劳动局签发的《就业许可证》及其复印件或北京市台办的批件。

（3）经批准在大陆进修、学习人员应提供录取院校出具的在学证明和国家教委或北京市教委出具的录取证明。

（4）与大陆居民结婚的台湾居民及其子女应提供大陆居民（配偶）的身份证和户口簿及其复印件、与台湾居民结婚的证明和台湾居民在北京市居住地派出所申报的临时户口卡，其子女还须出示《出生证》以证明父、母、子、女关系或其它能证明父、母、子、女关系的证明。

（5）寄养在大陆亲属处的未成年子女（16岁以下）应提供经过公证机关公证的寄养关系证明和受托人的户口簿和身份证及其复印件。

（6）已在大陆购置房产人员应提供北京市房屋土地管理部门或北京市房产部门出具的与购置房产有关部门的证明或注明申请人姓名的房契和由房产所在地派出所或公寓保卫部门出具的临时户口卡。

（7）外国在京常驻机构中外籍工作人员的配偶子女系台湾居民的，须提交外籍工作人员的护照和在京居留证及其复印件和能证明亲属关系的有关部门证明。

（8）外国驻华使领馆外交、领事人员来华随任的配偶子女系台湾居民的，应提供申请人亲属的外交、领事或工作人员的身份证件复印件以及所属使领馆的关于申请人身份、与外交、领事人员关系、在境内停留时间等内容的照会。

（9）办理暂住加注还须提交北京市卫生

防疫部门出具的体检证明。

（二）办理停留延期的人员范围、时限以及提交的材料：

台湾居民每次来大陆可申请延期2次，每次延期3个月。申请时须填写《港澳台侨证件延期、补发申请审批表》，1张近照，提供台胞证直接申请；因病等特殊情况仍需继续停留的，还须提交相关证明：

1. 探亲的，应提交在京亲属的身份证、户口卡片及其复印件；

2. 治病的，应提交区级以上医院开具的证明；

3. 如遇特殊情况，应出具单位的证明（不限级别）。

第二十二条　补发一次性《台湾居民来往大陆通行证》

台湾居民在大陆丢失台胞证或有效期即将期满不能及时出境或证件延期页已用完，不能在原证件上延期或原证件被损坏等，可向居住地公安部出入境管理部门申请补发一次性《台湾居民来往大陆通行证》，即临时台胞证和一次入出境有效的签注。

（一）台胞证丢失：

1. 有关部门单位的证明或暂住地临时户口卡或台湾地区护照、身份证等能证明申请人台湾身份的证明；

2. 由公安机关出具的报失证明；

3. 2寸正面免冠照片3张。

（二）台胞证有效期即将到期或延期页已用完，但因特殊情况不能按期离境的：

1. 接待单位出具信函，说明其不能按期离境的原因，如没有单位的，由本人写明情况；

2. 探亲的提供有关亲属的在京居住证明；

3. 如有病，须提供县级以上医院证明；

4. 原有证件。

（三）台胞证被损坏的应提交已损坏的台胞证和申请人或所在单位出具的有关证件损坏原因和过程的说明。

（四）对逾期居留行为的处罚

《中国公民往来台湾地区管理办法》第六章第33至42条对持有伪造、涂改等无效证件或者冒用他人的旅行证件出境入境、转让倒卖旅行证件、编造情况提供假证明或以行贿等手段获取旅行证件、不依法办理暂住登记或者暂住证以及逾期居留的行为均做了明确的处罚规定。根据《中国公民往来台湾地区管理办法》第21条、第38条之规定，对逾期非法居留的，处以警告，可以单处或并处每逾期1日100元的罚款。第40条规定：来大陆的台湾居民违反本办法的规定或者有其他违法犯罪行为的，除依照本办法和其他有关法律、法规的规定处罚外，公安部机关可以缩短其停留期限，限期离境，或遣送出境。

第二十三条　台湾居民申请来大陆定居

（一）受理机关：

北京市公安局出入境管理处是受理台湾居民来北京市定居的主管机关。

（二）受理范围：

1. 在台孤身一人，无人赡养，拟投靠在北京市常住的父母、配偶、子女等直系亲属，被投靠的亲属有能力赡养并保证赡养，申请定居的本人生活费用及在京住房能够自理的。

2. 与北京市常住居民结婚3年以上（含3年）的台湾居民及其未成年子女。

3. 在京投资3000万美元以上，且实际入资30％以上，经济效益好的投资者及其配偶和未成年子女。

4. 国家急需的科研、教育、文化、医学、农业等领域的人才及其配偶和未成年子女。

5. 经批准前往台湾定居的原北京市居民，因故返回的。

6. 经市政府批准其他特殊情况需要在北京市定居的人员。

（三）履行的手续：

1. 填写完整的《台湾居民来大陆定居申请表》。

2. 书面申请委托亲属代办的，还需提交委托书。

3. 提交二寸正面免冠近期照片2张（规格48X33mm）

4. 交验有效的《台湾居民来往大陆通行证》或其他入境时使用的旅行证件及其复印件。

5. 没有台湾居民身份证件和出入境证件原件的，需提交经台湾公证机关公证的台湾居民身份证件和出入境证件复印件。

6. 提交由北京市卫生检疫部门出具或确认的《健康证明》，《健康证明》自签发之日起6个月内有效。

7. 提交与申请定居类别相应的证明。

（四）与申请定居类别相应的证明：

1. 在台湾孤身一人，无人赡养的：

（1）经过台湾公证机关公证的台湾户籍证明复印件；

（2）台湾或北京市公证机关出具的与北京市亲属关系的公证证明；

（3）北京市亲属的身份证和居民户口本及其复印件；

（4）北京市亲属有能力赡养（不低于北京市市民年平均生活费用）并保证赡养的公证证明；

（5）北京市亲属保证住房或申请人本人住房的公证证明。

2. 申请夫妻团聚的：

（1）北京市民政部门颁发的《结婚证》及其复印件或经过台湾公证部门公证的婚姻状况证明；

（2）台湾的户籍证明复印件；

（3）其未成年子女需提交出生证明和亲属关系的公证证明。

3. 在北京市投资的，需提交北京市台办出具的与在京投资相关的证明。

4. 国家急需的科技、教育、文化、医学、农业等领域的人才，需提交国家人事部或外国专家局出具的有关证明。

第七节 领取证件

第二十四条 出国护照、证件和入出境证件均须由申请人本人领取。

第二十五条 领取时间均以取证凭单所注明时间为准（赴港澳定居、台湾居民赴大陆定居以通知为准）。

第二十六条 收费标准以取证凭单所注明为准，具体标准：

1. 申请手续费 5元（人民币、以下同）。

2. 中华人民共和国护照 200元。

3. 中华人民共和国护照（补发加倍收费）400元。

4. 中华人民共和国护照加注每项/次20元。

5. 往来港澳通行证 50元。

6. 港澳探亲签注 20元。

7. 港澳商务一次签注 20元。

8. 港澳商务二次签注 40元。

9. 港澳商务多次签注 100元。

10. 前往港澳通行证 50元。

11. 台湾居民来往大陆通行证 30元。

12. 台湾居民多次入出境签注 100元。

13. 台湾居民一次入出境签注 20元。

14. 台湾居民暂住加注 20元。

15. 大陆居民往来台湾通行证 30元。

16. 大陆居民往来台湾签注 20元。

17. 台湾居民来大陆定居证 50元。

18. 加入、退出国籍 100元。

北京市公安局出入境管理处办公地点：东城区安定门东大街2号

接待时间：星期一至星期六（法定节假日除外）8：30至16：30

咨询电话：84015292 84015295 84015297 64078237 监督电话：110 84015316

【反扒热线电话及受理内容】 反扒热线:010－64011327　受理内容有：一、公共交通线路上扒窃及其他违法犯罪活动线索；

二、在公共交通车辆上受到不法侵害的报案咨询；

三、对维护首都公共交通秩序的建议和意见；

四、对工作中出现问题的投诉。

【出租汽车治安管理处的责任有哪些】 依据《北京市出租汽车治安管理规定》对全市客运出租汽车实施治安管理，积极维护行业稳定和良好治安秩序，保障出租汽车经营者、驾驶员和乘客的合法权益。

【出租汽车驾驶员必须遵守哪些规定】

(1) 定期参加治安防范培训，遵纪守法；

(2) 服从公安机关的管理和监督检查；

(3) 运营时应当携带运营车辆和驾驶员的治安登记证明；

(4) 正确使用安全防范装置，严禁擅自拆除、改装；

(5) 严禁涂改、伪造、出租、转卖、转借运营车辆和驾驶员的治安登记证明；

(6)出本市或者夜间去远郊区县运营,必须到本企业、出租汽车营业站点或者市公安局公共交通分局所属派出所进行登记；

(7) 发现违法犯罪活动或者违法犯罪嫌疑人，及时向公安机关报告；

(8) 不得利用出租汽车进行违法犯罪活动或者为违法犯罪活动提供便利；

(9) 发现乘客遗留的财物应当及时归还失主或者送交有关部门处理,不得私自隐匿；

(10)禁止运载违禁和易燃、易爆等物品。

【出租汽车出本市或夜间去远郊区县运营,还应登记吗】 是。出本市或者夜间去远郊区县运营，必须到本企业、出租汽车营业站点或者市公安局公共交通分局所属派出所进行登记；在机场、火车站、宾馆、饭店等处设立的出租汽车营业站点，对驾驶员出本市或者夜间去远郊区县运营要求登记的，应当做详细记录。在此所称“夜间去远郊区县”，“夜间”是指晚二十时至早六时；“远郊区县”指通州、房山、门头沟、平谷、密云、怀柔、顺义、延庆、昌平、大兴等区县。家住远郊区县的出租汽车驾驶员夜间进入城区运营或由城区返回住地的，可以不登记，到其他远郊区县运营须进行登记。在此所称“夜间登记”，是指登记出租汽车驾驶员姓名、住址、车号、所在单位、前往地点和乘车人姓名、职业、住址、身份证号码等。登记站发给驾驶员登记凭证，驾驶员返回后应及时向原登记单位注销登记。

【如何办理出租汽车出本市或夜间去远郊运营登记】

(1) 出租汽车司机与乘客必须共同进行登记。

(2)可就近前往公共交通分局出租处、派出所或出租汽车营业站、驾驶员所在公司进行登记。

(3) 登记时司机应出示驾驶证、行驶证、治安证，乘客应出示有效身份证件或证明。

(4) 登记单位(部门)经审验无误后，应填写《出租汽车载客到远郊以外地区运营登记表》，并发给司机《登记凭证》。

(5) 司机返回后应及时通知登记的单位(部门)。

(6) 公共交通分局出租处、派出所24小时接待办理登记手续。

【发生在公共交通工具上的刑事案件由哪些单位管辖】

一、发生在公共电汽车、长途汽车上的刑事、治安案件，由北京市公安局公共交通分局负责受理查处。群众可到区、县公安分县局或派出所报案。

二、发生在小公共汽车、出租汽车上的刑事、治安案件，由案发地公安机关受理查处。群众也可到非案发地公安机关报案。

【什么是出租汽车治安登记证明】 出租汽车治安登记证明，是指出租汽车企业经公安机关治安检查，符合治安登记条件的，发给出租汽车经营者《出租汽车企业治安登记证》和《北京市出租汽车治安登记证》；出租汽车驾驶员经公安机关治安培训考试合格后，发给《出租汽车司机治安登记证》。

【北京市公安局派出所办公地址、监督电话一览表】

单位名称	办公地址	监督电话
东城分局建国门派出所	新开路胡同4号	65127543
东城分局朝阳门派出所	朝阳门南小街121号	65251701
东城分局东四派出所	东四四条77号	64043047
东城分局东直门派出所	新中街9号	64169819
东城分局北新桥派出所	西羊营胡同10号	64041177
东城分局和平里派出所	和平里六区5号楼	84221809
东城分局安定门派出所	豆腐池胡同11号	64042117
东城分局景山派出所	什锦花园胡同33号	64042045
东城分局交道口派出所	板厂胡同7号	64030110
东城分局东华门派出所	锡拉胡同8号	65253779
东城分局交民巷派出所	东交民巷丙9号	65129502
东城分局黄寺派出所	安德里北街21号	62379039
东城分局北京站派出所	北京站邮通街19号	65132779
东城分局王府井派出所	芳厂胡同5号	65135972
东城分局隆福寺派出所	隆福寺街东巷1号	64035350
东城分局安外大街派出所	地坛公园西门	64213026
东城分局煤炭大院派出所	和平里九区1号院	64266024
东城分局化工大院派出所	兴化东里甲8号	64217535
东城分局军区总院派出所	朝阳门内北小街2号	64012131
东城分局空后分遣所	北锣鼓巷99号	66725222
西城分局二龙路派出所	京畿道13号	66034778
西城分局厂桥派出所	大红罗厂街甲2号	66178618
西城分局西长安街派出所	西城东二条9号	66034045
西城分局丰盛派出所	太平桥大街44号	66179722
西城分局福绥境派出所	西城宝铲胡同27号	6651636
西城分局德外派出所	德外大街120号	62061189
西城分局新街口派出所	新街口二条内	62253891
西城分局月坛派出所	真武庙四条2号	68023241
西城分局展览路派出所	百万庄大街25号	68351158
西城分局阜外派出所	北营房东里12号楼	68352650
西城分局西单派出所	力学胡同51号	66036547
西城分局地安门派出所	地安门北大街39号	64042740

西城分局北海派出所	文津街 1 号公园内	64042279
西城分局动物园派出所	西直门外大街 137 号	68351872
西城分局西郊派出所	文兴街 4 号	68356373
西城分局府右街派出所	府右街 27 号	66079081
西城分局恭王府派出所	柳荫街甲 14 号	66181885
崇文分局前门派出所	草厂九条 8 号	67025886
崇文分局天坛派出所	锦绣三条 26 号	67031672
崇文分局崇文门派出所	花市上三条 90 号	67112012
崇文分局东花市派出所	东花市北里西区 2 号楼	67169308
崇文分局体育馆路派出所	西厅胡同 43 号	67120635
崇文分局龙潭派出所	光明西街 3 号	67116335
崇文分局永外派出所	琉璃井路 83 号	67121189
崇文分局前门大街派出所	崇文门西河沿	67021005
崇文分局崇外大街派出所	西花市大街 11 号	67128886
崇文分局天桥大街派出所	天桥南大街甲 138 号	67020240
崇文分局新世界派出所	新世界商场后	67083215
崇文分局站前派出所	彭庄路 258 号	63036931
崇文分局天坛公园派出所	天坛公园内	67021104
崇文分局龙潭公园派出所	龙潭路 8 号	67125263
崇文分局游乐园派出所	北京游乐园内	67142884
崇文分局天坛医院派出所	天坛西里 6 号	67026341
宣武分局白纸坊派出所	白纸坊西街甲 1 号	63588545
宣武分局大栅栏派出所	炭儿胡同 36 号	63039496
宣武分局陶然亭派出所	贾家胡同 37 号	63534975
宣武分局广外派出所	马连道北街 3 号	63466814
宣武分局广内派出所	广义街甲 4 号	63030919
宣武分局牛街派出所	牛街 93 号	63529847
宣武分局天桥派出所	福长街 5 条 5 号	63034151
宣武分局椿树派出所	椿树园小区 11 号楼	63103672
宣武分局文化街派出所	南新华街安平里 1 号	63036782
宣武分局大商派出所	煤市街 21 号	63030233
宣武分局菜市口派出所	狮子店胡同 11 号	63186959
宣武分局大观园派出所	大观园南门广场东侧	63541086
宣武分局先农坛派出所	先农坛街甲 9 号	63014653
宣武分局公园派出所	太平街甲 19 号	63568799
朝阳分局朝外大街派出所	三丰里甲 11 号	65521940
朝阳分局建外派出所	光华里甲 1 号	65521940
朝阳分局三里屯派出所	三里屯南 41 楼	65521940

朝阳分局呼家楼派出所	呼家楼西里七巷甲13号	65521940
朝阳分局工人体育场派出所	工人体育场西门内北侧	65022662
朝阳分局安贞派出所	安贞西里三区7楼	65521940
朝阳分局香河园派出所	西坝河南里26号	65521940
朝阳分局和平街派出所	和平街樱花东街3楼	65521940
朝阳分局新源里派出所	新源里17号	65521940
朝阳分局小关派出所	小关东街5号	65521940
朝阳分局太阳宫派出所	西坝河8楼	65521940
朝阳分局麦子店派出所	枣营北里甲1楼	65521940
朝阳分局团结湖派出所	团结湖路19楼	65521940
朝阳分局六里屯派出所	十里堡南里8号	85817657
朝阳分局双井派出所	垂杨柳中街2号	65521940
朝阳分局劲松派出所	劲松101楼	65521940
朝阳分局潘家园派出所	华威西里29楼	65521940
朝阳分局亚运村户籍派出所	安苑北里甲8号	65521940
朝阳分局大屯派出所	安慧北里雅园1楼	65521940
朝阳分局洼里派出所	洼里乡洼里村	65521940
朝阳分局来广营派出所	来广营乡来广营村	65521940
朝阳分局亚运村治安派出所	安定路1号	64910477
朝阳分局花家地派出所	南湖中园238楼	65521940
朝阳分局将台派出所	酒仙桥村甲1号	65521940
朝阳分局首都机场派出所	首都机场燕翔东里12号	64561626
朝阳分局孙河派出所	来广营东路甲7号	65521940
朝阳分局东湖派出所	东湖渠路甲3号	5521940
朝阳分局南皋派出所	南皋乡老乡政府	65521940
朝阳分局八里庄派出所	八里庄东里北巷2号	65521940
朝阳分局高碑店派出所	高碑店乡高碑店村252号	65521940
朝阳分局平房派出所	平房乡平房村甲88号	65521940
朝阳分局东风派出所	南十里居甲1号	65521940
朝阳分局酒仙桥派出所	酒仙桥路30号	65521940
朝阳分局东坝派出所	东坝乡东坝大街64号	65521940
朝阳分局金盏派出所	金盏大街	65521940
朝阳分局楼梓庄派出所	楼梓庄乡曹各庄	65521940
朝阳分局南磨房派出所	平乐园小区105楼	65521940
朝阳分局王四营派出所	四营乡王四营村3号	67364358
朝阳分局垡头派出所	垡头北里12楼	65521940
朝阳分局十八里店派出所	十八里店乡十八里店村20号	65521940
朝阳分局小红门派出所	小红门路2号	65521940

朝阳分局管庄派出所	管庄东里 21 楼	65521940
朝阳分局豆各庄派出所	豆各庄乡豆各庄村 518 号	65521940
朝阳分局黑庄户派出所	黑庄户乡商业大街 1 号	65521940
朝阳分局杨闸派出所	管庄乡双会桥北侧 5 号	65521940
朝阳分局常营派出所	常营乡	65761258
朝阳分局三间房派出所	三间房乡三间房东队周转房院内	65521940
海淀分局海淀派出所	泄水湖 4 号	62523043
海淀分局青龙桥派出所	二龙闸甲 5 号	62881620
海淀分局香山派出所	北辛村 56 号	62591866
海淀分局四季青派出所	兰靛厂西门小区 1 号	88431020
海淀分局东北旺派出所	东北旺乡东北旺村东大街 8 号	62981116
海淀分局永定路派出所	五棵松路 115 号	68272005
海淀分局万寿路派出所	复兴路 59 号	68160546
海淀分局羊坊店派出所	会城门 4 号	68515646
海淀分局甘家口派出所	甘家口居民区 130 号	68311022
海淀分局恩济庄派出所	恩济庄 50 号	88125030
海淀分局万寿寺派出所	广源闸 15 号	68419305
海淀分局北太平庄派出所	明光村甲 43 号院	62211011
海淀分局大钟寺派出所	皂君庙 16 号	62255881
海淀分局双榆树派出所	双榆树西里 29 号	62550787
海淀分局中关村派出所	中关村南三街甲 16 号	62566587
海淀分局东升派出所	成府路 21 号	62317177
海淀分局清河派出所	清河三街 101 号	62913352
海淀分局花园路派出所	花园东路 9 号	62385635
海淀分局田村派出所	田村路 89 号	68228454
海淀分局育新花园派出所	西三旗育新花园 15 号楼	82901632
海淀分局温泉派出所	温泉镇环山村 12 号	62456539
海淀分局永丰派出所	永丰乡永丰路 123 号	62475261
海淀分局上庄派出所	上庄乡上庄路 33 号	62475262
海淀分局苏家坨派出所	苏家坨乡温阳路	62451116
海淀分局北安河派出所	北安河路 18 号	62456527
海淀分局聂各庄派出所	聂各庄乡聂各庄路 8 号	62459654
海淀分局建松派出所	复兴路 32 号	68275911
海淀分局太平路派出所	采石路 13 号院	66828600
海淀分局玉泉派出所	复兴路 83 号	66829073
海淀分局总后大院派出所	复兴路 22 号	66887504
海淀分局阜南派出所	阜成路 8 号	68371579
海淀分局云塔派出所	白石桥路 46 号	62174014

海淀分局农研派出所	白石桥路30号院	68919501
海淀分局石油大院派出所	学院路20号	62311392
海淀分局农大派出所	圆明园西路2号院	62892533
海淀分局遗光寺派出所	遗光寺1号院	62881672
海淀分局红山口派出所	红山口甲3号	66764290
海淀分局颐北派出所	大有庄100号	62886820
海淀分局西苑派出所	西苑100号	62886761
海淀分局燕园派出所	颐和园路5号（北京大学院内）	62558373
海淀分局颐和园派出所	颐和园苇场门	62881140
海淀分局西郊机场派出所	空军西郊机场院内	88432599
海淀分局香山公园派出所	香山买卖街40号	62591240
海淀分局紫竹院派出所	白石桥路47号	68422216
海淀分局玉渊潭派出所	玉渊潭公园内	68514850
海淀分局卧佛寺派出所	北京植物园内	62591341
海淀分局东宫门派出所	颐和园宫门前25号	62882646
海淀分局大钟寺农贸市场派出所	大钟寺村17号	62254115
海淀分局圆明园派出所	圆明园公园内	62553476
海淀分局西三旗派出所	海淀区西小口路甲29号	82904656
海淀分局马连洼派出所	海淀区树村甲99号	62960065
海淀分局上地派出所	海淀区上地东里四区7号楼1层	62961774
海淀分局中关村大街派出所	海淀区清华西路25号院内	62560925
丰台分局丰台镇派出所	丰台镇正阳大街37号	63819947
丰台分局樊家村派出所	四合庄283号	63717356
丰台分局看丹派出所	看丹796号	63710997
丰台分局玉泉营派出所	马家楼119号	63789614
丰台分局岳各庄派出所	丰体北路甲10号	63813316
丰台分局六里桥派出所	西局东街甲1号	63267390
丰台分局太平桥派出所	西客站南路23号	63262312
丰台分局青塔派出所	大成里小区秀园13号楼	68673715
丰台分局卢沟桥派出所	卢沟桥晓月苑三里13楼	83893394
丰台分局张郭庄派出所	长辛店镇张郭庄南路7号	83885195
丰台分局长辛店派出所	长辛店大街196号	83876249
丰台分局朱家坟派出所	长辛店镇朱家坟四里50排	83876067
丰台分局云岗派出所	云岗南区西里2号	83316325
丰台分局东高地派出所	东高地万源北路3号	67991568
丰台分局南苑镇派出所	南苑镇南苑北里四区9号	67991483
丰台分局大红门派出所	大红门东前街10号	67260549
丰台分局石榴园派出所	石榴园南里38号	67214463

丰台分局东铁匠营派出所	东铁匠营顺五条 47 号	67616695
丰台分局蒲黄榆派出所	蒲黄榆一里 3 号楼	67611081
丰台分局方庄派出所	方庄芳群园三区 11 号楼	67639356
丰台分局芳城派出所	芳城园三区 20 号楼	67628837
丰台分局右安门派出所	右安门外翠林小区二里 18 楼	63538413
丰台分局西罗园派出所	西罗园四区 36 号	87291002
丰台分局洋桥派出所	洋桥北里 8 号	67214739
丰台分局马家堡派出所	角门西里 22 号楼	67562965
丰台分局和义派出所	和义东里 3 区 10 号楼	67984657
丰台分局大红门商城派出所	大红门高庄 118 号	67246526
丰台分局世界公园派出所	丰葆路 158 号	63735147
石景山分局八宝山派出所	永乐东区 66 栋南侧	68652234
石景山分局老山派出所	老山西里	68874590
石景山分局八角派出所	八角西街 1 号	68847747
石景山分局新古城派出所	老古城北后道甲 1 号	68871827
石景山分局苹果园派出所	苹果园大街	68864136
石景山分局金顶街派出所	金顶街	68872328
石景山分局模式口派出所	模式口南里	68875574
石景山分局广宁派出所	复兴街 75 号	88992177
石景山分局五里坨派出所	五里坨东街甲 1 号	88902410
石景山分局四平台派出所	八大处甲 1 号 26 栋	68873060
石景山分局高井派出所	高井甲 32 号院	66384471
石景山分局石景山路派出所	石景山体育场	68875350
石景山分局八大处派出所	八大处公园二处	68874250
石景山分局 74 号院派出所	74 号院南平房	69216942
通州分局永顺派出所	永顺镇城辛庄	69552734
通州分局梨园派出所	梨园镇机关院内	60524838
通州分局中仓派出所	车站路 3 号	69552619
通州分局新华派出所	吉祥园 19 号楼	69553557
通州分局北苑派出所	北苑 24 号	69554852
通州分局玉桥派出所	玉桥北里 47 号	81586153
通州分局宋庄派出所	宋庄镇宋庄村	69591870
通州分局徐辛庄派出所	徐辛庄市场北 150 米	89567034
通州分局胡各庄派出所	胡各庄镇政府	89581110
通州分局次渠派出所	次渠镇大街	69502425
通州分局马桥派出所	马驹桥商业街	60509258
通州分局张家湾派出所	张家湾镇光华路	69571242
通州分局八里桥派出所	八里桥市场金龙街 4 号	60513102

通州分局台湖派出所	台湖镇政府	61531099
通州分局漷县派出所	漷县镇长陵营路北100米右侧	80586071
通州分局牛堡屯派出所	牛堡屯镇政府	69581330
通州分局西集派出所	西集镇政府街21号	61576327
通州分局郎府派出所	郎府乡政府	61558109
通州分局甘棠派出所	甘棠镇政府	61521026
通州分局大杜社派出所	大杜社镇政府	61585709
通州分局觅子店派出所	觅子店镇政府	80566053
通州分局三间房派出所	三间房机场陆航	69581175
通州分局永乐店派出所	永乐店镇政府	69568679
通州分局柴厂屯派出所	柴厂屯镇政府	80511409
通州分局于家务派出所	于家务乡政府	80532659
房山分局城关派出所	城关街道西大街1号	89323519
房山分局良乡派出所	拱辰大街68号	69351019
房山分局周口店派出所	周口店村三街小区1号	69301379
房山分局琉璃河派出所	中原大街21号	89381525
房山分局韩村河派出所	韩村河路2号	80380687
房山分局石楼派出所	石楼村11区4号	89300654
房山分局长阳派出所	环形路2号	80351668
房山分局豆店派出所	豆店村1区6号	69391110
房山分局交道派出所	北大街2号	80318069
房山分局十渡派出所	十渡镇民政局招待所	61340780
房山分局崇各庄派出所	崇各庄西街1号	60321674
房山分局长沟派出所	长沟大街西里9号	61361833
房山分局闫村派出所	紫园路5号	80318133
房山分局岳各庄派出所	岳各庄大街8号	61311942
房山分局史家营派出所	史家营村4区57号	60397843
房山分局管道派出所	管道西大街1号	60331012
房山分局大安山派出所	大安山村3区2号	60373777
房山分局南尚乐派出所	南尚乐镇石窝村	61381261
房山分局坨里派出所	坨里北街3号	80379283
房山分局河北派出所	圣泉大街318号	60377643
房山分局佛子庄派出所	黑龙观村	60365022
房山分局霞云岭派出所	霞云岭村2号	60367355
房山分局张坊派出所	张坊北一区133号	61339717
房山分局东南召派出所	兴业大街28号	80399092
房山分局葫芦垡派出所	祥禾路5号	60352435
房山分局蒲洼派出所	蒲洼大街8号	61340647

房山分局窑上派出所	房窑路1号	80321185
房山分局南窑派出所	南街4区40号	60375141
房山分局石花洞派出所	南车营村54号	60312305
房山分局西潞园派出所	政通路（建设中）	89368293
门头沟分局大峪派出所	黑山大街16号	69857914
门头沟分局城子派出所	城子大街28号	69842390
门头沟分局东辛房派出所	东辛房大街92号	61893943
门头沟分局三家店派出所	三家店水闸路32号	69843010
门头沟分局军庄派出所	军庄镇军温路	60811733
门头沟分局永定派出所	永定镇石龙南路15号	69804633
门头沟分局潭柘寺派出所	潭柘寺镇鲁家滩大街50号	60862462
门头沟分局妙峰山派出所	妙峰山镇陇驾庄村	61880041
门头沟分局色树坟派出所	王平大街25号	61859461
门头沟分局大台派出所	大台村4号	61870340
门头沟分局雁翅派出所	雁翅镇雁翅村红房子38号	61830191
门头沟分局斋堂派出所	斋堂镇西斋堂村甲1号	69816684
门头沟分局清水派出所	清水镇下清水村	60855478
门头沟分局月季园派出所	新桥南大街月季园小区20楼	69848780
门头沟分局公园派出所	潭柘寺镇平原村北	60862177
燕山分局迎风街派出所	迎风街甲19号	69343111
燕山分局东风街派出所	羊耳峪里甲53号	69342111
燕山分局向阳路派出所	向阳二巷1号	69341110
燕山分局栗园派出所	栗园三巷1号	69342110
燕山分局燕化星城派出所	燕化星城健德一里甲39号	81331010
顺义分局胜利派出所	府前中街4号	81481010
顺义分局任和派出所	五里仓小区（24号楼西侧）	69423472
顺义分局马坡派出所	马坡地区向阳西路3号（镇政府院内）	69401859
顺义分局牛山派出所	牛山镇府前街11号	69411164
顺义分局赵全营派出所	牛板路赵全营段101号（镇政府院内）	60432680
顺义分局北石槽派出所	北石槽镇府前街5号（镇政府院内）	60421237
顺义分局高丽营派出所	高丽营镇高泗路四村段31号	69455849
顺义分局南法信派出所	南法信地区府前街43号	69473378
顺义分局后沙峪派出所	后沙峪地区双裕街19号	80496137
顺义分局天竺派出所	天竺地区府右街5号	80462362
顺义分局李桥派出所	普通路李家桥段9号	81473959
顺义分局南彩派出所	顺平路南彩段25号	89469030
顺义分局李遂派出所	南孙路李遂段11号	89481985
顺义分局北务派出所	北务镇政府街4号	61421917

顺义分局大孙各庄派出所	大孙各庄镇府前东街 9 号	61432015
顺义分局张镇派出所	张孙路张镇段 13 号	61480506
顺义分局杨镇派出所	杨镇地区环镇东路 27 号	61451350
顺义分局木林派出所	顺焦路木林段 56 号	60456202
顺义分局龙湾屯派出所	龙湾屯镇府前街 11 号	60462208
顺义分局北小营派出所	北小营镇府西路 7 号	60483192
顺义分局光明派出所	拥军路	81491110
顺义分局板桥派出所	赵全营板桥大街 1 号	60442615
顺义分局张喜庄派出所	高丽营镇张喜庄村拓新区 10 号	69491457
顺义分局空港派出所	天竺空港工业开发区 B 区裕民大街 7 号	80491118
顺义分局沿河派出所	李家桥镇任李路沿河段 15 号	69485638
顺义分局林河派出所	林河工业开发区双河路 1 号	89491960
顺义分局俸伯派出所	顺平路俸伯段 51 号	89477040
顺义分局尹家府派出所	大孙各庄镇杜石路前陆马段 5 号	61471219
顺义分局赵各庄派出所	张镇赵四路行宫段 35 号	61491129
顺义分局沙岭派出所	顺平路沙岭段 77 号	61441107
顺义分局李各庄派出所	杨木路李各庄段 19 号	60491031
顺义分局石门派出所	石门农副产品批发 2 市场院内北侧	69462048
昌平分局昌平派出所	城区镇西关建明里	69714386
昌平分局松园派出所	城区镇东关亢山路	89782469
昌平分局南口派出所	南口镇南大街 20 号	69778042
昌平分局南口铁道北派出所	南口镇北站	69771265
昌平分局南口农场派出所	南口农场总场机关	69781457
昌平分局北流村派出所	流村镇北流村	89771678
昌平分局马池口派出所	马池口镇北小营村	60758514
昌平分局阳坊派出所	阳坊镇阳坊村中心南路 31 号	60760976
昌平分局沙河派出所	沙河镇展思门路 3 号	69732136
昌平分局十三陵农场派出所	十三陵镇胡庄村	89761611
昌平分局派出所	长陵镇景陵村	60771004
昌平分局南邵派出所	南邵镇南邵大街 59 号	60732197
昌平分局兴寿派出所	兴寿镇兴寿村 2 号	61726334
昌平分局百善派出所	百善镇百善村 985 号	61739044
昌平分局小汤山派出所	小汤山镇富来宫小区内	61784406
昌平分局大东流派出所	小汤山镇大东流村 226 号	61711207
昌平分局七里渠派出所	沙河镇豆各庄 12 号	69237834
昌平分局北七家派出所	北七家镇燕丹村 262 号	61757131
昌平分局平西府派出所	北七家镇王府街 29 号	81784380
昌平分局回龙观派出所	回龙观镇政府东 100 米	62713350

昌平分局史各庄派出所	回龙观镇东店村 270 号	69732760
昌平分局东小口派出所	东小口镇中滩村 86 号	84811950
昌平分局霍营派出所	东小口镇霍营村北	69791392
昌平分局定陵派出所	十三陵特区办事处	60761101
昌平分局十三陵派出所	长陵广场	60761006
昌平分局昭陵派出所	昭陵管理处	60761437
昌平分局十三陵水库派出所	十三陵水库管理处	60713399—3033
清河分局五科派出所	清河农场五科南街	022—67988900
清河分局东区派出所	清河农场站前北街	022—67988921
清河分局西区派出所	清河农场西区	022—67989005
延庆县公安局延庆派出所	延庆镇	69142839
延庆县公安局永宁派出所	永宁镇	60171217
延庆县公安局康庄派出所	康庄镇	69131618
延庆县公安局张山营派出所	靳家堡村	60190396
延庆县公安局旧县派出所	旧县镇	61151974
延庆县公安局沈家营派出所	沈家营镇	61131647
延庆县公安局大榆树派出所	大榆树镇	61181053
延庆县公安局刘斌堡派出所	刘斌堡村	60181504
延庆县公安局井庄派出所	井庄镇	61191598
延庆县公安局四海派出所	四海镇	60187584
延庆县公安局千家店派出所	千家店镇	60188408
延庆县公安局八达岭派出所	八达岭特区	69121477
延庆县公安局龙庆峡派出所	龙庆峡旅游区	69191017
延庆县公安局康西派出所	康西草原	69131606
延庆县公安局官厅派出所	官厅管理处	03136877017
延庆县公安局妫河派出所	妫河办事处	61131116
大兴县公安局黄村镇派出所	黄村镇利民西巷 19 号	69242256
大兴县公安局清源路派出所	黄村镇清源西里小区综合服务楼	69294454
大兴县公安局城南派出所	黄村镇车站中里	69201110
大兴县公安局红星派出所	旧宫镇旧宫西路甲 14 号	87961742
大兴县公安局西红门派出所	西红门镇高桥西 200 米向南路东	60261550
大兴县公安局亦庄派出所	亦庄镇亦双路 21 号	67881733
大兴县公安局榆垡派出所	榆垡镇工业开发区	89213311
大兴县公安局礼贤派出所	礼贤镇礼贤大街 1 号	89271110
大兴县公安局安定派出所	安定镇安康路 8 号	80231110
大兴县公安局青云店派出所	青云店镇京福路 9 号	80281015
大兴县公安局采育派出所	采育镇采育大街 32 号	80272976
大兴县公安局长子营派出所	长子营镇兴长大街 33 号	80265807

大兴县公安局魏善庄派出所	魏善庄镇政府东街3号	89201110
大兴县公安局芦城派出所	黄村镇芦城西大街89号	61239766
大兴县公安局金星派出所	西红门镇团河路金星庄7号	61285666
大兴县公安局孙村派出所	黄村镇孙村新凤街26号	61267665
大兴县公安局太和派出所	瀛海镇通黄路10号	69286116
大兴县公安局天堂河派出所	天堂河农场劳教所2号	60275858
大兴县公安局定福庄派出所	庞各庄镇定福庄双福路18号	89251110
大兴县公安局南各庄派出所	榆垡镇南各庄政府街33号	89261310
大兴县公安局半壁店派出所	魏善庄镇半壁店中心西路26号	89231110
大兴县公安局朱庄派出所	长子营镇朱福路2号	80210803
大兴县公安局大皮营派出所	采育镇大皮营福营街11号	80200432
大兴县公安局垡上派出所	青云店镇垡上村富垡街68号	80211769
大兴县公安局团河派出所	团河农场团河路1号	61291010
大兴县公安局大辛庄派出所	礼贤镇大辛庄卫辛路8号	89221300
大兴县公安局瀛海派出所	瀛海镇三槐堂南路4号	89279110
大兴县公安局鹿圈派出所	亦庄镇鹿圈旧头路顺政巷1号	67889233
大兴县公安局北臧村派出所	北臧村镇北福街3号	60276116
大兴县公安局凤河营派出所	采育镇凤河营凤荣巷1号	80202892
大兴县公安局庞各庄派出所	庞各庄镇幸福路2号	89287110
怀柔县公安局怀柔镇派出所	怀柔镇湖光小区13号	69642116
怀柔县公安局庙城派出所	庙城镇庙城村328号	60692793
怀柔县公安局桥梓派出所	桥梓镇后桥梓村6号	69676191
怀柔县公安局杨宋派出所	杨宋镇凤和二园6号	61670110
怀柔县公安局北房派出所	北房镇幸福西街7号	61682944
怀柔县公安局雁栖派出所	雁栖镇下庄村428号	61667775
怀柔县公安局怀北派出所	怀北镇西庄村318号	69662024
怀柔县公安局九渡河派出所	九渡河镇黄坎村734号	61691598
怀柔县公安局渤海派出所	渤海镇沙峪村456号	61631884
怀柔县公安局慕田峪派出所	慕田峪旅游区内	61626850
怀柔县公安局琉璃庙派出所	琉璃庙乡琉璃庙村59号	61618515
怀柔县公安局汤河口派出所	汤河口镇汤河口村18号	81671295
怀柔县公安局长哨营派出所	长哨营乡长哨营村68号	61671513
怀柔县公安局宝山寺派出所	宝山寺乡宝山寺村76号	81671514
怀柔县公安局喇叭沟门派出所	喇叭沟门乡喇叭沟门村2号	81671108
怀柔县公安局红螺寺派出所	红螺寺旅游区内	60681673
怀柔县公安局雁栖湖派出所	雁栖湖雁栖水路1号	69661366
平谷县公安局平谷镇派出所	平谷镇新开西街2号	69961203
平谷县公安局夏各庄派出所	夏各庄北街66号	60913155

平谷县公安局王辛庄派出所	王辛庄校园路 20 号	69962857
平谷县公安局山东庄派出所	山东庄府前路 9 号	60937640
平谷县公安局东高村派出所	东高村西大街 103 号	69909183
平谷县公安局大兴庄派出所	大兴庄府顺路 81 号	89931256
平谷县公安局峪口派出所	峪口峪阳路 22 号	61906238
平谷县公安局大华山派出所	华山大街 259 号	61947993
平谷县公安局镇罗营派出所	镇罗营东街 5 号	61969160
平谷县公安局马昌营派出所	马昌营占槐路 65 号	61981709
平谷县公安局马坊派出所	马坊西大街西路 9 号	60996869
平谷县公安局韩庄派出所	韩庄北街 158 号	69991257
平谷县公安局南独乐派出所	南独乐同乐 19 号	60929082
平谷县公安局靠山集派出所	靠山集大街 8 号	60983237
平谷县公安局刘家店派出所	寅店大街 1 号	61971141
平谷县公安局黄松峪派出所	黄松峪东街 402 号	60971902
平谷县公安局熊儿寨派出所	熊儿寨东路 16 号	61961849
平谷县公安局兴谷派出所	民迎路 8 号	89993512
平谷县公安局滨河派出所	平谷镇建设西街 11 号	89993509
平谷县公安局金海湖派出所	金海湖 10 号	69991119
密云县公安局城关派出所	古楼北大街 8 号	69044987
密云县公安局溪翁庄派出所	密溪路 8 号	69012408
密云县公安局西田各庄派出所	卸甲山村南街 38 号	61000549
密云县公安局河南寨派出所	富张街 99 号	61086582
密云县公安局十里堡派出所	101 国道 23 号	89022495
密云县公安局巨各庄派出所	金鑫大街 350 号	61032490
密云县公安局东邵渠派出所	太保庄村 3 号	6106215
密云县公安局大城子出所	高庄子村一区 31 号	61071794
密云县公安局北庄派出所	西安街 19 号	81001554
密云县公安局太师屯派出所	永安街 9 号	69032176
密云县公安局新城子派出所	新城子村 3 号	81022108
密云县公安局古北口派出所	潮河大街 1 号	81051032
密云县公安局高岭派出所	政府街 12 号	81081391
密云县公安局不老屯派出所	不老屯政府路 12 号	81091593
密云县公安局冯家峪出所	冯家峪街 94 号	81060161
密云县公安局石城派出所	南石城甲 9 号	69050120
密云县公安局水库派出所	白河主坝西头	69012542
密云县公安局科技园派出所	工业开发区	89099937
公共交通分局小营派出所	朝阳区北四环路小营 18 路终点站	64918548
公共交通分局海户屯派出所	丰台区海慧寺 2 路汽车站内	67214850

公共交通分局西单派出所	西城区西单东二条3号	66020852
公共交通分局动物园派出所	西城区动物园360路站旁	68313176
公共交通分局东大桥派出所	朝阳区东大桥350路总站内	65022685
公共交通分局展览路派出所	西城区三里河东路7号	68580126
公共交通分局东直门派出所	东城区东外斜街61号	64673150
公共交通分局船板派出所	东城区崇内大街船板胡同2号	65243308
公共交通分局西站派出所	西站地区东配楼1层	63984059
公共交通分局巡察执法队派出所	朝阳区华严北里甲30号	62049544
公共交通分局莲花池长途客运派出所	丰台区莲花池长途汽车站院内	63262191
公共交通分局永定门长途客运派出所	崇文区永定门长途汽车站院内	63036763
公共交通分局木樨园长途客运派出所	丰台区海户屯199号	67213979
公共交通分局赵公口长途客运派出所	丰台南三环中路34号	67237327
公共交通分局马圈长途客运派出所	崇文区广渠门外大街22号	67781872
公共交通分局九龙山长途客运派出所	朝阳区大望路长途汽车站内	67780954
公共交通分局东直门长途客运派出所	东城区东外斜街45号	64604326
公共交通分局祁家豁子长途客运派出所	朝阳区华严北里甲30号	62044826

【获2001年度安全技术防范工程设计、施工资格准许证的单位名单】

北京市安全技术防范管理办公室公告

为了加强我市安全技术防范工程的监督管理，保证工程质量和社会效益，维护建设单位的利益，根据北京市政府1999第（47）号令规定，凡在我市行政区域内从事安全技术防范工程设计、施工及维修的单位，必须持有北京市安全技术防范管理办公室核发的准许证，方可从事相应经营活动。未加盖2001年度审验章的准许证，自登报之日起自行废止。

现将获得2001年度安全技术防范工程设计、施工资格准许证的单位名单公告如下：（以申报顺序排序）

一级单位

1. 北京鼎安科技发展有限公司	62016688
2. 中国瑞达系统装备公司	68638324
3. 北京欧斯达安防系统技术开发有限责任公司	67656973
4. 北京明望科远电子技术有限公司	88364371
5. 北京天龙控制系统公司	65543121
6. 北京市报警器材服务公司	65247475
7. 北京洛达电子工程有限公司	68576451
8. 建设部建筑设计院	68349838
9. 联视神盾安防技术有限公司	68425130
10. 世安国际安全技术有限公司	68427943

11. 北京亚洲卫星通信技术有限公司	62566978
12. 北京中自技术集团	62554036
13. 北京龙博技术开发工程公司	62278886
14. 北京市中铁益安电子技术公司	63240273
15. 北京通威安全防范技术有限公司	82086668
16. 北京达明平安科技有限公司	64859090
17. 北京富盛星电子有限公司	65869587
18. 北京风险工程贸易总公司防灾工程分公司	66516073
19. 北京航天天盾电子技术有限公司	68386545
20. 中国电子系统工程总公司	68689619
21. 北京当代赛盾安全防范系统工程有限公司	68222201
22. 中国通广电子公司	65389567
23. 北京中北神力电子工程有限责任公司	64315899
24. 龙浩通信公司	68421994
25. 海鹰机电技术研究院	68374494
26. 北京银泰永辉机电控制技术有限公司	68486705
27. 北京京盾西科姆电子安全有限公司	65676277
28. 北京市门吉利磁电工程研究所	68453366
29. 北京声迅电子有限公司	66119538
30. 北京新达川科技发展有限责任公司	65882990
31. 北京市星光电子技术开发中心	66767044
32. 清华同方股份有限公司	62791004
33. 北京益泰牡丹电子工程有限责任公司	68469466
34. 北京民安达安防技术有限责任公司	68423121
35. 北京市新明星电子技术开发公司	63833213
36. 北京安警技术工程公司	64429866
37. 北京自动化系统工程研究设计院	68993340
38. 北京东方意德科技有限责任公司	82684593
39. 北京联视电子工程有限公司	68168838
40. 北京市宇安机电工程开发公司	64981132
41. 北京远东威迪电子工程中心	68038929
42. 北京中盾安全技术开发公司	68454096
43. 北京市刑事科学技术研究所	64042664
44. 华美工程有限公司	65077851
45. 航天信息股份有限公司	68379222－782
46. 北京北大青鸟安全系统工程技术有限公司	62526688
47. 北京冠林金盾自动化系统安装有限公司	68438862
48. 北京华夏正邦科技有限公司	62632680

49. 北京市比飒商贸有限公司	84273361
50. 信息产业部电视电声研究所	64363131－6755
51. 北京市怀恩电子有限责任公司	83152650
52. 安华保安服务管理有限责任公司	62363496
53. 北京燕京科学技术服务公司	83903979

二级单位

54. 北京深蓝华岳防范技术有限公司	62973190
55. 北京韦驮安全工程有限责任公司	66068436
56. 北京市新技术应用研究所	66160935
57. 华夏消防（集团）有限责任公司	65253952
58. 北京市住宅建设安装公司	84603668
59. 北京凯文警视技术研究所	62576300
60. 北京中生利华科技有限责任公司	62770565
61. 华威保安工程有限责任公司	88117581
62. 北京安迪盛安全系统自动化有限公司	68704427
63. 北京警神北阳电子安全有限公司	67153311
64. 北京中视华业电视工程中心	65135262
65. 北京中山消防保安技术有限公司	88086633
66. 世伟自动化设备有限公司	62173185
67. 北京市德天电子技术工程有限公司	64299961
68. 北京格盾安全防范技术工程有限责任公司	62172386
69. 北京欣优特通信技术有限公司	82612255－120
70. 北京外通电子技术公司	64367830
71. 北京迈科电子系统工程有限公司	64981062
72. 北京安普银保科技发展有限公司	63475597
73. 北京万家安全系统有限公司	62628853
74. 北京澎达安全系统有限公司	66073318
75. 北京集宝保安系统工程有限公司	65669500
76. 北京长峰工业公司	68387118
77. 北京康德视通信技术发展有限公司	66177346
78. 北京三诚实业公司	68416654
79. 北京科赛盈卫星应用技术开发有限公司	68382529
80. 北京凌视科技发展有限公司	68470008
81. 中航机场安全设备工程有限公司	64980690
82. 北京中加集成智能系统工程有限公司	68011155－3567
83. 北京晟利达科贸有限公司	66515013
84. 北京欣卓越技术开发有限责任公司	68745329

85. 北京瑞拓电子技术发展有限公司	64225650
86. 北京天川科技发展有限公司	68710522
87. 北京嘉德隆科贸有限公司	68433683
88. 北京市巨龙工程有限公司	66066665
89. 北京尚方科技有限责任公司	82617245
90. 北京长信泰康通信技术有限公司	63601188
91. 北京布鲁盾高新技术有限公司	62395516
92. 北京市警视达机电设备研究所	67182616

三级单位

93. 北京怡和拓天计算机有限责任公司	62219053
94. 北京邮电通信设备厂	64033978
95. 北京市华兴泰电子技术有限公司	68944316
96. 北京市奥普光电子技术公司	67117171
97. 北京国益大同电子技术有限责任公司	68373029
98. 北京行者多媒体科技有限公司	62632233
99. 北京住总宏盛现代建筑安装工程有限公司	62355520
100. 北京市城建天宁科技发展公司	64278502
101. 北京中广赛特莱特科技网络工程有限责任公司	68518920
102. 北京清华同仁科技有限责任公司	62337164
103. 北京中航宇科技发展有限责任公司	63968192
104. 北京金维思科贸有限公司	64880211
105. 北京九及科技有限责任公司	62531053
106. 北京中科软件有限公司	82621868
107. 北京峰谷安全技术有限公司	82082309
108. 北京嘉美新电子技术开发有限公司	63267176
109. 北京市电子系统工程公司	64284717
110. 北京东方万事利安防技术系统有限公司	64315588
111. 北京传视电子工程公司	64914477—3770
112. 北京顺奇网络系统有限责任公司	62055218
113. 北京航天华宇电子系统工程有限公司	63813759
114. 北京华科园公司	62521365
115. 北京迪劳斯电子系统工程有限责任公司	62110052
116. 北京银帆汇安电子设备销售有限公司	82080367
117. 北京嘉士安自动化系统技术有限公司	68931557
118. 北京求实兴业科技有限责任公司	64024606
119. 北京特必佳科贸有限公司	62642323
120. 北京中科半导体科技发展公司	82304235

121. 北京共同电子技术有限公司	68472047
122. 北京精诚安保消防工程有限责任公司	63286277
123. 北京英涵系统装备有限责任公司	65817019
124. 北京德生国盛自动化系统工程有限责任公司	64412288
125. 北京银方利达商贸有限责任公司	64988387
126. 北京天碟电气设备有限责任公司	63423018
127. 北京四方亚明科贸有限责任公司	68313388－5141
128. 北京华安北海消防安全工程有限公司	67020854
129. 北京中博科信科技有限公司	65817135
130. 北京金时讯科技有限公司	62885399
131. 北京超鸟电子技术有限责任公司	64963753
132. 北京市三维机电技术开发公司	67016618
133. 北京迪赛集成信息系统有限公司	83515769
134. 北京太极计算机房安装公司	62314175
135. 北京熙荣科技发展有限公司	62641253
136. 北京科技视经贸中心	64074055
137. 北京航天康明电子技术开发有限公司	87605885
138. 北京秦盾保安设备技术开发中心	88413194
139. 北京航峰技贸公司	68931851
140. 北京华水德力普经贸有限公司	65156924
141. 北京华电兴业电子技术开发有限公司	64218168
142. 北京国联科技公司	67759110
143. 北京四方博特防范器材有限责任公司	67257312
144. 北京美江在线科技发展有限公司	86213322
145. 北京中航弱电系统工程有限公司	65660971
146. 北京市环佳通信技术公司	64872753
147. 北京柏利得科贸公司	66150467
148. 北京东方双益科技集团	62025952
149. 北京洛特安全技术有限公司	65541996
150. 北京兴百设备安装工程有限责任公司	67639772
151. 北京永安技贸公司	62521750
152. 北京中科凯捷科技有限公司	68411188－6618
153. 北京路安通磁电技术有限公司	68423726
154. 北京蓝华盟科技发展有限公司	82022320
155. 北京莫尼特科贸中心	82883104
156. 北京合力金桥系统集成公司	82657735
157. 北京国利达科贸中心	63958238
158. 北京赤京鹏飞技贸发展中心	62628582

159. 北京新川崎保安器材有限公司	64427663
160. 北京市滨宝机电设备技术开发有限责任公司	63288602
161. 北京市汉龙实业公司	62253295
162. 北京二十一世纪科技发展有限公司	82665679
163. 北京康明技通技术开发有限公司	68758980
164. 北京市高特技工贸公司	64960308
165. 北京金景山科技有限公司	62078446
166. 北京市南北华天科技有限公司	66081533
167. 北京欣泰安科技发展有限公司	64215920
168. 北京亚洲图威广播电视技术装修公司	64976668
169. 北京合信科贸发展有限公司	65159937
170. 北京智安达机电技术有限责任公司	62347464
171. 北京美林行科贸有限公司	68161373
172. 北京思达伟业安全防范设备技术有限公司	62355117
173. 北京金舟消防工程有限责任公司	65085076
174. 北京雅汇安防工程公司	68341104
175. 北京国都信业实业集团	62770491
176. 北京波瑞机电新技术公司	68329065
177. 北京安诺德保安技术有限公司	64412378
178. 北京晟丰机电设备技术有限责任公司	68931212
179. 北京崇威科贸有限公司	64226070
180. 北京市帝曙科贸有限公司	62110878
181. 北京通建泰利特智能系统工程技术有限公司	82615630
182. 北京大科世纪电子有限公司	62141286
183. 北京炬通远扬科技发展有限责任公司	64392039
184. 北京华北计算机系统工程联合公司	82671166
185. 北京利通源电子技术有限公司	67733869
186. 北京伟筑科技发展有限公司	68454090
187. 北京海兴华技贸中心	66963566
188. 北京德坤科技发展中心	82326421
189. 北京北银新光系统集成有限责任公司	62276423
190. 北京翔实机电技术开发公司	68931101
191. 北京世创泰格科技发展有限公司	64875185
192. 北京联合信通电子集成有限公司	67025279
193. 北京北方金星通信设备有限责任公司	63444870
194. 北京金卫达安全防范技术开发公司	64883373
195. 北京长城电子机房技术联合开发公司	62025010
196. 北京市志远电子技术公司	88430768

197. 深圳亚奥实业有限公司北京分公司	64911831
198. 北京金辰饰艺报警工程公司	62111114
199. 北京三谷置地开发有限公司	64392366
200. 中航机场设备有限公司	64969396
201. 北京真空电子技术总公司	64373343
202. 北京华益达通讯电子有限责任公司	67111002
203. 北京成强机电设备有限公司	63450934
204. 北京科林杰伟世电子系统工程有限公司	64062806
205. 中建电子工程有限责任公司	68483388—6237
206. 北京六合安防技术服务公司	63246159
207. 北京航天三金科技发展公司	68754836
208. 北京市金盾监控技术工程公司	67236803
209. 北京共同保安服务有限公司	67748681
210. 北京永安报警系统工程公司	62077128
211. 北京泰益丰技贸有限责任公司	68450655
212. 北京金狮宏视科技发展有限公司	62478858
213. 北京鑫兆丰安全科技发展有限公司	66804394
214. 北京金保安科技开发有限公司	66211959
215. 北京瑞泽安防工程有限责任公司	68040521

三级（暂定）单位

216. 北京同熹智能建筑系统集成有限公司	62523210
217. 北京实现通信有限责任公司	67169149
218. 北京世纪先锋科技有限公司	68716261
219. 北京市牡丹信息通信公司	84015438
220. 北京华科鸿泰智能系统工程有限公司	62988171
221. 北京凯迪思科技开发有限公司	62770633
222. 北京顺天裕科贸有限公司	66515156
223. 北京北邮星际通信科技有限公司	62281513
224. 北京聚通网络有限责任公司	65389002
225. 北京市宏图高新技术发展公司	68749828
226. 北京欣备利机电设备有限责任公司	68289242
227. 北京德达数据系统有限责任公司	66211528
228. 北京华贸远大商贸有限责任公司	64446528
229. 北京恒安达电子有限公司	62149011
230. 北京中警安技术开发中心	64203676
231. 北京市中建京海计算机工程公司	68415883
232. 北京安之腾消防技术有限公司	65282965

233. 北京鑫鑫行技贸有限公司	63426026
234. 北京翔鹏电子设备厂	89746298
235. 北京求实科技发展公司	68251013
236. 北京宝特莱科技发展有限责任公司	64883405
237. 北京实创上地科技有限公司	62979558
238. 北京华祺洋消防安全有限公司	67017169
239. 北京数信达科技发展有限责任公司	88091122
240. 北京网星科技发展有限公司	65156708
241. 北京阿科普机电工程有限公司	68223399－292
242. 北京中建智能建筑系统集成有限公司	65181040
243. 北京小康楼宇系统集成有限公司	82081866
244. 北京集成伟业科贸有限公司	82025440
245. 北京兴通联自控系统工程有限公司	64181454
246. 北京亨利尔电气设备有限公司	88112621
247. 北京威腾鹰视安全技术开发有限责任公司	63896181
248. 北京信利天明技贸有限责任公司	68417260
249. 北京清华新思维科技发展有限公司	62005522－540
250. 北京国安电气总公司	62541923
251. 中国广播电视国际经济技术合作总公司	66091637
252. 北京科力迅科贸有限公司	62974553
253. 北京乐德宝科技有限公司	64016226
254. 北京恒安科技安防设施有限公司	69299530
255. 北京日上红安全设备制造有限公司	67886912
256. 北京东方视通科技发展有限公司	64048501
257. 北京裕祥电子工程有限公司	65227380
258. 北京鑫溢丰科贸有限责任公司	63283468
259. 北京硕得安防设施有限公司	64415788
260. 北京中兴智能交通系统工程有限公司	68225948－50
261. 北京航天测控技术开发公司	68370324
262. 北京哈勃自动化系统工程有限公司	64282938
263. 北京善恩信息技术开发有限公司	64009386
264. 北京圣约达电子技术有限责任公司	83153728
265. 北京伟婷电子技术公司	68369923
266. 北京华胜科技有限公司	62561821
267. 北京联迪资讯系统有限公司	68748638
268. 北京恒宇环讯网络技术有限责任公司	65949281
269. 北京市哈勃高新技术有限责任公司	67170790
270. 北京伟通天地网络技术有限责任公司	88415090

271. 中国大恒（集团）有限公司	62542060
272. 北京北黄自动化设备安装有限公司	64686761
273. 北京海文通得电器公司	63545521
274. 北京兴迪电子有限公司	64392101
275. 北京贝迪隆科技有限公司	68466460
276. 北京天河地塬科贸有限公司	68415279
277. 北京九龙华源实业公司	69842031—32681
278. 北京中经贸信息网络有限公司	64906913
279. 北京禧银龙商贸有限公司	63219900
280. 北京市宇星航科技发展有限公司	68767854
281. 北京宏大京电电子技术有限公司	88531410
282. 北京融磁科技有限公司	62986698
283. 北京欣蓝川科技发展有限公司	62173997
284. 北京万安利达报警技术服务有限公司	62073014
285. 北京华德亚太电子设备有限公司	64499118
286. 北京伟雄天晟机电电子设备有限公司	63431357
287. 北京方泰沃格科技发展有限公司	68458431－202
288. 北京警安视讯电子工程有限公司	62381833
289. 北京市安必保电子有限公司	63832340
290. 北京安富业消防工程设备有限责任公司	68309959—802
291. 北京银信通讯技术公司	65121922
292. 北京开元浩海科贸有限公司	88096209
293. 北京居安瑞韩科技发展有限公司	63814791
294. 北京佳定机电设备安装有限责任公司	62325238
295. 北京安警视通技术发展有限公司	64965268
296. 北京航瑞机电技术有限责任公司	68334369
297. 北京哈工大北方科技有限公司	68703134
298. 北京迅通宏达电子技术开发有限公司	68225280
299. 北京汉美控制系统工程有限公司	83993453
300. 北京艾普克电子设备安装公司	63435321
301. 北京四通智能建筑系统集成工程有限公司	68484289
302. 北京当代辰光科技发展有限公司	63446344
303. 北京国讯富通科技有限公司	62583909
304. 北京金世恒科贸有限责任公司	67701155—6023
305. 北京雄龙万维系统集成有限公司	84882320
306. 北京中铁通号科技开发有限公司	63224804
307. 北京市航安消防工程有限公司	68372094
308. 北京天正方网络技术有限公司	62073936

309. 吉利尼电子工程技术（北京）有限公司	62625341
310. 北京天海华能科技有限公司	64793499
311. 北京远航电子技术有限公司	69341748
312. 北京博维仕电子设备有限责任公司	64878567
313. 北京新金伟达网络技术有限责任公司	64883373
314. 北京凯通达电信高科技总公司	62302283
315. 北京垠柏通鑫技术开发公司	68766483
316. 北京新凯奇利电子技术有限公司	64974222
317. 北京中岗联科技发展有限公司	82657894
318. 北京达溪电子技术有限责任公司	88117191
319. 北京英泰讯业科技开发有限公司	67702142
320. 北京伟通宝科技有限公司	68246291
321. 北京国通电子安全网络监控服务有限公司	63260781
322. 北京国际银燕电脑控制工程有限公司	62039116
323. 长峰科技工业集团公司	68388222
324. 保利通信公司	84013686－113
325. 北京精诚自动化技术工程公司	65673638
326. 北京玛斯特系统工程有限公司	62227601
327. 北京蓝视野设备安装工程有限公司	65024116
328. 北京宏中中电器有限公司	88124664
329. 北京四正测控技术有限责任公司	63153933
330. 金达泰克电子系统（北京）有限公司	62227571
331. 北京超视成科技有限责任公司	68319321
332. 北京润迪科技发展有限公司	68716648
333. 北京昊海国都通信系统工程有限责任公司	63267193－95
334. 北京京穗影视电子设备公司	84533022
335. 北京公大蓝盾实习工厂	83903803
336. 北京朴戈安防工程有限公司	64017744－6522
337. 北京佳力振威科技发展有限公司	66576689